Organization & Public Management

Herausgegeben von
P. Hiller, Nordhausen, Deutschland
G. Krücken, Kassel, Deutschland

Otto Hüther • Georg Krücken

Hochschulen

Fragestellungen, Ergebnisse und Perspektiven der sozialwissenschaftlichen Hochschulforschung

 Springer VS

Otto Hüther
Kassel, Deutschland

Georg Krücken
Kassel, Deutschland

Organization & Public Management
ISBN 978-3-658-11562-3   ISBN 978-3-658-11563-0 (eBook)
DOI 10.1007/978-3-658-11563-0

Die Deutsche Nationalbibliothek verzeichnet diese Publikation in der Deutschen Nationalbibliografie; detaillierte bibliografische Daten sind im Internet über http://dnb.d-nb.de abrufbar.

Springer VS

Gedruckt auf säurefreiem und chlorfrei gebleichtem Papier

Springer Fachmedien Wiesbaden ist Teil der Fachverlagsgruppe Springer Science+Business Media
(www.springer.com)

Inhalt

Abbildungsverzeichnis 7

Tabellenverzeichnis 9

1 Einleitung 11

2 Die zeitliche Perspektive 17
  2.1 Hochschulen in der Geschichte – Autonomie trotz Abhängigkeit 17
     2.1.1 Die Gründung der ersten Universitäten im Mittelalter 18
     2.1.2 Die Krise der Universitäten und die Entstehung der
         experimentellen Naturwissenschaften 22
     2.1.3 Wilhelm von Humboldt und die Entstehung der
         Forschungsuniversität im 19. Jahrhundert 25
     2.1.4 Deutsche Universitäten in der Weimarer Republik und im
         3. Reich 30
     2.1.5 Reinstitutionalisierung nach 1945 und der Übergang von der
         Ordinarienuniversität zur Gruppenuniversität 35
  2.2 Die Hochschulen heute oder die neue internationale Reformwelle 45
     2.2.1 Allgemein-gesellschaftliche Entwicklungen als grundlegender
         Auslöser der Veränderung der Hochschulsysteme 46
     2.2.2 Hochschulreformen in Deutschland seit Mitte der 1990er Jahre .. 50

3 Die thematische Perspektive 63
  3.1 Quantitativ-strukturelle Gestalt und Entwicklung von
     Hochschulsystemen 63
     3.1.1 Quantitative Entwicklungen 65
     3.1.2 Differenzierung innerhalb von nationalen
         Hochschulsystemen 94
     3.1.3 Finanzierung von Hochschulsystemen 106
  3.2 Die Governance von Hochschulen 122
     3.2.1 Governancemechanismen und ihre Eigenschaften 124
     3.2.2 Typologien von Governanceregimen der Hochschulen 132
     3.2.3 Aktuelle Ergebnisse der Governanceforschung 144
     3.2.4 Probleme und Weiterentwicklungspotential der
         Governanceperspektive 151
  3.3 Hochschulen als Organisationen 155
     3.3.1 Allgemeine Organisationstheorie 157
     3.3.2 Spezielle Ansätze zur Hochschulorganisation 172

3.4   Forschungen zu Personengruppen an Hochschulen.............................. 198
      3.4.1   Vom Studienbeginn zum Studienabschluss........................... 198
      3.4.2   Vom Studienabschluss zur Professur 227
      3.4.3   Das Verwaltungspersonal.. 245
      3.4.4   Chancengleichheit als Querschnittsthema der Forschung
              zu den Gruppen an Hochschulen.. 254

4 Die Grenzperspektive.. **299**
4.1   Wissenschaftsforschung 299
4.2   Empirische Bildungsforschung... 311
4.3   Innovationsforschung 321

Literatur **331**

Abbildungsverzeichnis

Abbildung 1:   Studierende in Deutschland von 1950 bis 2013 75
Abbildung 2:   Anteil der Studierenden an unterschiedlichen
                 Hochschultypen seit dem Wintersemester 1975/76 76
Abbildung 3:   Studienanfängerquoten für Deutschland von 1960 bis 2012 78
Abbildung 4:   Studienanfängerquoten 2011 im Tertiärbereich A im
                 internationalen Vergleich 80
Abbildung 5:   Studienberechtigtenquote in Deutschland von 1975 bis 2012 ... 82
Abbildung 6:   Abschlussquoten 2012 für den direkten Zugang zum
                 Tertiärbereich A im im internationalen Vergleich 83
Abbildung 7:   Hauptberuflich tätiges wissenschaftliches Personal an
                 Hochschulen von 1980 bis 2013 86
Abbildung 8:   Entwicklung verschiedener Betreuungsrelationen an
                 Hochschulen in Deutschland von 1980 bis 2014 89
Abbildung 9:   Relation zwischen Studierenden und „Lehrpersonal" 2012
                 im Tertiärbereich A im internationalen Vergleich 92
Abbildung 10:   Anteile hauptberufliches wissenschaftliches Personal an
                 Universitäten im internationalen Vergleich 93
Abbildung 11:   Gesamtausgaben für den Tertiärbereich A/B im Verhältnis
                 zum Bruttoinlandsprodukt für ausgewählte Länder 110
Abbildung 12:   Ausgaben der Bildungseinrichtungen für Studierende in
                 US-Dollar in umgerechneter Kaufkraftparität pro Jahr
                 (Tertiärbereich A/B) von 1998 bis 2011 111
Abbildung 13:   Ausgaben und Einnahmen der Hochschulen von
                 1985 bis 2012 in Milliarden Euro 113
Abbildung 14:   Preisbereinigte Ausgaben und Einnahmen der
                 Universitäten von 2001 bis 2013 in Milliarden Euro 114
Abbildung 15:   Preisbereinigte Ausgaben und Einnahmen der staatlichen
                 Fachhochschulen von 2001 bis 2012 in Milliarden Euro 116
Abbildung 16:   Das „Koordinationsdreieck" nach Clark 134
Abbildung 17:   Governance-Equalizer 142
Abbildung 18:   Die Elemente der Organisation nach Scott 159
Abbildung 19:   Erwartete Vorteile der Studienberechtigten 2010 von einem
                 Studium und einer Berufsausbildung 201
Abbildung 20:   Studienwahlmotive von 2000 bis 2011 203
Abbildung 21:   Studienfachwahlmotive nach Fächergruppen 2011/2012 205
Abbildung 22:   Studienabbruchquote für die Absolventenjahrgänge
                 1999 bis 2012 210

Abbildung 23: Vertikale und horizontale Adäquanz der aktuellen/letzten Beschäftigung bei den Universitätsabsolventenjahrgängen 1993, 1997, 2001, 2005 ca. fünf Jahre nach dem Abschluss ... 225

Abbildung 24: Typische wissenschaftliche Karriereverläufe in Deutschland . 229

Abbildung 25: Habilitationen und Juniorprofessuren seit 2003 235

Abbildung 26: Hauptberuflich tätiges Verwaltungs-, technisches und sonstiges Personal an deutschen Hochschulen seit 1980 248

Abbildung 27: Anteil weiblicher Studierender in Deutschland von 1910 bis 2013 257

Abbildung 28: Anteil weiblicher Studierender in den unterschiedlichen Hochschultypen von 1985 bis 2014 258

Abbildung 29: Verteilung weiblicher und männlicher Studierender auf Fächergruppen im Wintersemester 2012/2013 260

Abbildung 30: Anteil weiblicher Studierender in ausgewählten Fächergruppen und Fächern im Wintersemester 2012/2013 ... 261

Abbildung 31: Frauenanteil bei zentralen Stationen der wissenschaftlichen Laufbahn in Deutschland von 1985 bis 2013 263

Abbildung 32: Frauen- und Männeranteile im Qualifikationsverlauf – Analyse idealtypischer Karriereverläufe von 1993 bis 2012 ... 265

Abbildung 33: Anteil Professorinnen in verschiedenen Hochschultypen 2013 270

Abbildung 34: Anteil Studentinnen und Professorinnen in ausgewählten Fächergruppen und Fächern 2013 271

Abbildung 35: Anteil Professorinnen Grade A-Positionen in ausgewählten Ländern 2010 vs. 2002 274

Abbildung 36: Frauenanteil beim hauptberuflich nicht-wissenschaftlichen Personal im höheren Dienst von 2000 bis 2013 276

Abbildung 37: Anteil Kanzlerinnnen nach Hochschultyp und Trägerschaft 2008 vs. 2015 278

Abbildung 38: Anteil Kanzlerinnnen nach Studierendenzahl der Hochschule 2008 vs. 2015 279

Abbildung 39: Studienanfängerquoten nach beruflichem Status des Vaters von 1982 bis 2007 282

Abbildung 40: Anteile Studierender mit mindestens einem akademischen Abschluss im Elternhaus an Universitäten und Fachhochschulen von 1995 bis 2013 283

Abbildung 41: Höchster Bildungsabschluss eines Elternteils der Promovierenden nach Promotionsbereichen 2006 292

Abbildung 42: Anteile Studierende und Promovierende mit mindestens einem Elternteil mit Universitätsabschluss 293

Tabellenverzeichnis

Tabelle 1:   Ausgewählte Merkmale der Elite- und Massensysteme sowie
              von Systemen mit universellem Zugang 68
Tabelle 2:   Differenzierung in verschiedenen Hochschulsystemen 106
Tabelle 3:   Anteile verschiedener Drittmittelgeber an den
              Drittmitteln 2012 120
Tabelle 4:   NPM-Modell und traditionelles deutsches Governancemodell
              im Vergleich 140

1 Einleitung

Während der letzten beiden Jahrzehnte hat sich in deutschen Hochschulen sowie dem Hochschulsystem insgesamt ein umfassender Wandel vollzogen. Dieser Wandel und seine Folgen werden auch die nächsten Jahre in erheblichem Maße prägen. Von besonderer Bedeutung sind vor allem zwei Prozesse: Zum einen sehen wir gerade in jüngster Zeit eine außergewöhnliche Expansions- und Wachstumsdynamik, die dazu führt, dass immer mehr Personen in das System der Hochschulbildung einbezogen werden. Mittlerweile liegt die Studierendenquote in Deutschland bei über 50 Prozent, während ein früherer OECD-Benchmark von 40 Prozent vor wenigen Jahren noch als unrealistisch hoch galt und die Studierendenquote im Jahr 2000 nur bei 34 Prozent lag. Mehr und mehr wird Studieren zum Normalfall, und man spricht aktuell von der „Generation Hochschulabschluss". Dass sich damit die gesellschaftliche Bedeutung der Hochschulen sowie soziale Erwartungen und Herkunft der Studierenden wandeln, ist nur allzu offensichtlich. Zum anderen sehen sich das Hochschulsystem und die einzelnen Hochschulen umfassenden Reformprozessen ausgesetzt. Man denke hier zum Beispiel an den Bologna-Prozess, den Wandel staatlicher Steuerungsinstrumente, Veränderungen hochschulinterner Steuerungsprozesse, die zunehmende Relevanz von Wettbewerbs- und Profilbildungsprozessen sowie Versuche, Studium und wissenschaftliche Karrierewege geschlechtergerecht zu gestalten. Doch was wissen wir über die kurz-, mittel und langfristigen Effekte all dieser Prozesse?

Wissenschaftliche Neugier, Ergebnisoffenheit und wissenschaftliche Distanz zum Gegenstand sind Grundvoraussetzungen, um hier zur dringend notwendigen Aufklärung beizutragen. Nur so lassen sich die Wandlungsprozesse und ihre Effekte angemessen beschreiben und erklären. Das fällt nicht immer leicht, da wir mit dem Untersuchungsgegenstand „Hochschulen" ein System erforschen, dessen Teil wir, die Autoren, als an einer Hochschule Forschende und Lehrende zugleich sind. Das Forschungsgebiet, das dies leistet, ist die sozialwissenschaftliche Hochschulforschung, deren Ziel es sein muss, Hochschulen wie jeden anderen Gegenstand der sozialwissenschaftlichen Analyse zu erforschen. Neben der Reflexion unserer Rolle zwecks permanenter Überprüfung der erforderlichen Distanz bedeutet dieses Vorhaben vor allem, fünf wesentliche Elemente gleichzeitig zu berücksichtigen.

Erstens benötigen wir eine historische Perspektive, denn Hochschulen und Hochschulsysteme sind – wie die Gesellschaft insgesamt – nur in ihrer Geschichtlichkeit zu verstehen. Dies gilt in besonderer Weise für Universitäten, die zu den ältesten noch bestehenden Organisationsformen der Welt zählen. Ihre unbestreitbare Entwicklungsdynamik ist immer auch an Pfadabhängigkeiten gebunden, die dazu führen, dass gesellschaftliche Wandlungserwartungen und hochschulpolitische Reformen nicht unmittelbar zu umfassenden Veränderungen führen, sondern in einen spezifischen Kontext übersetzt werden müssen.

Zweitens benötigen wir Theorien. Diese Theorien können sich auf Hochschulen beziehen, um solchermaßen Wissen über den konkreten Fall hinaus abstrahierend zu generieren. Darüber hinaus ist aber auch theoretisches Wissen vonnöten, das über Hochschulen hinausreicht, etwa zu Fragen gesamtgesellschaftlicher Entwicklungen sowie zur gesellschaftlichen Steuerung und Organisation komplexer Systeme, um auch auf diesem Wege zur Abstraktion und Einordnung des fallspezifischen Wissens beizutragen.

Drittens stellen empirische Methoden ein weiteres Element dar, das zur distanzierten Erfassung fortlaufender Wandlungsprozesse erforderlich ist. Es ist stetig mit zu reflektieren, auf welchem Wege Daten, die gerade in hochschulpolitischen Auseinandersetzungen häufig unkritisch benutzt und eingesetzt werden, methodisch erzeugt wurden, welche Stärken und Schwächen sie aufweisen und zu welch unterschiedlichen Schlussfolgerungen Daten führen, die auf anderem Wege gewonnen wurden.

Viertens ist unser Verständnis von Hochschulforschung notwendigerweise interdisziplinär. Auch wenn wir als Soziologen viel disziplinäres Wissen bei der Erforschung des Gegenstandes einfließen lassen, so ist die eingenommene sozialwissenschaftliche Perspektive breiter und bezieht insbesondere auch die Politik- und Wirtschaftswissenschaften sowie zudem die Geschichts- und Rechtswissenschaft, die Psychologie und Pädagogik mit ein.

Fünftens kann die Erforschung der Veränderungen in Hochschulen und Hochschulsystem nur gelingen, wenn nicht ausschließlich nationale, sondern auch internationale Entwicklungen in den Blick genommen werden. Historische Zusammenhänge, aktuelle Reformprozesse und Systemdynamiken sind nur im Rahmen eines breiteren internationalen Kontextes zu verstehen. Dies bedeutet zum einen, internationale und zum Teil globale Entwicklungstendenzen zu berücksichtigen, zum anderen werden häufig internationale Vergleiche angestellt, um vom nationalen Kontext zu abstrahieren und eine übergreifende Einordnung vorzunehmen.

Die Berücksichtigung dieser fünf Elemente erlaubt es, den umfassenden Wandel in deutschen Hochschulen sowie dem Hochschulsystem insgesamt zu erfassen, einzuordnen und zu reflektieren. In diesem Wandel sind aus Sicht der

Hochschulforschung die vielfältigen transintentionalen[1] Effekte intendierter Strukturveränderungen von besonderer Bedeutung, die sich mit Neugier, Offenheit und Distanz genauer aufspüren lassen. Auf dieser Grundlage lassen sich zudem die Handlungsimplikationen für die relevanten Akteure in Hochschule, Politik und anderen gesellschaftlichen Bereichen besser benennen als in einer direkt auf Umsetzung und Verbesserung abzielenden Perspektive.

Vor dem Hintergrund der zuvor dargestellten und für uns zentralen Elemente sozialwissenschaftlicher Hochschulforschung umfasst das Buch die Behandlung von drei Perspektiven auf Hochschulen: die zeitliche, die thematische und die Grenzperspektive.

Zunächst geht es in der zeitlichen Perspektive (Kapitel 2) darum, wichtige Stationen der Hochschulentwicklung im historischen Ablauf darzustellen (Kapitel 2.1). Aus einer zeitlichen Perspektive werden dann die in den letzten beiden Jahrzehnten beobachtbaren Veränderungsprozesse des deutschen Hochschulsystems, aber auch der einzelnen Hochschulen betrachtet, was in Kapitel 2.2 geschieht.

Die in Kapitel 3 behandelte thematische Perspektive beschäftigt sich mit vier grundlegenden Themenfeldern der sozialwissenschaftlichen Hochschulforschung, ihren Fragestellungen, Ergebnissen und Weiterentwicklungsmöglichkeiten. Erstens behandeln wir das Themenfeld der quantitativ-strukturellen Gestalt und Entwicklung von Hochschulsystemen (Kapitel 3.1), in dem die quantitative Entwicklung, die Differenzierung innerhalb des Systems sowie dessen Finanzierung behandelt werden. Das zweite und in den letzten Jahren stark angewachsene Themenfeld ist die Betrachtung der Governance von Hochschulsystemen und Hochschulen (Kapitel 3.2). Wir beginnen hier mit der Beschreibung von basalen Governancemechanismen, um auf dieser Grundlage zwei zentrale Typologien von Governanceregimen, aktuelle Forschungsergebnisse und -fragen sowie das Weiterentwicklungspotential der Governanceforschung zu behandeln. Die Forschung zu Hochschulen als Organisationen, die ebenfalls in den letzten

---

[1] Zum Begriff der Transintentionalität vgl. grundlegend Greshoff et al. (2003) sowie Krücken (2013) mit Bezug auf Hochschulen. Dieser Begriff schließt an Mertons Soziologie nicht antizipierter Konsequenzen des intendierten sozialen Handelns an Merton (1936). In Erweiterung von Merton wird hier jedoch weniger von individuellen Entscheidern ausgegangen, die Handlungen durchführen, deren Effekte überraschend sind. Vielmehr haben wir es gerade im Hochschulbereich mit einem aus Handlungsverkettungen und Prozessdynamiken bestehenden Handlungsfeld zu tun, in dem es schwer fällt, Veränderungen auf individuelle Entscheider zurückzuführen. Ebenso führt der breit und kritisch geführte hochschulpolitische Diskurs dazu, dass die Überraschung über nicht-intendierte Effekte zwar für einzelne Akteure gelten kann, jedoch weitaus weniger für das Gesamtsystem, in dem an der ein oder anderen Stelle derartige Effekte frühzeitig kritisch antizipiert werden. Man denke hier zum Beispiel an den Bologna-Prozess.

Jahren einen Bedeutungszuwachs erfuhr, bildet das dritte von uns behandelte Themenfeld (Kapitel 3.3). Auch hier werden wir zunächst grundlegende Konzepte der Organisationsforschung und -theorie behandeln, um auf dieser Grundlage spezielle Ansätze zur Erforschung der Hochschulen als Organisationen vorzustellen. Das vierte und letzte von uns behandelte Themenfeld bildet die Forschung zu verschiedenen Personengruppen an Hochschulen (Kapitel 3.4). Zu diesen Gruppen gehören die Studierenden, die Wissenschaftlerinnen und Wissenschaftler sowie das Verwaltungspersonal. Dieser Teil schließt mit Betrachtungen zur Chancengleichheit von Frauen und Angehörigen bildungsferner Schichten als einem zentralen Querschnittsthema der Forschung zu den Gruppen an Hochschulen.

Unsere dritte Perspektive – die Grenzperspektive – wird in Kapitel 4 behandelt. Hier betrachten wir die Wissenschaftsforschung (Kapitel 4.1), die empirische Bildungsforschung (Kapitel 4.2) sowie die Innovationsforschung (Kapitel 4.3) als Forschungsfelder mit einer großen Nähe zur Hochschulforschung. Zwei Zielsetzungen sind mit diesen Betrachtungen verbunden: Erstens dient die Behandlung nicht der Abgrenzung im Sinne einer festen Zuordnung von Forschungsfragen und Territorien, sondern der dringend erforderlichen Vermittlung zwischen Forschungsfeldern. Wir nutzen die Grenzperspektive insbesondere dazu, Weiterentwicklungsmöglichkeiten der Hochschulforschung aufzuzeigen. Zweitens sollen einige noch vorhandene Lücken der bisherigen Ausführungen geschlossen werden. Dies gilt insbesondere in Bezug auf Arbeiten zur Forschung an Hochschulen, die im Kapitel zur Wissenschaftsforschung behandelt wird.

Auch wenn das Buch einen breiten Überblick über die Fragestellungen, Ergebnisse und Perspektiven der sozialwissenschaftlichen Hochschulforschung gibt, beanspruchen wir nicht, die interdisziplinäre Hochschulforschung in Gänze zu behandeln. Das Buch setzt Schwerpunkte und nimmt eine Auswahl vor. Für diese Schwerpunktsetzung und Auswahl können dann zwar jeweils Begründungen und Argumente geliefert werden, was wir an verschiedenen Stellen des Buches auch tun, es bleibt aber letztlich eine Auswahl der Autoren, die kontingent ist, also auch anders sein könnte.[2] Ziel dieser Auswahl ist es, die zuvor benannten zentralen Elemente der sozialwissenschaftlichen Hochschulforschung so zu kombinieren, dass an der Hochschulentwicklung Interessierte einen möglichst umfassenden, aber auch kritisch reflektierten Überblick über den

---

[2] Die offensichtlichste Leerstelle bilden die Hochschulpädagogik und -didaktik. Eine auch nur in Ansätzen adäquate Darstellung dieser wichtigen Themenbereiche hätte allerdings den Umfang unseres Buches, dessen Schwerpunkte in der Aufarbeitung struktureller Entwicklungen und nicht auf mikrosozialen Prozessen liegen, gesprengt.

aktuellen Forschungsstand erhalten. Zugleich, so hoffen wir zumindest, soll die an Geschichte, Theorien, Methoden, Interdisziplinarität und Internationalität orientierte Ausrichtung des Buches dazu beitragen, die wissenschaftliche Identität der Hochschulforschung zu stärken und weiterzuentwickeln.

Zum Ende dieser Einleitung wollen wir noch einige wichtige (Lese-)Hinweise geben. Erstens nutzen wir über weite Strecken des Buches den Begriff der Hochschule und bezeichnen damit Universitäten und Fachhochschulen gleichermaßen. Wir tun dies, um auch sprachlich zu verdeutlichen, dass unser Fokus auf der Betrachtung des Hochschulsystems und seiner Veränderungen liegt. Dabei geht es uns dezidiert nicht um eine Gleichsetzung der beiden Hochschultypen, sondern wir werden an verschiedenen Stellen und bei verschiedenen Themen auf zentrale Unterschiede beider Hochschultypen hinweisen. Es lässt sich allerdings nicht leugnen, dass es in der Hochschulforschung – insbesondere bei den Themenfeldern Governance und Organisation sowie der Personengruppe der Wissenschaftlerinnen und Wissenschaftler – einen deutlichen Fokus auf Universitäten gibt. Wir haben uns hier dennoch entschlossen, weitestgehend den Begriff der Hochschulen zu verwenden, um keine zusätzliche Begriffsverwirrung entstehen zu lassen.

Zweitens ist darauf hinzuweisen, dass an verschiedenen Stellen des Buches bereits publizierte Texte als Arbeitsgrundlage genutzt wurden.[3] Die Teile der Texte, die wir hier benutzt haben, wurden allerdings umfassend überarbeitet, ergänzt, erweitert und häufig auch rekontextualisiert.

Drittens müssen wir uns bei einer Reihe von Personen für die Unterstützung bei der Entstehung des Buches bedanken. Wichtige Hinweise erhielten wir von Guido Bünstorf, Anita Engels, Choni Flöther, Susanne Höckelmann, Thomas Kailer, Lars Müller und Elke Wild. Unser besonderer Dank gilt Anna Kosmützky und Christiane Rittgerott, die das gesamte Manuskript gelesen und umfassend kommentiert haben.

---

[3] Zu nennen sind hier insbesondere Hüther (2010), Hüther und Krücken (2011), Krücken (2012) sowie Krücken (2013).

2 Die zeitliche Perspektive

Eine Möglichkeit sich den Hochschulen zu nähern, ist, Entwicklungen im zeitlichen Ablauf zu betrachten. Im Fokus dieser Perspektive steht vor allem die Frage nach Stabilität und Wandel basaler Strukturen von Hochschulen und Hochschulsystemen. Gleichzeitig werden in dieser Perspektive historische Bedingtheiten von Reaktionen der Hochschulen auf neue Erwartungen der Gesellschaft sicht- und erklärbar. Gerade weil Hochschulen – um genauer zu sein: Universitäten – über eine sehr lange Historie in sehr unterschiedlichen gesellschaftlichen Systemen verfügen, ist es sinnvoll, eine solche zeitliche Perspektive am Anfang dieses Buches einzunehmen, um so zwar häufig latente, aber dennoch wichtige Einflussfaktoren auf die heutigen Hochschulen zu erkennen und zu verstehen. Für an Hochschulforschung Interessierte lohnt sich also der Blick zurück und die Frage nach dem Woher.

Wir konzentrieren uns dabei im ersten Teil dieses Kapitels zunächst auf verschiedene relevante historische Etappen der Entwicklungen der Hochschulen in Deutschland (2.1). Im zweiten Teil des Kapitels wenden wir uns den seit den 1990er Jahren feststellbaren Reformbestrebungen zu (2.2). Hierbei zeigen wir unter anderem, dass die neueren Entwicklungen und deren praktischen Auswirkungen mit der historischen Entwicklung der Hochschulen verwoben sind.

2.1 Hochschulen in der Geschichte – Autonomie trotz Abhängigkeit

Universitäten sind neben der Kirche und den Klöstern sehr alte Organisationsformen in Europa (Stichweh 2005, 123). Der Hochschulforscher Clark Kerr hat einmal eine grobe Rechnung erstellt, der zufolge mehr als 80 Prozent der Organisationen, die es weltweit gegenwärtig gibt und die eine Geschichte von mehr als 500 Jahren aufweisen, Universitäten sind (Kerr 2001, 115). Produzierende Unternehmen, Staaten, supranationale Einrichtungen und andere heutzutage so wichtige Organisationen sind historisch eher – zum Teil sogar deutlich – jüngeren Datums. So lassen sich in Europa Universitäten finden, die über eine mehr als 800jährige Geschichte verfügen. Zugleich hat sich der „Archetyp" (Greenwood und Hinings 1988) der Hochschule, also ihre Struktur und die an sie gerichteten Vorstellungen und Erwartungen, in den Grundzügen bereits vor Jahrhunderten entwickelt. Dies führt dazu, dass sich die historische Entwicklung sowohl in der Struktur und den Traditionen der Hochschulen als auch in den Erwartungen ihrer Umwelt ihr gegenüber, zum Beispiel wie eine Hochschule auszusehen hat oder welche Aufgaben sie zu erfüllen hat, widerspiegelt. So finden wir auf der Strukturebene an mittelalterlichen und heutigen Hochschulen

Professoren, kollegiale Entscheidungsgremien und das Unterrichten von Studierenden. Gleichzeitig erwarten wir aber auch von Hochschulen, dass sie Professoren, kollegiale Entscheidungsgremien und Studierende vorweisen können. Zwar finden wir im historischen Ablauf auch Veränderungen, so zum Beispiel die Integration der Forschung im 19. Jahrhundert (vgl. zum Beispiel Paletschek 2010), müssen aber auch eine erstaunliche Kontinuität in den Grundzügen konstatieren. Hochschulen konnten demnach über Jahrhunderte „die Notwendigkeit ihrer Existenz nach innen und außen" (Engels 2004, 12) legitimieren und erweisen sich als eine „immensely flexible institution, able to adapt to almost any political situation and form of society" (Perkin 1991, 169).

Wir werden im Folgenden zunächst die Entwicklung der Universitäten im Mittelalter beschreiben, um uns dann der Krise der Universitäten beim Übergang in die Neuzeit zuzuwenden. Die Überwindung dieser Krise und die damit einhergehende Neukonzeption der Universitäten sind besonders mit dem Universitätskonzept Wilhelm von Humboldts verbunden, das in seiner Grundidee und Umsetzung ebenfalls behandelt wird. Wir gehen dann kurz auf die Entwicklung der Universitäten in der Weimarer Republik und der nationalsozialistischen Diktatur ein. Es folgen Betrachtungen zu den Entwicklungen nach dem Zweiten Weltkrieg in Westdeutschland, wobei wir insbesondere auf die Einführung der Gruppenuniversität eingehen. Zu beachten ist, dass die folgende Darstellung der historischen Entwicklung in dieser Einführung nur skizzenhaft erfolgt.[4] Es kann nur darum gehen, wichtiges Grundlagenwissen zu vermitteln, nicht aber eine umfassende Geschichte der Hochschulentwicklung in Deutschland vorzulegen.

2.1.1 Die Gründung der ersten Universitäten im Mittelalter

Die ersten als Universitäten zu bezeichnenden sozialen Einheiten entstanden im 11. bzw. 12. Jahrhundert in Bologna und Paris. Eine exakte zeitliche Bestimmung ist nicht möglich, da es sich bei beiden Universitäten um spontane Zusammenschlüsse handelte, die erst später als Archetypen der Universitäten zu erkennen waren (vgl. Fisch 2015, 9f.). Die Gründung der Universität Bologna wird zumeist auf das Jahr 1088 datiert – damit ist sie die älteste Universität in Europa.

Interessant hierbei ist, dass die Universitäten in Bologna und Paris unterschiedliche dominierende Gruppen herausbildeten. Während in Paris die Lehrenden die Universitäten dominierten, weil ihre Bezahlung durch die Kirche erfolg-

---

[4] Ausführlich und grundlegend zur Geschichte der europäischen Universitäten Rüegg (1993, 1996, 2004, 2010).

te, waren es in Bologna die Studenten (Cobban 1992, 1247), weil diese die Lehrenden finanzierten. Bereits in dieser Phase der Universitätsentwicklung gab es Auseinandersetzungen zwischen Lehrenden und Lernenden um die Vormachtstellung bzw. die Beteiligung der beiden Gruppen an der Kontrolle „ihrer" Universität. Im Laufe der weiteren Entwicklung haben dabei die Lehrenden ihre Machtposition insbesondere durch die staatliche Absicherung ihrer Einkommen ausbauen können, der Pariser Archetyp hat sich demnach durchgesetzt.[5]

Intern waren die mittelalterlichen Universitäten durch die akademische Gilde geprägt, also einen genossenschaftlichen Zusammenschluss der Professoren, die gemeinsam ihre Interessen verfolgten (vgl. Cobban 1992, 1246). Dem Gildeprinzip folgte auch der interne Aufbau der Universitäten. Die „Allgemeine Versammlung" (concilium generale) der Professoren war als Ausdruck des genossenschaftlichen Zusammenschlusses das höchste Entscheidungsgremium innerhalb der Universitäten. Nicht jeder Lehrende hatte allerdings Zugang zu dieser Versammlung, sondern nur die „Würdigsten (...): die Inhaber der höchsten Grade, die Magister, die Doktoren, wenngleich die Abgrenzung nach unten von Universität zu Universität variierte" (Roellecke 1982, 14). Innerhalb der Gruppe der Lehrenden bestand also eine hierarchische Differenzierung, die sich im beschränkten Zugang zur Allgemeinen Versammlung manifestierte.

Die laufenden Geschäfte wurden in mittelalterlichen Universitäten meist von einem für ein halbes Jahr gewählten Rektor wahrgenommen. Die Wahl konnte durch die Allgemeine Versammlung, einen Ausschuss oder durch Wahlmänner, die dann von allen Universitätsangehörigen (Lehrenden und Studenten) bestimmt wurden, erfolgen. Der Rektor hatte umfassende Befugnisse wie die Verwaltung des Vermögens, Entscheidung bei Streitigkeiten zwischen Universitätsangehörigen und die Wahrnehmung der Rechte und Privilegien der Universität nach außen. Neben dem Rektor bestand häufig ein Rat (senatus concilium), der den Rektor, die Dekane und Prokuratoren umfasste (Roellecke 1982, 14). Dieser Rat hatte zunächst nur beratende Funktionen, konnte aber im Zeitverlauf eigenständige Entscheidungskompetenzen erlangen. In der Entstehungsphase der Universitäten sind also bereits akademische Selbstverwaltungsstrukturen erkennbar, die auch heute noch an Universitäten vorzufinden sind. Auch universitätsspezifische Symbole und Rituale, die die Universitätsgeschichte über Jahrhunderte geprägt haben – Siegel, Talare, Amtsketten, feierliche Graduierungen – entstammen ebenso wie die auf 45 Minuten festgelegte Vorlesungsstunde der mittelalterlichen Universität (Weber 2002, 21).

---

[5] Vergleiche zum Beispiel in Bezug auf die Gründung der Universität Heidelberg Wolgast (1986, 4f.).

Im Gegensatz zu den modernen, im 19. Jahrhundert entstandenen Universitäten hatten die mittelalterlichen aber nur minimale administrative Strukturen,
denn sie umfassten meist nur wenige Professoren und nicht mehr als 100 bis 200
Studenten (vgl. Ellwein 1992, 34). So schreibt Paulsen (1965, 21): „Am ersten
wird man sie mit einer grossen Internatsschule vergleichen können." Studiert
werden konnte in vier Fakultäten, die eine hierarchische Struktur mit der Theologie an der Spitze bildeten. Das Studium begann an der Artistenfakultät, so
genannt nach den „artes liberales", den Grundfächern, wie zum Beispiel Gram-
matik, Rhetorik und Logik. In dieser Phase des Studiums sollten die unterschiedlichen Eingangsvoraussetzungen der Studenten ausgeglichen werden, die
dadurch entstanden, dass keine spezifischen Zugangsvoraussetzungen zur
Aufnahme eines Studiums bestanden. Nach einem Abschluss an der Artistenfakultät konnten dann die anderen drei Fakultäten – die juristische, die medizinische oder die theologische – besucht werden (vgl. Roellecke 1982, 8).

Neben den internen Strukturen sind auch die Bezüge der Universitäten zur
staatlichen und kirchlichen Obrigkeit – also das Ausmaß ihrer Autonomie –
relevant. Während der staatliche und kirchliche Einfluss bei den spontanen
Universitätsgründungen zunächst eher begrenzt war, verändert sich dies in der
ersten Expansionsphase der Universitäten im späten Mittelalter. Universitäten
entstanden jetzt nicht mehr aus spontanen Zusammenschlüssen, sondern sie
wurden, wie die deutschen Universitäten, „nach fertigem Schema gegründet"
(Paulsen 1965, 18). Diese Gründungen verfolgten dabei bestimmte Zwecke, wie
zum Beispiel die Ausbildung von Staatsbeamten. So wurde die Universität
Neapel 1224 von Kaiser Friedrich II. mit dem Ziel gegründet, „aus den Absolventen der Universität die Richter und die Beamten für seinen entstehenden
Verwaltungsstaat [zu] rekrutieren" (Fisch 2015, 11). Die Zahl der Universitäten
in Europa stieg so von 15 bis 20 im 12. Jahrhundert auf ca. 70 bis zum Ende des
14. Jahrhunderts an (Cobban 1992, 1248). Dies war auch ein Effekt der wachsenden „staatlichen" Hochschulpolitik im 14. Jahrhundert – wobei mit „Staat"
vor allem die Fürsten und städtischen Behörden gemeint sind (Nardi 1993,
99ff.).

Im deutschsprachigen Raum kam es vergleichsweise spät zur Gründung von
Universitäten – die erste Universität im Heiligen Römischen Reich entstand
1348 in Prag; auf dem Gebiet der heutigen Bundesrepublik Deutschland kamen
1386 die Universität Heidelberg, 1388 die Universität Köln und 1389 die
Universität Erfurt hinzu. Gründer waren vor allem Landesherren, zuweilen die
Kirche und in einigen wenigen Fällen freie Städte (Ellwein 1992, 24).

Neugründungen mussten zum einen wirtschaftlich durch Pfründe abgesichert werden und zum anderen durch gewährte Privilegien Reputation erlangen.
Die wirtschaftliche Absicherung geschah oftmals durch die Übertragung von

Höfen oder Dörfern an die Universitäten durch den Gründer, d.h. in der Regel durch den Landesherren. Diese Einnahmen kamen dann der Universität und hier insbesondere den Lehrenden zugute, die sich dadurch neben den Zahlungen der Studenten eine weitere Einnahmequelle sichern konnten. Die Landesfürsten versuchten nicht nur, eigene Privilegien zu verleihen, sondern sich zugleich die Unterstützung von Kaiser und Papst für ihre Gründungen zu sichern. Diese gewährten Privilegien wirkten als Einflussabsicherung der Gründer (vgl. Ellwein 1992, 31ff.).

Ein Teil dieser Privilegien bestand in der Zusicherung von relativer Autonomie der Universitäten, die auch durch die selbstverwalteten Pfründe erhöht wurde, da diese eine zumindest teilweise finanzielle Autonomie ermöglichten.[6] Ein zentrales Privileg war zum Beispiel die Entscheidung oder zumindest Mitwirkung bei der Berufung neuer Professoren. Hinzu kam ein autonomes Prüfungsrecht der Universitäten.

Die institutionelle Autonomie der mittelalterlichen Universität wurde dabei von einer Konkurrenz zwischen weltlichen und religiösen Einflussversuchen geprägt, was vermutlich die Autonomie erhöhte. Der Grad der faktischen Autonomie der Universitäten ist allerdings schwer zu beurteilen. Sicher ist aber, dass die Universitäten nicht vollkommen autonom agierten, was auch mit ihrer grundsätzlichen Abhängigkeit von den finanziellen Zuwendungen der Gründer zusammenhängt. Ellwein stellt fest, dass es „schon im Mittelalter zu deutlichen Eingriffen in das Satzungsrecht oder in die Vermögensverwaltung der Universitäten" (Ellwein 1992, 34) kam (anschaulich wird dies von Wolgast (1986 zum Beispiel 5, 27, 34, 46ff., 56ff.) in Bezug auf die Universität Heidelberg beschrieben). Allerdings musste trotz dieser Eingriffe zumindest der Schein der Autonomie aufrechterhalten werden, um die Reputation der Universität und damit die Anziehungskraft auf die Studenten nicht zu zerstören.

Aus der heutigen Sicht ist dabei weniger interessant, ob bzw. bis zu welchem Grad die Universitäten autonom und selbstverwaltet waren, sondern vielmehr, dass der Anspruch auf Autonomie bereits am Anfang der Universitätsentwicklung formuliert wurde. Das Verhältnis von Autonomie und Abhängigkeit markiert ein Konfliktfeld, das gerade auch für die gegenwärtigen Diskussionen um Hochschulen in Deutschland und Europa einen wichtigen Referenzpunkt bildet.

---

[6] Einige dieser Privilegien wie das Schankrecht oder das Apothekenprivileg dienten dann gleichfalls zur wirtschaftlichen Absicherung der Universität. Weitere Privilegien waren zum Beispiel die eigene Gerichtsbarkeit oder die Befreiung der Häuser der Professoren von Einquartierungspflichten.

2.1.2 Die Krise der Universitäten und die Entstehung der experimentellen Naturwissenschaften

An der internen Struktur und der Größe der Universitäten änderte sich bis zur Neuzeit relativ wenig. Die vorherrschende Gruppe blieben die Professoren, die interne Fächerhierarchie mit der Theologie an der Spitze blieb ebenfalls erhalten und die Universitäten blieben relativ klein (vgl. Ellwein 1992, 53).

Zwei zentrale Prozesse sind allerdings für die weitere Entwicklung der Hochschulen hervorzuheben. Erstens der Konflikt zwischen Glauben und Wissen, in dessen Verlauf der Einfluss der Kirche auf die Wissenschaft mehr und mehr zurückgedrängt wurde. Zweitens stieg komplementär zum Einflussverlust der Kirche der Einfluss des Staates erheblich an. Aufgrund der sich entwickelnden modernen Staatstätigkeit benötigte der Staat loyale, gut ausgebildete Staatsbedienstete und forderte deren Ausbildung von den finanziell abhängigen Universitäten ein.

Aus der innerwissenschaftlichen Sicht ist die Zeitspanne des Übergangs zwischen Mittelalter und Neuzeit „wohl als ein Prozess zu begreifen, in dem immer wieder neu die Spannung zwischen Wissen und Glauben, zwischen gläubiger Gewissheit und vernünftiger Erklärung ausgetragen wird" (Ellwein 1992, 39). In diesem Prozess verlor die Kirche die Kontrolle über Lehr- und Forschungsinhalte der Universitäten. Der Einfluss der Kirche wurde zudem dadurch zurückgedrängt, dass bei den etwa 50 Hochschulgründungen zwischen dem 16. und 18. Jahrhundert fast ausschließlich Landesherren als Gründer in Erscheinung traten, während die Kirche als Gründerin und auch als Verleiherin von Privilegien mehr und mehr an Bedeutung verlor (Frijhoff 1992, 1253). Während also im Mittelalter die Autonomie der Universitäten auch durch die Konkurrenz zwischen Kirche und Staat stabilisiert wurde, entfiel nun dieses stabilisierende Element, was es dem Staat deutlich besser ermöglichte, die Autonomie der Universitäten zu beschneiden. Durch die Bindung an den Landesherren wuchs auch die Heterogenität innerhalb des Systems, weil die Universitäten sich zwar in ihrer Grunderscheinung ähnelten, aber auch „entscheidendes (...) nicht gemeinsam haben – so den Glauben und später Anforderungen der weltlichen Herrschaft, die sich so unterscheiden, wie diese Herrschaften selbst" (Ellwein 1992, 43).

Diese Differenzierung und die immer stärkere Verschränkung mit den Bedürfnissen des Staates wirkten sich auch auf die Funktion der Hochschule aus. Sie wurde mehr und mehr zur Ausbildungsstätte für den wachsenden Bedarf des Staates an loyalen Beamten. Ausbildung – nicht in erster Linie Wahrheit, Forschung oder Wissenschaft – stand also im Mittelpunkt der Universitäten. Dies hatte den Effekt, dass „die Universität (...) eine staatstragende und den Staat damit sichernde Einrichtung" (Ellwein 1992, 44) wurde: „die Universität galt als Staatsanstalt neben anderen, über die der Landesherr volle Verfügungsgewalt besaß" (Wolgast 1986, 71). Der staatliche Charakter, aber auch die Funktion der Ausbildung, zeigt sich zum Beispiel in den Bestimmungen des Allgemeinen Landrechts für die Preußischen Staaten, das in seinem zweiten Teil, zwölfter Titel §1 bestimmte: „Schulen und Universitäten sind Veranstaltungen des Staats, welche den Unterricht der Jugend in nützlichen Kenntnissen und Wissenschaften zur Absicht haben." (ALR 1794, II12 §1)

Die Umstellung der Lehrinhalte von der Verkündigung von Wahrheit oder Wahrheitsdogmen auf Ausbildung hatte den Effekt, dass die Lehrinhalte und die Lehrmethoden der Universitäten geöffnet wurden (vgl. Roellecke 1982, 19). Während in der mittelalterlichen Universität die Lehre vor allem darin bestand, zunächst Bücher durch Diktat zu reproduzieren, diese dann zu verlesen und dem Wortgehalt nach zu interpretieren, erforderte die zunehmende Ausbildungsfunktion andere Lehrformen, die weniger „Erstarrungsgefahren" bargen und größere „Freiräume" ermöglichten (Ellwein 1992, 38). Zudem war für Staatsbedienstete in der Neuzeit das Ziel des mittelalterlichen Studiums, nämlich die Fähigkeit zur Disputation, d.h. das Bestehen in einem Redeturnier mit sehr detaillierten Regeln und klar verteilten Rollen (Bonjour 1971, 85), eine wenig relevante Fähigkeit. Die Stärkung der Ausbildungsfunktion öffnete also die erstarrten Lehrinhalte und Lehrformen der Universitäten und ist deshalb keineswegs als einseitig negatives Phänomen anzusehen. Hinzu kommt, dass durch das Anwachsen der Ausbildungsfunktion die Universitäten lange Zeit nur einem begrenzten Existenzrisiko unterlagen. Solange die Funktion der Ausbildung von Staatsdienern erfüllt wurde und der Träger – also der Landesherr – bereit war, die Universität zu finanzieren, waren die Universitäten trotz der vielfältigen „revolutionären geistesgeschichtlichen Entwicklungen" (Ellwein 1992, 47) nicht in ihrer Existenz bedroht. Die einseitige Abhängigkeit von dieser Finanzierung führte allerdings dazu, dass die Universitäten geistesgeschichtliche Entwicklungen wie den Humanismus, die Reformation und Gegenreformation oder die Aufklärung längere Zeit ignorieren konnten.

Trotz der staatlichen Abhängigkeit und der wachsenden Ausbildungsanforderungen kam es aber nicht zu einer vollständigen Durchdringung der Universitäten durch den Staat. Universitäten behielten vielmehr einen autonomen Bereich, der nicht durch den Staat kontrolliert wurde, nicht zuletzt aufgrund der autonom verwalteten Pfründe bzw. Privilegien (Gerbod 2004, 84f.). Um die Ausbildungserfordernisse dennoch abzusichern, verfolgten die staatlichen Stellen zwei Strategien. Erstens kam es zum Aufbau von administrativen Strukturen zur Kontrolle der Universitäten. Die Kuratoren, aus denen später die Kanzler hervorgingen, standen am Anfang dieser Entwicklung (vgl. Roellecke 1982, 21).

Zweitens wurden für die drei oberen Fakultäten (Theologie, Medizin, Recht) neben dem Universitätsexamen zunächst Staatsexamen (Medizin, Recht) bzw. ein kirchliches Einstellungsexamen (Theologie) eingeführt, die schließlich mit einer zusätzlichen Vorbereitungszeit kombiniert wurden (Ellwein 1992, 51). Sowohl der Staat als auch die Kirche misstrauten also den zum Teil selbstverwalteten Universitäten und führten deshalb eigene Prüfungen ein, in der die Loyalität potentieller Staatsdiener und Pfarrer überprüft wurde. In Deutschland bilden noch heute die Staatsexamen und das Referendariat im Rahmen der Lehrer- und Juristenausbildung Reste dieser staatlichen Kontrollstrategie.

Die Auslagerung von Prüfungen und Teilen der Ausbildung von Staatsbediensteten eröffnete Freiräume innerhalb der Universitäten, die es ermöglichten, neue Wissensbestände und Fächer zu integrieren und auch jenseits von Nützlichkeitserwägungen oder Ausbildungserfordernissen nach Erkenntnissen zu suchen. Diese Integration fand vor allem in der Artistenfakultät statt. Zwei Gründe scheinen dafür ausschlaggebend gewesen zu sein. Erstens bestand in der Artistenfakultät grundsätzlich ein größerer Freiraum, da hier keine direkte Ausbildungsfunktion für den Staat übernommen wurde. Zweitens entstanden universitätsexterne Vorbereitungsschulen, die die Aufgabe der Angleichung der Grundkenntnisse der Studenten übernahmen. Die Artistenfakultät wurde also von der mittelalterlichen Funktion der grundlegenden Ausbildung der Studenten entlastet und konnte so andere Aufgaben übernehmen. Beide Aspekte führten dazu, dass sich das „Innovationszentrum" der neuzeitlichen Universitäten in Richtung der Artistenfakultät verschob (Ellwein 1992, 53).

Die Auslagerung von Prüfungen und Teilen der Ausbildung eröffnete Freiräume, unterminierte aber zugleich die existenzsichernde Ausbildungsfunktion der Universitäten. Diese Situation verschärfte sich zusehends dadurch, dass durch die Gründung von Spezialschulen ebenfalls die Anforderungen der Ausbildung erfüllt werden konnten. Im späten 17. Jahrhundert war die Institution Universität in weiten Teilen Europas ziemlich nahe „am Aussterben" (Daxner 2000, 224) und den „(...) aufklärerisch-pragmatisch konzipierten Spezialschulmodell[en]" (vom Bruch 1999, 31) schien die Zukunft zu gehören. Die Existenz der universalistischen Universität war demnach zu diesem Zeitpunkt nicht gesichert. Die Schließung von einer nicht geringen Anzahl von Universitäten gibt davon beredtes Zeugnis (vgl. Roellecke 1982, 21).

Für die Universitätsgeschichte ist zudem bedeutsam, dass die Institutionalisierung der experimentellen Naturwissenschaften zunächst außerhalb der Universitäten stattfand. Für die Renaissance in Italien arbeitet Zilsel (1976) heraus, dass deren soziale Ursprünge aus der historisch neuartigen Verbindung von drei bislang sozial unverbundenen Gruppen entstand: den akademischen Gelehrten, den humanistischen Literaten und den höheren Handwerkern. Während die beiden Erstgenannten zwar über theoretisches Wissen und die Methode der rationalen Beweisführung verfügten, fehlten ihnen das notwendige praktische Wissen und die handwerklichen Fähigkeiten der dritten, sozial deutlich status-niedrigeren Gruppe, deren Kenntnisse ein Gelehrter wie Galileo Galilei über-nahm. Dennoch kann man hier trotz zahlreicher wissenschaftlicher Erfindungen und Entdeckungen noch nicht von einer Institutionalisierung der Naturwissen-schaften und insbesondere der damit verbundenen experimentellen Methode sprechen. Dies geschah erst im England des 17. Jahrhunderts mit der Gründung der Royal Society, der ersten wissenschaftlichen Fachgesellschaft, die 1662 gegründet wurde. Der Titel der mit ihrer Gründung verbundenen Fachzeitschrift – Philosophical Transactions – zeigt, dass die experimentellen Naturwissenschaf-ten in ihrer Frühphase eng mit der Philosophie, insbesondere der Naturphiloso-phie, verbunden waren.

Für die Entstehung des naturwissenschaftlichen Weltbildes war vor allem die Distanz zur Religion, aber auch zu anderen gesellschaftlichen Bereichen erforderlich. So wird in der Charta der Royal Society von 1662 diese Distanz mit den Worten „not Meddling with Divinity, Metaphysics, Moralls, Politicks" (zitiert nach Felt et al. 1995, 36) festgehalten. Dennoch kann man hier nur von einer schwachen Institutionalisierung sprechen, da es sich bei den Mitgliedern der Royal Society um sogenannten „Gentlemen-Wissenschaftler" handelte, die finanziell unabhängig waren, über kleine private Laboratorien verfügten und Experimente im kleinen und vertrauensvollen Kreis ihrer Mitglieder durchführ-ten (Shapin 1994). Zur Institutionalisierung kam es erst mit der Gründung wissenschaftlicher Akademien. So heißt es bei dem Wissenschaftssoziologen Ben-David (1991, 160): „The only institutions which supported science in the eighteenth century (there were no institutions of organized research) were the academies." Hier galt lange Zeit Frankreich als führend. Die damit institutionali-sierte Trennung von Forschung und Lehre wurde dann erst zu Beginn des 19. Jahrhunderts aufgehoben, und zwar nicht in Frankreich, sondern in Deutschland. Dies führte zu einer Revitalisierung der Universitäten, und die moderne For-schungsuniversität entstand. Diese Erneuerung ist dabei eng mit Wilhelm von Humboldt und seiner Universitätskonzeption verbunden, die im Folgenden näher betrachtet werden soll.

2.1.3 Wilhelm von Humboldt und die Entstehung der Forschungsuniversität im 19. Jahrhundert

Obwohl Wilhelm von Humboldt nur kurze Zeit Leiter der „Sektion für Kultus und Unterricht" in Preußen war, ist sein Einfluss auf die Universitätsentwicklung – nicht nur in Deutschland – von immenser Bedeutung. Als Ausdruck der

humboldtschen Universitätsidee wird dabei die Universität in Berlin, die 1810
gegründet wurde, angesehen.

Ganz grundsätzlich sind zwei neue Elemente bei von Humboldt zu finden:
der „Einzug der Forschung in die Universität in Gestalt der forschenden Lehre"
und „die gleichzeitige Ausformung eines Systems moderner, systematisch
methodengenauer Fachwissenschaften" (vom Bruch 1999, 31). Wichtig an
diesen Kernelementen ist, dass die Universitäten aus der „Ausbildungsklammer"
des Staates herausgelöst werden sollten und die Forschung mit der Suche nach
Erkenntnissen im Mittelpunkt stehen sollte.[7] Es kommt zur engen Verbindung
von Forschung und Lehre im Rahmen einer Rolle, des Professors, und einer
Organisation, der Universität (Ben-David 1991, Part II). Zudem wird durch die
Integration aller Fachwissenschaften deutlich der Konzeption von Spezialschulen
widersprochen (Frijhoff 1992, 1258). Für die Studenten gilt, dass sie keine
Ausbildung erfahren sollten, sondern Bildung durch Wissenschaft. Neben das
Fachwissen tritt eine allgemeine sittlich-moralische Erziehung der Studenten, die
nicht auf Nützlichkeit ausgerichtet ist.

Bei einer genaueren Betrachtung der Konzeption von Humboldts wird allerdings deutlich, dass es sich hier um Idealvorstellungen handelt, die niemals
vollständig umgesetzt wurden. Mit dem Ziel der Bildung ist zunächst eine
Ablehnung von praktischer Ausbildung verbunden, die nicht als Teil der Wissenschaft angesehen wurde. Die Universitäten verfolgten hier eine Strategie der
Abschottung, die dazu führte, dass neben den Universitäten weitere Ausbil-
dungsstätten gegründet wurden, die eine anwendungsorientierte Forschung und
Ausbildung anboten. Die Universitäten blieben zwar die dominante akademische
Ausbildungsstätte, dennoch hatten die Spezialschulen beachtlichen Erfolg. Nicht
zuletzt diese Erfolge führten im letzten Drittel des 19. Jahrhunderts dazu, dass
die Technischen Hochschulen den vollen Universitätsstatus – und damit das
Promotionsrecht – erlangten, das Universitätssystem sich also ausdifferenzierte
(Roellecke 1982, 24). Es entstanden also durchaus Fachschulen in Deutschland,
die aber aufgrund des „academic drift" (vgl. zum Beispiel Riesman 1956; Neave
1979) historisch betrachtet insgesamt rasch, wenn auch zum Teil gegen erhebliche Widerstände der bestehenden Universitäten in das Universitätssystem
eingegliedert wurden.

---

[7] Turner (1981) spricht hier auch von einem „Forschungsimperativ", der die neue Professorenrolle in
besonderem Maße prägte. Am Beispiel verschiedener preußischer Universitäten zeigt er, dass dieser
Imperativ jedoch zum Teil unabhängig von der zentralen Schrift von Humboldts zur universitären
Leitidee avancierte.

Auch die „Idee der Einheit der Wissenschaften" (vom Bruch 1999, 40) ist in der praktischen Umsetzung eher kritisch zu sehen. Gemessen an dieser Vorstellung war bereits die Universität im 19. Jahrhundert weit vom humboldtschen Ideal entfernt. Dies lag zunächst in der innerwissenschaftlichen Entwicklung begründet. Die im 19. Jahrhundert sich immer stärker entwickelnden Naturwissenschaften und die damit verbundene Spezialisierung bzw. Differenzierung der Wissenschaften sprengten zusehends die Einheit der Wissenschaft. Die Universitäten reagierten darauf mit einer internen Differenzierung in „divisions, departments and chairs" (Shils 1992, 1261).

Ein weiterer Effekt der Fächerdifferenzierung war, dass die interne Fächerhierarchie der mittelalterlichen Universitäten aufgelöst wurde. Die drei Kernprofessionen – Theologie, Medizin und Recht – verloren deutlich an Einfluss und den Status von Leitprofessionen. Stichweh (1994a, 280) spricht hier von einer Deprofessionalisierung bei der Entstehung der modernen Wissenschaften. Am Ende dieses Konflikts zwischen alten und neuen Fächern entstand ein sehr viel stärker egalitäres Prinzip, das von der prinzipiellen Gleichwertigkeit der Fächer ausging (vgl. zum Beispiel Plessner 1924, 424; Luhmann 1992a, 450).

Gleichfalls differenzierten sich die Forschungsabläufe innerhalb der Universitäten aus. Nicht mehr der einsam im Studierzimmer sitzende Wissenschaftler war in den Naturwissenschaften die Regel, sondern der forschende Wissenschaftler im hierarchisch strukturiertem „Team" (Weber 2002, 183). Die daraus resultierende „hierarchisch gegliederte Institutsform, welche quer zum korporativen Kollegialitätsprinzip der Fakultäten gelagert war" (vom Bruch 1999, 40), ist als frühe Abweichung vom humboldtschen Idealtyp anzusehen.

Die Binnenstruktur der Universitäten veränderte sich also entscheidend durch die zunehmende Differenzierung der Fächer. Verbunden mit den bereits geschilderten Veränderungen entstanden auch neue Gruppen innerhalb der Hochschulen bzw. deren Relationen veränderten sich erheblich. So entstand die neue Gruppe der Assistenten (Roellecke 1982, 26), die Anzahl der Privatdozenten und Extraordinarien nahm im Vergleich zu den Ordinarien, also den Lehrstuhlinhabern bzw. ordentlichen Professoren, deutlich zu und es wurde für den einzelnen immer mehr zum Glückspiel, ob am Ende eine ordentliche Professur erreicht wurde (Schmeiser 1994; Weber 1991; vom Bruch 1984). Gleichfalls wuchs die Gruppe der nicht-wissenschaftlichen Helfer, die Unterstützungsfunktionen in der Forschung, aber auch in der Verwaltung der Universitäten erfüllten (Enders 2008, 86). Die Universitäten wurden im Laufe dieser Entwicklung immer größer, was sich sowohl an den Studierendenzahlen als auch den Budgets deutlich ablesen lässt:

„Zwischen 1872 und 1914 vervierfachte sich fast die absolute Zahl der Studenten
(20418 zu 70280) (....). 1871 betrug der Etat aller preußischen Universitäten 981 826
Mark. 1909 erhielt allein die Universität Göttingen 931 248 Mark." (Roellecke
1982, 23)

Das Wachsen der Studierendenzahlen und die zunehmende Differenzierung der
Fächer und Gruppen innerhalb der Universitäten sind international zu beobachten, stellten also alle universalistisch ausgerichteten Universitäten vor ähnliche
Probleme und zeigen, dass die Einheit der Wissenschaften deutlich eher ein Ideal
darstellte als eine konkrete Wirklichkeit.[8]

Kommen wir noch zu den Vorstellungen von Wilhelm von Humboldt in
Bezug auf die Autonomie der Universitäten und deren tatsächliche Umsetzung.
In seiner berühmten Schrift von 1809/1810 „Über die innere und äussere Organisation der höheren wissenschaftlichen Anstalten in Berlin" finden wir zunächst
folgende Ansicht zum Verhältnis von Staat und Universität:

> „Er [der Staat] muss sich eben immer bewusst bleiben, (…) dass er vielmehr immer
> hinderlich ist, sobald er sich hineinmischt, dass die Sache an sich ohne ihn unendlich
> besser gehen würde (…)." (von Humboldt 1900, 362)

Hier zeigt sich also eine gewisse Skepsis gegenüber staatlichen Eingriffen. Von
Humboldt plädierte vielmehr dafür, die Universitäten möglichst ungehindert
Wissenschaft betreiben zu lassen und die staatlichen Eingriffe möglichst gering
zu halten. Nur so könne es gelingen, die für die Wissenschaft nötige Freiheit zu
gewährleisten. Der Staat müsse darauf vertrauen, dass, wenn Wissenschaft und
Bildung von den Universitäten betrieben werden, sie also ihren „Endzweck
erreichen" (von Humboldt 1900, 364), der Nutzen für den Staat viel höher sei als
er dies durch Vorgaben und Eingriffe erreichen könne.

Allerdings sollte dies nicht so missverstanden werden, dass von Humboldt
jeglichen staatlichen Einfluss auf Universitäten ablehnte. Vielmehr stellte er sich
eine Trennung zwischen Universitäten und Akademien vor, wobei letztere nur
reine Wissenschaft betreiben und die „höchste und letzte Freistätte der Wissenschaft" (von Humboldt 1900, 366) bilden sollten. Da die Akademien nur reine
Wissenschaft betreiben und keine Studenten ausbilden sollten, seien sie für den
Staat von geringem Interesse und sollten deshalb die höchste Autonomie erhalten. Diese Autonomie drückte sich zum Beispiel in der selbstständigen Wahl der
Mitglieder aus, wobei der König die Auswahl nur bestätigen sollte. Allerdings
kam es in Deutschland im Gegensatz zu Frankreich nie zu einem relevanten
Aufbau von Akademien. Im Gegensatz zu den Akademien sollten die Universitä-

---

[8] Vergleiche hierzu umfassend und in Bezug auf andere europäische Länder Rüegg (2004).

ten – zumindest in der Vorstellung von Wilhelm von Humboldt – eine geringere Autonomie besitzen. Die Universitäten stehen „immer in engerer Beziehung auf das praktische Leben und die Bedürfnisse des Staates" (von Humboldt 1900, 365). Deshalb sollte die Auswahl der Professoren auch nicht der Universität überlassen werden, sondern:

> „Die Ernennung der Universitätslehrer muss dem Staat ausschliesslich vorbehalten bleiben, und es ist gewiss keine gute Einrichtung, den Facultäten darauf mehr Einfluss zu verstatten (…)." (von Humboldt 1900, 366)

Von Humboldt plädierte also zwar für eine größtmögliche Autonomie, aber nicht bei der Auswahl der Professoren.

Die praktische Umsetzung dieser Vorstellungen ist allerdings wiederum eher kritisch zu sehen. Gerade gegen Ende des 19. Jahrhunderts und zu Beginn des 20. Jahrhunderts, als die deutschen Universitäten ihre größten Erfolge hatten und als weltweites Vorbild für die Universitätsentwicklung galten (vgl. zum Beispiel Geiger 2006; Shils 1992), hatte mit Friedrich Althoff ein Kulturpolitiker einen so großen Einfluss auf die Universitäten in Deutschland, dass man von einem „System Althoff" spricht (vgl. vom Brocke 1991). Althoff stand in seiner Zeit sicher nicht im Ruf, eine umfassende Abgrenzung der Universitäten vom Staat unterstützt zu haben (vgl. vom Bruch 1999, 35ff.). Staatliche Einflussnahme auf Universitäten war auch in der Zeit nach von Humboldt keineswegs die Ausnahme, sondern die staatlichen Stellen regulierten durch gezielte Wissenschaftspolitik und Ad-hoc-Eingriffe die Entwicklung der Universitäten. Für diesen Zweck wurden nicht nur in den zuständigen Ministerien Verwaltungsstrukturen aufgebaut, sondern in Person des Kurators oder Kanzlers (zur historischen Entwicklung des Kurators siehe zum Beispiel Kahl 2004, 33f.) hatte der Staat auch eine mächtige Außenstelle in den jeweiligen Universitäten, weil Kuratoren und Kanzler direkt dem Ministerium unterstellt waren. Von einer größeren Zurückhaltung des Staates kann also keine Rede sein.

Das „Modell Humboldt" ist, wie diese Ausführungen zeigen, nicht als verwirklichter Realtyp anzusehen, sondern als ein Leitkonstrukt, das in Teilen umgesetzt wurde und zudem eine immense Ausstrahlung als legitimatorisches Modell hatte und hat (vgl. Schluchter 1971, 264ff.). Das liegt auch daran, dass um dieses Modell eine neue Universitätsidentität gebildet wurde: Lehre und Forschung als Mittel der Wissenschaft gehören seit von Humboldt zur Kernidentität der Universitäten (Frijhoff 1992, 1258). Umstritten ist allerdings, wann das „Modell Humboldt" eigentlich konstruiert wurde. Neuere Forschungen legen nahe, dass die Konstruktion als Leitidee für Universitäten nicht in der Zeit von Wilhelm von Humboldt erfolgte, sondern vielmehr eine nachträgliche Konstruktion von Anfang des 20. Jahrhunderts ist (Bartz 2005; Paletschek 2002).

Unabhängig davon, wann das „Modell Humboldt" als Leitidee entstand, ist doch davon auszugehen, dass mit diesem Modell die deutschen Universitäten nicht nur eine neue Identität aufgebaut haben, sondern dass diese Identität dann als Vorbild für Universitäten in anderen Ländern genutzt wurde, also anerkannt, nachgeahmt und dadurch bestätigt wurde (Rothblatt und Wittrock 1993). Die Ideen von Wilhelm von Humboldt (ob verwirklicht oder nicht) haben sich auch deshalb in die Identität der deutschen Universitäten tief eingeschrieben (ob bereits im 19. oder erst im 20. Jahrhundert), weil eine Verknüpfung des Modells mit den großen Erfolgen der Universitäten (zum Beispiel Nipperdey 1990, 602ff; Ben-David 1971) in Deutschland vorgenommen wurde. Und genau diese Verknüpfung von Identität und Erfolg kann erklären, warum das Konzept auch in der gegenwärtigen Reformphase als Bezugsmodell eine so wichtige Rolle spielt (vgl. zum Beispiel Schimank und Winnes 2001; Ash 1999).

Allerdings lässt sich die Entwicklung der Forschungsuniversität in Deutschland nicht monokausal auf eine „idealistische Universitätsidee" zurückführen, sondern sie hing „von vielen materiellen- und immateriellen Faktoren" (Paletschek 2010, 53) ab. Hierzu gehörten die relativ gute Ausstattung der deutschen Universitäten oder aber auch die Durchsetzung der Habilitation als Voraussetzung für die Professur (weitere Faktoren bei Paletschek 2010, 32ff.). Nicht vergessen werden sollte allerdings, dass sowohl in Deutschland als auch zum Beispiel in den USA der Einzug der Forschung in die etablierten Universitäten keinesfalls konfliktfrei und ein sich über Jahrzehnte hinziehender Prozess war (vgl. Altbach 1991, 262ff.; Kerr 2001, 11ff.; Paletschek 2010).

Betrachtet man die historische Entwicklung, ist zudem darauf hinzuweisen, dass sich die internen Entscheidungsstrukturen der Universitäten im Laufe des 19. Jahrhunderts deutlich umgestaltet haben. Während im Mittelalter der Rektor noch mit großen Vollmachten ausgestattet war, wurde er im Laufe der Zeit immer mehr zum gewählten „Repräsentant des Senats, primus inter pares, für beschränkte Zeit Träger genau bemessener, überwiegend repräsentativer Funktionen" (Seier 1964, 107). Das Entscheidungszentrum verlagerte sich demnach zunehmend von einer hierarchischen Spitze in den kollegial organisierten Senat. Mit der Vergrößerung der Universitäten und der Bildung neuer Personalgruppen zeigt sich aber auch schon, dass die Kollegialität sich nur auf die Ordinarien bezieht, weil nur sie Mitglieder des Senats waren. Unterhalb dieser Positionen war die Universität „sehr hierarchisch organisiert" (Paletschek 2010, 38).

2.1.4 *Deutsche Universitäten in der Weimarer Republik und im 3. Reich*

Die Situation der Universitäten in der Weimarer Republik ist durch Kontinuität im Hinblick auf die organisatorischen Strukturen, weiterhin steigende Studierendenzahlen sowie eine erhebliche Stagnation in Bezug auf die Zahl der Professuren gekennzeichnet. An den Universitäten und Technischen Hochschulen gab es im Wintersemester 1912/13 rund 70.000 Studierende, im Wintersemester 1932/33 schon rund 113.000, wobei rund 19.000 davon Ausländer und Ausländerinnen waren (Kaiserliches Statistisches Amt bzw. Statistisches Reichsamt verschiedene Jahrgänge)[9]. Im Hinblick auf die Studierenden kann deshalb von einer weiteren Ausweitung ausgegangen werden.

Es finden sich auch erstmals in größerer Anzahl ordentlich eingeschriebene Studentinnen an den deutschen Universitäten. Zwischen 1900 und 1909 haben die unterschiedlichen Länder des Deutschen Reiches (zum Beispiel Baden 1900, Bayern 1903 und Preußen 1908) den Frauen eine reguläre Immatrikulation an den Universitäten ermöglicht. Zuvor konnten im letzten Drittel des 19. Jahrhunderts einzelne Frauen lediglich aufgrund von Sondergenehmigungen Lehrveranstaltungen besuchen (Fisch 2015, 87f.; Fischer 2002, 53; allgemein zu den Anfängen des Frauenstudiums zum Beispiel Schlüter 1992; Budde 2002).

Erste statistische Zahlen zu ordentlich immatrikulierten Studentinnen finden sich im Statistischen Jahrbuch des deutschen Reichs für das Sommersemester 1915. Hier wird die Zahl der Studentinnen an Universitäten und Technischen Hochschulen mit 4.571 angegeben. Im Wintersemester 1932/33 waren an den Universitäten und den Technischen Hochschulen bereits 18.114 Studentinnen ordentlich eingeschrieben. Es findet sich also 1932/33 ein Anteil von ca. 14 Prozent weiblicher Studierender, wobei der Anteil an den Universitäten deutlich höher lag als an den Technischen Universitäten (Kaiserliches Statistisches Amt bzw. Statistisches Reichsamt verschiedene Jahrgänge; vgl. auch Kapitel 3.4.4).

Im Gegensatz zu den Studierenden wuchs die Zahl der Universitätsordinarien nur geringfügig von ca. 1.630 in 1912/13 auf etwa 1.700 in 1932/33 (vgl. Ellwein 1992, 232). Die Stagnation bei den Ordinarien wird auch an den relativ schlechten Karriereaussichten der nicht verbeamteten Professoren und Assistenten sichtbar. Der akademische Arbeitsmarkt befand sich in einer „eklatanten Krisensituation" (Grüttner und Kinas 2007, 149). Der Anteil der Privatdozenten und nichtverbeamteten außerordentlichen Professoren, die alle ein Ordinariat anstrebten, hatte sich 1931 auf 2.664 erhöht, während dem nur 1.721 Ordinarien gegenüberstanden (vgl. Grüttner und Kinas 2007, 149). Die Wahrscheinlichkeit, einen ordentlichen Lehrstuhl zu erhalten, hatte sich deshalb im Laufe der Weimarer Republik deutlich verschlechtert.

---

[9] Die Statistischen Jahrbücher des Deutschen Reiches ab 1881 finden sich mittlerweile Online unter: http://www.digizeitschriften.de/dms/toc/?PPN=PPN514401303.

Aber nicht nur die Situation der Wissenschaftler war prekär, sondern auch die der Studierenden. Dies lag auch daran, dass das Bürgertum, aus dem sich der größte Teil der Studierenden rekrutierte, sowohl durch den Krieg als auch durch die spätere Hyperinflation einen großen Teil seines Vermögens verloren hatte und seine Kinder deutlich weniger unterstützen konnte. In die Weimarer Zeit fallen dann auch die ersten Gründungen von Studentenwerken, Mensen und Wohnheimen. Hinzu kam die Gründung der Notgemeinschaft der deutschen Wissenschaft (ausführlich hierzu Kirchhoff 2003), „die Druckkostenzuschüsse für Dissertationen und Habilitationsschriften, später auch Habilitations- und Reisestipendien bereitstellte" (Ellwein 1992, 230). Diese Notgemeinschaft war der Vorgänger der Deutschen Forschungsgemeinschaft (DFG), die mittlerweile der wichtigste Drittmittelgeber für Forschungsvorhaben an Universitäten ist (vgl. hierzu Tabelle 3, 120).

Politisch standen die Universitäten und ihre Mitglieder der Weimarer Republik insgesamt abwartend gegenüber. Universitäten waren weniger der Ort demokratischer Kultur, als vielmehr durch nationalistische und zum Teil gar reaktionäre und antisemitische Tendenzen geprägt. So wurde Anfang 1920 eine Vorlesung von Max Weber, der sich öffentlich gegen die an der Universität München mehrheitlich geforderte Begnadigung des Mörders des Anführers der Novemberrevolution und kurzzeitigen bayerischen Ministerpräsidenten Kurt Eisner aussprach, durch nationalistische Studierende so stark gestört, dass sie abgebrochen werden musste (Kaube 2014, 410).[10] Dieser Fall ist im Rahmen der allgemeinen politischen Stimmungslage unter Studierenden zu sehen. Nach Jarausch (1984, 122) „zeigt die ideologische Grundstimmung der Studenten zwischen 1918 und 1923 doch einige übergreifende Elemente. Dominant war der Nationalismus in allen seinen Schattierungen."

Diese Möglichkeit zur Distanz zum demokratischen politischen System zeigt, dass die Universitäten in der Weimarer Republik eine größere Autonomie gegenüber dem Staat erlangten als noch im Kaiserreich. Als Grund hierfür ist zunächst der internationale Erfolg der deutschen Universitäten zu nennen, der sich zum Beispiel in der Übernahme wesentlicher Elemente in das US-amerikanische System oder aber der hohen Anzahl ausländischer Studenten zeigte. Dieser Erfolg wirkte in Richtung Legitimierung der Universitäten, was ihnen ermöglichte, ihre Autonomie zu vergrößern und insbesondere staatliche Ad-hoc-Eingriffe zu erschweren. Dieser bereits vor der Weimarer Republik

---

[10] Darüber hinaus heißt es in der Weber-Biographie von Kaube (2014, 410) zu Webers genereller Einschätzung der Lage an den Universitäten: „Er notiert, dass die akademische Stimmung extrem reaktionär und radikal antisemitisch geworden ist."

einsetzende Prozess kulminierte in der Verfassung von 1919. Hier heißt es in Artikel 142:

> „Die Kunst, die Wissenschaft und ihre Lehre sind frei. Der Staat gewährt ihnen Schutz und nimmt an ihrer Pflege teil."

Im Vergleich zum Kaiserreich ist demnach eine Autonomiesteigerung zu verzeichnen, auch wenn die Professoren weiterhin vom Staat berufen wurden und die Universitäten von den staatlichen Zuwendungen abhängig waren.

Dieser Prozess der Autonomiegewinnung wurde dann allerdings durch die Machtübernahme der Nationalsozialisten zunächst beendet. So begann die „Gleichschaltung" der Universitäten im Nationalsozialismus bereits im ersten Halbjahr 1933. Organisatorisch wurde an den Universitäten das Führerprinzip eingeführt mit dem Rektor als „Führer" an der Spitze – so etwa Martin Heidegger, der 1933 Rektor der Universität Freiburg wurde. Dieses Führerprinzip bestand darin, dass die Rektoren nun nicht mehr von den Senaten gewählt wurden, sondern vom Ministerium eingesetzt wurden. Die Senate wurden zu bloßen „Beratungsgremien, ihre Rechte fielen den Rektoren zu" (Seier 1964, 105) und sowohl die Wissenschaftler als auch die Studenten wurden dem Rektor unterstellt. Der Rektor hingegen unterstand unmittelbar dem Reichswissenschaftsministerium und war nur gegenüber diesem verantwortlich (Seier 1964, 105). Trotz dieses massiven Eingriffes im ersten Jahr der Machtübernahme hatten die Nationalsozialisten allerdings kein umfassendes Konzept für die Umgestaltung der deutschen Universitäten (Paletschek 2002, 195ff.). Die Kombination von verschwommenen Vorgaben und einer starken kollegialen Tradition führten dann auch dazu, dass weiterhin kollegiale Strukturen eine wichtige Rolle an den Universitäten spielten. Die Gleichschaltungspolitik in Bezug auf die organisatorische Umgestaltung kann demnach nicht als vollständig angesehen werden (Paletschek 2002; Seier 1964).

Neben der formalen Einführung von monokratisch-hierarchischen Strukturen an den Universitäten ist ein weiteres besonderes Kennzeichen der nationalsozialistischen Politik im Hochschulbereich die Vertreibung von Wissenschaftlern und Wissenschaftlerinnen aus rassistischen und politischen Gründen mit Hilfe des „Gesetzes zur Wiederherstellung des deutschen Beamtentums" (zum Folgenden: Grüttner und Kinas 2007). Insgesamt wurden an den Hochschulen ca. 18 Prozent des Lehrkörpers von 1932/33 vertrieben, insbesondere jüdische Professoren.[11] An einigen Universitäten waren die Verluste allerdings deutlich

---

[11] Dass es an deutschen Universitäten bereits im Kaiserreich und in der Weimarer Republik einen nicht unerheblichen Antisemitismus gegeben hatte, zeigt Hammerstein (1995). So verhinderten

höher; so in Frankfurt mit 36,5 Prozent oder Berlin mit 34,9 Prozent der Lehrenden. Für 15 der insgesamt 23 deutschen Universitäten haben Grüttner und Kinas (2007) eine Analyse von Entlassungsgründen und Verbleib der Lehrenden vorgenommen. Von den 901 Entlassungen an diesen 15 Universitäten waren dabei 80 Prozent rassistisch motiviert; die restlichen aufgrund primär politischer Gründe. Von diesen 901 Lehrenden emigrierten 560 (62 Prozent). Von den in Deutschland gebliebenen wurden 38 Opfer der nationalsozialistischen Vernichtungspolitik und 36 begingen in den Jahren zwischen 1933 und 1945 Selbstmord. Die Vertreibungen wurden als „geistige Enthauptung Deutschlands" (Pross 1966) oder als „Demontage deutscher Wissenschaft" (Bracher 1979, 294) bezeichnet und sind als „konsequentester und folgenreichster Eingriff" (Paletschek 2002, 197) der Nationalsozialisten in das deutsche Universitätssystem anzusehen. So hatte die Vertreibung erhebliche Auswirkungen auf das wissenschaftliche Niveau in Deutschland, was auch daran zu erkennen ist, dass 24 vertriebene Wissenschaftler vor oder nach ihrer Vertreibung aus Deutschland und Österreich einen Nobelpreis erhielten (Grüttner und Kinas 2007, 149).

Diese Vertreibung ermöglichte es den Nationalsozialisten zum einen, gewünschte Personen in den Hochschulen einzustellen, und zum anderen, die Kapazitäten des Hochschulbereichs insgesamt zu reduzieren. Wie oben beschrieben, hatte sich die Lage auf dem akademischen Arbeitsmarkt in der Weimarer Zeit erheblich zugespitzt, und die Vertreibungen boten Möglichkeiten für Wissenschaftler, die vorher keine Chance gehabt hätten, einen Lehrstuhl zu erhalten. Die Vertreibung hatte also auch für einen Teil der Wissenschaftler erhebliche Vorteile, weshalb „eine geschlossene Abwehrreaktion der deutschen Hochschulen gegenüber den Entlassungen unrealistisch" (Grüttner und Kinas 2007, 150) war. Die Wiederbesetzung von Lehrstühlen nach der ersten Vertreibungswelle wurde dann auch genutzt, um parteitreue Wissenschaftler zu berufen (Paletschek 2002, 196).

Die Vertreibungen wurden aber nicht nur genutzt, um regimetreuen Wissenschaftlern eine Professur zu verschaffen, sondern auch, um den Hochschulsektor insgesamt zu verkleinern. Deutlich wird dies durch das „Gesetz gegen die Überfüllung deutscher Schulen und Hochschulen" von 1933, das eine Reaktion auf die „seit 1930 gefürchtete akademische Überfüllungskrise" (Paletschek 2002, 196) war. Hier wurde davon ausgegangen, dass es zu viele Studierende gab, die dann auch noch das Falsche studierten.

---

antisemitische Ressentiments 1908 die u.a. von Max Weber unterstützte Berufung des Soziologen Georg Simmel auf eine Professur an der Universität Heidelberg.

Dieses Gesetz sah vor, dass die Landesregierungen die Anzahl von aufzu-nehmenden Schülerinnen und Schülern sowie Studentinnen und Studenten jedes Jahr festsetzen sollten und die Festsetzungen am Bedarf der Berufe auszurichten waren (§ 2 und § 3). Die Wirkung dieses Gesetzes ließ dann auch nicht lange auf sich warten: Im Wintersemester 1936/37 gab es nur noch ca. 62.000 reguläre Studierende an Universitäten und Technischen Hochschulen, wobei ca. 4.000 Ausländer waren (Statistisches Reichsamt 1936). Im Vergleich zum Winterse-mester 1932/33 verloren die Hochschulen also knapp 45 Prozent Studierende. In Bezug auf ausländische Studierende ist ein Verlust von fast 80 Prozent zu konstatieren. Insgesamt ergibt sich deshalb eine Ausdünnung des deutschen Universitätssystems in der NS-Zeit – und zwar unabhängig vom 2. Weltkrieg.

Trotz der zum Teil erheblichen Eingriffe der Nationalsozialisten haben sich die Strukturen der deutschen Universitäten als so stabil erwiesen, dass nach den zwölf Jahren nationalsozialistischer Diktatur ein relativ problemloses Anknüpfen an die traditionellen Strukturen möglich war. Allerdings ist darauf hinzuweisen, dass die moralische Diskreditierung der Universitäten und der Professoren aufgrund der opportunistischen Anpassung an die Verhältnisse der Diktatur zwar 1945 kaum beachtet wurde (für eine wichtige Ausnahme vgl. allerdings Jaspers (1946)), wohl aber im Laufe der Studentenrevolte Ende der 1960er Jahre eine zentrale Rolle spielte. Hinzu kam, dass auch nach 1945 weder die Universitäten insgesamt noch die Professoren ihr Verhalten in und ihr Verhältnis zur national-sozialistischen Diktatur kritisch aufgearbeitet haben. Es ist eben gerade auch dieses Versagen, das erklärt, warum die Studentenproteste in den 1960er Jahren „über die deutsche Universität mit einer kaum fassbaren Intensität und Kraft" (Hartmer 2004, 179) hinwegfegten.

2.1.5 Reinstitutionalisierung nach 1945 und der Übergang von der Ordinarienuniversität zur Gruppenuniversität

Nach 1945 wurden deutlich die Strukturen des 19. Jahrhunderts reinstitutionali-siert bzw. „auf das Humboldtsche Ideal zurückgegriffen" (Paletschek 2002, 200). Die viel zitierte Annahme des preußischen Erziehungsministers Becker, „der Kern unserer Universitäten ist gesund" (Becker 1919, 17), wurde auf die unmit-telbare Nachkriegszeit bezogen und steht am Anfang dieser Entwicklung.[12]

---

[12] Die folgenden Ausführungen beziehen sich nur auf die Universitäten in der BRD. Die Entwicklung der Universitäten in der DDR wird nicht betrachtet. Einerseits liegt dies an Platzgründen, andererseits aber auch daran, dass die Entwicklungen in der DDR für die momentane Konfiguration des deut-schen Hochschulsystems nicht als zentral anzusehen sind. Dies liegt daran, dass es nach der Wiedervereinigung zu einer raschen und umfassenden Integration der ostdeutschen Hochschulen in

Das Verhältnis zwischen Staat und Universitäten nach 1945 ist dabei durch die in Art. 5 Abs. 3 des Grundgesetzes verfassungsrechtliche – und nun einklagbare – Absicherung der Wissenschafts-, Forschungs- und Lehrfreiheit geprägt. Hier heißt es: „Kunst und Wissenschaft, Forschung und Lehre sind frei."

Die Universitäten haben seit Gründung der Bundesrepublik also verfassungsrechtlich gute Chancen, sich gegen willkürliche Ad-hoc-Eingriffe von staatlicher Seite zu wehren. Der Einfluss des Staates auf wissenschaftspolitische Grundsatzentscheidungen sowie die Finanzierung ist dennoch im internationalen Vergleich weiterhin als stark anzusehen. Im historischen Vergleich ergibt sich hingegen nach dem Zweiten Weltkrieg eine recht umfassende – wahrscheinlich die umfassendste – akademische Selbstverwaltung der deutschen Universitäten (Teichler 2005a, 30).

Die internen Entscheidungsstrukturen der Universitäten wurden auf den Stand der Weimarer Republik zurückgedreht. Die oben beschriebene Dominanz der Ordinarien blieb so bis in die 1960er Jahre des letzten Jahrhunderts vorhanden. Ab Mitte der 1960er Jahre kam allerdings Bewegung in die Universitätsstrukturen in Deutschland. Die Reformbemühungen kulminierten im Hochschulrahmengesetz (HRG) von 1976, das als der formale Endpunkt der deutschen Ordinarienuniversität angesehen werden kann. Das HRG von 1976 setzte an die Stelle der Ordinarienuniversität, also der von der Professorenschaft (genauer: Lehrstuhlinhaberinnen und -inhabern) dominierten Universität, die auf der breiten Mitwirkung unterschiedlicher Statusgruppen basierende Gruppenuniversität und schrieb diese Form bundesweit fest. Wie kam es aber zu diesem Bruch?

Zunächst ist in diesem Zusammenhang auf die dramatisch ansteigenden Studierendenzahlen ab den 1960er Jahren zu verweisen. Die Zahl der Studierenden stieg zwischen den Wintersemestern 1950/1951 und 1975/176 von 128.000 auf 836.000 (vgl. Kapitel 3.1.1.3).

Dieser Anstieg der Studierendenzahlen wurde durch verschiedene Strategien bewältigt. Eine dieser Strategien bestand in Universitätsneugründungen. Hierzu zählen zum Beispiel die Universitäten Bochum, Bielefeld, aber auch Augsburg und Bamberg (vgl. zur Gründungswelle ab den 1960er Jahren Ellwein

---

das westdeutsche System kam, die in vielen Fächern auch mit einem erheblichen Austausch der wissenschaftlichen Beschäftigten einherging (zum Beispiel Mayntz 1994). Allerdings ist auch darauf hinzuweisen, dass die Entwicklungen der Hochschulsysteme in der BRD und der DDR durch gegenseitige Bezugnahme – meist in ablehnender Weise – verknüpft sind. Zur Entwicklung der Hochschulen in der DDR aus unterschiedlichen Perspektiven vgl. zum Beispiel Jessen (1999), Connelly (2000) oder Kowalczuk (2003). Zudem gibt es eine umfassende annotierte Bibliographie von Pasternack (1999), die in der Zeitschrift „die hochschule" auch kontinuierlich erweitert wird (siehe zum Beispiel Pasternack und Hechler 2013).

1992, 329ff.). Neben der Gründung neuer Hochschulen kam es zum Aufbau des Fachhochschulbereichs, der – so zumindest die Planungen – einen großen Teil der Studierenden aufnehmen sollte (vgl. Teichler 2005b, 31). Es entstand so eine Differenzierung des deutschen Hochschulsystems als Reaktion auf die steigende Zahl der Studierenden.

Im Laufe der 1970er Jahre wurde zudem versucht, das Konzept der Gesamthochschule in Deutschland durchzusetzen. Gesamthochschulen sind Zusammenschlüsse zwischen Universitäten und Fachhochschulen, wobei mehr oder weniger integrierte Organisationsstrukturen vorhanden sind. So wird im Hochschulrahmengesetz von 1976 in Artikel 5 Absatz 1 folgendes festgelegt: „Hochschulen sind als Gesamthochschulen auszubauen oder zusammenzuschließen (integrierte Gesamthochschulen) oder unter Aufrechterhaltung ihrer rechtlichen Selbstständigkeit durch gemeinsame Gremien zu Gesamthochschulen zu verbinden (kooperative Gesamthochschulen)." Trotz der gesetzlichen Vorgaben konnte sich allerdings das Konzept der Gesamthochschulen nicht durchsetzen und mittlerweile sind alle in den 1970er Jahren gegründete Gesamthochschulen in Universitäten umgewandelt worden (zum Beispiel Universität Kassel, Universität Siegen).

Neben Neugründungen und dem Aufbau von Fach- bzw. Gesamthochschulen wurden zur Bewältigung der steigenden Studierendenzahlen auch bei bereits bestehenden Universitäten die Ausbildungskapazitäten ausgebaut. Die Art dieses Ausbaus kann als eine wichtige Ursache der Delegitimierung der Ordinarienuniversität angesehen werden: Der „Massenansturm" der Studierenden wurde so primär durch die Ausweitung der Anstellung der Wissenschaftler und Wissenschaftlerinnen unterhalb der ordentlichen Professur aufgefangen und führte zu einer deutlichen Verschiebung der wissenschaftlichen Personalstruktur innerhalb der Universitäten (Teichler 1981, 108).

Diese Tendenzen gab es an den deutschen Hochschulen bereits seit Ende des 19. Jahrhunderts, worauf wir weiter oben bereits hingewiesen haben. Die Lage spitzt sich aber aufgrund des raschen Ausbaus des Hochschulsystems dramatisch zu. So stieg der Anteil der Professoren und Professorinnen an zehn deutschen Universitäten in der Rechtswissenschaft in der Zeit von 1954 bis 1964 um 44 Prozent, der Anteil der subordinierten Wissenschaftlerinnen und Wissenschaftler stieg aber mehr als dreimal so stark an, genau um 143 Prozent. Auch in den philosophischen (64 Prozent vs. 140 Prozent) und den naturwissenschaftlichen (112 Prozent vs. 229 Prozent) Fakultäten sind ähnliche Entwicklungen zu verzeichnen (Lübbe 1981, 16).

Aus dem kollegialen Prinzip der Ordinarien der mittelalterlichen und neuzeitlichen Universitäten wurde bei zunehmender Größe und Differenzierung so immer deutlicher „eine Oligarchie wissenschaftlicher Senioren" (Teichler 1981,

108), bei der immer größere Teile des wissenschaftlichen Personals von der Teilhabe ausgeschlossen blieben. Dies drückte sich zum einen in einem Beteiligungsdefizit in der akademischen Selbstverwaltung[13] aus und zum anderen in stark asymmetrischen Machtverhältnissen innerhalb der Institute, bei denen deutlich nicht von Kollegialität auszugehen ist. Promovierende, Assistentinnen und Assistenten sowie Extraordinarien waren vom jeweiligen Ordinarius abhängig, der „sein Institut um sich herum baute, sowohl personell wie sachlich, sowohl im Blick auf Forschungsinteressen wie im Blick auf Persönlichkeitsstruktur" (Greifenhagen 1981, 30).

Das Beteiligungsdefizit des Mittelbaus (also alle Wissenschaftlerinnen und Wissenschaftler unterhalb der Professur) und die Machtasymmetrien innerhalb der Institute wurden demnach durch die Expansion der Hochschulen in den 1960er Jahren vergrößert und bildeten eine wichtige Quelle zur Einführung der Gruppenuniversität. Ein weiteres Problem war sicherlich auch, dass bei einer Vergrößerung des Mittelbaus und der Anzahl der Habilitierten in der Warteschleife die Aussicht auf einen ordentlichen Lehrstuhl für den wissenschaftlichen Nachwuchs – wie bereits in der Weimarer Republik – unwahrscheinlicher wurde (Rupp 1981, 124). In einem Wissenschaftssystem, in dem „erst der Professor als Mensch gilt" (Bahrdt 1966, 34), ist das ein deutlich konfliktverschärfender Sachverhalt. Die Reformforderungen der Nichtordinarien speisen sich demnach nicht nur aus dem Beteiligungsdefizit und ihrer Machtunterlegenheit, sondern auch aus fehlenden Karriereperspektiven.

Hinzu kam der studentische Anspruch, gleichfalls an der Gestaltung der Universitäten beteiligt zu werden. Dass die Einforderung von Mitwirkungsrechten der Studierenden in der Selbstverwaltung der Universitäten so spät einsetzt, kann eigentlich nur verwundern, da dies bereits im Universitätskonzept von Wilhelm von Humboldt angelegt war. Es scheint nur ein kleiner Schritt von der Lehr- und Forschungsgemeinschaft zwischen Professoren und Studierenden zu einer Beteiligung der Studierenden an der akademischen Selbstverwaltung. Neben der steigenden Zahl der Studierenden ist ein weiterer Grund für die Einforderung von Beteiligung sicherlich auch darin zu sehen, dass sich die soziale Zusammensetzung der Studierenden veränderte, sie wurde nämlich heterogener, weil es nicht mehr nur „Kinder von Akademikern" (Lobkowicz 1996, 208) sind.

---

[13] Auch bei Neugründungen wurde dieses Defizit keinesfalls aufgehoben. So findet sich bei Schelsky (1966, 53ff.) der wohl großzügig gemeinte Vorschlag, in den Senat je einen Vertreter der Nichtordinarien, der Assistenten und der Studierenden aufzunehmen. Diesen drei Vertretern stehen die Mitglieder des Rektorats (6 Mitglieder), die Dekane und 3 bis 5 kompetenzgebundene Senatoren gegenüber, die selbstredend allesamt Ordinarien sein sollten.

Mit der Bildungsexpansion kam es so zu einer verstärkten Delegitimierung des Ordinariensystems, das sowohl von den Nichtordinarien als auch von den Studierenden zunehmend abgelehnt wurde. Die Ordinarienuniversität wurde von Teilen der wissenschaftlich Angestellten und von den Studierenden in die Zange genommen und sah sich einer doppelten „Demokratisierungsideologie" (Lobkowicz 1996, 206) gegenüber. Gleichfalls wurden die Demokratisierungsforderungen sowohl gesellschaftlich als auch politisch unterstützt, was letztendlich zur Einführung der Gruppenuniversität führte. So findet sich in der Regierungserklärung von Willy Brandt am 28. Oktober 1969 folgender Absatz zur Bildungspolitik:

> „Für Hochschulen und staatliche Forschungseinrichtungen müssen wirksame Vorschläge für die Überwindung überalterter hierarchischer Formen vorgelegt werden." (zitiert nach Beyme 1979, 251ff.)

Die zentrale Veränderung der Gruppenuniversität bestand dabei in der Bildung von vier Gruppen, die an der akademischen Selbstverwaltung zu beteiligen waren und durch gruppeninterne demokratische Wahlen ihre Vertreterinnen und Vertreter bestimmten. Diese Gruppen wurden gebildet aus den Professoren und Professorinnen, dem wissenschaftlichen Mittelbau, dem Verwaltungs- und technischen Personal sowie den Studierenden. Einige Länder[14] wollten in ihren Hochschulgesetzen gar eine Drittelparität zwischen Professoren und Professorinnen, Mittelbau und Studierenden einführen und so eine umfangreiche Entmachtung der Ordinarien durchsetzen.

Solche radikalen Veränderungsversuche wurden allerdings durch das Urteil des Bundesverfassungsgerichts vom 29. Mai 1973 zum Niedersächsischen Gesamthochschulgesetz vom 26. Oktober 1971 verhindert. Nach diesem Urteil müssen die Professoren und Professorinnen, welche eine abgrenzbare Gruppe sein müssen, bei Entscheidungen, die unmittelbar die Lehre betreffen, mindestens über 50 Prozent der Stimmen verfügen. Werden in den Gremien Entscheidungen getroffen, die Berufungen oder Forschung betreffen, erhöht sich das Mehrheitserfordernis, da die Professoren und Professorinnen über die Mehrheit der Stimmen verfügen müssen (vgl. BVerfG 1973).

Das Urteil des Bundesverfassungsgerichts hat damit die Gruppenuniversität an sich als eine Organisationsoption anerkannt, aber der Beteiligung von Studierenden, wissenschaftlichem Mittelbau und Verwaltungs- bzw. technischem Personal deutliche Grenzen gesetzt. Die fest angestellten Professoren und Professorinnen – nicht mehr die Ordinarien – haben also weiterhin die Mehrheit

---

[14] So das Hessische Landeshochschulgesetz von 1970 (vgl. Oehler 1998, 416).

in den Gremien der Gruppenuniversität, was dann auch durch das Hochschulrahmengesetz von 1976 festgeschrieben wurde. Dies setzt der Demokratisierung innerhalb der Hochschulen deutliche Grenzen.

Der Zielsetzung der Demokratisierung entsprechend kam es auch nicht zu einer umfassenden Hierarchisierung durch die Stärkung des Rektors bzw. des Präsidenten oder der Dekane. Die Position des Hochschulleiters[15] wurde einerseits zwar dadurch gestärkt, dass das HRG von 1976 eine Einheitsverwaltung vorschrieb, die den Kanzler unter die Aufsicht des Hochschulleiters stellt. Die doppelte Verwaltungsstruktur – erstens die Verwaltung für die staatlichen Aufgaben unter Leitung des Kanzlers, zweitens die Verwaltung für die akademischen Belange unter Leitung des Rektors – sollte also überwunden werden. Die Einführung der Einheitsverwaltung folgte dabei Bundesländern, die bereits im Verlaufe der 1960er und 1970er Jahre diese Entwicklung vorangetrieben hatten (vgl. hierzu auch Kapitel 3.4.3). Andererseits blieben die akademischen Gremien aber die zentralen Entscheidungszentren der Gruppenuniversität.

Neben der Beteiligung der Gruppen ist zudem im Verlauf der 1960er und 1970er Jahre eine Dezentralisierung der internen Strukturen der Universitäten festzustellen. Diese vollzog sich in der tendenziellen Abschaffung von großen Fakultäten und der Etablierung kleinerer Einheiten, die meist als „Fachbereiche"[16] bezeichnet wurden (vgl. Oehler 1998, 416; Führ 1993, 62).

Wenden wir uns nochmals kurz der Professorengruppe zu. Innerhalb dieser Gruppe wurde die Unterscheidung zwischen Ordinarien und Extraordinarien aufgegeben. Gleichfalls fiel die Gleichung ein Ordinarius = ein Institut endgültig. Die Einführung der Gruppenuniversität führte – und das scheint ein sehr zentraler Punkt zu sein – zur Ausweitung des Kollegialitätsprinzips innerhalb der Professorengruppe, indem die althergebrachte Trennung zwischen Ordinarien und Extraordinarien aufgehoben und im Verlauf der 1970er Jahre bundeseinheitlich durch die C-Besoldungsstruktur ersetzt wurde. Ein beträchtlicher Anteil der Macht der Ordinarien wurde gleichmäßig auf die Professorinnen und Professoren verteilt. Beide Prozesse, also die Ausweitung der Beteiligung auf alle Hochschulgruppen und die Aufhebung der Unterschiede innerhalb der Professorengruppe, führten dazu, dass Machtasymmetrien abgebaut wurden (Rupp 1981, 124).

---

[15] Unter diesen Begriff fassen wir Rektoren und Präsidenten zusammen.
[16] Mittlerweile gibt es an den deutschen Hochschulen in Bezug auf die Benennung der ersten dezentralen Ebene kein stringentes Muster mehr. Vielmehr finden wir eine Mischung zwischen den Bezeichnungen. Wir werden im Folgenden den Begriff Fakultät nutzen und meinen damit auch Fachbereiche, sofern diese die erste dezentrale Ebene der Hochschule bezeichnen.

Gleichzeitig wurden durch die Vereinheitlichung der Professur die Karrierewege des wissenschaftlichen Nachwuchses verbreitert. Deren berufliches Ziel mussten nun nicht mehr die wenigen Ordinarienstellen sein, sondern die weitaus zahlreicheren Professorenstellen. Die Ausweitung des Professorenstatus – sowohl durch die Umstellung der Besoldungsstruktur als auch die quantitative Anzahl durch die Vergrößerung bzw. Neugründung von Universitäten – schuf für eine bestimmte Kohorte des wissenschaftlichen Nachwuchses deutlich bessere Karrierechancen.

Zwei weitere Effekte der Bildungsexpansion und der Einführung der Gruppenuniversität sind ebenfalls von Belang. Erstens brachte die Umgestaltung der Ordinarienuniversität zur Gruppenuniversität erstmals umfassende Gesetze für die Universitäten und Fachhochschulen hervor. Bis zu dieser Reformphase gab es weder Bundes- noch Ländergesetze für die Hochschulen (Oppermann 2005, 6). Die Einführung der Gruppenuniversität änderte also nicht nur die internen Organisationsstrukturen und Machtverhältnisse, sondern führte zu einem Verrechtlichungsschub im Hochschulbereich, der mit der Verabschiedung des Hochschulrahmengesetzes gleichzeitig die deutliche Vereinheitlichung der Organisationsprinzipien mit sich brachte (vgl. Kluth 2004, 175). Der Bund trat dabei durch die Grundgesetzänderung von 1969[17] als neuer Akteur im Hochschulbereich auf, der neben einer besseren Finanzierung auch die Einheitlichkeit des Hochschulwesens sichern sollte (vgl. Führ 1993, 62). Auch die Vorgaben des Bundesverfassungsgerichts aus dem Urteil von 1973, die bis heute als absolute Grenze für alle Landeshochschulgesetze wirken, sind als zentraler Faktor der Vereinheitlichung der Hochschulen anzusehen.[18]

Der Verrechtlichungsschub ging zweitens mit einer internen Bürokratisierung der Hochschulen einher. Dies erklärt sich zunächst durch die Umsetzung der rechtlichen Regelungen in geordnete Verfahren (Luhmann 1992b, 75). Hinzu kam aber auch die Vergrößerung der Universitäten (Markl 1981, 71).

Die Einführung der Gruppenuniversität – von Niklas Luhmann spöttisch als „Demobürokratie" (Luhmann 1987, 216) bezeichnet – war höchst umstritten und führte in den 1970er Jahren zu erheblichen Konflikten innerhalb der Universitä-

---

[17] Geändert wurde Artikel 91a, Absatz 1, Nr. 1 (Ausbau und Neubau der Hochschulen als Gemeinschaftsaufgabe) und Artikel 75, Absatz 1a (Rahmengesetzgebungskompetenz des Bundes im Hochschulwesen).

[18] Dennoch gab es Unterschiede zwischen den Regelungen der Bundesländer. Diese Unterschiede zeigen sich zum Beispiel an der unterschiedlich großen Mehrheit der Professorenschaft in den Selbstverwaltungsgremien, der Einbindung der Dekane und Dekaninnen in die Hochschulleitung oder der Entscheidung für eine monokratische oder kollegiale Leitung der Hochschule (vgl. zu den Unterschieden zum Beispiel Medem 1981; Kößler 1981).

ten. So sahen manche Kritiker die Selbstverwaltungsgremien von „klassenkämpferischen Radikalismus und politischen Messianismus erfasst" (Rupp 1981, 129). Einer der Hauptgründe für diese Konfliktstruktur ist sicherlich, dass durch die Beteiligung der unterschiedlichen Gruppen und der damit einhergehenden Legitimation von deren Interessen die Universitäten deutlich in Richtung einer politischen Institution (Shils 1992, 1271) verschoben wurden, „die an den Ständestaat erinnert (...)" (Lobkowicz 1996, 207). So sitzen die Professoren und Professorinnen nun nicht mehr als Fachkundige für Forschung und Lehre in den Gremien, sondern als „Interessensvertreter, Vertreter der Interessensgruppe der Professoren" (Kößler 1981, 89).

Im Verlauf der 1980er und 1990er Jahre kam es allerdings zu einer Konsolidierung der Gruppenuniversität und die Konflikte nahmen deutlich ab. Die Professorenschaft festigte in diesem Prozess ihre faktische Vormachtstellung in den Gremien, was sich auch in der Novellierung des HRG niederschlug (vgl. Teichler 2005a, 32). Ein Teil der Demokratisierung von 1976 wurde also bereits 1985 wieder „zurücknovelliert" (Glotz 1996, 48).

Die Dominanz der Professorenschaft ist auch dadurch zu erklären, dass sich seit der Einführung der Gruppenuniversität nur äußerst selten eine Spaltung der Professoren und Professorinnen finden lässt – also eine Mehrheitsfindung über die Statusgruppen hinweg. Vielmehr sind die Interessensdivergenzen der einzelnen Statusgruppen scheinbar zu hoch, um statusübergreifende Koalitionen zu ermöglichen (vgl. Schimank 2001a, 234).

Eine andere Interpretation dieses Sachverhaltes könnte aber auch auf die knappen Mehrheitsverhältnisse in der Gruppenuniversität zurückgreifen, die zu einem Burgfrieden innerhalb der Professorenschaft geführt hat. Die Professorenschaft erscheint ja keinesfalls homogen, sondern besitzt intern erhebliche Interessensdifferenzen. Diese Differenzen werden aber durch die beständige Gefahr der Überstimmung durch die anderen Gruppen überdeckt und dadurch ausgeblendet, dass die Professorengruppe keine Entscheidungen gegen die vitalen Interessen eines ihrer Mitglieder fällt. Die von Schimank (2001a) beschriebenen Nichtangriffspakte unter den Professorinnen und Professoren könnten also ein eingeschliffenes Handlungsmuster der Konsolidierungsphase der 1980er Jahre sein und wären damit weniger durch aktuelle und konkrete Interessenslagen bestimmt.

Es kam so im Laufe der 1980er und 1990er Jahre zu einer erneuten Oligarchisierung der Universitäten durch die Professorenschaft. „Alte, aber zähe Machtstrukturen" (Glotz 1996, 52) kamen demnach ins Wanken, rasteten aber nach einer kurzen Übergangszeit wieder ein.

Die Demokratisierung der Hochschulen ist aber nicht nur daran gescheitert, dass die Professorenschaft ihre Machtstellung ausbauen konnte, sondern auch daran, dass das Interesse der Studierenden an der Selbstverwaltung rapide abnahm – und dies schon Ende der 1970er Jahre. So betrug zum Beispiel die Wahlbeteiligung der Studierenden an der Konventwahl an der Universität Bremen, die durch besonders große Mitwirkungsrechte der Studierenden geprägt war, 1972 73,4 Prozent und sank bis 1980 auf 9,5 Prozent (vgl. zu den Zahlen Rupp 1981, 135). In den letzten Jahren lag die Wahlbeteiligung in Bremen zwischen 8 Prozent und 10 Prozent (ASTA Uni Bremen 2011), hat sich also auf dem Niveau von 1980 stabilisiert.

Kommen wir noch einmal zur Frage der Autonomie zurück. Wir haben oben darauf hingewiesen, dass die Autonomie in den 1950er und 1960er Jahren ihren bisherigen Höhepunkt erreicht hatte. Diese Phase endete mit den Reformen in den 1970er Jahren. Hierbei spielte als Hintergrund die damalige Steuerungs- und Planungsideologie eine erhebliche Rolle. In dieser hatte der Staat als zentraler Akteur die Aufgabe, durch aktive Steuerung und Planung gewünschte Zustände herzustellen. Mittel hierzu waren Gesetze und formale Regulierungen (vgl. zum Beispiel Mayntz 1997). Diese Ideologie fand ihren Niederschlag in den neuen Hochschulgesetzen und der Bürokratisierung der Hochschulen. Das Resultat war eine Detailsteuerung der Hochschulen durch formalisierte Regelungen, deren Einhaltung durch die wachsende Anzahl von Angestellten in den Hochschulabteilungen der Wissenschaftsministerien überwacht wurde. Die Detailsteuerung bezog sich zum Beispiel auf die Finanzen, die Studierendenzahl oder die Studiengänge.

Weitere formal abgestützte Ad-hoc-Eingriffsmöglichkeiten entstanden durch die knappen Mehrheitsverhältnisse in den Gremien der Gruppenuniversität. Zwar wurde diese im Zeitverlauf faktisch immer deutlicher von der Professorenschaft dominiert, aber auch die Blockade von einzelnen Gremien war nicht auszuschließen. Diese beständige Blockadegefahr stärkte letztlich den staatlichen Einfluss, da dieser als Vermittler oder Konfliktlöser auftreten konnte. Der Staat reagierte auf die Konflikte innerhalb der Gruppenuniversität mit einer Intensivierung des Einflusses und einer „Reduzierung der Entscheidungs- und Gestaltungskompetenzen der Hochschulen" (Kahl 2004, 92).

Retrospektiv betrachtet sehen nicht nur wir die grundsätzliche Problematik der Gruppenuniversität darin, dass Hochschulen in dieser Konzeption als politische Organisationen, in denen Gruppeninteressen legitimiert und ausgeglichen werden sollen, konzipiert wurden. Dies führte nicht zuletzt aufgrund knapper Mehrheitsverhältnisse zu erheblichen Konflikten in den akademischen Gremien, auf die die Professorenschaft mit einem „Burgfrieden" reagierte, der die interne Kollegialitätsnorm bestätigte und verstärkte. Trotz dieses Burgfriedens dauerten Entscheidungsprozesse länger, waren ihre Ergebnisse durch die Erzielung des kleinsten gemeinsamen Nenners geprägt und oftmals nicht präzise. Da die

Positionen des Rektors und der Dekane – aufgrund der angestrebten Demokratisierung – nicht gestärkt wurden, blieben die akademischen Selbstverwaltungsgremien die Entscheidungszentren der deutschen Universität.

Die internen Konflikte innerhalb der akademischen Selbstverwaltung, die
langen Entscheidungsprozesse und die geringe Präzision von Entscheidungen
bzw. Entscheidungsunfähigkeit führten letztlich dazu, dass der Einfluss des
Staates als Konfliktlöser und „Fallback-Entscheidungsinstanz" in der Gruppenuniversität zunahm. Die Einführung der Gruppenuniversität führte demnach zwar
tendenziell zur Demokratisierung, aus der Sicht der Effizienz und Qualität von
Entscheidungen waren aber durchaus Probleme erkennbar, die ab den 1990er
Jahren zunehmend diskutiert wurden.

2.2 Die Hochschulen heute oder die neue internationale Reformwelle

Nach den heftigen Auseinandersetzungen um die Einführung der Gruppenuniversität standen die Hochschulen in Deutschland bis Mitte der 1990er Jahre nicht mehr im Fokus der öffentlichen Aufmerksamkeit. Aufgrund der Enttäuschungen über die Ergebnisse der Reformen in den 1960er und 1970er Jahren wurden grundlegende Reformen nicht mehr angestrebt und schienen auch kaum durchsetzbar (Neusel 1993, 185). Hinzu kam als spezifischer Effekt die Phase der deutschen Wiedervereinigung, während der die Defizite des westdeutschen Hochschulsystems zugunsten einer raschen Integration des ostdeutschen Hochschulsystems in den Hintergrund gedrängt wurden.

Ganz anders hingegen die Entwicklungen in vielen anderen europäischen Hochschulsystemen. In England begann ab den 1980er Jahren eine Entwicklung, die traditionelle Regelungsstrukturen der Hochschulen radikal infrage stellte (vgl. zum Beispiel Leisyte et al. 2006; Risser 2003; McNay 1999; Henkel 1999; Burnes et al. 2014). Auch die Niederlande wurden relativ früh von dieser Entwicklung erfasst (vgl. zum Beispiel de Boer et al. 2006; de Boer und Huisman 1999). Ab den 1990er Jahren ist dann in fast allen europäischen Hochschulsystemen eine Veränderung der traditionellen Hochschulstrukturen zu bemerken (vgl. die Länderbericht in Braun und Merrien 1999a; Amaral et al. 2003; Kehm und Lanzendorf 2006b; Paradeise et al. 2009; Krücken et al. 2007; Dobbins und Knill 2009, 2014). Die Veränderungen in den verschiedenen Ländern umfassen dabei einerseits die Regelungs- oder Steuerungsstrukturen in Bezug auf die Hochschulen (Governance, siehe Kapitel 3.2), aber auch die Differenzierung der Hochschulen innerhalb der nationalen Systeme (siehe Kapitel 3.1.2), die Art der Finanzierung (siehe Kapitel 3.1.3) und nicht zuletzt auch die Art der Studienabschlüsse (siehe Kapitel 2.2.2.2).

Deutschland hat sich dem Trend der Veränderung der Hochschulstrukturen bis 1998 fast gänzlich entzogen und kann deshalb als „latecomer" der international beobachtbaren Veränderungsbemühungen bezeichnet werden (Kehm und Lanzendorf 2006a, 190; siehe auch Lange und Schimank 2007; Schimank 2005a). Bevor wir uns den Reforminhalten in Deutschland zuwenden, ist aber noch zu klären, warum es eigentlich in so vielen europäischen Hochschulsystemen in den letzten dreißig Jahren zu solch grundsätzlichen Veränderungen kam. Wir sehen als Auslöser insbesondere allgemeine gesellschaftliche Entwicklungen, die wir im Folgenden skizzieren werden.

2.2.1 Allgemein-gesellschaftliche Entwicklungen als grundlegender Auslöser der Veränderung der Hochschulsysteme

Generell lassen sich unseres Erachtens drei allgemein-gesellschaftliche Trends identifizieren, die sich in besonderer Weise auf europäische Hochschulen auswirken und maßgeblich für die grundsätzlichen Reformbemühungen verantwortlich sind: Wissensgesellschaft, Entgrenzung und Audit Society.

Der Trend in Richtung Wissensgesellschaft wurde insbesondere schon 1973 von dem US-amerikanischen Soziologen Daniel Bell in seinem Werk „The Coming of Postindustrial Society" umfassend skizziert. Interessant ist, dass bereits schon für Bell (1973) die Hochschule zur zentralen Institution der postindustriellen Wissensgesellschaft avancierte. Dies liegt daran, dass nur hier die Erlernung theoretischen Wissens, auf dem die post-industrielle Wissensgesellschaft basiert, für breitere Bevölkerungsschichten möglich erschien. Die gesellschaftliche Bedeutung der Hochschulen hat sich in den letzten mehr als vierzig Jahren eindeutig verstärkt. Mit zunehmender gesellschaftlicher Entwicklung steigt so zum Beispiel die Studierendenquote (vgl. Kapitel 3.1.1). Hierbei handelt es sich um einen globalen Trend, der sich in Europa ebenfalls sehr deutlich zeigt. Damit hat sich das System der Hochschulbildung in Europa innerhalb weniger Jahrzehnte rapide gewandelt. Ein abgeschlossenes Hochschulstudium bildet zunehmend den biographischen Normalfall, und die Inklusion immer weiterer Bevölkerungsteile in dieses System stellt eine wesentliche Anforderung an die Hochschulen dar.

Eine ähnliche Tendenz lässt sich auch hinsichtlich der Forschungsfunktion von Hochschulen in Europa beobachten. Sie wurde und wird ebenfalls ausgeweitet und spiegelt auch in dieser Hinsicht die gestiegene Bedeutung der Hochschulen in der Wissensgesellschaft wider. So werden beispielsweise mit der Lissabon-Strategie der Europäischen Union und dem groß angelegten Forschungsprogramm „Horizon 2020" Hochschulen deutlich aufgewertet. Die Forschung der Hochschulen wird hier zum integralen und unverzichtbaren Bestandteil umfassender nationaler und europäischer Innovationssysteme. Damit korrespondieren zahlreiche nationale Initiativen zur Förderung der Forschungsexzellenz. Diese sollen die Grundlagenforschung stärken und Kooperationen mit forschungsorientierten Unternehmen erleichtern, um so wissenschaftlich-technologische Durchbrüche und deren Weiterentwicklung zu marktfähigen Produkten und Verfahren aktiv voranzutreiben. Hinzu kommt, dass von Hochschulen die Erfüllung einer „third mission" (zum Beispiel Krücken 2003a; Etzkowitz und Leydesdorff 2000) erwartet wird. Diese besteht darin, dass Hochschulen direkt zur gesellschaftlichen Entwicklung beitragen sollen. Der indirekte und unsichere Beitrag über Ausbildung und Forschung – man weiß erst mit zeitlicher Verzögerung, ob sich dieses Wissen anwenden lässt oder nicht – genügt also nicht mehr. Auch hier ist an zahlreiche europäische und nationale Initiativen zu denken, die den direkten Technologietransfer und Unternehmensausgründungen aus Hochschulen fördern. Hinzu kommt auch eine breitere soziale Agenda der Einbettung von Hochschulen in regionale und lokale Zusammenhänge.

Im Hinblick auf den allgemein-gesellschaftlichen Trend in Richtung Wissensgesellschaft ist festzuhalten, dass die in den letzten Jahren gestiegene gesellschaftliche Bedeutung von Hochschulen in Europa zugleich ihre Sichtbarkeit erhöht, die Zusammensetzung der Studierendenschaft verändert, die Forschung enger und frühzeitiger in Innovationsprozesse einbindet und die gesellschaftliche Erwartung besteht, direkt zum sozio-ökonomischen Nutzen beizutragen.

Entgrenzung stellt einen zweiten grundlegenden gesellschaftlichen Trend dar, der erhebliche Auswirkungen auf europäische Hochschulen hatte und hat. Entgrenzung verstehen wir dabei in zweierlei Hinsicht: zum einen in Bezug auf die zunehmende Einbettung von Hochschulen in einen transnationalen Rahmen, zum anderen hinsichtlich der Auflösung starrer Grenzen zwischen unterschiedlichen gesellschaftlichen Sektoren und Institutionen.

Spätestens seit dem frühen 19. Jahrhundert finden wir intensive Austauschprozesse zwischen nationalen Gesellschaften, die durch mehrere Faktoren im Zeitverlauf verstärkt wurden (vgl. zum Beispiel Heintz 2010, 175), etwa durch die Gründung internationaler Organisationen wie die UNO oder die OECD. In neuerer Zeit spielen ebenso Entwicklungen der Informations- und Kommunikationstechnologien eine entscheidende Rolle. Feststellbar ist dann, dass es zu einer immer rascheren Zirkulation von Ideen und Modellen zur Organisation von Gesellschaften, aber auch deren Teilen kommt. Sichtbar wird zum Beispiel die verstärkte transnationale Einbettung der Hochschulen sowohl durch den globalen Vergleich, wie er insbesondere durch Rankings ermöglicht wird, als auch durch zahlreiche Initiativen der Europäisierung nationaler Hochschulsysteme, wie insbesondere durch den Bologna-Prozess. Durch Globalisierungs- und Europäisierungsprozesse verstärkt sich der Wettbewerbsdruck, dem sich europäische Hochschulen ausgesetzt sehen, im Hinblick auf finanzielle Ressourcen, Personen sowie, last but not least, auch Legitimität.

Entgrenzung bezieht sich aber nicht nur auf die Globalisierung und Europäisierung nationaler Systeme und die in ihnen eingebetteten Hochschulen. Entgrenzung bedeutet auch die zunehmende Infragestellung klar gezogener institutioneller Grenzen innerhalb der Gesellschaft. Zahlreiche neuere Gesellschaftsbeschreibungen konvergieren dahingehend, an Stelle klar umrissener Teilbereiche der Gesellschaft, die auf distinkten Logiken basieren (zum Beispiel Luhmann 1982) ihre zunehmende Vernetzung (Castells 2011) oder gar Verflüssigung

(Bauman 2000) anzunehmen. Diese Entwicklung bezieht sich auch auf Hochschulen als zentrale Bestandteile des Wissenschaftssystems. Vor dem Hintergrund umfassender gesellschaftlicher Entgrenzungsprozesse ist die Wissenschaft neueren Analysen zufolge eng mit externen gesellschaftlichen Kontexten (insbesondere Öffentlichkeit, Wirtschaft und Politik) verwoben. Im Unterschied zu Vorstellungen der traditionellen Wissenschaftssoziologie ist Wissenschaft deshalb nicht mehr ein distinkter und klar abgrenzbarer Bereich in der Gesellschaft zu verstehen, der auf eigenen Normen, Werten und Anreizstrukturen basiert (Gibbons et al. 1994; Nowotny et al. 2001; Latour 1988). Insbesondere die seit den 1990er Jahren breit geführte Diskussion um eine „New Production of Knowledge" (Gibbons et al. 1994) beinhaltet Implikationen für Hochschulen und das in ihnen erzeugte Wissen. Auch wenn diese Thesen stark umstritten sind, weisen sie auf eine Entwicklungstendenz hin, die Hochschulen unter Druck setzen. In Frage gestellt wird hier die Legitimität einer rein wissenschaftsinternen Wissensproduktion im Rahmen autonomer Hochschulen, die sich zu diesem Zweck gegenüber gesellschaftlichen Einflüssen abschotten. Die „New Production of Knowledge" erfordert deshalb einen weitreichenden institutionellen Wandel sowie neue Identitätskonzepte, sei es auf der Ebene der Hochschulorganisationen, sei es auf der Ebene der individuellen Wissenschaftlerinnen und Wissenschaftler (vgl. Kapitel 4.1).

Ein dritter allgemein-gesellschaftlicher Trend besteht in dem, was Power (1999) als „Audit Society" bezeichnet hat. Kennzeichen einer solchen Gesellschaft ist, dass sie von ihren Organisationen zunehmend die formale Verantwortlichkeit oder Accountability und Kontrolle ihrer internen Prozesse erwartet. Dieser allgemeine Trend lässt sich in ganz unterschiedlichen Typen von formalen Organisationen betrachten. Unter dem Stichwort des New Public Management sind einerseits allgemeine Verwaltungsorganisationen betroffen (Pollitt und Bouckaert 2004), andererseits aber auch Krankenhäuser (Preston 1992; Reay und Hinings 2009; Bode 2010) oder Hochschulen (Krücken und Meier 2006; de Boer et al. 2007b).

Die Audit Society reflektiert die Erosion des gesellschaftlichen Vertrauens in Organisationen, insbesondere solchen, die, wie Hochschulen, Krankenhäuser und Schulen, in der Organisationssoziologie als Professionsorganisationen bezeichnet werden.

In der Hochschule als Professionsorganisation (vgl. Kapitel 3.3.2) obliegt die Kontrolle ihrer Prozesse zum Beispiel traditionell der wissenschaftlichen Profession, die insbesondere durch die Professoren und Professorinnen gebildet wird. Dies ist in den Kernaufgaben der Hochschule, Forschung und Lehre, begründet, da beide Aufgaben ausgesprochen komplexe und von außen kaum steuerbare Sachverhalte darstellen. Ihre Steuerung basiert auf dem Wissen der professionellen Experten (Mintzberg 1983a). Dies setzt auf Seiten der gesell-schaftlichen Umwelt ein hohes Maß an Vertrauen in die Selbststeuerungsfähig-keit und Autonomie der Hochschule und der wissenschaftlichen Profession voraus. Die Zunahme an externen Evaluationen und Leistungsbewertungen sowie der damit korrespondierende Aufbau von Managementkapazitäten und hierarchischen Entscheidungsstrukturen üben einen erheblichen Druck auf die klassische, an der Selbstkontrolle der Profession orientierte Hochschule aus.

Gerade für europäische Hochschulen, die historisch betrachtet kaum Erfah-rung in der kritischen und an Kennzahlen orientierten Beobachtung durch Hochschulräte sowie Evaluations- und Akkreditierungsagenturen besitzen, stellt dieser Wandel eine erhebliche Herausforderung dar. Noch stärker als bei der Frage nach den tatsächlichen Effekten der Hochschulen auf die sich entwickeln-de Wissensgesellschaft werden hier die von vielen erhofften positiven Effekte auf die Performanz europäischer Hochschulen in Zweifel gezogen. Kritisch wird ein Übermaß an formaler Accountability gesehen, das zur Bürokratisierung der Arbeitsprozesse, Demotivation der Wissenschaftlerinnen und Wissenschaftler sowie hohen Kontroll- und Überwachungskosten bei ungeklärtem Nutzen führt (zum Beispiel Welpe et al. 2015; Whitley und Gläser 2014).

Über Power (1999) und diejenigen hinaus, die seinen Ansatz kritisch auf Hochschulen anwenden, ist dabei auch die technologische Entwicklung zu berücksichtigen. Auch diese trägt zur Erosion des Vertrauens in Professionen bei. Dies zeigt sich im Bereich der Medizin, einem in der Professionssoziologie geradezu klassischen Beispiel für das eindeutige und unüberbrückbare Wissens-gefälle zwischen dem Arzt als Vertreter der Profession und dem Patienten, der diesem als unwissenden Laien gegenübertritt. Dieses Wissensgefälle schwindet auch in dem Maße, in dem Patienten einen breiten Zugriff auf im Internet verfügbares Wissen haben.

Ähnliche Entwicklungen stellen auch Hochschulen vor neuartige Heraus-forderungen: Studierende können in Vorlesungen in Echtzeit das lokal vorhan-dene Expertenwissen durch rasche Internetrecherche in Zweifel ziehen; durch MOOCs („Massive Open Online Courses") und andere Angebote wird der Vergleich zwischen unterschiedlichen Inhalten des Wissens und Formen der Wissensvermittlung erleichtert, was ebenfalls das lokale Expertenwissen relati-viert. Ähnliches gilt auch für den Bereich der Forschung. Ministerien können anhand von bibliometrischen Daten unabhängig von der Kooperationsbereit-schaft der Wissenschaftlerinnen und Wissenschaftler Kennzahlen generieren, um die wissenschaftliche Leistungsfähigkeit von einzelnen Hochschulen und Fächern einzuschätzen. Ebenso können Industriefirmen sich über bibliometrische und Patentdaten ein genaueres Bild über potentielle Kooperationspartner in Hochschulen machen, ohne den Mitgliedern der wissenschaftlichen Profession direkt vertrauen zu müssen. Das Vertrauen in die Profession wird also auf ganz unterschiedliche Art und Weise zunehmend ersetzt durch ein „trust in numbers" (Porter 1996).

Die eben beschriebenen Veränderungen, die durch allgemein-gesellschaftliche Entwicklungen hervorgerufen wurden, wirken dann in zweifacher Hinsicht auf die Hochschulen ein: Erstens durch Veränderungsdruck, der direkt von der gesellschaftlichen Umwelt ausgeht, und zweitens über Veränderungsdruck, der über staatliche Akteure vermittelt wird. Gerade für die europäischen Hochschulen spielt der vermittelte Veränderungsdruck durch den Staat eine erhebliche Rolle, weil in der europäischen Tradition Hochschulen häufig staatliche Einrichtungen sind, die sich vor allem über direkte oder indirekte staatliche Ressourcen finanzieren. Die veränderten gesellschaftlichen Bedingungen setzen dann also zunächst den Staat unter Druck, der diesen dann an die Universitäten mehr oder weniger deutlich weitergibt. Auch die historischen Erfahrungen in Bezug auf den Wandel der europäischen Hochschulen zeigen, dass die Hochschulen in Europa stärker auf den vermittelten Druck des Staates reagieren als auf die direkt von der Gesellschaft an sie gerichteten Anforderungen (Schimank 2002b, 3; Führ 1993, 58).

Die vielfältigen Reformen in den einzelnen europäischen Ländern sind so eingebettet in allgemein-gesellschaftliche Entwicklungen, auf die staatliche Akteure zunehmend mit grundlegenden Reformversuchen der Hochschulsysteme und der Hochschulen reagieren. Zwar erfolgt die Reaktion des Staates in Deutschland im europäischen Vergleich zeitlich verzögert, aber ab Mitte der 1990er Jahre finden wir auch in Deutschland grundlegende Reformversuche, die im Folgenden beschrieben werden.

2.2.2 Hochschulreformen in Deutschland seit Mitte der 1990er Jahre

Die Diskussion um eine Umstrukturierung des Hochschulsystems in Deutschland gewinnt ab Mitte der 1990er Jahre an Fahrt. Ausdruck hierfür sind zum Beispiel die Publikationen von Führ (1993), Glotz (1996) oder auch Daxner (1996). Als ein neuer zentraler Akteur der Hochschulreformen etabliert sich in diesem Zeitraum auch das Centrum für Hochschulentwicklung (CHE), das 1994 von der Bertelsmann Stiftung und der Hochschulrektorenkonferenz gegründet wurde (zentrale Veröffentlichungen sind hier zum Beispiel Müller-Böling 2005, 2000, 1998, 1997). Auch zahlreiche Publikationen des Wissenschaftsrates (WR) und der Hochschulrektorenkonferenz (HRK) beschäftigen sich mit grundsätzlichen Überlegungen zur Hochschulreform (vgl. zum Beispiel Wissenschaftsrat 1993, 1996, 2000; Hochschulrektorenkonferenz 1992, 1995). Die Diskussion steht dabei auch im Zusammenhang mit den Finanzierungsproblemen des Staates infolge der Kosten der deutschen Wiedervereinigung. Die „Initialzündung" (Kahl 2004, 94) zur Umsetzung erster Reformversuche war die 4. Novellierung des Hochschulrahmengesetzes (HRG) von 1998. Hier wurden erstmals in größerem Rahmen Festlegungen des Bundes zurückgenommen und den Bundesländern die Möglichkeit eingeräumt, eigene Wege zu gehen. Zum einen kam es zur Streichung der Paragraphen 60 bis 69, die insbesondere Regelungen zur internen Organisation der Hochschulen enthielten. Zum anderen wurde es den Bundesländern ermöglicht, Bachelor- und Master-Studiengänge einzuführen. Die Reformumsetzung begann in Deutschland deshalb mit einem Prozess der Stärkung der föderalen Strukturen (vgl. Hüther 2010; Lynen 2004; Detmer 2004). Dies bedingt, dass die Reformumsetzungen mit einer Differenzierung auf Länderebene zusammenfallen, was im internationalen Vergleich eher ungewöhnlich ist. Die im Folgenden zu beschreibenden Reformtendenzen finden sich dann auch in den einzelnen Bundesländern unterschiedlich stark ausgeprägt.[19]

Die folgende Rekonstruktion der Reformtendenzen soll einen ersten Überblick zu den umfassenden Veränderungen geben, die Ausführungen sind also bewusst nicht ausführlich, sondern werden in weiteren Kapiteln des Buchs in ihrem jeweiligen Kontext ausführlicher behandelt. Die folgende Darstellung wird anhand von fünf Themenfeldern vorgenommen, wobei einzelne Reformen in mehreren Feldern eine Rolle spielen können – es handelt sich also um eine analytische Trennung. Die Themenfelder sind: Differenzierung der Hochschulen, Reformen im Bereich der Lehre, Reformen im Bereich der Forschung, Reformen der Personalstrukturen und Reformen in Bezug auf das New Public Management

Differenzierung der Hochschulen

Im Themenblock zur Differenzierung der Hochschulen sind zwei zentrale Bereiche zu nennen. Zum einen geht es darum, dass Hochschulen spezifische Angebotsprofile entwickeln und ihre Mittel auf bestimmte Bereiche konzentrieren sollen. So soll zum Beispiel nicht mehr jeder Studiengang in allen Hochschulen angeboten werden, sondern nur noch die Studiengänge, in denen die jeweilige Hochschule besondere Stärken aufweist. Die Differenzierung bezieht sich hier

---

[19] Alternative Überblicke zu den Reformen der deutschen Hochschulen – zuweilen mit unterschiedlichem Fokus – finden sich zum Beispiel bei Hüther (2010); Bogumil et al. (2013); Meier (2009); Lanzendorf und Pasternack (2008); de Boer et al. (2007b); Kehm und Lanzendorf (2006a); Kahl (2004); Turner (2001).

also auf das Leistungsspektrum der Hochschulen, ohne dass damit eine direkte Hierarchisierung der Angebote angestrebt wird (horizontale Differenzierung). Das Schlagwort für diesen Sachverhalt ist die „Profilbildung" der Hochschulen (vgl.zum Beispiel Enders 2008; Meier und Schimank 2002; Olbertz und Pasternack 1999).

Zum anderen wird aber auch eine Differenzierung im Hinblick auf Reputation angestrebt (vertikale Differenzierung), wobei umstritten ist, ob sich diese Hierarchisierung auf der Hochschul- oder Fächerebene vollziehen soll. Während also zuvor bei allem Wissen um Differenzen von einer prinzipiellen Gleichheit der Universitäten bzw. der Fachhochschulen in Bezug auf Forschungs- und Lehrleistung ausgegangen wurde, soll es nun zu einer Reputationsdifferenzierung kommen. Ziel ist dabei unter anderem, international sichtbare Forschungsuniversitäten zu erhalten, die gegenüber Harvard, Princeton, Stanford, Oxford oder Cambridge konkurrenzfähig sind, d.h., ein Ziel der neueren Reformen ist, sogenannte „World-Class Universities" zu bilden.

Obwohl nicht ganz klar ist, was unter einer solchen Universität zu verstehen ist (Altbach 2004; Huisman 2008), scheint es doch eindeutig darum zu gehen, bei internationalen Rankings mit den US-amerikanischen und englischen Spitzenuniversitäten mitzuhalten (Hazelkorn 2009; Hazelkorn und Ryan 2013), und zwar unabhängig von den potentiellen negativen Nebenwirkungen einer solchen Entwicklung (Deem et al. 2008). Umgesetzt wird dies insbesondere durch die Exzellenzinitiative, die besonders leistungsstarke Universitäten identifizieren und deren Leistungsfähigkeit durch erhebliche zusätzliche Finanzmittel weiter erhöhen soll (für einen Überblick vgl. Leibfried 2010; kritisch zur Exzellenzinitiative zum Beispiel Münch 2006b; Hartmann 2006).

Reformen im Bereich der Lehre

Die jüngsten Reformen in Bezug auf die Lehre sind im deutschen Hochschulsystem wohl beispiellos. Die Lehrqualität der Hochschulen wird dabei schon seit geraumer Zeit kritisiert. Angeführt wurden hier zum Beispiel die hohe Abbrecherquote, die langen Studienzeiten, die Praxisferne der Ausbildung sowie die Vernachlässigung der Lehre durch die Professoren und Professorinnen. Der zentrale Reformbereich in Bezug auf die Lehre bildet die Umstellung auf die gestuften Studienabschlüsse im Rahmen des Bologna-Prozesses (vgl. hierzu zum Beispiel Winter 2009; Hochschulrektorenkonferenz 2008; Krücken 2007). Ziel dieses europäischen Prozesses ist die Schaffung eines europäischen Hochschulraumes, der Studierenden einen Studienortwechsel zwischen den nationalen Systemen erleichtern soll. Gleichzeitig wird eine Vergleichbarkeit der Abschlüsse im europäischen Raum angestrebt (vgl. Bologna Declaration 1999). Wir sehen hier also deutlich, dass diese Veränderungen einerseits mit den oben beschriebenen Entgrenzungseffekten verbunden sind, andererseits durch das Ziel der Vergleichbarkeit aber auch mit der Entwicklung hin zu einer „Audit Society".

In Deutschland wurde neben den offiziellen europaweiten Zielen von der Politik aber zusätzlich die Chance gesehen, die „allseits beklagte überlange Studiendauer und hohen Studienabbrecherquoten" (Reichwald 2000, 319) durch die Einführung des verkürzten Bachelor-Abschlusses zu reduzieren. Gleichfalls sollten im Bachelor-Studium deutlich stärkere Praxiselemente verankert werden, was schon dadurch deutlich wird, dass dabei von einem berufsqualifizierenden Abschluss gesprochen wird (Stölting 2001, 42).

Es kann deshalb kaum überraschen, dass die Umsetzung des Bolognaprozesses von der Politik erheblich forciert wurde, da hierin eine Lösung für lange vorhandene Probleme in Bezug auf das Studium gesehen wird und die Hochschulpolitik nun die Legitimation zu grundlegenden Strukturveränderungen erhielt, die ohne „Bologna" kaum möglich gewesen wären. Für die deutschen Hochschulen bedeutet dies, dass sie die traditionellen Abschlüsse Diplom und Magister zugunsten der Abschlüsse Bachelor und Master aufgeben mussten. Nicht verändert wurden hingegen die Staatsexamina in den Rechtswissenschaften und der Medizin. Hingegen finden sich bei den Lehramtsstudiengängen je nach Bundesland entweder ein Bachelor-Master-Abschluss oder ein traditionelles Staatsexamen.

Im Zuge der neueren Reformen geriet auch die Promotion in den Fokus der Aufmerksamkeit. Die Promotion wurde dabei ab der Konferenz der am Bolognaprozess beteiligten Bildungsminister in Bergen im Jahre 2005 als dritter Ausbildungszyklus – neben Bachelor und Master – aufgenommen. Traditionell war die Promotionsphase in Deutschland wenig strukturiert und wurde durch ein Meister-Schüler-Modell geprägt (Enders 2005). Unter der Anleitung eines Professors bzw. einer Professorin sollte der Doktorand bzw. die Doktorandin die Promotion selbstständig verfolgen. Die Unstrukturiertheit dieses Meister-Schüler-Modells zeigt sich dann bereits bei der Auswahl der Doktorandinnen und Doktoranden – die im weiteren Verlauf des Buchs auch als Promovierende bezeichnet werden. Die Auswahl der Promovierenden wurde so von den jeweiligen Professoren und Professorinnen nach ihren eigenen Kriterien vorgenommen. Die geringen formalen Strukturen zeigen sich auch daran, dass die Promovierenden während der Promotionszeit in kein Kurssystem integriert waren.

Seit den 1990er Jahren gerät auch das Promotionssystem zunehmend in die Kritik, wobei die lange Dauer der Promotion und die schlechte Betreuung der Promovierenden kritisiert werden. In der Tendenz wird seitdem die Phase der Promotion in Deutschland einer stärkeren formalen Strukturierung unterzogen (Röbken 2007). Hier sind zunächst die Graduiertenkollegs der DFG bzw. die

Graduiertenschulen im Rahmen der Exzellenzinitiative zu nennen. In diesen Einrichtungen sind die Auswahl der Promovierenden, die Betreuung und das Qualifizierungskonzept deutlich strukturierter als im traditionellen System. Hinzu kommt, dass mittlerweile eine Reihe von Hochschulen sogenannte Graduiertenschulen aufgebaut haben, in der ein mehr oder weniger strukturiertes Kursangebot für Promovierende angeboten wird.

Wir stellen also in der Tendenz fest, dass in den letzten Jahren die Phase der Promotion einer größeren Strukturierung unterliegt. Dieser Prozess ist dabei nicht auf Deutschland beschränkt, sondern findet sich in einer Reihe von europäischen Ländern (Kehm 2005). Noch ist allerdings festzuhalten, dass die Mehrheit der Promovierenden ihre Promotion in den traditionellen Strukturen anfertigt (Bosbach 2009).

Ein weiteres Element der Reformbemühungen in der Lehre ist darin zu sehen, dass Universitäten verpflichtet wurden, innerhalb von Evaluationsberichten Rechenschaft über ihre Leistungen in der Lehre abzulegen. Auch die Bewertung von Lehrveranstaltungen durch Studierende wurde in den letzten Jahren deutlich ausgeweitet und wird ebenfalls als qualitätssichernde Maßnahme angesehen (vgl. zum Beispiel Rindermann 2009; Klein und Rosar 2006; Engel und Krekeler 2001; Daniel 1998; Windolf 1995; Wolbring 2013). Auch hier sehen wir also, dass die Verantwortlichkeit der Hochschulen insgesamt, aber auch der einzelnen Lehrenden, für die Studierenden und deren Lernerfolge erhöht werden soll, was wiederum in Zusammenhang mit der oben beschriebenen Tendenz zur „Audit Society" zu sehen ist.

Hinzu kam die Einführung von Studiengebühren in einigen Bundesländern (vgl. zum Beispiel Hadamitzky et al. 2008; Ebcinoglu 2006), die allerdings mittlerweile wieder in allen Bundesländern abgeschafft wurden (Hüther und Krücken 2014). Dennoch sollten auch die Studiengebühren die Qualität der Lehre deutlich erhöhen, da die Gelder ausschließlich in eine Verbesserung der Lehrsituation fließen sollten.

Reformen im Bereich der Forschung

Der Reformbereich der Forschung rückte im Zusammenhang mit internationalen Rankings in den Fokus der Aufmerksamkeit. Auch hier lassen sich Effekte der oben beschriebenen allgemeinen-gesellschaftlichen Trends sehr gut nachvollziehen. Einerseits wird durch diese Rankings die nationale Entgrenzung von Hochschulen befördert, weil der Vergleichsrahmen nun transnational ist. Andererseits kommt es hier zu einem Versuch der Messung von Leistung, was wiederum in Zusammenhang mit der Tendenz zur Entwicklung einer „Audit Society" steht.

Besonders das Ranking von „Times Higher Education" (vgl. THE 2015) und das von der Jiao Tong University in Shanghai durchgeführte „Academic Ranking of World Universities" (vgl. Shanghai Jiao Tong University 2015) spielen hier eine wichtige Rolle. Aus den Rankings wurde geschlossen, dass die deutschen Universitäten im Hinblick auf die Forschung international nicht konkurrenzfähig seien. Dass die deutschen Universitäten im internationalen Vergleich zu schlecht sind, gehört quasi zu den Mainstreamerkenntnissen, die allerdings auf recht dünner und wackliger Datenbasis fußen (vgl. zum Beispiel die Analyse unterschiedlicher Rankings bei Maasen und Weingart 2006). Ein Vergleich von Universitäten mehrerer Länder, der die Anforderungen des deutschen Wissenschaftsrates auch nur annähernd erfüllen würde, ist jedenfalls nicht vorhanden (vgl. Wissenschaftsrat 2004; Bayer 2004).

Trotz der erheblichen Kritik an den Forschungsrankings haben diese im Reformdiskurs eine wichtige Rolle gespielt und dies, obwohl sie aus wissenschaftssoziologischer Perspektive häufig kritisch als „Medien-Event" (Maasen und Weingart 2006, 38) bewertet werden. Insbesondere die Verstärkung des Wettbewerbs innerhalb des Wissenschaftssystems wird mit der vermeintlichen Forschungsschwäche der deutschen Universitäten legitimatorisch abgestützt, wobei gleichzeitig die Pflicht zur Evaluierung und Leistungsmessung der Forschung etabliert wird.

Als Indikatoren zur Leistungsmessung werden dabei schwerpunktmäßig Drittmittel und Veröffentlichungen in international sichtbaren Zeitschriften genutzt. Dies erhöht den Druck innerhalb des Systems, Drittmittel einzuwerben und sich bei Veröffentlichungen einem Peer-Review-Verfahren zu stellen. Hierzu passt dann auch, dass der Anteil der Drittmittel an den Gesamteinnahmen der Hochschulen in den letzten Jahren angestiegen ist, weil der Staat einen „Teil seiner institutionellen Grundförderung zugunsten von projektbezogener Drittmittelförderung durch öffentliche Drittmittelgeber umgeschichtet hat" (Schubert und Schmoch 2010, 252). Hinzu kommen Differenzierungsprozesse im Bereich der Forschung, insbesondere durch die Orientierung der Exzellenzinitiative, die unter 2.2.2.1 schon stichwortartig benannt wurden.

Reformen der Personalstrukturen

Der Reformbereich der Personalstruktur umfasst insbesondere drei Aspekte. Erstens ist hier die Umstellung von der C- auf die W-Besoldungsstruktur bei Professoren und Professorinnen zu nennen (vgl. zum Beispiel Handel 2005). Die W-Besoldung besteht aus einem Grundgehalt, welches durch Leistungszulagen verbessert werden kann. Nach §33 Abs. 1 des Bundesbesoldungsgesetz (2006) sind drei Arten der Erlangung von variablen Gehaltselementen möglich: Aufgrund von Berufungs- und Bleibeverhandlungen, für individuelle Leistungen in Forschung, Lehre, Weiterbildung und der Förderung des wissenschaftlichen Nachwuchses (besondere Leistungsbezüge) sowie aufgrund der Übernahme von Leitungsfunktionen (Funktions-Leistungsbezüge).

Gehaltssteigerungen aufgrund von Berufungs- und Bleibeverhandlungen waren bereits traditionell in der C-Besoldung möglich, allerdings auf die C4-Stellen beschränkt (vgl. Wahlers 2006). Nun können sowohl Inhaberinnen und Inhaber von W2- als auch W3-Professuren auf diese Art ihr Einkommen steigern. In der neuen Besoldungsordnung wird zudem die Obergrenze der Leistungszulagen gelockert (vgl. Scheuermann 2004, 50; Wahlers 2006, 152). Die Umstellung auf die W-Besoldung erhöht demnach den Konkurrenz- und Leistungsdruck für die Professoren und Professorinnen, wobei deren Einführung durchaus als Ausdruck des „institutionellen Misstrauens" (Huber 2006, 208) der Politik gegenüber diesen angesehen werden kann. Wir sehen hier ein sehr schönes Beispiel für die weiter oben beschriebene Ersetzung des Vertrauens in die Arbeit der Professorinnen und Professoren durch ein „trust in numbers".

Im Zuge der Föderalismusreform geht die Kompetenz zur Regelung der Besoldung der Professuren auf die einzelnen Bundesländer über. Diese haben an den grundsätzlichen Strukturen zwar nichts verändert, es gibt allerdings Unterschiede in der Höhe des Grundgehaltes zwischen den einzelnen Ländern. So liegt das Brutto-Grundgehalt bei W3-Professuren Anfang 2013 in Berlin bei 4.988,16 Euro, während es in Baden-Württemberg bei 5.612,29 Euro liegt (Deutscher Hochschulverband 2013).

Allerdings hat das Bundesverfassungsgericht 2012 die Regelungen zur hessischen Leistungsbesoldung bei der W2-Besoldung für verfassungswidrig erklärt, weil das Gehalt ohne den Leistungsanteil nicht dem verfassungsrechtlich gebotenen ausreichenden Alimentationsgebots für Beamte entsprach (BVerfG 2012). Obwohl sich das Urteil nur auf die Regelungen in Hessen und die W2-Besoldungsstufe bezog, stellt es doch das gesamte W-Besoldungssystem in Frage, weil das in Hessen gewährte Brutto-Grundgehalt für W2-Professuren von 4.176,45 Euro sich kaum von der Besoldung in anderen Ländern unterschied. Aus diesem Grund haben alle Bundesländer ihre Besoldungsregelungen überarbeitet. In den meisten Ländern wurde das Grundgehalt erhöht, wobei gleichzeitig die Leistungsanteile des Gehaltes abgesenkt wurden. Zudem wurden teilweise auch wieder Erfahrungsstufen eingeführt (vgl. Gawel 2013).

Verbunden mit der W-Besoldungsreform ist die Einführung der Juniorprofessur als zweites wichtiges Reformelement im Bereich der Personalstruktur (vgl. Federkeil und Buch 2007). Mit der Juniorprofessur sollte dem wissenschaftlichen Nachwuchs früher die selbstständige Lehre und Forschung ermöglicht werden. Gleichzeitig war zumindest geplant, die Habilitation durch die

Juniorprofessur als Qualifikationserfordernis zur Professur zu ersetzen (vgl. Detmer 2004, 54). Nicht zuletzt aufgrund des Urteils des Verfassungsgerichts zur Juniorprofessur wurde aus dieser Planung allerdings nichts (vgl. BVerfG 2004). In diesem Urteil wurden die Regelungen im Hochschulrahmengesetz (HRG) zur Juniorprofessur aufgehoben, weil durch die Detailvorgaben kein Entscheidungsfreiraum mehr für die Länder vorhanden war und somit die Rahmensetzungskompetenz des Bundes überschritten wurde.

Hinfällig wurde damit auch das Ziel, die Juniorprofessur als Regelvoraussetzung für die Berufung auf eine Professur zu etablieren. Faktisch bildet die Juniorprofessur mittlerweile – neben der traditionellen Habilitation – eine alternative Möglichkeit, sich für eine unbefristete Professur zu qualifizieren. Die vom Bundesgesetzgeber geplante Ersetzung der Habilitation durch die Juniorprofessur ist somit eindeutig nicht gelungen, was nicht nur am Urteil des Bundesverfassungsgerichts liegt, sondern sicherlich auch an der Differenz zwischen den bei der Einführung geplanten 6.000 Juniorprofessuren[20] und den tatsächlich geschaffenen.

Eine dritte Änderung im Personalbereich betrifft die Befristungsregeln für wissenschaftliche Beschäftigte an Hochschulen unterhalb der Professur, die bei der 2002 stattgefundenen 5. Novelle des Hochschulrahmengesetz eingeführt wurden und mittlerweile im Wissenschaftszeitvertragsgesetz zu finden sind. Während zuvor Befristungen aufgrund bestimmter Gründe möglich waren und die Befristungshöchstdauer durch „funktionswidrige Kombinationsmöglichkeiten" (Deutscher Bundestag 2001, 20) oder den Wechsel der Hochschule umgangen werden konnten, sind ab 2002 sachgrundlose Befristungen in der Wissenschaft möglich, wobei vor und nach der Promotion jeweils sechs Jahre eine solche sachgrundlose Befristung im Wissenschaftssystem erlauben. Da keine Kombinationsmöglichkeiten von Sachgründen mehr möglich sind (diese sind entfallen) und sich die Regelungen auf das Hochschul- und Wissenschaftssystem beziehen, werden befristete Verträge zusammengerechnet, die mit verschiedenen Hochschulen oder außeruniversitären Einrichtungen abgeschlossen wurden. Nach diesen 12 Jahren ist eine Befristung nur noch nach den allgemeinen arbeitsrechtlichen Regelungen zur Befristung von Arbeitsverträgen bzw. seit 2007 auch aufgrund des spezifisch wissenschaftlichen Grundes der Drittmittelfinanzierung möglich. Ziel der zeitlichen Befristung auf 12 Jahre ist, „dass vorhandene Stellen nicht auf Dauer blockiert werden dürfen" (Deutscher Bundestag 2001, 20), weil die Innovationsfähigkeit der Wissenschaft auch darauf beruht,

---

[20] Anvisiert wurden vom Bund zunächst 6.000, dann 3.000 und schließlich bis 2007 1.600 Juniorprofessuren (vgl. Landfester und Rössel 2004, 47).

dass personale Fluktuation vorhanden ist und nur so junge Wissenschaftlerinnen und Wissenschaftler mit neuen Ideen integriert werden können. Diese Regelungen sind sowohl insgesamt als auch in den Details umstritten und haben heftige Diskussionen ausgelöst. Wir wollen hier nur auf einen Aspekt kurz eingehen. In einer Evaluation des Wissenschaftszeitvertragsgesetzes durch Jongmanns (2011, 73) wurde festgestellt, dass 53 Prozent der Verträge bis zu einem Jahr, 36 Prozent zwischen einem und zwei Jahren und nur 11 Prozent mehr als zwei Jahre befristet sind. In der praktischen Anwendung an den Hochschulen zeigt sich so, dass die Regelungen zu Kettenverträgen und hoher Unsicherheit in Bezug auf die Vertragsverlängerung geführt haben, was in vielen Diskussionen als „Prekarisierung" bezeichnet wird und abschreckend auf junge Wissenschaftlerinnen und Wissenschaftler wirken kann. Zugleich sind die zuvor vorhandenen Spielräume hinsichtlich der Beschäftigung von Wissenschaftlerinnen und Wissenschaftlern durch die Hochschulen entfallen. Aufgrund der Antizipation von Einklagemöglichkeiten zur Entfristung reagieren die Personalabteilungen der Hochschulen in aller Regel risikoavers und legen die Befristungsregeln sehr rigide aus.

New Public Management-Reformen

Die Reformen rund um das New Public Management[21] – im Folgenden als NPM abgekürzt – umfassen eine Vielzahl von Maßnahmen, die insgesamt einen potentiellen Lösungsweg für grundlegende Probleme der Gruppenuniversität, die zuvor skizziert wurden, bieten soll.

Das traditionelle universitäre Modell in Deutschland war durch die Gleichzeitigkeit einer starken staatlichen und akademischen Selbstverwaltung geprägt

---

[21] Inhaltlich ist im allgemeinen NPM-Konzept zwischen einer ordnungspolitischen und einer binnenstrukturellen Dimension zu unterscheiden. Die ordnungspolitische Dimension ist dadurch geprägt, dass für den gesamten öffentlichen Sektor geprüft wird, ob bestimmte Aufgaben durch den Staat oder aber durch private Anbieter gelöst werden können. Es geht hier also um die Begrenzung staatlichen Handelns auf Kernaufgaben. Beispiele hierfür sind zum Beispiel die Privatisierung der Bahn, der Post und der Energieversorgung in Deutschland. Diese Diskussion spielt in Deutschland in Bezug auf die Hochschulen bisher eher eine untergeordnete Rolle (zur internationalen Diskussion vgl. Serrano-Velarde und Krücken 2012). In der binnenstrukturellen Dimension geht es hingegen nicht um die Aufgaben des Staates, sondern um deren möglichst effektive und effiziente Erfüllung. Im Mittelpunkt steht dabei eine innere Struktur der öffentlichen Einrichtung, die in Bezug auf die Entscheidungsstrukturen, die Personalpolitik, Leistungsmessung und die Steuerung an privatwirtschaftliche Unternehmen, insbesondere aus dem Dienstleistungssektor, angeglichen werden soll (vgl. allgemein zum NPM-Konzept zum Beispiel Bogumil et al. 2007b; Kegelmann 2007; Proeller und Schedler 2006; Vogel 2006; Naschold und Bogumil 2000; für die internationalen Entwicklungen zum Beispiel Pollitt et al. 2007; Christensen und Lægreid 2002).

(vgl. zum Beispiel Clark 1983; Braun 2001). Demgegenüber ist das NPM-Modell durch eine Verstärkung der Konkurrenz zwischen den und innerhalb der Hochschulen, eine Stärkung der internen Hierarchie, eine Schwächung des Kollegialitätsprinzips und eine verstärkte Außensteuerung gegenüber einer Detailsteuerung durch den Staat geprägt (de Boer et al. 2007b; Lange und Schimank 2007; Kehm und Lanzendorf 2006b; Braun und Merrien 1999a). Neben der Bezeichnung „New Public Management-Modell" findet sich zuweilen auch „New Managerialism" oder, wenn man das zugrunde liegende Universitäts- und nicht das Governancemodell fokussiert, „Entrepreneurial Universities".

Wenden wir uns zunächst der Wettbewerbsidee zu. Tendenziell hat die Konkurrenz zwischen den Hochschulen in den letzten Jahren zugenommen. Ausdruck hierfür sind zum Beispiel die bereits erwähnte Exzellenzinitiative sowie das Bund-Länder-Programm für bessere Studienbedingungen und mehr Qualität in der Lehre („Qualitätspakt Lehre"). Gleichzeitig haben viele Bundesländer einen Wettbewerb zwischen ihren Hochschulen etabliert, indem sie einerseits Exzellenz-Wettbewerbe auf der Landesebene initiieren, andererseits einen Teil der staatlichen Zuwendungen an Leistungen der Hochschulen knüpfen, wobei die Leistungsmessung durch einen Vergleich mit den anderen Hochschulen vorgenommen wird (vgl. Nickel und Ziegele 2008; Hartwig 2006; Schröder 2004; Jaeger et al. 2006; Leszczensky und Orr 2004).

Auch die Konkurrenzsituation innerhalb der Hochschulen zwischen Fakultäten oder Instituten hat merklich zugenommen. So fordern einige Hochschulgesetze, dass die Mittel innerhalb der Hochschulen aufgrund von Evaluationen und Leistungsindikatoren verteilt werden. Es konkurrieren dann die Fakultäten untereinander um die Mittel der Hochschulen. Während im traditionellen deutschen System mit einer kameralistischen Haushaltsführung eine Fortschreibung der Mittel die Regel war, wird nun zwischen den Hochschulen und innerhalb der Hochschulen eine Konkurrenzsituation aufgebaut (vgl. zum Beispiel Jaeger 2008; Jaeger et al. 2006; Schröder 2004).

Der verschärfte Wettbewerb betrifft auch die Professoren und Professorinnen, und zwar sowohl im Bereich des persönlichen Entgeltes als auch in Bezug auf ihre Ausstattung. Deutlichstes Kennzeichen ist die bereits erwähnte Einführung von Leistungszulagen für besondere Leistungen in Lehre und Forschung. Hier wird demnach ein Leistungswettbewerb zwischen den Professoren und Professorinnen einer Hochschule etabliert. In die gleiche Richtung wirkt, dass die Ausstattung von Lehrstühlen im Zuge von Berufungsverfahren in der Regel nur noch zeitlich befristet erfolgt und nur bei entsprechenden Leistungen weiter gewährt wird (vgl. Detmer 2003; Schenke 2005).

Insgesamt ist deshalb anzumerken, dass der Wettbewerbsmechanismus innerhalb des deutschen Hochschulsystems in den letzten Jahren auf mehreren Ebenen verstärkt wurde.

Dass nicht mehr die staatliche Detailregulierung, sondern eine Außensteuerung oder aber „Steuerung aus der Distanz" das neue Leitmotiv im Reformprozess der letzten Jahre ist, kann ebenfalls an einigen Beispielen verdeutlicht werden. Hierfür sprechen zum Beispiel die Einführung von Globalbudgets (vgl. Lanzendorf und Pasternack 2008; Hartwig 2006; Seidler 2004, 496ff.; Postlep 2004), Ziel- und Leistungsvereinbarungen (vgl. Rogal 2008; König 2006; Schimank 2006; Ziegele 2006; Lanzendorf und Orr 2006) oder die Übertragung von staatlichen Aufsichtsfunktionen auf die neu geschaffenen Hochschulräte (vgl. Hüther 2009; Lange 2009; Bogumil et al. 2007a).

In einigen Bereichen finden sich also Tendenzen einer Deregulierung des Hochschulsystems und einer Umstellung auf eine „Steuerung aus der Distanz" (Hüther et al. 2011). Die Hochschulen werden so von der Regulierung über formale Detailfestlegungen, wie sie ab den 1970er Jahren üblich waren, befreit. Es ist demnach festzustellen, dass die formale Autonomie der Hochschulen seit Ende der 1990er Jahre wieder angestiegen ist. Zum Teil beinhaltet dies auch Rechte, die seit Jahrhunderten nicht vorhanden waren. So können in einer Reihe von Bundesländern Professorinnen und Professoren von den Hochschulen selbst berufen werden, während traditionell die Berufung von den jeweiligen Wissenschaftsministerien vorgenommen wurde.

In Bezug auf die Autonomie sind allerdings zwei Sachverhalte zu beachten: Erstens wird die Umstellung auf Außensteuerung keineswegs in aller Konsequenz beschritten und ist auch in den einzelnen Bundesländern unterschiedlich ausgestaltet. Zweitens kann auch über Außensteuerung die Autonomie der Hochschulen beschnitten werden – und dies womöglich deutlich effektiver als über eine Detailregulierung. Was sich im Rahmen des NPM verändert, ist also der Steuerungsmodus, aber nicht zwangsläufig die Intensität der Steuerung.

Eng verbunden mit dem Abbau der Detailregulierung ist die Stärkung der Leitungsebene innerhalb der Hochschulen. Die neuen Kompetenzen und Freiheiten sollten insbesondere aus Sicht der Wissenschaftsministerien nicht den als entscheidungsunfähig angesehenen akademischen Selbstverwaltungseinheiten überlassen werden. Die Stärkung der Leitungsebene vollzieht sich durch eine Verlagerung von Entscheidungskompetenzen des Staates und der akademischen Selbstverwaltung – also den klassischen Steuerungsinstanzen im deutschen System – auf die Leitungsebene (Hüther 2010, 195ff.).

Hinzu kommt der Versuch, das Hochschulmanagement zu professionalisieren. Dies gilt sowohl für die Leitungsebene, zum Beispiel durch verlängerte Amtszeiten für Hochschulleitungsmitglieder (Hüther 2011), als auch für den gesamten Verwaltungsapparat der Hochschulen (Krücken et al. 2013, 2012, 2009; Whitchurch 2006; Gornitzka et al. 1998). Die Literatur geht hier insgesamt davon aus, dass es zu einer internen Hierarchisierung der deutschen Hochschulen kommt, in deren Verlauf das zuvor dominierende Prinzip der akademischen Selbstverwaltung an Bedeutung verliert.

Ziel dieses Reformbereiches ist es, einige der oben beschriebenen Entscheidungsprobleme der Gruppenuniversität zu lösen. So sollen die Entscheidungsprozesse zeitlich verkürzt und die Präzision von Entscheidungen erhöht werden, indem die Leitungsebene gestärkt wird. Die neueren Reformen in Bezug auf die internen Organisationsstrukturen versuchen deshalb, konstatierte Fehlentwicklungen oder transintentionale Effekte der staatlicherseits erzwungenen Einführung der Gruppenuniversität zu korrigieren.

Allerdings zeigt sich bei einer genauen Betrachtung, dass die Regelungen zur Stärkung der Hochschulleitungen teilweise inkonsistent sind. So sind in den meisten Bundesländern die Hochschulleitungen bei der Wahl und der Abwahl nach wie vor von den kollegialen Entscheidungsgremien abhängig (Hüther 2011). Zudem haben die Hochschulleitungen kaum die Möglichkeit, ihre hierarchischen Entscheidungen gegenüber den Wissenschaftlerinnen und Wissenschaftlern durch Macht- und Sanktionspotentiale abzusichern (Hüther und Krücken 2011, 2013, 2015). Es ist dann auch nicht verwunderlich, dass neuere Forschungsergebnisse deutliche Hinweise darauf geben, dass an deutschen Hochschulen weiterhin Konsensentscheidungen die Regel sind, auch wenn formal hierarchische Entscheidungen möglich wären (zum Beispiel von Stuckrad und Gläser 2012; Bieletzki 2012; Becker et al. 2012; Kleimann 2015). Wir finden also in der Tendenz innerhalb der Hochschulen eine Weiterführung der Konsenskultur, was aufgrund der langen Tradition kollegialer Entscheidungen kaum überraschen und – wie wir später noch sehen werden – in vielerlei Hinsichten auch vorteilhaft sein kann.

3 Die thematische Perspektive

Die zweite von uns behandelte Perspektive auf Hochschulen ist thematisch strukturiert. Hochschulen lassen sich unter ganz verschiedenen Gesichtspunkten betrachten. Die sozialwissenschaftliche Hochschulforschung trägt diesem Umstand durch eine mehr oder weniger ausgeprägte thematische Spezialisierung Rechnung. Dies ist auch deshalb erforderlich, weil der Forschungsgegenstand Hochschule zu komplex ist, um jeweils alle Sachverhalte angemessen zu berücksichtigen.

Wir werden im Folgenden vier zentrale Themenfelder der Hochschulforschung behandeln. Erstens geht es um die quantitativ-strukturelle Gestalt und Entwicklung von Hochschulsystemen (3.1). Zweitens werden wir uns dem Forschungsbereich der Hochschulgovernance (3.2) zuwenden, um drittens die Hochschulen als Organisationen (3.3) in den Mittelpunkt zu stellen. Das vierte und letzte Themenfeld rückt Personengruppen (3.4) in den Vordergrund der Betrachtung, wobei die Studierenden, die Wissenschaftlerinnen und Wissenschaftler sowie das Verwaltungspersonal jeweils als Gruppen behandelt werden. Zu diesem thematischen Feld gehört auch die Frage nach der Chancengleichheit im Hochschulsystem, die ebenfalls behandelt wird.

Diese vier Themenfelder können auch im Hinblick darauf eingeordnet werden, welche Betrachtungsebene im Mittelpunkt steht. Im Themenfeld der quantitativ-strukturellen Gestalt und Entwicklung werden vor allem Sachverhalte auf der Systemebene in den Blick genommen, es geht also um die Makrostrukturen von Hochschulsystemen. Hingegen fokussieren die Betrachtungen zur Hochschulgovernance und zu Hochschulen als Organisationen nicht nur, aber in besonderer Weise auf die Strukturen von Hochschulen, wir bewegen uns hier also auf der Mesoebene. Die Betrachtungen zu den Personengruppen können im Gegensatz dazu als Mikroebene angesehen werden, weil hier viel stärker als in den anderen drei Themenfeldern Eigenschaften und Entscheidungen von Individuen eine zentrale Rolle spielen.

3.1 Quantitativ-strukturelle Gestalt und Entwicklung von Hochschulsystemen

Hochschulforschung, die sich mit der quantitativ-strukturellen Gestalt von Hochschulsystemen beschäftigt, betrachtet vor allem Aspekte der „Ein- und Ausgrenzung, Größenordnung und Konfiguration" (Teichler 2005a, 9) von Hochschulen in einem Land im Zeitvergleich bzw. im Ländervergleich. Hierzu zählen zum Beispiel die Entwicklungen bei der Zahl der Studierenden oder des

wissenschaftlichen Personals, die Differenzierung in verschiedene Hochschultypen (zum Beispiel Universitäten vs. Fachhochschulen) oder die Finanzierung der
Hochschulen. Sowohl der zeitliche als auch der internationale Vergleich erfolgt
dabei anhand ausgewählter Merkmale.

Die quantitativ-strukturelle Gestalt von Hochschulsystemen erfährt relativ
hohe Aufmerksamkeit, weil anhand der spezifischen Gestalt auch darauf geschlossen wird, ob es sich um ein geeignetes oder nicht geeignetes bzw. modernes oder nicht modernes Hochschulsystem handelt. Es wird also häufig mit der
Beschreibung mehr oder weniger implizit eine Bewertung des Hochschulsystems
vorgenommen (Teichler 2008, 350f.).

Sicherlich sind Hochschulsysteme in Bezug auf vorgegebene Zielvorgaben
mehr oder weniger fähig, diese Ziele zu erreichen – erfüllen also besser oder
schlechter die an sie gerichteten Erwartungen. Es ist aber zu bedenken, dass sich
die Ziele selbst nicht automatisch ergeben, sondern normativ gesetzt sind und
häufig nur wenig hinterfragt werden. Hochschulsysteme, die besonders viele
Hochschulabsolventen hervorbringen, als wünschenswertes Ziel anzusehen – wie
dies insbesondere von der „Organisation für wirtschaftliche Zusammenarbeit und
Entwicklung" (OECD) immer wieder betont wird –, ist nichts Selbstverständliches. Vielmehr liegt diesem Ziel die Vorstellung zugrunde, dass Gesellschaften
besonders „modern" oder „postmodern" sind, wenn ein möglichst hoher Anteil
der Bevölkerung an Hochschulen ausgebildet wird.

Gleichfalls wird häufig unterstellt, dass es einen Zusammenhang zwischen
dem Anteil von Hochschulabsolventen und der wirtschaftlichen Entwicklung
eines Landes gebe. Empirische Forschung hingegen zeigt, dass der Zusammenhang zwischen wirtschaftlicher Entwicklung und dem Anteil der Hochschulabsolventen nicht stabil ist; somit ist „ein universeller Zusammenhang zwischen
Bildungs- und Wirtschaftsentwicklung (...) nicht nachweisbar" (Stock 2003,
145). Insbesondere Studien aus der Sicht der neo-institutionalistischen Weltge-
sellschaftstheorie weisen darauf hin, dass die Expansion der Hochschulbildung
relativ unabhängig von den sozio-ökonomischen Strukturbedingungen in den
einzelnen Ländern ist; auch die sozio-ökonomischen Folgen sind keineswegs
eindeutig. Vielmehr ist die weltweit feststellbare Expansion der Ausdruck einer
Diffusion der Vorstellung oder des Mythos, dass Hochschulbildung zu Wirt-
schafts- und Wohlfahrtssteigerung und einer besseren individuellen Entwicklung
führt (Ramirez und Riddle 1991; Ramirez et al. 2006). Die OECD ist ein zentraler Promotor dieses Mythos; es bleibt aber ein Mythos.

Zudem ist darauf hinzuweisen, dass Hochschulsysteme nicht nur ein Ziel
verfolgen, sondern mehrere, die durchaus in Konflikt zueinander stehen können.
Schimank (2001a, 227) spricht in diesem Zusammenhang von Hochschulen als
„Gemischtwarenläden" mit einem „Zielwirrwarr", was eindeutig auch auf das

Hochschulsystem insgesamt zutrifft. Ziele sind zum Beispiel neben qualitativ hochwertiger Forschung und Lehre die Praxisrelevanz der Lehre, die außerwissenschaftliche Relevanz der Forschung sowie die Verwirklichung von Chancengleichheit in Bezug auf Geschlecht, soziale Herkunft und Migration. Während demnach eine bestimmte Struktur für eines dieser Ziele besonders geeignet sein kann, verhindert sie womöglich die Erreichung eines anderen Ziels. Welches Ziel aber gerade besonders aufmerksam verfolgt wird, ist wiederum eine normative Setzung, die insbesondere im Zeitverlauf nicht stabil ist.

Beide Aspekte – also die Setzung von Zielen und konfligierende Ziele – sollten dazu führen, dass die Hochschulforschung eine kritische Distanz zu Einschätzungen im Hinblick auf eine „bessere" quantitative-strukturelle Gestalt von Hochschulsystemen einnimmt.

In diesem Kapitel geht es darum, die quantitativ-strukturelle Gestalt des deutschen Hochschulsystems im Zeit- und internationalen Vergleich anhand ausgewählter Merkmale darzustellen. Zunächst werden wir uns mit der Entwicklung der Hochschulsysteme von einem Elite- zum Massensystem und schließlich zu einem System mit universellem Zugang beschäftigen und theoretische Erklärungen für diese Entwicklungstendenz aufzeigen. Danach wird es um die quantitative Entwicklung bei den Studierenden und dem wissenschaftlichen Personal gehen. Anschließend widmen wir uns der Differenzierung in Hochschulsystemen, um am Ende deren Finanzierung zu behandeln.

3.1.1 Quantitative Entwicklungen

Die quantitative Entwicklung von Hochschulsystemen und Hochschulen wird in der Regel anhand von standardisierten Kennziffern beschrieben. Auch wir werden im Weiteren häufig auf solche Kennziffern, wie zum Beispiel die Studienanfängerquote, zurückgreifen. Einerseits verwenden wir hierbei Zahlen vom Statistischen Bundesamt, andererseits Zahlen von der OECD. Die verwendeten Kennziffern suggerieren dabei zunächst Eindeutigkeit und Präzision. Wendet man sich allerdings den Messverfahren und den diesen zugrunde liegenden Definitionen der Kennziffern zu, ergibt sich häufig, dass diese mitnichten eindeutige oder präzise Messungen repräsentieren. Dies wird schon daran deutlich, dass sich die Zahlen vom Statistischen Bundesamt und der OECD zum Beispiel in Bezug auf die Studierendenquote unterscheiden. Der Grund hierfür sind unterschiedliche Definitionen, wer eigentlich als Studentin oder Student gilt und welche Einheiten als Hochschulen angesehen werden. Während also die Kennziffern zunächst Eindeutigkeit suggerieren, sind die dahinterliegenden Definitionen durchaus nicht so eindeutig.

Dass die vorhandenen und auch von uns genutzten Kennziffern mit einer gesunden Skepsis verwendet werden sollten, kann zum Beispiel auch anhand der Studienberechtigtenquote gezeigt werden. Hierbei wird berechnet, wie viel Prozent der 18- bis 20-Jährigen berechtigt sind, ein Studium aufzunehmen. Nicht beachtet werden hierbei allerdings Personen, die die Studienberechtigung nach diesem Alter erlangen. Gerade für Bildungssysteme, die neben dem traditionellen Zugang über das klassische Schulsystem weitere Zugangswege zur Hochschulbildung ermöglichen, kommt es hierbei also nicht zu einer Messung der tatsächlich Studienberechtigten, sondern vielmehr wird eine relative Studienberechtigtenquote erfasst. Dies trifft zum Beispiel offensichtlich für das deutsche Hochschulsystem zu. So gibt es in Deutschland ein ausgebautes System des zweiten Bildungsweges, in dem zum Beispiel durch den Besuch von Abendgymnasien die Hochschulzugangsberechtigung auch außerhalb des traditionellen Schulsystems erlangt werden kann. Zudem wurde in den letzten Jahren die Studienberechtigung für Personen, die das Berufsbildungssystem durchlaufen haben, kontinuierlich ausgeweitet. In diesen Bereich fällt auch die Möglichkeit, nach dem Abschluss einer Meisterausbildung ein Studium aufzunehmen. All diese nicht traditionellen Studienberechtigten werden aber bei Zugrundelegung der Altersgruppe der 18- bis 20-Jährigen nicht erfasst, weil die Studienberechtigung in der Regel erst nach dem zwanzigsten Lebensjahr erworben wird.

Es wird also deutlich, dass die vom Statistischen Bundesamt und der OECD genutzten Kennziffern zwar zunächst Eindeutigkeit und Präzision suggerieren, allerdings bei einer genaueren Betrachtung der Grundlagen häufig gerade keine Eindeutigkeit und Präzision vorhanden ist. Ein unkritisches Verhältnis zu diesen und anderen Kennziffern, wie es im öffentlichen Diskurs vielfach vorherrscht – wir kennen dies schon als „trust in numbers" (Porter 1996) –, wäre höchst problematisch.

Gerade weil ein Vergleich anhand von Zahlen dazu geeignet ist, aufgezeigte Differenzen als unhinterfragbare Tatsachen zu behandeln (Heintz 2010; Porter 1996), ist es wichtig, das vorhandene Datenmaterial auch kritisch zu hinterfragen. Dies bedeutet keineswegs, dass man auf quantitative Vergleiche und Kennziffern verzichten sollte, sondern nur, dass man sich jeweils vergegenwärtigen sollte, was gerade tatsächlich gemessen wird und welche Limitierungen bzw. Ungenauigkeiten in den vermeintlich eindeutigen und präzisen Zahlen verborgen sind. In diesem Sinne werden wir in den folgenden Abschnitten immer wieder auf Zahlenmaterial des Statistischen Bundesamtes und der OECD zurückgreifen und an verschiedenen Stellen auch auf Limitierungen und Ungenauigkeiten hinweisen.

3.1.1.1   Von Elitesystemen zu Systemen mit universellem Zugang

Insgesamt ist in Bezug auf die quantitativ-strukturelle Gestalt von Hochschulsystemen auf deren Dynamik im Zeitverlauf hinzuweisen. Hochschulsysteme wirken zwar relativ starr und stabil, unterliegen im Zeitverlauf aber erheblichen Veränderungen. So werden neue Hochschultypen gebildet oder auch wieder abgeschafft. Das Gleiche ist für Studienabschlüsse zu konstatieren, was zum Beispiel in den letzten Jahren bei der Umstellung von den Diplom- und Magisterabschlüssen hin zu Bachelor- und Master-Abschlüssen zu beobachten war. Die auffälligste Dynamik in den westlichen Hochschulsystemen in den letzten Jahrzehnten ist allerdings deren Expansion.

Die Entwicklung von einem Elite- zum Massensystem und schließlich zu einem System mit universellem Zugang ist die wohl bedeutendste Entwicklung der Hochschulsysteme und erklärt zugleich eine Vielzahl weiterer Strukturen und Herausforderungen der Hochschulbildung (Trow 2006, 1974). Nach Trow wird von einem Elitesystem dann gesprochen, wenn maximal 15 Prozent eines Jahrgangs im Hochschulsystem ausgebildet werden. Der Übergang zum Massensystem ist bei einem Anteil von 16 bis 50 Prozent erreicht, während bei einem Anteil von mehr als 50 Prozent von einem System mit universellem Zugang ausgegangen wird. In Bezug auf die Benennung der letzten Phase ist allerdings die Begriffsverwendung von Trow problematisch. Ob bei einem Anteil von mehr als 50 Prozent tatsächlich von einem universellen Zugang gesprochen werden sollte, ist zumindest fraglich. Immerhin bleiben dann ja noch maximal 49,9 Prozent ausgeschlossen. Die Beschreibung des Konzepts des universellen Zugangs ist also eher als regulatives Ideal und nicht als eine durchgesetzte Wirklichkeit anzusehen.

Die durchschnittliche Studienanfängerquote der OECD-Länder im tertiären Sektor liegt momentan bei 58 Prozent (OECD 2014, 340). Die meisten Länder der OECD haben also das Zeitalter des universellen Zugangs erreicht. Dass Hochschulsysteme, die wie zum Beispiel das Hochschulsystem der BRD im Jahr 1960, welche nur 9 Prozent einer Altersstufe ausbilden, deutlich anders aussehen und andere Funktionen haben, ist dabei augenscheinlich.

Tabelle 1 gibt einen Überblick über einige ausgewählte Unterschiede der Hochschulsysteme in den einzelnen Phasen, die von Brennan (2004) auf Grundlage von Trow (1974) zusammengestellt wurden.

Tabelle 1:   *Ausgewählte Merkmale der Elite- und Massensysteme sowie*
                 von Systemen mit universellem Zugang

	Elitesysteme	Massensysteme	Systeme mit universellem Zugang
Einstellungen zum Zugang	Privileg wegen Geburt und/oder Talent	Recht für diejenigen mit der entsprechenden Qualifikation	Verpflichtung für die Mittel- und Oberschicht
Funktion	- Bildung für die herrschende Klasse - Vorbereitung auf Führungsrollen	- Vermittlung von Fähigkeiten - Vorbereitung auf technische und ökonomische Führungsrollen	Anpassung der „gesamten" Bevölkerung an raschen sozialen und technologischen Wandel
Institutionelle Charakteristika	- Homogen mit hohen gemeinsamen Standards - Klare und undurchlässige Abgrenzung	- Einheitlich mit unterschiedlichen Standards - Durchlässige und unscharfe Abgrenzung	- Große Unterschiede ohne gemeinsame Standards - Schwache bzw. nicht existierende Abgrenzung
Zugang und Selektion	Meritokratisch[22], basierend auf Schulergebnissen	Meritokratische und kompensatorische Programme, um Gleichheit der Bildungschancen sicherzustellen	- Offen - Betonung der Ebenbürtigkeit der Leistung unterschiedlicher Gruppen (Klasse, Ethnie)

Quelle: Auszug aus Brennan (2004, 23, eigene Übersetzung)

Eine Reihe von Problemen in Hochschulsystemen resultiert dann daraus, dass trotz des Übergangs in ein neues Stadium die alten Funktionen, institutionellen Charakteristika oder auch die Zugangs- und Selektionskriterien unverändert bleiben bzw. von relevanten Akteuren im System verteidigt werden. Ein Beispiel für Deutschland wäre hier, dass trotz des Übergangs in das Massensystem lange Zeit die Gleichheitsfiktion in Bezug auf die Gruppe der Universitäten bzw. die Gruppe der Fachhochschulen aufrechterhalten wurde. Die Umstrittenheit dieses Prozesses mit all den vorhandenen Ambivalenzen zeigt exemplarisch die Prob-

---

[22] Hier wird eine weite Definition von meritokratisch verwendet, weil natürlich die Vorselektion, wer an eine Hochschule gehen kann, nicht meritokratisch ist, sondern stark von der gesellschaftlichen Stellung abhängt. Wird diese Vorselektion allerdings überstanden, findet sich dann innerhalb dieser Gruppe eine meritokratische Auswahl.

leme und die Zeitverzögerung beim Übergang von Hochschulsystemen von einer Phase in die nächste.

3.1.1.2 Theoretische Erklärungen der Ausweitung der Hochschulbildung

Aufgabe der Hochschulforschung ist es nicht nur, die quantitative Entwicklung in Richtung einer eklatanten Ausweitung der Hochschulbildung zu beschreiben, sondern diese auch theoretisch zu erklären. Es stellt sich die Frage, wie kommt es eigentlich dazu, dass ganz unterschiedliche nationale Hochschulsysteme gemeinsam in Richtung des universellen Zugangs tendieren?

Zunächst ist hier sicherlich auf gesellschaftliche Entwicklungen hinzuweisen. Die Hochschulbildungsexpansion kann dabei auf einer gesellschaftlichen Ebene mit unterschiedlichen theoretischen Perspektiven in den Blick genommen werden. Wir betrachten im Folgenden jeweils kurz die Vorstellungen zur Wissensgesellschaft, zu den Modernisierungstheorien und den Konflikttheorien.

Die Entwicklung von der Industriegesellschaft zu einer Wissensgesellschaft (zum Beispiel Bell 1973; Böhme und Stehr 1986) – was auch heißt: einer Wissensökonomie – benötigt immer mehr besser ausgebildete Personen. Wissensgesellschaften sind dadurch geprägt, dass ein „Vordringen der Wissenschaft in alle gesellschaftlichen Lebensbereiche" (Stehr 1994, 33) vorhanden ist. Während demnach in der Industriegesellschaft die materiellen Produktionsmittel über Machtverteilung und gesellschaftliche Struktur bestimmen, übernimmt in der Wissensgesellschaft das Wissen diese Funktion (Weingart 2001, 14).

Hochschulen werden so zu zentralen Einrichtungen moderner Gesellschaften, weil ihre beiden Hauptfunktionen, Wissensgenerierung und -vermittlung, essentiell für die Wissensgesellschaft sind. Die Entwicklung in Richtung Wissensgesellschaft schafft gleichzeitig Kapazitäten zur Aufnahme von Personen, die im Hochschulsystem ausgebildet wurden, in den Arbeitsmarkt. Die Hochschulexpansion erklärt sich daraus folgend aus der sich entwickelnden Wissensgesellschaft und dem daraus resultierenden Effekt, dass immer mehr wissenschaftlich ausgebildete Personen von der Wirtschaft benötigt und auch aufgenommen werden können.

In eine ähnliche Richtung gehen die Erklärungen der Modernisierungstheorie (zum Beispiel Parsons 1971; Zapf 1994; Berger 1996). Unter dem Begriff Modernisierungstheorien werden dabei sehr unterschiedliche theoretische Konstrukte verstanden, wobei die Gemeinsamkeit ist, dass die Modernisierungstheorien davon ausgehen, dass Gesellschaften bestimmte Entwicklungsstadien in einer festgelegten Reihenfolge durchlaufen und dabei bestimmte Probleme und Effekte auftreten.

Nach den Modernisierungstheorien entwickeln sich Gesellschaften von einer vorindustriellen zu einer industriellen und schließlich zu einer postindustriellen oder modernen Gesellschaft, wobei in der Regel eine lineare Entwicklung unterstellt wird. Die Bildungsexpansion ist danach ein Effekt der Entwicklung in Richtung moderner Gesellschaft, weil mit dieser bestimmte funktionale Erfordernisse einhergehen, die durch die Integration immer größerer Teile der Bevölkerung in das Hochschulsystem erfüllt werden. Hochschulbildung ist zum Beispiel erforderlich, weil sich die Arbeitstechniken in modernen Gesellschaften verändern.

Des Weiteren verändern sich auch die Anforderungen bei der Integration von Individuen in eine immer komplexer werdende Gesellschaft. Diese Integration wird nach Meinung der Modernisierungstheoretiker auch durch die im Zug der Hochschulexpansion steigende Chancengleichheit gewährleistet. Modernisierungstheoretiker gehen deshalb davon aus, dass sowohl die Bildungsexpansion als auch eine verbesserte Chancengleichheit funktionale Erfordernisse postindustrieller Gesellschaften sind. Folgt man dieser Auffassung, dann führt die Hochschulexpansion nicht nur zu steigenden Studienanfängerquoten, sondern auch zu steigender Chancengleichheit.

Das oben dargestellte Phasenmodell von Trow nimmt die Vorstellung der Modernisierungstheorien auf und beschreibt das Hochschulsystem der vorindustriellen (Elitesystem), der industriellen (Massensystem) und der postindustriellen Gesellschaft (Systeme mit universellem Zugang). Trows Modell weist damit eine deutliche Nähe zu den Modernisierungstheorien auf. Bei seinem Phasenmodell handelt es sich nicht lediglich um eine rein deskriptive Darstellung, sondern dieser Beschreibung liegen die eben beschriebenen Annahmen zugrunde, die durchaus kritisch gesehen werden können. Eine solche Kritik wird vor allem von den Konflikttheorien, die wir im Folgenden betrachten, vorgenommen.

Konflikttheorien bieten eine im Vergleich zu den Modernisierungstheorien vollkommen andere Erklärung für die Hochschulexpansion (zum Beispiel Coser 1956; Dahrendorf 1957; Bourdieu 1982; Collins 2010; Bourdieu und Passeron 1971) an, wobei für den Hochschulbereich insbesondere die Arbeiten von Bourdieu (1982, 1992) als relevant anzusehen sind. Bourdieu erklärt dabei die Expansion des Bildungs- und Hochschulsystems mit dem Bedürfnis der herrschenden Klasse[23], ihre Position an ihre Kinder weiterzugeben. Seit Gesellschaf-

---

[23] Bourdieu nutzt in seinen Erklärungen den Klassenbegriff, der aufgrund der damit verbundenen, nicht unproblematischen Annahmen und normativen Konnotationen in der deutschen Sozialwissenschaft kaum noch benutzt wird. Während wir ansonsten eher den Begriff der Schicht verwenden, der deutlich neutraler ist, nutzen wird im Folgenden bei der Beschreibung der Vorstellungen von Bourdieu den Klassenbegriff.

ten herausgehobene Positionen nicht mehr über Abstammung verteilen, ist die Bildung – oder besser gesagt: der formale Bildungstitel – das zentrale Kriterium zur Verteilung von herausragenden Positionen. Formales Bildungskapital im Sinne von Bourdieu (1992), welches insbesondere an Hochschulen erworben wird, wird das zentrale Kriterium für die Rekrutierung der Berufspositionen mit hohem Einkommen und Prestige. Dies führt dazu, dass Hochschulen für die Gesellschaft eine „Platzierungsfunktion" (Hradil 2006, 131) übernehmen, die bei steigenden Studierendenzahlen immer breitere Bevölkerungsschichten trifft und die „Intergenerationenmobilität" (Smelser 1990, 520) nachhaltig beeinflusst. Um ihre herausgehobene gesellschaftliche Stellung zu erhalten, müssen deshalb die Mitglieder der herrschenden Klasse in die Bildung ihrer Kinder investieren, weil nur so die erreichte gesellschaftliche Position weitergegeben werden kann. Jeder Bildungserfolg bisher unterprivilegierter Gruppen gefährdet diese Vererbung und führt zu weiteren Investitionen.

Die Bildungsexpansion ist demnach ein Effekt, der auf Macht-, Geld- und Prestigeprozessen innerhalb der Gesellschaften beruht (vgl. hierzu grundlegend Collins 1979). Was im Bildungs- und Hochschulsystem moderner Gesellschaften stattfindet, ist deshalb ein Statuskampf verschiedener Klassen. Hierbei ist zu beachten, dass nach Ansicht der Konflikttheoretiker die Bildungsexpansion eben nur vordergründig zu einer größeren Chancengleichheit beigetragen hat – es gibt also nur eine „Illusion der Chancengleichheit" (Bourdieu und Passeron 1971). Vielmehr führen Bildungserfolge bisher unterprivilegierter Gruppen dazu, dass das Bildungssystem intern differenziert wird und die Hürden und nötigen Investitionen für herausragende Bildung immer größer werden.

Demnach sind die Differenzierungen in Hochschulsystemen gesellschaftlich nicht neutral, sondern Ausdruck von Machtkämpfen um gesellschaftliche Positionen zwischen bestimmten gesellschaftlichen Gruppen. Das Bildungs- und Hochschulsystem reproduziert über die Differenzierung gesellschaftliche Strukturen der Ungleichheit und führt keineswegs zu vermehrter Chancengleichheit. Während also die Modernisierungstheorie in Bezug auf die Chancengleichheit eine optimistische Position einnimmt, verweist die Konflikttheorie eher auf die Reproduktion bestehender Ungleichheiten.

Die vorgestellten gesellschaftlichen Perspektiven sind aber nur eine Seite der Erklärung der Hochschulexpansion. Zugleich stellt sich die Frage, wie die Bildungsexpansion auf der individuellen Ebene erklärt wird. Warum entscheiden sich eigentlich immer mehr junge Menschen dazu, ein Studium aufzunehmen?

Theorien, die als Ausgangspunkt die individuellen Entscheidungen junger Menschen zur Erklärung der Hochschulexpansion nutzen, stammen insbesondere aus dem Bereich der Ökonomie. Zu beachten ist dabei, dass individuelle Entscheidungen selbstverständlich in gesellschaftliche Prozesse eingebunden sind und deshalb im Rahmen dieser „Mikrotheorien" auch Makrophänomene eine wichtige Rolle spielen. Zudem heißt Entscheiden nicht zwangsläufig ein bewusstes und subjektiv rationales Abwägen von Alternativen, sondern kann auch auf eingeübten Handlungspraktiken oder Daumenregeln („Heuristiken") basieren.[24] Ein Erklärungsansatz auf der Mikroebene ist die klassische Konsumtheorie (zum Beispiel Scherhorn 1969). Diese geht davon aus, dass durch eine Bildungsbeteiligung aktuelle Vorteile entstehen. Hierzu zählen zum Beispiel die „many social, intellectual, and athletic activities" (Campbell und Siegel 1967, 484), die im Rahmen eines Hochschulstudiums angeboten werden. Bildung ist aus dieser Perspektive heraus dann auch ein Genuss, der insgesamt die Lebensqualität steigert. Studiert wird also demnach, um sich selbst zu verwirklichen und der Nutzen der Bildung wird durch den jeweilig aktuellen Konsum realisiert. Möglich wird ein solcher Konsum aber erst, wenn die grundsätzlichen Lebensbedürfnisse abgesichert sind bzw. wenn eine Gesellschaft über ausreichende ökonomische Ressourcen verfügt. Die Zunahme der Hochschulbildung ist also Ausdruck des „gesellschaftlichen Luxus und vom Grade des jeweiligen Wohlstands abhängig" (Hradil 2006, 137).

Die Investitions- oder Humankapitaltheorie (Becker 1993; Schultz 1963) sieht hingegen den Nutzen der Bildung nicht im aktuellen Konsum, sondern in zukünftigen Erträgen. Bildung ist also eine Investition in die Zukunft. Erwartet werden dabei „höhere Löhne, Aufstiegschancen und Arbeitsplatzsicherheit" (Hradil 2006, 137). Allerdings verursacht Bildung auch Kosten, die in die Kalkulation einfließen müssen. Diese Kosten können zum Beispiel Studiengebühren sein oder aber auch, dass während des Studiums kein Gehalt bezogen wird bzw. die Verdienstchancen eingeschränkt sind. Solange dabei die Gewinne eines Hochschulstudiums die Kosten übersteigen, ist damit zu rechnen, dass sich Menschen zu einem Studium entschließen. Sobald allerdings die Kosten höher sind als die erwarteten Gewinne, sollte die Hochschulexpansion an ihre Grenzen stoßen. Während in den 1960er und 1970er Jahren die Konsum- und die Humankapitaltheorie noch als sich ausschließende Erklärungsansätze angesehen wurden, wird mittlerweile davon ausgegangen, dass Bildung beides ist. Sie hat „sowohl eine Konsumkomponente (‚Kosten heute, Erträge heute')" als auch eine „Investitionskomponente (‚Kosten heute, Erträge morgen')" (Hummelsheim und Timmermann 2010, 97f.).

Die Siebungs- und Signaltheorie (Arrow 1973; Spence 1974; Thurow 1978) geht dagegen davon aus, dass die Hochschulexpansion gerade nicht beendet

---

[24] Eine Diskussion dieser stärker soziologischen und psychologischen Erklärungen von Entscheidungen werden wir an späterer Stelle führen (vgl. Kapitel 3.4.2.1).

wird, wenn die Anzahl von Hochgebildeten den Nutzen der Hochschulbildung minimiert. Im Gegenteil würde dies zu einem „geradezu perversen Wettlauf" (Hradil 2006, 137) führen, der die Hochschulexpansion weiter befeuert. Es wird dabei davon ausgegangen, dass formale Bildungstitel und die Institution, in der diese erworben wurden, genutzt werden, um Selektionsentscheidungen im Arbeitsmarkt zu treffen.

Da Arbeitgeber über unvollständige Informationen im Hinblick auf die Fähigkeiten von Bewerbern verfügen, versuchen sie die Unsicherheit der Entscheidung dadurch zu minimieren, dass sie möglichst kostengünstige weitere Informationen in ihre Entscheidung integrieren. Bildungstitel sind dabei äußerst kostengünstige Zusatzinformationen, da sie bereits in den Bewerbungsunterlagen vorhanden sind. Bildungstitel signalisieren, und zwar unabhängig von dem faktischen Vorhandensein, bestimmte gewünschte Fähigkeiten, wie Durchhaltevermögen, Intelligenz, aber auch geringere Einarbeitungskosten. Im Gegensatz zur Humankapitaltheorie handelt es sich also um Zuschreibungen und nicht um tatsächlich vorhandene Fähigkeiten.

Die Siebungstheorie macht darauf aufmerksam, dass die Hochschulen potentielle Arbeitskräfte in zwei Gruppen einteilen: solche, die ein Hochschulstudium aufnehmen und beenden, und solche, die dies nicht tun dürfen bzw. nicht können. Der Nutzen der Hochschulen besteht also aus dieser Sicht primär darin, Arbeitgebern durch diese Vorselektion die Auswahl zu erleichtern, weil ein Hochschulstudium – unabhängig von dem angeeigneten Wissen – bestimmte Fähigkeiten anzeigt. Hochschulbildung „serves as a screening, in that it sorts out individuals of differing abilities, thereby conveying information to the purchasers of labor" (Arrow 1973, 194).

Die Signaltheorie (Spence 1974) geht über diesen Zusammenhang hinaus, weil sie nicht nur die Hochschulbildung an sich als Signal auffasst, sondern auch innerhalb der Gruppe der Hochschulabsolventen unterschiedliche Signale in Betracht zieht. Hierzu gehört zum Beispiel die Reputation der Hochschule, an der studiert wurde. Die Signale und die damit verbundenen Zuschreibungen führen dann zu einer Rangfolge der Bewerber im Hinblick auf die erwarteten Ausbildungskosten (Thurow 1978), wobei über die Rangfolge maßgeblich die Menge der Bildung oder aber die Reputation der Bildungseinrichtung entscheidet. Um in der Rangfolge aufzusteigen, wird mehr Bildung oder andere Bildung benötigt, die wiederum im Hochschulsystem erworben werden muss. Die Konkurrenz darum, mehr oder bessere Bildung zu erlangen, führt dann einerseits zu einem weiteren Ausbau der Hochschulbildung und andererseits zu einer zunehmenden Differenzierung innerhalb des Hochschulsystems.

Die Tendenz von Hochschulsystemen, sich in Richtung eines universellen Zugangs zu entwickeln, kann demnach sowohl auf der Makro- als auch auf der

Mikroebene mit unterschiedlichen theoretischen Konzepten erklärt werden. Alle theoretischen Modelle erklären die Hochschulexpansion. Allerdings unterscheiden sie sich einerseits dadurch, ob sie in einer bestimmten Situation Grenzen dieser Expansion erwarten (Humankapitaltheorie vs. Siebungs- und Signaltheorie), und andererseits darin, inwiefern sich durch die Bildungsexpansion die Chancengleichheit verbessert (Modernisierungstheorien vs. Konflikttheorien).

Eine empirische Überprüfung, ob eher der Statuserhalt oder eher die Humankapitaltheorie die Hochschulexpansion zwischen 1870 und 1990 erklären kann, wurde von Windolf (1992) vorgenommen. Interessanterweise stellt Windolf fest, dass für den europäischen Raum die Entwicklung der Hochschulexpansion eher durch die Theorie des Statuserhalts erklärt werden kann, während für die USA eher die Humankapitaltheorie anwendbar ist.

Zumindest auf die Vorhersagekraft in Bezug auf die Chancengleichheit werden wir an späterer Stelle (vgl. Kapitel 3.4.4) ausführlich eingehen. So viel sei aber schon verraten: Die Vorstellung der Modernisierungstheoretiker, die Hochschulexpansion würde zu einem umfassenden Abbau der Chancenungleichheit führen, trifft zumindest auf Deutschland eher nicht zu.

3.1.1.3   Studierende: Quantitative Entwicklung

Die Größe bzw. die Entwicklung der Größe eines Hochschulsystems kann anhand verschiedener Indikatoren gemessen werden. Einer dieser Indikatoren ist die Zahl der Hochschulen in einem Land zu bestimmten Zeitpunkten. So gibt es in Deutschland 2013 nach der Zählung des Statistischen Bundesamtes 423 Hochschulen. Davon sind 106 Universitäten, 6 Pädagogische Hochschulen, 17 Theologische Hochschulen, 53 Kunsthochschulen, 212 Fachhochschulen und 29 Verwaltungshochschulen (Statistisches Bundesamt 2014a, 12). Im Vergleich dazu gab es 1951 in Deutschland 92 Hochschulen. Hiervon befanden sich 71 Hochschulen[25] in der BRD (inklusive Berlin West) und 21 Hochschulen in der DDR (Statistisches Bundesamt 1953, 70f.; Staatliche Zentralverwaltung für Statistik 1956, 65). Anhand dieser Zahlen wird ersichtlich, dass die Anzahl der Hochschulen im Zeitraum von 1951 bis heute deutlich zugenommen hat, was eine erhebliche Expansion des Hochschulsystems nahelegt. Das Problem mit der reinen Anzahl der Hochschulen ist aber, dass damit die Größe des Hochschulsystems nur unzureichend gemessen werden kann, weil die Größe der jeweiligen Hochschulen sehr unterschiedlich sein kann. So gibt es in Deutschland Hoch-

---

[25] 17 Universitäten, 8 Technische Universitäten, 46 sonstige Hochschulen.

schulen mit mehr als 40.0000 Studierenden und solche mit deutlich weniger als 1.000 Studierenden (Statistisches Bundesamt 2014a, 66ff.).

Ein besserer Indikator für die Größenmessung ist deshalb die Zahl der Studierenden. Dieser Indikator ist gegenüber den unterschiedlichen Größen der Hochschulen unempfindlich. Abbildung 1 zeigt die Entwicklung der Studierenden für die BRD ab dem Wintersemester 1950/1951 bzw. ab dem Wintersemester 1990/1991 für Gesamtdeutschland.

Abbildung 1:   Studierende in Deutschland von 1950 bis 2013

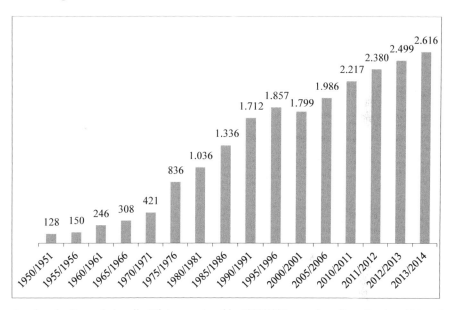

Angaben in Tausend; jeweils Wintersemester; bis 1989/1990 nur ehemaliges Bundesgebiet und Berlin West; Quelle: Datenportal BMBF (2014k), eigene Darstellung

Anhand dieser Zahlen kann sehr gut die Expansion der Hochschulbildung – und damit auch des Hochschulsystems – nachvollzogen werden. So studierten im Wintersemester 1950/1951 128.528 Studierende an den Hochschulen des ehemaligen Bundesgebiets (inklusive Berlin West). Diese Zahl stieg auf 421.976 Studierende im Wintersemester 1970/71, erreichte 1980/81 erstmals die Marke von über einer Million und lag im Wintersemester 2013/2014 bei über 2.6 Millionen Studierenden. Diese Zahlen zeigen eindrucksvoll die Expansion des Hochschulsystems in Deutschland.

Die Abbildung zeigt auch, dass es in Deutschland Phasen des raschen Anstiegs der Studierendenzahlen und Phasen der Stagnation gab. So verdoppelte
sich die Anzahl der Studierenden zwischen den Wintersemestern 1970/71 und
1975/76 nahezu. In den Jahren zwischen 1995 und 2005 finden wir hingegen
eher eine Stagnation bzw. sogar einen Rückgang der Studierendenzahlen. Ab
2005 zeigt sich eine neuerliche Beschleunigung bei den Zuwachsraten der
Studierenden, die immer noch anhält.

Interessant ist dann ebenfalls, an welchen Hochschultypen die Studierenden
zu finden sind. Abbildung 2 zeigt den Anteil der Studierenden in verschiedenen
Hochschultypen im Zeitverlauf seit dem Wintersemester 1975/76.

Abbildung 2:   *Anteil der Studierenden an unterschiedlichen Hochschultypen*
               seit dem Wintersemester 1975/76

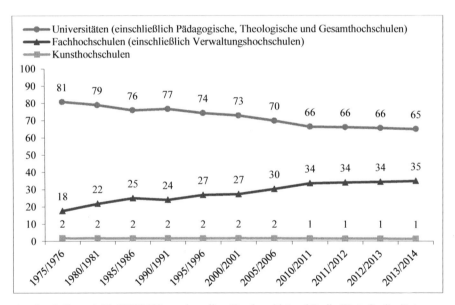

Angaben in Prozent; bis 1989/1990 nur ehemaliges Bundesgebiet und Berlin West; Quelle: Datenportal BMBF (2014k)); eigene Berechnungen, eigene Darstellung

Halten wir zunächst fest, dass momentan nach wie vor rund zwei Drittel der
Studierenden in Deutschland eine Universität besuchen. Die Kunsthochschulen
hingegen spielen eine nur untergeordnete Rolle im deutschen Hochschulsystem.

Ersichtlich wird zudem, dass der Anteil der Studierenden an Fachhochschulen im Zeitverlauf stetig zunimmt und schließlich im Wintersemester 2013/14 35 Prozent beträgt. Setzt sich dieser langfristige Trend fort und es wird unterstellt, dass die durchschnittliche jährliche Zunahme des Anteils der Studierenden an Fachhochschulen seit dem Jahr 2000 (Anstieg von ca. 0,6 Prozent pro Jahr) auch in Zukunft stattfindet, dann wäre davon auszugehen, dass um das Jahr 2040 rund 50 Prozent der Studierenden an Fachhochschulen zu finden wären. Das Ziel bei der Einführung der Fachhochschulen in den 1960er und 1970er Jahren, dass die Mehrheit der Studierenden an diesen Einrichtungen ausgebildet wird, kann dann durchaus als „Jahrhundertprojekt" bezeichnet werden, weil es – bei aller Zukunftsoffenheit – bei gleichbleibender Entwicklung erst Jahrzehnte später erreicht sein wird.

Neben der Zahl der Studierenden wird häufig zur Illustration der Expansion des Hochschulsystems auf den Anteil der Studienanfänger und -anfängerinnen in der entsprechenden Altersgruppe zurückgegriffen. Der Vorteil dieses Indikators ist, dass die Studierenden in Relation zu der entsprechenden Bevölkerungsgröße gesetzt werden und außerdem die Dauer des Studiums keine Rolle spielt. Damit werden insbesondere auch internationale Vergleiche besser möglich, weil die Studierendenzahl nicht unabhängig von der Bevölkerungszahl und der Dauer eines Studiums ist.

Auch anhand der Studienanfängerquoten lässt sich die Expansion des deutschen Hochschulsystems eindrucksvoll nachvollziehen. Abbildung 3 zeigt, dass die Studienanfängerquote 1960 noch bei knapp 9 Prozent der entsprechenden Alterskohorte lag und dass dieser Anteil bis 2012 auf 51 Prozent stieg. Dabei sind sowohl Phasen des raschen Anstiegs als auch Phasen der Stagnation bzw. des Rückgangs der Studienanfängerquoten zu beobachten.

Seit 2005 befinden wir uns in einer beschleunigten Expansionsphase, da zwischen 2005 und 2012 die Studienanfängerquote um immerhin 14 Prozentpunkte angestiegen ist, wobei die Effekte der doppelten Abiturjahrgänge ab 2010 aus den Daten bereits herausgerechnet wurden. Es handelt sich also um eine tatsächliche Steigerung und nicht nur um einen Sondereffekt der Umstellung der Schulbildung in Deutschland.

Abbildung 3:   Studienanfängerquoten für Deutschland von 1960 bis 2012

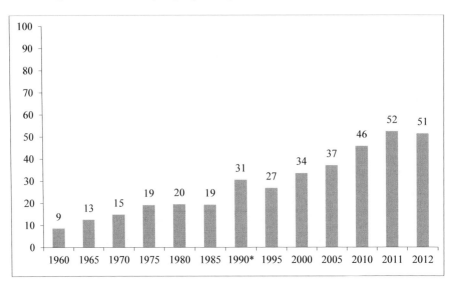

Angaben in Prozent; bis 1989/1990 nur ehemaliges Bundesgebiet und Berlin West; ab 2010 um die doppelten Abiturjahrgänge bereinigte Werte; *Sondereffekt der Wiedervereinigung; Quellen: Werte von 1960 bis 1990 Kehm (1999, 42); Werte ab 1995: Datenportal (BMBF 2014f), eigene Darstellung

Dass sich in den letzten Jahren der Anteil von Studienanfängern und -anfängerinnen in Deutschland erheblich erhöht hat, ist umso überraschender, da vielen bis vor wenigen Jahren noch der OECD-Benchmark einer Studienanfängerquote von 40 Prozent als in Deutschland nicht zu erreichen galt, nicht zuletzt aufgrund des umfassend ausgebauten Berufsbildungssystems.

Es ist dabei davon auszugehen, dass mehrere Faktoren für diesen Anstieg verantwortlich sind. Erstens, dass eine Studienaufnahme für eine größere Anzahl von jungen Erwachsenen attraktiv erscheint; zweitens – dazu kommen wir gleich noch –, dass der Anteil derjenigen, die eine Studienzugangsberechtigung haben, im Zeitverlauf zugenommen hat; drittens dürften aber auch Weiterentwicklungen sowie „Umetikettierungseffekte" vorhanden sein, weil eine Reihe von Ausbildungsberufen, die zuvor lediglich im dualen Ausbildungssystem angeboten wurden, nun auch als Hochschulstudium – meist als ein Fachhochschulstudium – angeboten werden. Der letzte Punkt zeigt also einen „academic drift" (Riesman 1956; Neave 1979) von Berufsausbildungen, d.h. es kommt zu einer Integration von Ausbildungsberufen in die Hochschulen bzw. zu einer Akademisierung von Ausbildungsberufen.

Halten wir fest, dass Deutschland die Schwelle von 50 Prozent Studienanfängern genommen hat und sich damit das Hochschulsystem nach der weiter oben beschriebenen Definition von Trow (1974) im Stadium des universellen Zugangs befindet. Während diese Entwicklung für Deutschland recht eindrucksvoll erscheint, relativiert sich dieser Eindruck, wenn die Studienanfängerquoten mit anderen Ländern verglichen werden. Diese Vergleiche sind allerdings mit gewissen Problemen behaftet, weil die Struktur der Hochschulsysteme bzw. die Abgrenzung zwischen Hochschulen und anderen Bildungseinrichtungen nicht unproblematisch ist (allgemein hierzu Teichler 2005b, 25ff.).[26]

Anhand der Zahlen der OECD zu den Studienanfängerquoten kann dies gezeigt werden: Die OECD unterscheidet zwischen den Tertiärbereichen A und B. Während im Tertiärbereich A die Universitäten und Fachhochschulen vertreten sind, finden sich im Tertiärbereich B Fachschulen einschließlich Meisterausbildung, Verwaltungsfachhochschulen und Schulen des Gesundheitswesens (BMBF 2011). Insbesondere die Einordnung der Verwaltungsfachhochschulen ist hier problematisch, weil diese nach der Definition des Statistischen Bundesamtes in der amtlichen Statistik in Deutschland im Hochschulbereich verortet sind. Diese Differenz bei der Definition und Erfassung der Studierenden in der internationalen und nationalen Statistik führt dann auch dazu, dass im Tertiärbereich A nur eine Studienanfängerquote von 46 Prozent für das Jahr 2011 in Deutschland ausgewiesen wird. Im Vergleich dazu lag nach der deutschen Statistik die Quote 2011 bei 52 Prozent (siehe Abbildung 3).

Trotz dieser Abweichung in der Studienanfängerquote nach der nationalen bzw. internationalen Zählweise wird in Abbildung 4 aber klar sichtbar, dass die Studienanfängerquoten in Deutschland im internationalen Vergleich relativ gering sind.

So liegt die Studienanfängerquote in Portugal und Australien bei über 96 Prozent, auch in den USA beginnen 70 Prozent der entsprechenden Altersgruppe ein Studium. Selbst der OECD-Durchschnitt liegt mit 59 Prozent noch deutlich über dem deutschen Wert. Es kann deshalb festgestellt werden, dass die Studienanfängerquoten in Deutschland im Zeitverlauf zwar ansteigen, in fast allen OECD-Ländern aber deutlich höhere Quoten vorhanden sind. Allerdings kann auch festgestellt werden, dass der Abstand zwischen dem OECD-Mittelwert und der Studienanfängerquote in Deutschland sich seit 1995 nicht mehr vergrößert hat. Vielmehr finden wir jeweils einen Anstieg um 20 Prozentpunkte (OECD 2014, 340).

---

[26] Eine kurze Übersicht zu den Unterschieden zwischen den nationalen und internationalen Werten findet sich auch in BMBF (2011).

Abbildung 4:   *Studienanfängerquoten 2011 im Tertiärbereich A im*
internationalen Vergleich

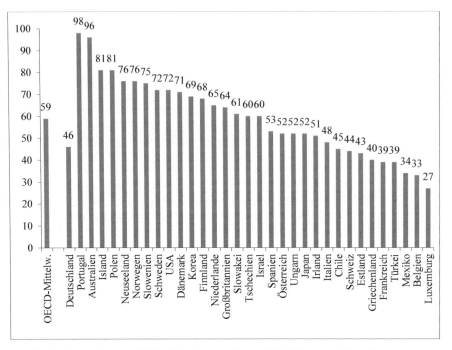

Angaben in Prozent; Quelle: OECD: Education at a Glance 2014, 340, eigene Darstellung

Ein Grund dafür, weshalb die Studienanfängerquoten in Deutschland traditionell so gering sind, ist das duale Ausbildungssystem in Deutschland. Dieses führt dazu, dass eine Fachausbildung auch ohne Studium erreicht werden kann. Dies ist in anderen Ländern deutlich anders. Hinzu kommen die im Vergleich zu anderen Ländern selektiveren Zugangsvoraussetzungen zum Studium, die wir im Folgenden kurz beschreiben wollen.

Ein zentraler Faktor, der auf die Studienanfängerquoten Einfluss hat, ist die vorgelagerte Zugangsvoraussetzung oder die Offenheit des jeweiligen Hochschulsystems. In Deutschland bildet nach wie vor das (Fach-)Abitur die Regelvoraussetzung für ein Studium, auch wenn in den letzten Jahren vermehrt versucht wird, alternative Zugangswege zu eröffnen. Wie bereits oben beschrieben, sind bei der Berechnung der Studienanfängerquoten aber große Teile dieser sogenannten nicht-traditionellen Studierenden, die die Zugangsberechtigung entweder auf dem zweiten Bildungsweg (zum Beispiel Abendgymnasium) oder aber im Berufssystem (zum Beispiel Meisterstudium) erworben haben, nicht eingeschlossen (vgl. zum Beispiel Teichler und Wolter 2004). Da diese Studienberechtigten in der Regel älter sind als die für die Berechnung der Studienberechtigtenquote zugrunde gelegte Alterskohorte, finden sie auch keine Berücksichtigung bei der Studienberechtigtenquote. Allerdings lag der Anteil der Studierenden ohne allgemeine Hochschulreife bzw. Fachhochschulreife 2012 bei nur 4 Prozent und hat sich in den letzten Jahren auch kaum verändert (Middendorff et al. 2013, 56).

Abbildung 5 weist die Studienberechtigungsquoten für Deutschland zwischen 1975 und 2012 aus.[27] Insgesamt zeigt sich, dass es einen kontinuierlichen Anstieg im Zeitverlauf gegeben hat. Gleichfalls wird deutlich, dass es über den betrachteten Zeitraum hinweg wiederum Phasen des raschen Anstiegs und Stagnationsphasen gab. Bemerkenswert ist hierbei, dass der Anstieg zwischen 2000 und 2012 mit 17 Prozentpunkten wiederum auf eine starke Expansionsphase hindeutet. Wir haben es hierbei auch nicht mit einem Effekt zu tun, der durch die Umstellung der Gymnasialzeit von neun auf acht Jahre in einigen Bundesländern entsteht. Dies liegt daran, dass die Daten ab 2010 um diesen Effekt bereinigt wurden.

Wir befinden uns momentan also in einer Phase, in der es einen raschen Anstieg der Studierendenzahlen, der Studienanfängerquoten und der Studienberechtigten in Deutschland gibt. Wie bereits oben beschrieben, sind bei dieser Betrachtung große Teile der sogenannten nicht-traditionellen Studierenden, die die Zugangsberechtigung entweder auf dem zweiten Bildungsweg (zum Beispiel Abendgymnasium) oder aber im Berufssystem (zum Beispiel Meisterstudium) erworben haben, nicht eingeschlossen (vgl. zum Beispiel Teichler und Wolter 2004). Diese wären also noch hinzuzurechnen, insbesondere da die Politik erhebliche Anstrengungen unternimmt, auch diesem Personenkreis einen einfachen Zugang zum Hochschulsystem zu ermöglichen.

---

[27] Die Studienberechtigungsquoten werden auf Grundlage anderer Alterskohorten berechnet als die Studienanfängerquoten. Dies führt dazu, dass die Studienberechtigungsquoten und die Studienanfängerquoten nicht direkt in Relation zueinander gesetzt werden können.

Abbildung 5:   Studienberechtigtenquote in Deutschland von 1975 bis 2012

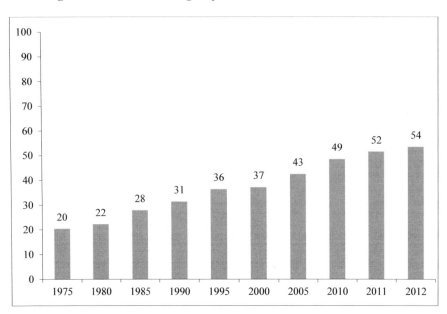

Angaben in Prozent; bis 1995 nur ehemaliges Bundesgebiet und Berlin West; bis 2005 Anteil der Studienberechtigten am Durchschnitt der Bevölkerung von 18 bis unter 21 Jahre; von 2006 bis 2008 Anteil der Studienberechtigten an der Bevölkerung des entsprechenden Alters; ab 2009 Anteil der Studienberechtigten an der Bevölkerung des entsprechenden Geburtsjahres; Werte ab 2010 um doppelte Abiturjahrgänge bereinigt; Quelle: Datenportal BMBF (2014c), eigene Darstellung

Im internationalen Vergleich relativiert sich allerdings auch beim Indikator „Studienberechtigung" die Zunahme in den letzten Jahrzehnten und Jahren in Deutschland. Abbildung 6 zeigt die Abschlussquoten derjenigen, die eine Bildungseinrichtung besuchen, die einen direkten Zugang zum Tertiärbereich A ermöglicht. Auch bei diesem Indikator stellen wir für Deutschland zwischen den international (49 Prozent) und den national (54 Prozent) ausgewiesenen Werten Abweichungen fest, die wiederum aufgrund unterschiedlicher Berechnungs- und Einordnungsmethoden entstehen.

Aber auch hier sind die Ergebnisse des internationalen Vergleichs eindeutig. Sowohl im OECD-Mittelwert als auch in den meisten OECD-Ländern schließen deutlich mehr junge Menschen eine Schulausbildung ab, die den direkten Zugang zum Hochschulsystem ermöglicht. So liegt der OECD-Mittelwert derjenigen, die einen Schulabschluss besitzen, der direkt den Zugang zum Tertiärbereich A ermöglicht, bei 61 Prozent der relevanten Altersjahrgänge. In

Irland, Großbritannien und Finnland erreichen gar über 90 Prozent einen Abschluss, der zum Studium berechtigt. Auch in den USA ist der Anteil mit 79 Prozent deutlich höher als in Deutschland.

Abbildung 6:   *Abschlussquoten 2012 für den direkten Zugang zum Tertiärbereich A im im internationalen Vergleich*

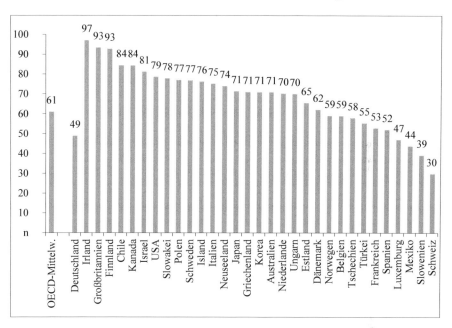

Angaben in Prozent; Quelle: OECD: Education at a Glance 2014, 67, eigene Darstellung

Die im internationalen Vergleich niedrigere Studienanfängerquote in Deutschland ist also auch darauf zurückzuführen, dass die Anteile der direkt Zugangsberechtigten besonders niedrig sind. Dies zeigt, dass sich die Hochschulsysteme auch in Bezug auf die Zugangsvoraussetzungen deutlich unterscheiden

Unterschiede bestehen insbesondere darin, an welcher Stufe des Bildungsweges eine Selektion stattfindet (vgl. zum Folgenden insbesondere Teichler 2005b, 44ff.). In einigen Bildungssystemen ist dies besonders das Schulsystem, während beim Übergang in das Hochschulsystem kaum noch Selektionen zu finden sind. Die Hochschulen in diesen Ländern werden als relativ gleichwertig angesehen und es gibt kaum einen Wettbewerb um Studienplätze. Diese Länder,

wie zum Beispiel Deutschland und Italien, haben eine relativ niedrige Studienberechtigtenquote.

In anderen Ländern, wie zum Beispiel in den USA, finden sich hingegen
kaum Selektionen im Schulsystem, sondern beim Übergang ins Hochschulsystem, wobei das Hochschulsystem eine starke Differenzierung – insbesondere in
Bezug auf Reputation – aufweist. Dies bedingt zunächst hohe Studienberechtigtenquoten, weil kaum im Schulsystem selektiert wird. Allerdings stehen die
Studienberechtigten dann in einem starken Wettbewerb im Hinblick auf Hochschularten, Studienfächer und Reputation der Hochschulen.

Es finden sich auch Länder, in denen sowohl eine Selektion im Schulsystem
als auch beim Übergang in den Hochschulsektor zu finden ist. Das britische
Bildungssystem entspricht am deutlichsten diesem Modell, und es ist zu konstatieren, dass es in Deutschland zumindest Tendenzen gibt, sich diesem Modell
anzunähern. Hierfür spricht zum Beispiel, dass die Hochschulen sich zunehmend
ihre Studierenden selbst aussuchen dürfen und durch verschiedene Maßnahmen
(Exzellenzinitiative, Profilbildung) auch die Unterschiede innerhalb des Hochschulsystems zunehmen. Hochschulsysteme können deshalb auch nicht nur im
Hinblick auf die Größe, sondern auch in Bezug darauf unterschieden werden, in
welcher Bildungsstufe Selektionen zu finden sind. Diese Selektionen und daraus
folgende Zugangsmodelle verknüpfen dabei das Schul- und das Hochschulsystem miteinander und sind aufgrund ihrer langen Tradition auch relativ stabil.

3.1.1.4   Wissenschaftliches Personal: Quantitative Entwicklung

Zur quantitativen Struktur von Hochschulsystemen gehören auch die Anzahl und
die Struktur des Personals an Hochschulen. Diesen Bereich werden wir uns im
Folgenden etwas genauer ansehen. Wir konzentrieren uns hierbei auf das wissenschaftliche Personal und beschäftigen uns nicht mit technischem und Verwaltungspersonal (vgl. aber Kapitel 3.4.2). Dies liegt daran, dass die Wissenschaftlerinnen und Wissenschaftler als der operative Kern der Hochschulen anzusehen
sind, da sie für die Erfüllung der beiden zentralen Aufgaben der Hochschulen –
Lehre und Forschung – zuständig sind.

Allerdings ist auch darauf hinzuweisen, dass die Dominanz in der Aufgabenerfüllung sich nur bedingt in den Anteilen des Personals des wissenschaftlichen bzw. des technisch-administrativen Bereichs widerspiegelt. So waren an
deutschen Hochschulen im Jahr 2013 rund 521.000 Personen hauptberuflich
beschäftigt, wobei allerdings nur 45 Prozent dieser Personen im wissenschaftlichen Bereich tätig waren (Statistisches Bundesamt 2014b, 24). Die Hochschulen
in Deutschland beschäftigen also 55 Prozent ihres hauptberuflichen Personals im
administrativen und technischen Bereich. Hierzu zählen zum Beispiel das

Verwaltungspersonal (16 Prozent des hauptberuflichen Personals an Hochschulen), Pflegepersonal (12 Prozent), technisches Personal (11 Prozent), aber auch Bibliothekspersonal (2 Prozent). Rein zahlenmäßig finden wir also bei den hauptberuflich Beschäftigten keine Dominanz des wissenschaftlichen Bereichs (Statistisches Bundesamt 2014b, 24).[28]

Aufgrund der oben dargestellten steigenden Studierendenzahlen im Zeitvergleich ist kaum überraschend, dass die Anzahl des wissenschaftlichen Personals in den letzten Jahrzehnten erheblich angestiegen ist. So waren im Wintersemester 1952/1953 an Universitäten in der BRD und Berlin West – Fachhochschulen gab es damals noch nicht – 11.897 Wissenschaftlerinnen und Wissenschaftler[29] angestellt. Für die Hochschulen lag diese Zahl im Jahr 1966 bei 26.654 Wissenschaftlerinnen und Wissenschaftlern. Die Zahl stieg dann in der Hochphase der Bildungsexpansion auf 76.150 Wissenschaftler im Jahre 1975, hat sich also im Laufe von rund zehn Jahren nahezu verdreifacht (vgl. zu den Zahlen Statistisches Bundesamt 1950-1990).

Die Entwicklung des hauptberuflich tätigen wissenschaftlichen Personals ab 1980 ist in Abbildung 7 dargestellt. Da in der Statistik ab 1980 zwischen haupt- und nebenberuflich tätigem Personal unterschieden wird und diese Unterscheidung bei den oben genannten Zahlen vor 1980 nicht vorhanden war, sind die Zahlen zwischen 1975 und 1980 nur bedingt vergleichbar. Ersichtlich wird aber, dass sich die Expansion des wissenschaftlichen Personals an Hochschulen ab den 1980er Jahren im Vergleich zu den 1960er und 1970er Jahren zwar verlangsamt hat, aber immer noch ansteigt.

---

[28] Neben dem hauptberuflich Beschäftigten finden wir auch noch rund 140.000 nebenberuflich Beschäftigte an den deutschen Hochschulen, wobei in dieser Gruppe die Lehrbeauftragten mit 67 Prozent und die wissenschaftlichen Hilfskräfte mit 29 Prozent die dominierenden Kategorien sind (Statistisches Bundesamt 2014b, 24).

[29] Bei den folgenden Darstellungen ist jeweils das wissenschaftliche Personal in der Medizin eingeschlossen.

Abbildung 7: *Hauptberuflich tätiges wissenschaftliches Personal an Hochschulen von 1980 bis 2013*

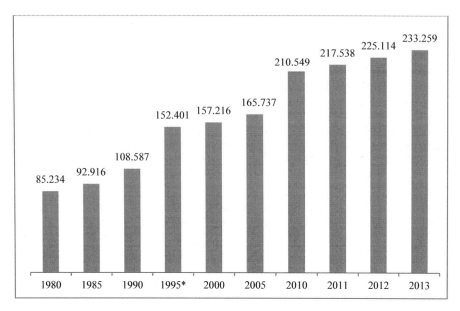

Bis 1990 nur ehemaliges Bundesgebiet und Berlin West; *Sondereffekt der Wiedervereinigung; Quelle: Werte bis 1990: Verschiedene Jahrgänge von Statistisches Bundesamt: Statistisches Jahrbuch; Werte ab 1995: Verschiedene Jahrgänge von Statistisches Bundesamt: Personal an Hochschulen, eigene Darstellung

Das hauptberufliche wissenschaftliche Personal an deutschen Hochschulen umfasst im Jahre 2013 233.259 Wissenschaftlerinnen und Wissenschaftler. Die größte Gruppe bilden die wissenschaftlichen und künstlerischen Mitarbeiter und Mitarbeiterinnen mit 174.701 hauptberuflich Tätigen, während lediglich 45.013 Professoren und Professorinnen zu finden sind. Darüber hinaus gibt es noch 3.693 Assistentinnen und Assistenten sowie 9.852 Lehrkräfte für besondere Aufgaben (Statistisches Bundesamt 2014b, 24). Deutlich wird hier, dass die Gruppe der hauptamtlich in Forschung und Lehre Beschäftigten in Deutschland zahlenmäßig eindeutig durch die Gruppe der wissenschaftlichen und künstlerischen Mitarbeiter und Mitarbeiterinnen dominiert wird. Wir werden an späterer Stelle noch sehen, dass dies nicht in allen Hochschulsystemen der Fall ist, sondern ein Spezifikum des deutschen Systems ist.

Wenden wir uns noch einmal kurz dem Anstieg der Beschäftigtenzahlen zu. Während die beträchtliche Zunahme zwischen den Jahren 1990 und 1995 ein Effekt der Wiedervereinigung war und deshalb weniger interessant ist, um langfristigere Entwicklungen aufzuzeigen, gilt dies nicht für den Anstieg zwischen den Jahren 2005 und 2013. Hier ist innerhalb von acht Jahren eine Zunahme um 67.522 Wissenschaftlerinnen und Wissenschaftler zu konstatieren. Wie bereits bei den Studienberechtigtenquoten und den Studierendenzahlen sichtbar wurde, befindet sich das deutsche Hochschulsystem in den letzten Jahren in einer neuen Phase der Expansion.

Was verbirgt sich aber dahinter? Zwei Entwicklungstendenzen sind von besonderer Bedeutung. Erstens findet die Expansion insbesondere in der Kategorie der wissenschaftlichen und künstlerischen Mitarbeiter und Mitarbeiterinnen statt. Deren Anteil am gesamten hauptberuflichen Personal steigt so von 67 Prozent im Jahr 2005 auf 75 Prozent im Jahr 2013. Zweitens ist zu konstatieren, dass der Anteil der Wissenschaftlerinnen und Wissenschaftler, die über Drittmittel finanziert werden, deutlich angestiegen ist. Während im Jahre 2005 23 Prozent des hauptberuflich tätigen Personals über Drittmittel finanziert wurden, steigt dieser Anteil auf 31 Prozent im Jahr 2013 (Statistisches Bundesamt 2006, 149; 2014b, 144). Die Expansion in Bezug auf das hauptberuflich tätige Personal an deutschen Hochschulen wird also einerseits insbesondere durch die Schaffung von Stellen für wissenschaftliche und künstlerische Mitarbeiter und Mitarbeiterinnen und andererseits durch eine erhöhte Drittmittelfinanzierung hervorgerufen.

Interessant ist auch, wie sich das hauptberufliche wissenschaftliche Personal zwischen den Hochschultypen verteilt. Klar ersichtlich ist dabei, dass die weitaus meisten Wissenschaftlerinnen und Wissenschaftler an Universitäten beschäftigt sind. Allerdings ist im Zeitvergleich eine leichte Verschiebung der Anteile zu konstatieren. Waren 1980 noch 87 Prozent des wissenschaftlichen Personals an Universitäten beschäftigt, nimmt dieser Anteil bis 2013 auf 84 Prozent ab. Hingegen konnten die Fachhochschulen ihren Anteil leicht von 11 Prozent auf 13 Prozent steigern (Statistisches Bundesamt 2014b, 40; 1982, 361). Diese Verschiebung der Personalanteile spiegelt allerdings nicht die im gleichen Zeitraum stattfindende Umverteilung der Studierenden wider. Waren nämlich 1980 noch 79 Prozent der Studierenden an einer Universität eingeschrieben, ist dieser Anteil bis 2013 auf 65 Prozent gesunken. Hingegen stieg der Anteil der Studierenden an Fachhochschulen im gleichen Zeitraum von 19 Prozent auf 34 Prozent (vgl. Abbildung 2). Diese Diskrepanz ist zum Teil sicherlich in der verschiedenen Fächerstruktur beider Hochschultypen begründet. Die Hauptgründe für die vorhandene Verteilung des wissenschaftlichen Personals dürften allerdings in den sehr unterschiedlichen Aufgaben- und Personalstrukturen beider Hochschultypen zu finden sein.

Bevor wir uns diesem Sachverhalt etwas näher zuwenden, ist aber die Frage zu beantworten, in welcher Relation die Zunahme der Studierenden und die des wissenschaftlichen Personals zueinander stehen. Wir nutzen diese Darstellung nochmals dazu, um zu zeigen, wie wichtig es ist, sich – anstelle eines unkritischen „trust in numbers" – in der Hochschulforschung mit den jeweiligen Konstruktionsprozessen von Indikatoren und den dahinterliegenden Annahmen zu beschäftigen.

Zur Betrachtung dieses Sachverhaltes gibt Abbildung 8 die Entwicklung verschiedener Relationen zwischen den Studierenden und dem Personal an Hochschulen seit 1980 wieder. Zwei Aspekte sind dabei für die Interpretation dieser Daten von entscheidender Bedeutung.

Erstens werden diese Kennziffern häufig als Betreuungsrelationen bezeichnet. Allerdings ist diese Bezeichnung mit Vorsicht zu verwenden, weil hier nämlich unterstellt wird, dass sich in der jeweiligen Gruppe alle an der Betreuung der Studierenden beteiligen, sie dies alle zu gleichen Anteilen tun oder zumindest innerhalb der jeweiligen Gruppe eine Normalverteilung der Betreuungsleistung vorhanden ist. Diese Annahmen sind dann aber je nach betrachteter Gruppe, die ins Verhältnis zu den Studierenden gesetzt wird, mehr oder weniger realistisch.[30]

Nehmen wir zum Beispiel die Relationierung mit dem hauptberuflichen Personal. Wir haben oben gezeigt, dass die Anteile der drittmittelfinanzierten hauptberuflichen Wissenschaftlerinnen und Wissenschaftler überproportional zugenommen haben. Diese Wissenschaftlerinnen und Wissenschaftler haben in der Regel aber keinerlei Betreuungsaufgaben von Studierenden, sondern sie sind lediglich angestellt, um Forschung zu betreiben. Es findet dann also eine Überschätzung der Betreuungsleistung statt, wobei noch nicht einmal beachtet wird, ob denn das wissenschaftliche Personal in Teilzeit oder Vollzeit beschäftigt wird.

Ähnliches gilt, wenn die Gruppe des wissenschaftlichen Personals (also die haupt- und nebenberuflichen Wissenschaftlerinnen und Wissenschaftler) in Relation zu den Studierenden gesetzt wird. Wird dieses wissenschaftliche Personal dann auch noch als „Lehrpersonal" bezeichnet (vgl. zum Beispiel Statistisches Bundesamt 2014b, 17), sollte man dies aufgrund des eben beschriebenen Sachverhalts allerdings nicht unkritisch übernehmen. Hinzu kommt die

---

[30] Wie wenig zuverlässig die Personalstatistiken und die Berechnungen von formal festgelegten Lehrkapazitäten für die Frage sind, ob bzw. wie viel verschiedene Personalgruppen tatsächlich an den deutschen Hochschulen lehren, zeigt die Studie von Bloch et al. (2014b) sehr anschaulich.

Zusammensetzung des nebenberuflichen Personals. Dieses besteht aus Gastprofessoren und Gastprofessorinnen, Emeriti, Lehrbeauftragten und wissenschaftlichen Hilfskräften, also Gruppen, von denen zwar angenommen werden kann, dass sie an der Betreuung der Studierenden beteiligt sind, aber im Vergleich zum hauptberuflichen wissenschaftlichen Personal auf Haushaltsstellen in deutlich geringerem Umfang.

Abbildung 8: ***Entwicklung verschiedener Betreuungsrelationen an Hochschulen in Deutschland von 1980 bis 2014***

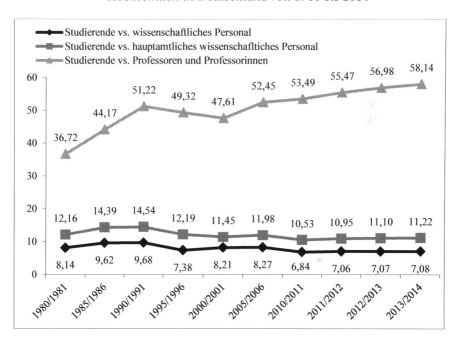

Einschließlich Werte 1990 nur ehemaliges Bundesgebiet und Berlin West; Anzahl Studierende des jeweiligen Wintersemesters im Verhältnis zu den Personalzahlen des Beginns des Wintersemester (also Studierende Wintersemester 1980/81 vs. Personal 1980); Quelle: Werte bis 1990 verschiedene Jahrgänge von Statistisches Bundesamt: Statistisches Jahrbuch; Werte ab 1995: Verschiedene Jahrgänge Statistisches Bundesamt: Personal an Hochschulen, eigene Berechnungen, eigene Darstellung

Wird zudem beachtet, dass der Anteil des nebenberuflichen wissenschaftlichen Personals am gesamten wissenschaftlichen Personal zwischen 2005 und 2013 von 43 Prozent auf 59 Prozent angestiegen ist, wird deutlich, dass bei einer

Verbesserung der Relation zwischen dem wissenschaftlichen Personal und den Studierenden kaum von einer Verbesserung der Betreuung der Studierenden gesprochen werden kann bzw. wenn dies getan wird, eine Reihe durchaus kritischer Annahmen getroffen werden muss.

Zweitens zeigen die in Abbildung 8 dargestellten Relationierungen teilweise unterschiedliche Entwicklungsrichtungen. Die Interpretation ist dann also gegenläufig: Während ein Betreuungsindikator eine Verbesserung der Betreuung nahelegt, zeigt ein anderer eine Verschlechterung.

Auch hier wird noch einmal besonders deutlich, dass bei der Verwendung und der anschließenden Interpretation quantitativer Daten eine kritische Betrachtung dessen, was gerade gemessen wird, unerlässlich ist.

Die Darstellung in Abbildung 8 zeigt, dass sich die Relation zwischen Studierenden und wissenschaftlichem Personal bzw. hauptberuflich wissenschaftlichem Personal im Vergleich zu den 1980er Jahren verbessert hat. Allerdings wird auch ersichtlich, dass sich die Relation seit 2010 wieder etwas verschlechtert hat.

Ein ganz anderes Bild ergibt sich hingegen bei der Relation zwischen Studierenden und Professorenschaft. Hier zeigt sich eine gravierende Verschlechterung der Relation im Vergleich zu 1980. Professorinnen und Professoren sind 2013 im Vergleich zu 1980 für mehr als 21 Studierende zusätzlich zuständig. Die quantitative Expansion des Hochschulsystems in Bezug auf das Personal wird also – wie bereits in den 1960er und 1970er Jahren – auch seit 1980 insbesondere durch die Schaffung von Stellen unterhalb der Professur vollzogen. Das bedeutet, dass die Verbesserung der Relation zwischen Studierenden und Wissenschaftlerinnen und Wissenschaftlern in Deutschland im Zeitverlauf den Effekt hat, dass die Studierenden durch in der Regel unerfahreneres wissenschaftliches Personal betreut werden. Das heißt selbstverständlich nicht, dass die Betreuung schlechter sein muss, sondern lediglich, dass die Betreuungsrelation zwischen dem Personal an Hochschulen und den Studierenden sich zwar verbessert hat, die quantitative Relation zwischen Professorenschaft und Studierenden sich allerdings deutlich verschlechtert hat.

Mit Blick auf die unterschiedlichen Hochschultypen zeigen sich zudem deutliche Differenzen: So liegt die Relation zwischen wissenschaftlichem Personal und Studierenden 2013 bei den Universitäten (einschließlich der Theologischen und Pädagogischen Hochschulen) bei 6,33, bei den Fachhochschulen dagegen bei 9,76. Die Relation zwischen hauptberuflichem Personal und den Studierenden liegt bei den Universitäten hingegen bei 8,67, während bei den Fachhochschulen ein Wert von 27,10 erreicht wird. Die Relation zwischen Studierenden und Professorinnen und Professoren im Jahr 2013 liegt an den Universitäten bei 70,15, bei den Fachhochschulen bei 46,90. Wir stellen also fest, dass die Relation zwischen Studierenden und Professoren bzw. Professorinnen insbesondere an den Universitäten besonders bedenklich erscheint.[31]

Die eben aufgezeigten Unterschiede entstehen dadurch, dass die Fachhochschulen fast keinen wissenschaftlichen Mittelbau aufweisen und gleichzeitig der Anteil an nebenberuflichem Personal bei ihnen deutlich höher ist als bei den Universitäten. So lag der Anteil der nebenberuflich Beschäftigten am gesamten wissenschaftlichen Personal bei den Universitäten (einschließlich der Theologischen und Pädagogischen Hochschulen) im Jahr 2013 bei 27 Prozent, während er bei den Fachhochschulen bei 64 Prozent lag (vgl. zu den Zahlen Statistisches Bundesamt 2014b; a, eigene Berechnungen).

Kommen wir noch kurz zur internationalen Einordnung der Betreuungsrelation. Auch hier kann auf Daten der OECD zurückgegriffen werden. Wir betrachten hierbei allerdings nur den Vergleich des Tertiärbereichs A, weil aufgrund der sehr unterschiedlichen Strukturen und Zusammensetzungen des Tertiärbereichs B ein Vergleich nicht sinnvoll erscheint. Zur Erinnerung: Der Tertiärbereich A umfasst in Deutschland die Universitäten und Fachhochschulen, während zum Tertiärbereich B Fachschulen einschließlich der Meisterausbildung, Verwaltungsfachhochschulen und Schulen des Gesundheitswesens gehören (BMBF 2011). Wiederum stellen wir hierbei eine Abweichung zwischen der nationalen Bildungsstatistik und der OECD-Statistik fest, die aufgrund unterschiedlicher Messkategorien entsteht. Zum einen ergeben sich Abweichungen zwischen der Kategorie Hochschule beim Statistischen Bundesamt und der OECD-Kategorie Tertiärbereich A. Zum anderen beruhen die OECD-Daten auf Vollzeitäquivalenten, während wir bisher die Daten für Beschäftigte – unabhängig ob Vollzeit oder Teilzeit – betrachtet haben. Problematisch an der OECD-Statistik ist, dass das Personal hier als „Teaching Staff" bezeichnet wird. Aufgrund unserer bisherigen Ausführungen trifft dies augenscheinlich gerade nicht auf das gesamte wissenschaftliche Personal an deutschen Hochschulen zu.

Die in Abbildung 9 dargestellten Daten zeigen, dass die Relation zwischen Studierenden und „Lehrpersonal", gemessen in Vollzeitäquivalenten, in Deutschland bei dieser Messung im Tertiärbereich A im Jahre 2012 bei 11 liegt. Im Vergleich zu anderen Ländern in der OECD ergibt sich damit eine sehr gute Position – diesem Ergebnis sollte aber aufgrund der vorherigen Ausführungen mit einer erheblichen Skepsis begegnet werden.

---

[31] Die eben dargestellten Relationen sind auch für die unterschiedlichen Fachrichtungen sehr unterschiedlich und haben sich im Zeitverlauf auch unterschiedlich entwickelt (vgl. zum Beispiel Dohmen 2014).

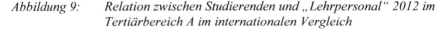

Abbildung 9:   Relation zwischen Studierenden und „Lehrpersonal" 2012 im
                 Tertiärbereich A im internationalen Vergleich

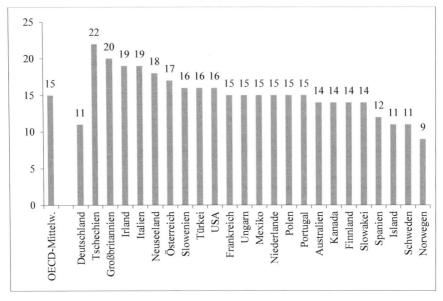

Kalkulation aufgrund von Vollzeitäquivalenten; Quelle: OECD: Education at a Glance 2014, 351,
eigene Darstellung

Wir wollen im Folgenden zum Abschluss dieses Unterkapitels noch kurz auf die
Zusammensetzung des wissenschaftlichen Personals im internationalen Vergleich eingehen. Hierbei greifen wir auf Daten zurück, die sich in Kreckel
(2011b) finden, sich allerdings nur auf Universitäten[32] beziehen.

Abbildung 10 zeigt den Anteil an Senior, Junior und Assisting Staff an Universitäten in verschiedenen Ländern. Unter Senior Staff sind hierbei selbstständige Professoren und Professorinnen zu verstehen, die nicht mehr als Nachwuchs
angesehen werden können. Hierzu zählen in Deutschland zum Beispiel Inhaberinnen und Inhaber von Professuren der W2- und W3-Besoldung. Für die USA
sind dies Full- und Associate-Professuren. Junior Staff forscht und lehrt ebenfalls

---

[32] Wie die Kategorie „Universitäten" sich im Detail für die einzelnen Länder zusammensetzt, wird
von Kreckel (2011b) allerdings nicht beschrieben, was insbesondere für den US-amerikanischen Fall
nicht unproblematisch ist.

selbstständig, befindet sich aber noch mitten in der wissenschaftlichen Karriere. Für Deutschland trifft dies zum Beispiel auf die Juniorprofessorinnen und Juniorprofessoren zu; für die USA auf die Assistant Professors. Assistant Staff ist dadurch gekennzeichnet, dass keine selbstständige Forschung und Lehre vorgesehen ist, sondern eine Zuordnung zu Senior oder Junior Staff vorhanden ist. In diese Kategorien können dabei je nach Land sehr unterschiedlich erfahrene Personen mit sehr unterschiedlichen Vertragsformen (befristet/unbefristet) fallen. Im deutschen Fall ist der wissenschaftliche Mittelbau dem Assistant Staff zuzuordnen, weil dieser fast ausnahmslos einem Professor bzw. einer Professorin zugeordnet ist und zumindest formal unter deren Anleitung lehrt und forscht.

Abbildung 10:   *Anteile hauptberufliches wissenschaftliches Personal an Universitäten im internationalen Vergleich*

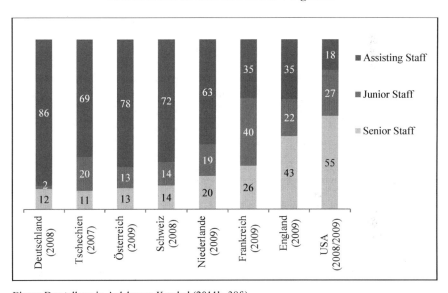

Eigene Darstellung in Anlehnung Kreckel (2011b, 38f.)

Die Abbildung 10 zeigt, dass der Anteil der selbstständigen Wissenschaftler und Wissenschaftlerinnen in Deutschland, insbesondere im Vergleich zu den USA und England, relativ gering ist oder, anders ausgedrückt, in Deutschland sind die Anteile an formal selbstständig Forschenden und Lehrenden an Universitäten deutlich geringer als in anderen Ländern. Allerdings finden sich auch Länder mit ähnlichen Anteilen am selbstständig forschenden und lehrenden Senior Staff (Österreich, Tschechien, Schweiz). Was in Abbildung 10 allerdings deutlich auffällt, ist, dass in Deutschland der Anteil an formal selbstständig Forschenden und Lehrenden (ob Senior oder Junior Staff) mit Abstand am geringsten ist. Wie diese deutschen Spezifika entstehen und in das übergreifende wissenschaftliche Karrieresystem eingeordnet sind, werden wir später in Kapitel 3.4.2 genauer aufzeigen.

Insgesamt lässt sich in Bezug auf die quantitative Entwicklung festhalten, dass das deutsche Hochschulsystem in den letzten Jahrzehnten eine große Expansion erfahren hat, was an der Anzahl der Universitäten, den Studierenden-zahlen, den Studienanfängerquoten und dem wissenschaftlichen Personal zu sehen ist. Hierbei ist die Expansion nicht geradlinig verlaufen, sondern es finden sich Phasen mit einem raschen Anstieg und Phasen, die eher durch Stagnation gekennzeichnet sind. Für die letzten rund zehn Jahre ist dabei festzustellen, dass das deutsche System in eine neue Phase der Expansion eingetreten ist.

3.1.2 Differenzierung innerhalb von nationalen Hochschulsystemen

Neben den bisher vorgestellten Kennzeichen von Hochschulsystemen ist ein weiteres wichtiges Merkmal deren interne Differenzierung. Nationale Hoch-schulsysteme unterscheiden sich erheblich im Ausmaß der internen Differenzie-rung. Sie unterscheiden sich aber auch im Hinblick darauf, auf welcher Ebene eine Differenzierung vorhanden ist. Dabei sind zunächst grundlegend zwei Ebenen zu unterscheiden: zum einen die vertikale und zum anderen die horizon-tale Differenzierung (für einen Überblick siehe Teichler 2008).

Die vertikale Differenzierung bezieht sich vor allem auf die Reputation und die Funktion von Hochschulen innerhalb des Systems. In diesen Bereich fällt zum Beispiel die Differenzierung von unterschiedlichen Hochschultypen, wie für Deutschland zwischen Universitäten und Fachhochschulen, aber auch eine Differenzierung in forschungs- vs. lehrorientierte Hochschulen, wie sie beson-ders stark in den USA anzutreffen ist. Bei der horizontalen Differenzierung geht es dagegen um die „Profile, wissenschaftlichen Schulen und anderen Unter-schiede in der Substanz von Forschung, Lehre und Studium" (Teichler 2005a, 13). Ein weiterer wichtiger Unterschied ist, ob die Differenzierung innerhalb von Hochschulen oder aber zwischen den Hochschulen vorhanden ist.

Grundlegend korrespondiert die Differenzierung dabei mit den oben be-schriebenen Modellen der Hochschulsysteme nach Trow (vgl. Kapitel 3.1.1.1, Tabelle 1). Während in Elitesystemen eine hohe Homogenität besteht, kommt es in der Phase des Massensystems zu einer Differenzierung, die allerdings noch durch einheitliche Standards innerhalb des Hochschulsystems geprägt ist. In Hochschulsystemen mit universellem Zugang sind hingegen große Unterschiede zu erwarten, bei denen auch keine einheitlichen Standards mehr vorhanden sind.

Eine zunehmende Differenzierung von Hochschulsystemen entsteht fast zwangsläufig mit dem Ausbau der Hochschulbildung. Es überrascht dann auch nicht, dass „in der Hochschulforschung wie in der hochschulpolitischen Diskussion unumstritten [ist], dass moderne, expandierende Hochschulsysteme differenziert zu sein haben" (Teichler 2005b, 25). Umstritten ist allerdings, welches Ausmaß an Differenzierung wünschenswert ist und auf welche Ebene sich diese beziehen soll.

Diese Umstrittenheit entsteht nicht zuletzt aus den Erkenntnissen der bereits beschriebenen Konflikttheorie. Im Gegensatz zu funktionalistischen Erklärungen, die die Differenzierung der Hochschulsysteme als funktionales Erfordernis moderner Hochschulsysteme darstellen, die sowohl für die Studierenden als auch die Gesellschaft vorteilhaft sind, ist die Erklärung der Konflikttheorie eine andere: Differenzierung des Hochschulsystems folgt nicht (nur) funktionalen Erfordernissen, sondern sie ist der Versuch der höheren Schichten, ihre Position trotz Bildungsexpansion abzusichern. Die bildungsfernen Schichten erhalten dann zwar eine Hochschulausbildung, die Differenzierung des Hochschulsystems ermöglicht es den bildungsnahen Schichten aber, eine höherwertige Ausbildung an den besseren Hochschulen zu erlangen. Die Differenzierung des Hochschulsystems führt also zur Reproduktion gesellschaftlicher Ungleichheit. Die Diskussion um die Differenzierung des Hochschulsystems vollzieht sich daher genau im Spannungsfeld zwischen funktionalen Erfordernissen und der Chancengleichheit im Hochschulsystem.

Zu konstatieren ist dabei mit Teichler (2005a, 13), dass in der Literatur eine deutliche Konzentration auf die vertikale Differenzierung der Hochschulsysteme vorhanden ist. Wir tragen diesem Umstand Rechnung und konzentrieren uns im Folgenden in erster Linie auf die vertikale Differenzierung von Hochschulsystemen. Wir beschäftigen uns dabei mit der Differenzierung nach den Arten der Hochschulen, der Trägerschaft (staatlich vs. privat) sowie nach der Reputation. Weitere hier nicht behandelte Differenzierungsmerkmale sind die nach den Abschlussarten, Studiengängen und Profilen von Hochschulen.[33]

Im Folgenden werden wir vor allem die Hochschulsysteme in Deutschland, den Niederlanden, England und den USA zum Vergleich der Differenzierungen nutzen, um neben allgemeinen analytischen Konzepten die Differenzierungen etwas plastischer darzustellen.

Wir haben diese Länder aus verschiedenen Gründen ausgewählt. Der erste Grund ist eher pragmatisch und ist darin zu sehen, dass für diese Länder umfas-

---

[33] Ein Überblick über diese Differenzierungsarten findet sich zum Beispiel bei Teichler (2005b, 2008).

sendes Datenmaterial in englischer Sprache vorhanden ist. Zweitens werden diese Länder häufig für internationale Vergleiche herangezogen, was eine solche Auswahl auch für dieses Buch nahelegt. Drittens haben wir mit diesen Ländern im Hinblick auf die neueren Reformen der Hochschulsysteme unterschiedliche Ausgangspunkte und Entwicklungen. Das Hochschulsystem der USA ist aufgrund seiner Vielschichtigkeit und Größe von besonderem Interesse. Zudem wird es im hochschulpolitischen Diskurs häufig als anzustrebendes „Idealmodell" angesehen. Das englische Hochschulsystem ist hingegen deshalb besonders interessant, da es sich traditionell von den Hochschulsystemen in Kontinentaleuropa unterscheidet und zudem bereits Anfang der 1980er Jahre die ersten grundlegenden Reformen im Rahmen des New Public Management (NPM) durchgeführt hat – England ist also in Europa der Vorreiter des NPM im Hochschulbereich. Die Niederlande hingegen wiesen noch bis weit in die 1980er Jahre ein typisches kontinentaleuropäisches Hochschulsystem auf, haben sich seitdem aber stark in Richtung eines durch NPM geprägten Hochschulsystems entwickelt. Während Deutschland ähnliche Startbedingungen hatte wie die Niederlande, wurden die Reformen hier allerdings deutlich später begonnen. Zudem sind die Veränderungen im deutschen System auch deutlich schwächer ausgeprägt als in den Niederlanden oder England.

3.1.2.1 Differenzierung nach Arten von Hochschulen

Eine zentrale Differenzierung in Hochschulsystemen ist die nach verschiedenen Arten von Hochschulen, wobei in der Regel die Differenzierung nach unterschiedlichen Funktionen erfolgt. Für den europäischen Kontext ist dabei die Differenzierung im Hinblick auf anwendungs- bzw. berufsorientierte und forschungsorientierte Ausbildung typisch, wie sie sich zum Beispiel auch in Deutschland findet.

Werden die Hochschulsysteme insgesamt betrachtet, können nach Kyvik (2009, 2004) in Anlehnung an Scott (1995) fünf verschiedene Modelle unterschieden werden.[34]

Von Universitäten dominierte Systeme

In diesen Systemen finden sich im Hochschulsystem fast ausschließlich Universitäten, die eine starke Forschungsorientierung aufweisen. Alle anderen Institutionen, die Ausbildungen anbieten, werden hingegen nicht zum Hochschulsystem gezählt, sondern es gibt eine scharfe Trennung zwischen diesen und den Univer-

---

[34] Alternative Einordnungen werden in Teichler (2008) beschrieben.

sitäten. Dieses System findet sich bis in die 1960er Jahre in vielen europäischen Ländern, bildet also das traditionelle Ausgangssystem der europäischen Hochschulsysteme.

Duale Systeme

In diesen Systemen finden sich neben Universitäten weitere Institutionen im Hochschulsektor, die stärker anwendungs- und berufsbezogen orientiert sind. Diese Institutionen sind meist relativ klein und auf eine bestimmte Ausbildung spezialisiert. Die Systeme zeichnen sich zudem dadurch aus, dass weiterhin eine Dominanz der Universitäten vorhanden ist und der nicht-universitäre Sektor eine relativ starke Fragmentierung aufweist, was auch auf unterschiedliche Regulierungen der Spezialschulen zurückgeführt werden kann. Hierbei werden beide Sektoren von den relevanten Akteuren unterschiedlich behandelt und weisen kaum Verbindungen untereinander auf. Dieses System steht am Beginn der Hochschulreformen ab den 1960er Jahren und kann als eher spontanes Ergebnis der sich ausbreiteten Hochschulausbildung angesehen werden. Ein vollständig ausgebildetes duales System lässt sich heute in keinem europäischen Land mehr finden, vielmehr ist festzustellen, dass diese im Zeitverlauf in binäre Systeme umgewandelt wurden.

Binäre Systeme

Der Unterschied zwischen den dualen und binären Systemen besteht vor allem darin, dass in binären Systemen der nicht-universitäre Sektor einer stärkeren und einheitlichen Regulierung ausgesetzt ist und deshalb auch die Fragmentierung deutlich abnimmt. Die Institutionen des nicht-universitären Sektors bleiben zwar relativ klein, werden aber multidisziplinär, d.h. sie sind nicht mehr auf eine bestimmte Ausbildung spezialisiert, sondern ermöglichen Ausbildungen in sehr unterschiedlichen Zweigen. Die meisten europäischen Länder haben ab den 1960er Jahren ein binäres System entwickelt, allerdings zu unterschiedlichen Zeitpunkten und auf unterschiedlichen Wegen. Insgesamt ist dabei zu konstatieren, dass im europäischen Raum die binären Systeme deutlich dominieren. Momentan weisen zum Beispiel Deutschland, die Niederlande, Irland, Dänemark oder Schweden ein binäres System auf.

Einheitssysteme

Diese zeichnen sich dadurch aus, dass die anwendungs- und berufsbezogene Ausbildung im Laufe der Zeit in die Universitäten integriert wurde bzw. die nicht-universitären Institutionen einen Universitätsstatus erhalten haben. So wurden die englischen Polytechnics, die ab den 1960er Jahren gebildet wurden und eine stärkere Anwendungsorientierung als die Universitäten verfolgten, 1992 zu den „new universities". Das Einheitssystem entwickelte sich dabei vor allem aus einem binären System und lässt sich heute neben England auch in Australien und Spanien finden. Auch in Deutschland wurde, wie bereits beschrieben, mit der Etablierung von Gesamthochschulen versucht, ein Einheitssystem durch die Integration von Universitäten und Fachhochschulen zu realisieren. Dieser Versuch kann aber als gänzlich gescheitert angesehen werden, weil von den nur wenigen gebildeten bzw. gegründeten Gesamthochschulen heute keine einzige mehr existiert, sondern diese mittlerweile allesamt in Universitäten umgewandelt wurden.

Stratifizierte Systeme

Diese sind dadurch gekennzeichnet, dass die Grenze zwischen Hochschulsystem und Ausbildungssystem fluide ist und die Strukturierung durch relativ deutliche hierarchische Einordnungen einzelner Institutionen erfolgt. Klassisches Beispiel für ein solches System bilden die USA mit den Einteilungen in Universities, Liberal Art Colleges und Community Colleges, wobei Letztere insbesondere eine Ausbildungsorientierung aufweisen. Hierbei findet sich nicht nur eine Hierarchie mit den Universitäten an der Spitze, sondern auch innerhalb der drei Sektoren finden sich hierarchische Strukturen, wobei diese insbesondere im Universitätssektor stark ausgeprägt sind. Weiteres Kennzeichen des US-amerikanischen Systems bilden die Überschneidungen zwischen den drei Sektoren im Hinblick auf Ausbildungsabschlüsse. So bieten die Liberal Art Colleges fast identische Kurse wie die Undergraduate Colleges innerhalb der Universitäten, und die Community Colleges bieten neben berufsbezogenen Ausbildungen auch die Möglichkeit, die ersten beiden Jahre eines Bachelor-Abschlusses zu absolvieren. Eine starke Segregation findet sich allerdings in Bezug auf die Promovierendenausbildung. Nur 6,3 Prozent der US-amerikanischen Hochschulen vergeben im Jahr mehr als 20 Doktortitel (Carnegie Foundation 2010).

Im zeitlichen Ablauf der Modelle wird in der Tendenz erkennbar, dass neue Arten von Hochschulen sich den traditionellen Universitäten angleichen und zuweilen eine Aufhebung der Differenzierung zu konstatieren ist. Bezeichnet wird dieser Prozess als „academic drift" (Riesman 1956; Neave 1979) oder „academisation" (Kyvik 2009, 136f.). Für Deutschland ist dieser Prozess zum Beispiel in Bezug auf die Bildung der Technischen Hochschulen bzw. Universitäten und der anschließenden Aufwertung zu bzw. Gleichstellung mit den anderen Universitäten im letzten Drittel des 19. Jahrhunderts nachvollziehbar. Momentan ist in Deutschland ein binäres System vorhanden, wobei die ausschlaggebende Differenzierung zwischen Universitäten und Fachhochschulen besteht. Die Fachhochschulen wurden ab den 1960er Jahren gegründet und sollten eine anwendungsorientierte und kürzere Ausbildung ermöglichen. Sie waren neben dem Ausbau vorhandener Universitäten, Universitätsneugründungen und Gesamthochschulgründungen die vierte Säule, um die Bildungsexpansion in Deutschland zu bewältigen.

Universitäten und Fachhochschulen unterscheiden sich in Deutschland in Bezug auf eine Reihe von Elementen, die primär formal vorgeschrieben sind (Enders 2010). So sind die Qualifikation und die Lehrverpflichtung der Professorinnen und Professoren unterschiedlich. Weiterhin genügt für die Studienaufnahme an Fachhochschulen die Fachhochschulreife. Auch die Relation von Forschung und Lehre ist zwischen Universitäten und Fachhochschulen unterschiedlich, was zum Beispiel an den eingeworbenen Forschungsdrittmitteln beider Hochschularten abzulesen ist (siehe Kapitel 3.1.3.5). Das binäre System in Deutschland nimmt deshalb auch die Differenzierung von lehr- und forschungsorientierten Hochschulen in sich auf, zumal bei der Gründung des Fachhochschulsektors nicht vorgesehen war, dass in Fachhochschulen Forschung betrieben werden sollte (vgl. Enders 2010, 445). Hinzu kommt, dass die Fachhochschulen (noch) kein eigenständiges Promotions- und Habilitationsrecht haben.

Insgesamt zeigt die Diskussion in Deutschland aber, dass in den letzten Jahren der „academic drift" der Fachhochschulen zugenommen hat (vgl. Enders 2010, 446 ff.). So fordern Vertreter der Fachhochschulen nicht nur das Promotionsrecht, sondern auch die Forschungsorientierung der Fachhochschulen hat deutlich zugenommen. Die anwendungsbezogene Forschung gehört dann auch seit der Novellierung des Hochschulrahmengesetzes 1985 zu den Aufgaben der Fachhochschulen.

Hinzu kommen starke Angleichungstendenzen aufgrund der Umstellung der Studienabschlüsse auf das Bachelor-Master-System. Diese entstehen zum einen dadurch, dass beide Hochschultypen identische Abschlüsse vergeben und nicht mehr wie beim Diplom für die Fachhochschulen der Zusatz FH vorgesehen ist. Zum anderen berechtigt ein Bachelor-Abschluss einer Fachhochschule formal zur Aufnahme eines Master-Studiums auch an der Universität.[35] Im Hinblick auf

---

[35] Faktisch unterlaufen allerdings viele Universitäten über spezielle Anforderungen an Master-Studierende diese formale Gleichheit. Allerdings kann nicht der Bachelor-Abschluss an einer

die Studienabschlüsse ist also eine deutliche Annäherung zu konstatieren. Es ist deshalb in den nächsten Jahren von besonderem Interesse, ob die Angleichung zwischen Universitäten und Fachhochschulen in Deutschland voranschreitet und wir uns mittelfristig in Richtung eines in sich stark differenzierten Einheitssystems bewegen, wie dies weiter oben für England beschrieben wurde.

3.1.2.2 Differenzierung nach Trägerschaft (staatlich vs. privat)

Eine weitere wichtige Differenzierung in Hochschulsystemen ist die der Trägerschaft. Hierbei kann zwischen staatlicher und privater Trägerschaft unterschieden werden. Wichtig ist dabei, dass die private Trägerschaft nicht zwangsläufig auch mit einer rein privaten Finanzierung gekoppelt sein muss. Vielmehr finden sich – gerade in Deutschland – Hochschulen in privater Trägerschaft, die aber erhebliche staatliche Finanzmittel beziehen.

Für Deutschland ist zu konstatieren, dass Hochschulen in privater Trägerschaft kaum eine Rolle spielen. Allerdings liegt das nicht an der reinen Zahl dieser Hochschulen, sondern eher am Anteil der Studierenden, die an diesen Hochschulen ausgebildet werden. Von den rund 420 Hochschulen in Deutschland sind immerhin 146 in privater Trägerschaft, was einen Anteil von 35 Prozent ausmacht. Von diesen 146 Hochschulen bilden die allgemeinen Fachhochschulen mit 105 Einrichtungen den größten Anteil. Hinzu kommen Theologische Hochschulen (16), Kunsthochschulen (4) und eine Verwaltungsfachhochschule. Im privaten Sektor finden sich aber auch 20 Universitäten, die allerdings in der Regel eine starke Fokussierung auf wenige Studienfächer aufweisen. Insbesondere finden sich Spezialisierungen im Hinblick auf die Rechtswissenschaft (zum Beispiel Bucerius Law School) und/oder Wirtschaftswissenschaften (zum Beispiel HHL Leipzig Graduate School of Management, European Business School). Private Universitäten mit einem breiten Studienfachangebot finden sich hingegen kaum (Ausnahmen sind zum Beispiel die Universität Witten/Herdecke oder die Jacobs University).

Hierbei ist zu konstatieren, dass die Anzahl der Hochschulen in privater Trägerschaft in den letzten Jahren deutlich angestiegen ist. So gab es 1992 erst 62 Hochschulen in privater Trägerschaft (vgl. BMBF 2014e). Auch der Anteil der Studierenden an privaten Hochschulen hat sich in den letzten Jahren zwar erhöht, ist aber mit 6 Prozent im Jahr 2012 immer noch sehr gering. Allerdings liegt der Anteil der Studierenden an privaten Hochschulen im Fachhochschulsek-

---

Fachhochschule an sich als direktes Ausschlusskriterium für die Aufnahme eines Master-Studiums an einer Universität genutzt werden.

tor bei 21 Prozent – hier ist der Anteil also deutlich höher, was auch an der Anzahl der privaten Fachhochschulen liegt (vgl. Statistisches Bundesamt 2012a, 55).

Trotz dieses relativ hohen Anteils im Fachhochschulsektor spielen die Hochschulen in privater Trägerschaft allerdings kaum eine Rolle im deutschen Hochschulsystem. Zwei Gründe scheinen dafür ausschlaggebend zu sein. Erstens gibt es kaum erfolgreiche private Hochschulen, die – wie insbesondere in den USA – einen Elitecharakter in Bezug auf Forschung und Lehre aufweisen. Zweitens sind die Finanzierungsgrundlagen privater Hochschulen in Deutschland recht schwierig. So sind kostendeckende Studiengebühren die deutliche Ausnahme und die meisten privaten Hochschulen sind auf erhebliche Mittel der öffentlichen Hand angewiesen, was immer wieder zu heftigen Diskussionen führt.

Ähnlich wie in Deutschland spielen in England Hochschulen in privater Trägerschaft kaum eine Rolle (Leisyte 2007, 88). Von den insgesamt 165 Hochschulen sind nur drei privat finanziert (Brown und Carasso 2013, 7). Offizielle Angaben über die Anzahl der Studierenden an diesen Universitäten sind nicht vorhanden, da sich die amtlichen statistischen Zahlen für England nur auf die staatlich finanzierten Universitäten beziehen.

Auch in den Niederlanden finden sich kaum private Hochschulen. So sind von den 13 Universitäten nur drei privat, werden allerdings vornehmlich öffentlich finanziert (Leisyte 2007, 111; Enders et al. 2013, 12). Daneben gibt es noch einige weitere private Anbieter im Bereich der Hochschulbildung, wobei „many of them are very small and sometimes have highly specific characteristics" (Dutch Ministry of Education 2014, 96). Insgesamt ergibt sich, dass „Dutch higher education and research has been regarded both as a national affair and a public good; private higher education plays only a marginal role" (de Boer et al. 2007a, 28).

Während also der private Hochschulsektor in Deutschland, England und den Niederlanden eine relativ geringe Rolle spielt, ist dies in anderen Ländern deutlich anders. Nehmen wir zum Beispiel die USA: 2011 gab es dort 4.599 Hochschulen, die als „degree-granting" eingestuft wurden, also Hochschulabschlüsse vergeben dürfen. Von diesen waren 1.656 in staatlicher und 2.943 in privater Trägerschaft. Innerhalb der privaten Hochschulen kann dann noch einmal zwischen den 1.630 Non-for-Profit-Hochschulen und den 1.313 For-Profit-Hochschulen unterschieden werden. In den Bereich der Non-for-Profit-Hochschulen fallen dabei die meisten privaten Forschungsuniversitäten, insbesondere die mit besonders hoher Reputation, wie zum Beispiel Harvard und Stanford. Insgesamt ergibt sich daraus ein Anteil der privaten Hochschulen von 64 Prozent der „degree-granting"-Einrichtungen.

Im Zeitvergleich ist auch für die USA erkennbar, dass der Anteil der privaten Hochschulen deutlich gestiegen ist. So lag deren Anteil 1980 erst bei 54
Prozent. Insbesondere die Anzahl der For-Profit-Hochschulen ist in den letzten
Jahrzehnten überproportional gestiegen (1980: 165, 2011: 1.313) (vgl. NCES
2012a). Auch bei dem Anteil der Studierenden in den privaten Universitäten zeigt
sich in den USA ein deutlich anderes Bild als in Deutschland. Von den insgesamt knapp 21 Millionen Studierenden an „degree-granting"-Hochschulen
entfallen auf den Privatsektor 26 Prozent. Zwar würde man aufgrund der Anzahl
der Hochschulen noch höhere Anteile erwarten, aber auch hier zeigt sich, dass
Hochschulen im Privatsektor häufig kleiner sind. Wird die Entwicklung des
Anteils der Studierenden in privaten Hochschulen betrachtet, zeigt sich, dass
deren Anteil 1963 noch bei 33 Prozent lag und dann bis 1975 auf 20 Prozent
absank, um erst 2004 wieder über die Marke von 23 Prozent zu steigen (NCES
2012b). Ersichtlich wird hier, dass ein größerer Anteil der Expansion des Hochschulsystems in den USA durch staatliche Hochschulen geleistet wurde und die
privaten Hochschulen – insbesondere im For-Profit-Sektor – in den letzten
Jahren ihre Kapazitäten im Vergleich zu den staatlichen Hochschulen stärker
ausgebaut haben (Douglass 2012).

Halten wir fest, dass die quantitative und qualitative Bedeutung von privaten Hochschulen in verschiedenen Hochschulsystemen sehr unterschiedlich sein
kann. Während im europäischen Kontext Hochschulbildung traditionellerweise
vor allem als staatliche Aufgabe gesehen wird, trifft dies deutlich weniger auf die
USA zu.

3.1.2.3   Differenzierung nach Reputation

Innerhalb eines Hochschulsystems bestehen auch Differenzierungen nach der
Reputation von Hochschulen. Gibt es große Reputationsunterschiede zwischen
den Hochschulen eines Landes, dann sind bestimmte Konzentrationseffekte zu
vermuten. Hoch angesehene Hochschulen können in Bezug auf die Forschung so
leichter reputationsstarke Wissenschaftlerinnen und Wissenschaftler rekrutieren.
Auch in Bezug auf Studierende sind Konzentrationsprozesse zu konstatieren. So
studieren in Ländern mit einem standardisierten Leistungstest nur die Testbesten
an den reputationsstarken staatlichen Einrichtungen, oder anders, nur die Testbesten werden dort zu einem Studium zugelassen. Solche Effekte zeigen sich
zum Beispiel in Japan (Teichler 2005b, 102).

Hierbei ist zu beachten, dass die Reputation von Hochschulen – wie auch
der individuellen Wissenschaftlerinnen und Wissenschaftler – sozialen Konstruktionsprozessen unterliegt, in die eine Vielzahl von Faktoren einfließen.

Diese Faktoren können formaler oder informeller Art sein. Formale Faktoren sind zum Beispiel die Möglichkeit, Doktortitel zu verleihen, bestimmte formale Eingangsvoraussetzungen zur Professur (Habilitation bzw. äquivalente Leistungen oder nicht), eine im Hinblick auf Forschung hohe Anforderung an Professoren und Professorinnen, die Verleihung von Bildungstiteln, die zum Beispiel im öffentlichen Dienst zu einer höheren oder geringeren Besoldung führen, usw. Eher informeller Natur sind zum Beispiel die Zuschreibung von herausragender Forschung, die Beschäftigung der vermeintlich besten Wissenschaftlerinnen und Wissenschaftler, eine im Vergleich zu anderen Hochschulen vermeintlich herausragende Lehre, eine als positiv bewertete hohe Eingangsselektion der Studierenden oder hohe Studiengebühren, die als Ausweis von Exzellenz interpretiert werden.

Welche Faktoren jeweils für die Reputation ausschlaggebend sind, kann dabei durchaus unterschiedlich sein. Wichtig ist vielmehr, dass es zu einer Zuschreibung von unterschiedlicher Reputation von den relevanten Akteuren kommt und diese in der Kommunikation bestätigt wird. Zu beachten ist dabei zudem, dass Reputation ein vergangenheitsbezogenes und träges Konzept ist. Hochschulen, die über eine hohe Reputation verfügen, behalten diese deshalb eine gewisse Zeit, obwohl die Reputationszuschreibung nicht den aktuellen „Leistungsstand" repräsentieren muss.

Die Zuschreibung der Reputation erfolgt allerdings nicht im „luftleeren Raum", sondern es finden sich verschiedene Versuche, Reputation zu messen und Hochschulen in eine Rangfolge zu bringen. Man findet zum Beispiel Messungen über Befragungen von Wissenschaftlerinnen und Wissenschaftlern, Arbeitgebern oder Studierenden. Neben nicht unbedeutenden methodischen Problemen bleibt hier häufig unklar, worauf die Befragten ihr Reputationsurteil eigentlich stützen. Andere Messversuche ziehen objektive Daten heran, um Rangfolgen von Hochschulen zu bilden. Genutzt werden zum Beispiel Drittmitteleinwerbungen, Publikations-Output, Zitationen, Wissenschaftspreise, Eingangsnoten von Studierenden oder Absolventengehälter. Unabhängig davon, ob diese Messversuche tatsächlich Unterschiede zwischen den Hochschulen adäquat abbilden, wirken diese allerdings in nicht unerheblichem Umfang auf die Konstruktion der Reputation ein. Dies wird zum Beispiel daran deutlich, dass in den Massenmedien auf Rankings Bezug genommen wird. Das heißt, unabhängig davon, was solche Rankings eigentlich messen, sind diese sozial höchst wirksam. Dies liegt auch daran, dass „Quantifizierung eine besonders effiziente Form" (Heintz 2010, 162) ist, um Akzeptanz herzustellen, worauf wir schon mehrfach hingewiesen haben.

In Deutschland gab es lange Zeit eine Reputationsdifferenzierung nur entlang der Unterscheidung von Fachhochschulen und Universitäten. Letzteren wurde aufgrund von formalen und informalen Faktoren eine höhere Reputation zugeschrieben. Sowohl innerhalb des Fachhochschulsektors als auch innerhalb des Universitätssektors war – zumindest auf Ebene der Gesamtorganisation – keine offensichtliche Reputationshierarchie vorhanden. Vielmehr wurde eine „Gleichheitsfiktion" vertreten, die davon ausging, dass sowohl die Qualität der Lehre als auch der Forschung in allen Fachhochschulen bzw. Universitäten gleich hoch sei (Enders 2010, 452). Erst in den letzten Jahren wird versucht, auch Unterschiede innerhalb des Fachhochschul- bzw. des Universitätssektors hervorzuheben. Beide Bereiche stehen der vor allem im politischen Raum formulierten Erwartung zur Profilbildung gegenüber, womit der Aufbau von Differenzen zu anderen Hochschulen verbunden ist.

Für den Universitätssektor kommt noch die Exzellenzinitiative hinzu, die zum Ziel hat, forschungsstarke Universitäten erstens sichtbar zu machen und zweitens finanziell besonders zu fördern. Zwar gibt es mittlerweile auch den „Wettbewerb exzellente Lehre" sowie den „Qualitätspakt Lehre", aber es ist kaum davon auszugehen, dass es hier zum Aufbau von relevanter Reputation kommen wird – insbesondere im Vergleich zur Exzellenzinitiative.

Ähnlich wie in Deutschland finden sich auch in den Niederlanden zunächst nur Reputationsunterschiede zwischen den beiden Hochschularten. Unterschiede zwischen Hochschulen waren zwar vorhanden, wurden aber ebenso wie Deutschland eher auf der Ebene von Disziplinen und Fakultäten verortet. Hierzu passt auch, dass Rankings von Hochschulen in den Niederlanden lange Zeit, wie auch in Deutschland, nicht üblich waren (Leisyte 2007, 108). Allerdings finden sich auch in den Niederlanden ab der Jahrtausendwende zumindest Anzeichen dafür, dass die Gleichheitsfiktion auf der Ebene der Hochschulen aufgebrochen wird (de Boer et al. 2007a, 38). Die Situation in den Niederlanden ist also sowohl in der Entwicklung als auch im Hinblick auf den Stand der Reputationsdifferenzierung mit Deutschland vergleichbar.

In anderen Hochschulsystemen finden wir hingegen deutlichere und seit längerem bestehende Reputationsunterschiede innerhalb des Hochschulbereichs bzw. innerhalb der darin bestehenden Sektoren. So zum Beispiel in den USA. Zunächst gibt es hier einen deutlichen Reputationsunterschied zwischen den wenigen Research Universities und den anderen Hochschulen. Innerhalb der Research Universities gibt es wiederum erhebliche Reputationsunterschiede. Am deutlichsten wird dies im Hinblick auf die sogenannten Ivy-League-Universitäten, die acht der reputationsstärksten US-amerikanischen Universitäten umfasst. Zu dieser Gruppe gehören zum Beispiel die Universitäten Harvard, Yale, Columbia und Princeton.

Wie wichtig die Reputationsdifferenzen sind, zeigt sich auch daran, dass Absolventen zum Beispiel auf Visitenkarten nicht nur ihren Titel, sondern auch die Universität, an dem dieser erworben wurde, aufführen. Es wird also nicht nur der Bachelor-Abschluss angegeben, sondern „BA (Harvard University)". Während somit für Deutschland die Reputationsunterscheide gering sind, gibt es in den USA „deutliche, öffentlich anerkannte und durch Rankings immer wieder bestätigte Leistungs- bzw. Reputationsunterschiede" (Kreckel 2011b, 35; ausführlich auch Schreiterer 2008). Auch in England ist eine Differenzierung nach Reputation seit längerem vorhanden. Traditionell haben dabei die beiden Universitäten Oxford und Cambridge eine Sonderstellung inne, weil sie mit großem Abstand die Reputationshierarchie anführen. Durch die Entwicklung zu einem universitären Einheitssystem und der gleichzeitigen Verteilung von Mitteln aufgrund von Leistungsindikatoren (vgl. zum Beispiel Dawson et al. 2004; Willmott 2003) wird diese ältere Differenzierung durch eine neue überlagert. An der Spitze stehen Universitäten, die insgesamt eine starke Forschungsorientierung aufweisen und auch die entsprechenden Mittel im nationalen Finanzierungswettbewerb einwerben. Dies sind vor allem, aber nicht nur die alten traditionsreichen Universitäten. Die mittlere Position nehmen Universitäten ein, die zumindest in einigen Bereichen forschungsstark sind, während am Ende der Reputationshierarchie Universitäten stehen, die primär Lehraufgaben übernehmen und im Wettbewerb um Forschungsgelder unterlegen sind. Diese Reputationsdifferenzierung fällt dabei in der Regel mit dem Alter der Universitäten zusammen (Leisyte 2007, 87), soll heißen, die letzte Stufe wird insbesondere von den ehemaligen Polytechnics gebildet, die erst in den 1990er Jahren den Universitätsstatus erhalten haben (Kreckel 2011a).

Hochschulsysteme können demnach eine mehr oder weniger stark ausgeprägte interne Differenzierung in Bezug auf Reputation aufweisen. In Systemen mit starken Reputationsgefällen finden sich erhebliche Konzentrationseffekte in Bezug auf Wissenschaftlerinnen und Wissenschaftler und Studierende, denen man eine besonders hohe Leistungsfähigkeit unterstellt, sowie auf Forschungsmöglichkeiten und Forschungsfinanzierung.

3.1.2.4 Differenzierung im Überblick

Hochschulsysteme unterscheiden sich also dahingehend, wie groß ihre interne Differenzierung ist. Die Differenzierung kann sich auf verschiedene Merkmale beziehen und kann innerhalb dieser jeweiligen Merkmale unterschiedlich deutlich ausfallen. Für Deutschland, die Niederlande, England und die USA zeigt Tabelle 2 eine Zusammenfassung der betrachteten Differenzierungsmerkmale. Deutlich wird, dass die größte Differenzierung innerhalb des Hochschulsystems der USA besteht, weil es hier in allen drei betrachteten Bereichen erhebliche

Differenzierungen innerhalb des Hochschulsystems gibt. In Deutschland und den Niederlanden finden wir nur auf der Ebene der Hochschularten eine relevante Differenzierung zwischen Universitäten und den stärker anwendungsorientierten Fachhochschulen. In England hingegen fehlt mittlerweile diese Unterscheidung, weil die Polytechnics in Universitäten umgewandelt wurden. Die Differenzierung des Hochschulsystems drückt sich hier vor allem in Reputationsdifferenzen der Universitäten aus.

Tabelle 2:   *Differenzierung in verschiedenen Hochschulsystemen*

	Art der Hochschul-systems	Private Trägerschaft	Reputations-differenzen
Deutschland	Binäres System	Vorhanden, aber kaum relevant	(Noch) Geringe Unterschiede
Niederlande	Binäres System	Vorhanden, aber kaum relevant	(Noch) Geringe Unterschiede
England	Einheitssystem	Fast nicht vorhanden	Große Unterschiede
USA	Stratifiziertes System	Vorhanden und hoch relevant	Große Unterschiede

Die in Deutschland und den Niederlanden vorzufindende Tendenz, auf der Ebene der Reputation eine stärkere Differenzierung vorzunehmen, zeigt dabei gleichzeitig, dass Hochschulsysteme, die sich im Zuge der Hochschulexpansion in Richtung eines universellen Zugangs bewegen, zu größerer interner Differenzierung tendieren.

3.1.3 Finanzierung von Hochschulsystemen

Zur quantitativ-strukturellen Gestalt von Hochschulsystemen gehört auch deren Finanzierung. Die Finanzierung des Hochschulsystems ist auch in der öffentlichen Diskussion ein häufig behandeltes Thema. So fanden in Deutschland in den letzten Jahren heftige Auseinandersetzungen zum Thema Studiengebühren statt. Einige Bundesländer führten Studiengebühren ein, die dann allerdings wieder abgeschafft wurden (Hüther und Krücken 2014). Auch im Hinblick auf die steigenden Studierendenzahlen wird häufig die Finanzierung thematisiert. Bei der Betrachtung der Finanzierung – insbesondere beim Vergleich mit anderen

Ländern – geht es im deutschen Diskussionskontext häufig um die vermeintliche Unterfinanzierung des deutschen Hochschulsystems. Diese Feststellung bildet dann die Ausgangsbasis weiterer Annahmen: Die Unterfinanzierung führe zu einer im internationalen Vergleich schlechteren Studienqualität und gefährde die Zukunftsfähigkeit eines an natürlichen Ressourcen armen Landes – wie Deutschland – nachhaltig. Im Hinblick auf die Diskussionen um die Finanzierung geht es also auch immer um dahinterliegende Annahmen über die Qualität des Hochschulsystems und das gesamtgesellschaftliche Entwicklungspotential.

Im Folgenden werden wir zunächst drei ganz allgemeine, idealtypische Finanzierungsmodelle beschreiben, um die grundsätzlichen Finanzierungsmöglichkeiten von Hochschulsystemen aufzuzeigen. Danach werden wir einige Kennziffern für den Vergleich der Finanzierungshöhe unterschiedlicher Hochschulsysteme kurz vorstellen, um dann die Finanzierung des deutschen Hochschulsystems detailliert zu betrachten.

3.1.3.1 Idealtypische Finanzierungsmodelle

In der europäischen Tradition findet sich meist eine staatliche Finanzierung der Hochschulen. Für Deutschland wurde auf diese lange Tradition bereits im Kapitel zur geschichtlichen Entwicklung hingewiesen; sie hängt mit den Gründungen der Universitäten durch die Landesherren zusammen. Grundsätzlich lassen sich aber drei verschiedene Modelle der Finanzierung von Hochschulsystemen unterscheiden. Nach Ziderman und Albrecht (1995) finden sich insbesondere folgende idealtypische Modelle:

- staatliche Finanzierung (state dominance)
- kostendeckende Finanzierung (cost recovery)
- diversifizierte Finanzierung (revenue diversification)

Im Modell der staatlichen Finanzierung findet eine ausschließlich staatliche Finanzierung des Hochschulsystems statt. Hierbei können sowohl direkte als auch indirekte Finanzierungsarten vorkommen. So bildet zum Beispiel die Forschungsfinanzierung der Deutschen Forschungsgemeinschaft (DFG) in Deutschland eine indirekte Finanzierung durch den Staat über ein wettbewerbliches System. Dies erklärt sich dadurch, dass das Budget der DFG zu 67 Prozent vom Bund und zu 32,7 Prozent von den Ländern getragen wird. Lediglich 0,3 Prozent sind keine direkten staatlichen Zuschüsse (vgl. DFG 2012, 208).

Das kostendeckende Finanzierungsmodell würde in idealtypischer Reinform die Finanzierung des Hochschulsystems über kostendeckende Studiengebühren vorsehen. Allerdings findet sich eine solche Finanzierung des gesamten Hoch-

schulsystems in der Realität nicht, sondern die Finanzierung über Studiengebühren wird in der Regel durch staatliche Mittel ergänzt. Dies wohl auch deshalb,
weil kostendeckende Studiengebühren für ein Hochschulstudium für den größten
Teil der Bevölkerung nicht zu finanzieren wären. Dies schließt allerdings nicht
aus, dass einzelne Hochschulen in einem Hochschulsystem ein solches Finanzierungsmodell aufweisen. Je nach Höhe der Studiengebühren bzw. dem Anteil an
der Finanzierung des Hochschulsystems, finden sich durchaus Länder, die das
kostendeckende Modell mehr oder weniger verwirklichen.

Im diversifizierten Finanzierungsmodell treten neben staatliche Mittel und
Studiengebühren weitere Finanzierungsquellen des Hochschulsystems hinzu.
Hierzu gehören zum Beispiel das Anbieten von Fortbildungen, die Übernahme
von Industrieforschung, Zuwendungen von Ehemaligen oder das Einwerben von
Spenden aus der Wirtschaft.

Verschiedene Hochschulsysteme können mehr oder weniger deutlich diesen
Idealtypen zugeordnet werden. Das deutsche Hochschulsystem ist dabei eindeutig dem staatlichen Finanzierungsmodell zuzuordnen. Das Hochschulsystem
wird fast ausschließlich vom Staat finanziert. Hierbei spielen sowohl direkte als
auch indirekte staatliche Finanzierungsarten eine Rolle. Zwar wurde in Deutschland durch die Einführung von Studiengebühren in einer Reihe von Bundesländern versucht, sich dem kostendeckenden Modell zumindest anzunähern,
allerdings spricht sowohl die geringe Höhe der Studiengebühren als auch deren
Wiederabschaffung in allen Bundesländern gegen eine Annäherung an dieses
Modell (Hüther und Krücken 2014). Auch die Hochschulsysteme der meisten
anderen kontinentaleuropäischen Länder sind meist dem staatlichen Finanzierungsmodell zuzuordnen. Dies trifft zum Beispiel auch auf die Niederlande zu.

Das britische System[36] bewegt sich hingegen deutlich stärker in Richtung
des kostendeckenden Modells – nicht zuletzt auch aufgrund der Erhöhungen der
Studiengebühren in Folge der Finanzkrise ab 2008. Der Anteil der Finanzierung
des Hochschulsystems durch Studiengebühren lag in England 2012/2013 bei 40
Prozent und überstieg damit deutlich die direkten Zuwendungen der staatlichen
Stellen, die nur 24,1 Prozent der Einnahmen ausmachten. Im Vergleich dazu lag

---

[36] Im Gegensatz zu den Betrachtungen zur Differenzierung von Hochschulsystemen wird im
Folgenden nicht mit dem englischen Hochschulsystem argumentiert, sondern mit dem Hochschulsystem von Großbritannien. Zwar muss konstatiert werden, dass sich die einzelnen britischen Hochschulsysteme (insbesondere das schottische) in den letzten Jahren auseinanderentwickelt haben – also
ähnliche Tendenzen wie in Deutschland vorhanden sind – und deshalb gerade in Bezug auf die
allgemein quantitative Gestalt vermieden werden sollte, von einem britischen System zu sprechen.
Allerdings liegen für die international vergleichenden Finanzierungskennziffern lediglich Daten für
Großbritannien vor. Diesem Umstand tragen wir mit dem Wechsel der Betrachtungsebene Rechnung.

der Anteil der Studiengebühren 2006/2007 nur bei 25,4 Prozent, während die direkten staatlichen Zuwendungen noch bei 37,7 Prozent lagen. So sank allein die Finanzierung durch staatliche Mittel von 2011/2012 auf 2012/2013 um 14,9 Prozent, während die Einnahmen durch Studiengebühren um 20,5 Prozent stiegen (teilweise eigene Berechungen auf Grundlage von HESA 2014).

Dem diversifizierten Modell entspricht am deutlichsten das US-amerikanische Hochschulsystem. Die Finanzierung wird hierbei durch mehrere Säulen sichergestellt, wobei es im Hinblick auf die Finanzierungsanteile erhebliche Unterschiede zwischen staatlichen und privaten Universitäten gibt (vgl. Ziderman und Albrecht 1995, 18; vgl. hierzu auch Schreiterer 2008).

3.1.3.2 Finanzierungshöhe im internationalen Vergleich

Neben Finanzierungsmodellen ist aber auch die Höhe der Finanzierung von Hochschulsystemen ein wichtiger Indikator für den internationalen Vergleich. Hierbei werden häufig die Ausgaben für das Hochschulsystem im Verhältnis zum Bruttoinlandsprodukt (BIP) herangezogen. Diese Kennzahl sagt aus, wie viel Prozent des Bruttoinlandsprodukts insgesamt in das Hochschulsystem investiert werden.

Wird dieser Anteil für Deutschland betrachtet, dann wird klar, dass sich dieser Wert seit 1995 fast nicht verändert hat. Abbildung 11 zeigt, dass im gesamten betrachteten Zeitverlauf zwischen 1,0 Prozent und 1,3 Prozent des BIP in die Hochschulausbildung flossen. Im Verhältnis zum BIP haben sich die Ausgaben für den Hochschulbereich also in den letzten Jahren kaum erhöht, sondern sie schwanken in einem relativ engen Korridor.

Interessant ist nun aber der internationale Vergleich dieser Kennzahl. Abbildung 11 zeigt den Anteil des BIP, welches für die Hochschulen ausgegeben wird, für Deutschland, die Niederlande, Großbritannien und die USA. Leicht ersichtlich wird hierbei, dass im Vergleich zu Deutschland alle Länder außer Großbritannien einen größeren Anteil ihres BIP in die Hochschulen investieren. Auch der Durchschnitt der OECD-Länder, der für 2011 bei 1,9 Prozent lag, weist auf eine geringere Investition in das deutsche Hochschulsystem hin.

Abbildung 11:   *Gesamtausgaben für den Tertiärbereich A/B im Verhältnis zum*
                    Bruttoinlandsprodukt für ausgewählte Länder

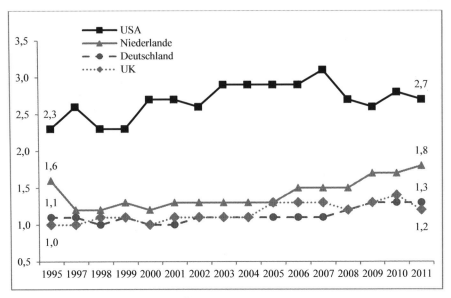

Angaben in Prozent; Quelle: Datenportal BMBF (2014d), eigene Darstellung

Aus diesen Zahlen wird dann häufig geschlossen, dass das deutsche Hochschul-system im internationalen Vergleich stark unterfinanziert ist – insbesondere im Vergleich zu den USA. Allerdings muss auch darauf hingewiesen werden, dass der Anteil der Studienanfänger in diesen Ländern – wie zuvor gezeigt wurde – deutlich höher ist. Dass Länder, in denen wie den USA 70 Prozent der entspre-chenden Altersgruppe Hochschulen besuchen, mehr Geld für diesen Bildungs-zweig ausgeben als Länder wie Deutschland, wo nur knapp über 50 Prozent eines Jahrgangs Hochschulen besuchen, kann kaum überraschen. Insofern ist auch der Vergleich der Ausgaben der Hochschulen pro Studierendem ein relevanter Indikator für die Höhe der Investitionen in den Hochschulbereich.

Abbildung 12 zeigt, dass es in Deutschland einen kontinuierlichen Anstieg der Ausgaben pro Studierendem gegeben hat. Die Ausgaben in kaufkraftberei-nigten US-Dollar lagen 1998 bei 9.481 und sind bis 2011 auf 16.723 gestiegen. Deutschland liegt bei diesem Indikator knapp vor Großbritannien und hat 2012 im Vergleich zu anderen Jahren den Abstand zu den Niederlanden verringert. Es ergibt sich hier also zumindest in Bezug auf diese drei Länder eine Relativierung im Vergleich zu den reinen Anteilen am BIP. Allerdings zeigt Abbildung 12 auch, dass die Ausgaben pro Studierendem in den USA im Vergleich wiederum weit vor den anderen Ländern liegen, wenngleich der Spitzenwert aus 2008 in den Folgejahren nicht mehr erreicht wurde. Auch anhand dieser Kennzahlen zeigen sich die deutlich höheren Investitionen der USA in den Hochschulbereich im Vergleich zu den anderen betrachteten Ländern.

Abbildung 12:   Ausgaben der Bildungseinrichtungen für Studierende in US-Dollar in umgerechneter Kaufkraftparität pro Jahr (Tertiärbereich A/B) von 1998 bis 2011

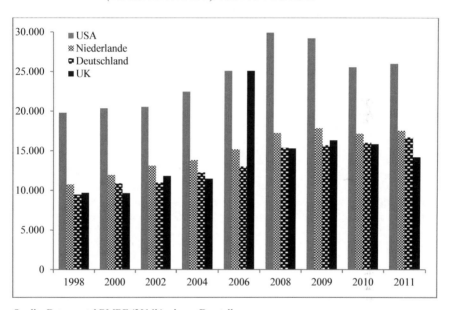

Quelle: Datenportal BMBF (2014b), eigene Darstellung

Wie lässt sich aber dieser eklatante Unterschied zwischen den USA und den anderen Ländern erklären? Ein zentraler Unterschied ist, dass in den USA der Anteil der privaten Investitionen in das Hochschulsystem deutlich höher ist als in anderen Ländern. So beträgt der Anteil der privaten Ausgaben für Bildungseinrichtungen im Tertiärbereich an den Gesamtausgaben im Jahr 2011 in den USA 65 Prozent, in den Niederlanden 29 Prozent, in Deutschland 15 Prozent und in Großbritannien schließlich 70 Prozent (BMBF 2014a). Der deutlich höhere Anteil der privaten Ausgaben in den USA und Großbritannien ist dabei vor allem ein Effekt der Studiengebühren, die in den letzten Jahren in beiden Ländern erheblich angestiegen sind.

Das bedeutet, dass Deutschland und die Niederlande einen deutlich höheren Teil der Ausgaben über staatliche Finanzquellen abdecken müssen als die USA und Großbritannien. In Bezug auf die Geldmenge innerhalb der Hochschulsysteme wirkt sich dies im Fall der USA positiv aus, allerdings zeigt das Beispiel Großbritannien, dass dies nicht zwangsläufig der Fall sein muss. Der Vorteil der USA liegt hier vielmehr darin, dass es sich um ein diversifiziertes Modell der Finanzierung handelt, bei dem eben – anders als in Großbritannien – kein Nullsummenspiel erfolgt, sondern die Finanzierungshöhe durch die unterschiedlichen Quellen (zum Beispiel Studiengebühren oder Spenden) insgesamt ansteigt.

3.1.3.3 Detailbetrachtung der Hochschulfinanzierung in Deutschland

Kommen wir nun zur Detailbetrachtung der Hochschulfinanzen in Deutschland. Hier interessieren vor allem die Ausgaben und Einnahmen der Hochschulen im Zeitvergleich, aber auch im Vergleich zwischen den Hochschultypen.

Abbildung 13 zeigt den Verlauf der Ausgaben und Einnahmen der Hochschulen in Deutschland zwischen den Jahren 1985 und 2012. Zunächst ist erkennbar, dass die Ausgaben kontinuierlich gestiegen sind. Der rasche Anstieg zwischen den Jahren 1990 und 1995 wird dabei durch die Wiedervereinigung Deutschlands hervorgerufen, weil nun auch die Ausgaben und Einnahmen der Hochschulen in den neuen Bundesländern in die Auswertung einfließen. Während die Steigerung der Ausgaben in den Jahren zwischen 1995 und 2007 kontinuierlich, aber moderat verläuft, finden wir ab 2007 – wie bereits bei den Betrachtungen zu den Studierenden und dem wissenschaftlichen Personal – einen beschleunigten Anstieg der Ausgaben.

Die größte Einnahmequelle der Hochschulen sind nach wie vor die staatlichen Grundmittel. Allerdings sank dieser Anteil zwischen 1985 und 2012 von 67 Prozent auf 49 Prozent der gesamten Ausgaben der Hochschulen. Im Gegensatz dazu stieg der Anteil der Verwaltungseinnahmen von 26 Prozent auf 33 Prozent bzw. der Drittmittel von 7 Prozent auf 15 Prozent. Die Studiengebühren als Einnahmequellen spielten ab 2006 eine Rolle für die deutschen Hochschulen. Im Vergleich zu den anderen Einnahmequellen bleibt deren Bedeutung mit ca. 3 Prozent allerdings gering.

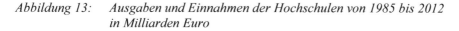

Abbildung 13:   *Ausgaben und Einnahmen der Hochschulen von 1985 bis 2012*
                     in Milliarden Euro

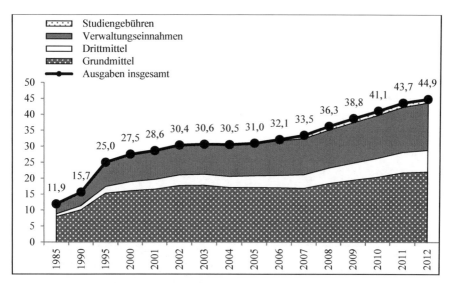

Quelle: Verschiedene Jahrgänge von Statistisches Bundesamt: Finanzen der Hochschulen, eigene
Berechnungen, eigene Darstellung

Wir stellen also im Zeitverlauf eine Umschichtung in der Finanzierung der Hochschulen in Deutschland fest. Überraschend ist dabei der hohe Anteil der Verwaltungseinnahmen. Die Erklärung ist hier relativ simpel und macht wiederum darauf aufmerksam, wie wichtig die Bemessungsgrundlage bei solchen Betrachtungen ist. Die in Abbildung 13 aufgeführten Werte beinhalten auch die medizinischen Studiengänge mit den Universitätskliniken. Deren Einnahmen aus der Krankenversorgung werden in der Statistik zu den anderen Verwaltungseinnahmen der Hochschulen (zum Beispiel Rückmeldegebühren) hinzugezählt. Wie wir gleich sehen werden, relativiert sich die Bedeutung der Verwaltungseinnahmen allerdings erheblich, wenn die medizinischen Studiengänge und Einrichtungen aus der Betrachtung ausgeschlossen werden.

In Abbildung 14 sind die Ausgaben und Einnahmen der Universitäten ohne die medizinischen Einrichtungen für den Zeitraum von 2001 bis 2012 ausgewiesen. Ein weiterer wichtiger Unterschied im Vergleich zu Abbildung 13 besteht zudem darin, dass die Ausgaben und Einnahmen preisbereinigt wurden. Eine solche Preisbereinigung ist sinnvoll, um Effekte unterschiedlicher Inflationsraten im Zeitverlauf zu kontrollieren. Man stellt also sicher, dass die Ausgaben und

Einnahmen auch unabhängig von der Inflationsrate gestiegen oder gesunken sind und die Hochschulen damit auch im Hinblick auf die tatsächliche Kaufkraft über mehr oder weniger Geld verfügen.

Abbildung 14:   *Preisbereinigte Ausgaben und Einnahmen der Universitäten**
von 2001 bis 2013 in Milliarden Euro

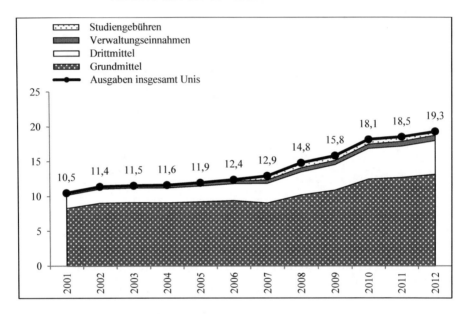

* Mit Gesamthochschulen, ohne medizinische Einrichtungen, ohne Pädagogische und Theologische Hochschulen; preisbereinigt aufgrund des Verbraucherpreisindexes mit dem Basisjahr 2010; Quelle: Verschiedene Jahrgänge von Statistisches Bundesamt: Finanzen der Hochschulen, eigene Berechnungen, eigene Darstellung

Zunächst sehen wir in Abbildung 14 wiederum einen relativ stabilen moderaten Anstieg der Ausgaben von 2001 bis 2006. Zwischen 2007 und 2010 beschleunigt sich der Anstieg allerdings erheblich, um dann zwischen 2010 und 2012 wieder eher moderat zu verlaufen. Deutlich wird zudem, dass sich bei einem Ausschluss der medizinischen Einrichtungen das Gefüge der Einnahmearten drastisch verändert. Ohne die medizinischen Einrichtungen spielen die Verwaltungseinnahmen, also zum Beispiel die Rückmeldegebühren für Studierende oder Einnahmen aufgrund von Patenten, für die Universitäten eine viel geringere Rolle. Sie machen vielmehr zum Beispiel 2012 nur 4 Prozent der Einnahmen aus. Hingegen dominieren die Grundmittel und die Drittmittel bei den Einnahmearten.

Im Zeitverlauf ist auch hier zu konstatieren, dass es zu einer Verschiebung der Finanzierung kommt. So nimmt der Anteil der Grundmittel an den Gesamtausgaben von 2001 bis 2012 von 79 Prozent auf 68 Prozent ab. Hingegen werden für die Universitäten Drittmittel als Einnahmequelle im Zeitverlauf deutlich wichtiger. Ihr Anteil steigt von 2001 bis 2012 von 18 Prozent auf 25 Prozent. Der Anteil der Studiengebühren an den Einnahmen liegt in den Jahren ab 2007 zwischen 3 Prozent und 5 Prozent, wobei der Höchststand 2008 erreicht wird und der Anteil – aufgrund der Abschaffung der Studiengebühren in allen Ländern – ab da wieder fällt. Wir halten also für die Universitäten fest, dass die Bedeutung der Grundmittel abgenommen hat und stattdessen die Drittmittel eine wichtigere Rolle spielen.

Komplett wird das Bild, wenn wir die Ausgaben und Einnahmen der staatlichen Fachhochschulen in Deutschland betrachten. Abbildung 15 zeigt die Ausgaben und Einnahmen für die Jahre von 2001 bis 2012, wobei wir wiederum eine Preisbereinigung vorgenommen haben.

Zunächst fällt auf, dass die Entwicklung der Ausgaben ähnlich verläuft wie bereits bei den Hochschulen insgesamt und den Universitäten. Allerdings sind die Gesamtausgaben deutlich geringer als für die Universitäten.

Werden die Gesamtausgaben für die Universitäten und die staatlichen Fachhochhochschulen zusammengerechnet, dann liegen die prozentualen Ausgaben für die Fachhochhochschulen zwischen 17 Prozent und 19 Prozent, wobei sie im Zeitverlauf allmählich steigen. Der Anteil von 19 Prozent für das Jahr 2012 liegt dabei deutlich unter dem Anteil der Studierenden an Fachhochschulen von 33 Prozent. Allerdings liegt hier nicht unbedingt eine schlechtere Finanzierung der Fachhochschulen vor, sondern die Differenz wird zumindest zum Teil durch die bereits beschriebenen unterschiedlichen Personal- und Fächerstrukturen zwischen Universitäten und Fachhochschulen sowie die unterschiedliche Forschungsintensität hervorgerufen.

Abbildung 15 zeigt zudem, dass die Bedeutung von Einnahmequellen zwischen den Universitäten und den Fachhochschulen variiert. In den Fachhochschulen ist die Dominanz der Grundmittel deutlich stärker als bei den Universitäten. Für 2012 machten die Grundmittel bei den Fachhochschulen zum Beispiel 84 Prozent der Einnahmen aus, während es nur 68 Prozent bei den Universitäten waren. Allerdings sank auch in den Fachhochschulen der prozentuale Anteil der Grundmittel. Dieser lag 2001 noch bei 93 Prozent. Auch bei den Fachhochschulen finden wir deshalb wie bei den Universitäten eine Reduzierung um etwa 10 Prozentpunkte, allerdings ist die Ausgangsbasis eine unterschiedliche.

Abbildung 15:   *Preisbereinigte Ausgaben und Einnahmen der staatlichen*
                  Fachhochschulen von 2001 bis 2012 in Milliarden Euro

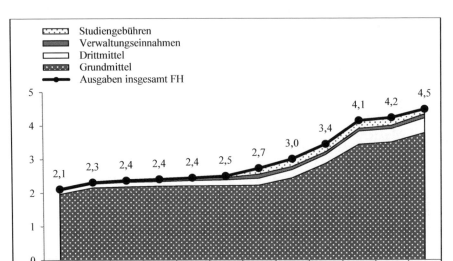

Preisbereinigt aufgrund des Verbraucherpreisindexes mit dem Basisjahr 2010; Quelle: Verschiedene
Jahrgänge von Statistisches Bundesamt: Finanzen der Hochschulen, eigene Berechnungen, eigene
Darstellung

Kompensiert wird diese Reduzierung über einen Anstieg der Drittmittel und
vorübergehend erhobener Studiengebühren. So stieg der prozentuale Anteil der
Drittmittel bei den Fachhochschulen von 5 Prozent in 2001 auf 10 Prozent in
2012, er verdoppelte sich also in einem Zeitraum von zehn Jahren. Der Anteil
der Studiengebühren an den Einnahmen der Fachhochschulen lag zwischen 2007
und 2012 bei 5 Prozent bis 7 Prozent.

Die kumulierten Ausgaben von Fachhochschulen und Universitäten ohne
die medizinischen Einrichtungen zeigen noch einen anderen wichtigen Zusammenhang in Bezug auf die Finanzierung des deutschen Hochschulsystems auf.
Die Statistik zu den Gesamtausgaben und -einnahmen für die Hochschulen in
Abbildung 13 von 44,88 Milliarden für 2012 ist nicht unproblematisch, weil hier
die Ausgaben und Einnahmen der universitären Kliniken einen sehr hohen Anteil
ausmachen. Die Gesamtausgaben und -einnahmen der Universitäten ohne die
medizinischen Einrichtungen sowie die Gesamtausgaben und -einnahmen der
staatlichen Fachhochschulen liegen hingegen bei tatsächlichen 22,84 Milliarden
Euro (preisbereinigt bei 23,78 Milliarden). Je nachdem, ob die medizinischen

Einrichtungen bei der Betrachtung ein- oder ausgeschlossen werden, ergeben sich demnach vollkommen andere Zahlenzusammenhänge.

Bisher konnten wir feststellen, dass zwar die Grundmittel nach wie vor die größte Einnahmequelle der Hochschulen sind, die Wichtigkeit von Drittmitteln aber gestiegen ist. Zu fragen ist noch, wie staatliche Grundmittel verteilt werden und was sich hinter der Kategorie Drittmittel eigentlich verbirgt.

3.1.3.4 Grundmittel und indikatorische Mittelverteilung

Die Grundmittel der Hochschulen wurden in Deutschland über Jahrzehnte im Rahmen der kameralistischen Haushaltsführung an die Hochschulen vergeben und dort verwaltet. Stark vereinfacht, wird im kameralistischen System auf Grundlage einer Beantragung von Mitteln für das folgende Jahr ein Budget festgelegt. Hierbei wird aber kein Gesamtbudget gewährt, sondern die beantragten Mittel müssen detailliert ausgewiesen werden und können im folgenden Jahr auch nur für den beantragten Bereich ausgegeben werden. Werden die Mittel nicht verausgabt, fließen diese an den Geldgeber zurück. Für das folgende Jahr können auch nur die tatsächlich verausgabten Mittel plausibel neubeantragt werden. Genau dieser Sachverhalt führte vor allem in der Vergangenheit zum wohlbekannten „Dezemberfieber", das darin besteht, bisher nicht verausgabte Mittel im Dezember noch auszugeben, um zu verhindern, dass sie zurückgegeben werden müssen und im folgenden Jahr weniger Mittel zur Verfügung stehen.

Im Rahmen der bereits beschriebenen NPM-Reformen sind die Länder allerdings dazu übergegangen, die Grundmittel über ein Globalbudget an die Hochschulen zu vergeben. Diese müssen nicht mehr detailliert auflisten, für welchen Sachverhalt sie welche Mittel benötigen. Je nach Land sind die Globalbudgets auch mehr oder weniger flexibilisiert, d.h. Geld für Personal kann auch in Sachmittel umgeschichtet werden und umgekehrt. Gleichfalls können die Hochschulen – wiederum mit Unterschieden in den Ländern – Rücklagen bilden, müssen also ihr Globalbudget nicht noch im Dezember vollständig ausgeben, sondern können die Gelder in das nächste Jahr übertragen. Die mehr oder weniger deutliche Umstellung der Grundfinanzierung der Hochschulen auf Globalbudgets ist ein zentraler Aspekt der Veränderungen der letzten Jahre in Bezug auf die Finanzierung.

Die Länder haben die Umstellung auf Globalbudgets zudem genutzt, um bei der Vergabe der Grundmittel die Leistungen der Hochschulen zu berücksichtigen, wo zuvor ausschließlich der Bedarf ausschlaggebend war. Dies geschieht im Rahmen der indikatorischen Mittelvergabe auf der Länderebene. Diese findet sich mittlerweile in fast allen Bundesländern. Im Prinzip kommt es hier zu einem Wettbewerb zwischen den Hochschulen eines Bundeslandes um Teile der staatlichen Finanzierung (Hartwig 2006; Jaeger et al. 2006; Leszczensky und Orr 2004).

Die Budgetierung über Indikatoren erfasst grundsätzlich Lehre, Forschung, Gleichstellung und Internationalisierung. Zur Bemessung werden dabei zum einen sogenannte Belastungsindikatoren (zum Beispiel Anzahl der Studienplätze, Anzahl der Studierenden in der Regelstudienzeit), zum anderen aber auch sogenannte Leistungsindikatoren (zum Beispiel Anzahl der Absolventen in der Regelstudienzeit, eingeworbene Drittmittel, Anzahl der Promotionen usw.) genutzt. Insgesamt zeigt sich, dass die Indikatoren quantitative Sachverhalte messen und somit auch relativ eindeutig zu erheben sind. In fast allen Indikatorenmodellen wird die Lehre am stärksten gewichtet (Leszczensky und Orr 2004; Schubert und Schmoch 2010).

Wie ist nun die Verteilungswirkung dieses Wettbewerbs einzuschätzen? Hinsichtlich des Anteils am Gesamtbudget ergeben sich zwischen den Bundesländern erhebliche Differenzen. So kann sich das Budget einer Hochschule je nach Land im Prinzip jährlich um 20 Prozent bis unter 3 Prozent verschieben (Leszczensky und Orr 2004; Lanzendorf und Pasternack 2008, 53ff.). Die zum Teil geringen Anteile in den einzelnen Ländern ergeben sich nicht zuletzt daraus, dass die Personalkosten in die indikatorengestützte Mittelzuteilung nicht integriert sind, sondern lediglich die laufenden Sachmittel, die nur einen geringen Anteil des Budgets ausmachen (Jaeger 2008, 38).

Bisherige Erfahrungen zeigen, dass die finanziellen Auswirkungen für die einzelnen Hochschulen eher gering sind und nach Jaeger (2008, 40) sich zumeist im Rahmen „von einem Prozent der staatlichen Haushaltsmittel bezogen auf den Ausgangsbetrag vor der Durchführung der leistungsbezogenen Verteilung" bewegen. Für viele Bundesländer ist daraus zu schließen, dass zumindest bisher keine großen Verschiebungen bei der Gewährung der Grundmittel vorhanden sind. Daraus zu folgern, dass keine Effekte vorhanden sind, könnte allerdings ein Fehlschluss sein. Keine Verschiebungen ergeben sich nämlich auch dann, wenn alle Hochschulen eines Landes in etwa ähnliche Entwicklungen – gemessen an den Indikatoren – aufweisen.[37] Allerdings liegen hierzu – zumindest nach unserer Kenntnis – keine neueren Studien vor.

Wir können insgesamt feststellen, dass sich nicht nur der Anteil der Grundmittel an der Finanzierung der Hochschulen in Deutschland verringert hat,

---

[37] Organisations- und wettbewerbstheoretisch könnte man hier mit Barnett (2008) von einem „Red Queen Effect" sprechen, der dann auftritt, wenn Wettbewerber sich verbessern und dennoch keine Positionsverbesserungen gegenüber anderen erlangen, weil die anderen sich ebenfalls verbessern.

sondern auch die Prinzipien der Mittelgewährung in den letzten Jahren deutlich verändert wurden.

3.1.3.5 Drittmittel

Oben wurde gezeigt, dass neben der Grundfinanzierung die Drittmittel eine weitere wichtige Finanzierungssäule der Hochschulen bilden und dass ihre Bedeutung im Zeitverlauf zugenommen hat. Drittmittel sind ganz allgemein alle Gelder, die von den Hochschulen zusätzlich zu den Grundmitteln von öffentlichen oder privaten Stellen eingeworben werden. Häufig – aber nicht immer – werden diese Mittel wettbewerblich eingeworben.

Bei der Deutschen Forschungsgemeinschaft (DFG) werden die Mittel im sogenannten „Normalverfahren" zum Beispiel aufgrund eines Forschungsantrages bewilligt. Forscher stehen dann im Wettbewerb mit allen anderen Antragstellern ihres Fachgebietes. Allerdings ist dieser Wettbewerb nicht direkt, sondern nur indirekt. Verglichen werden nämlich nicht die eingegangenen Anträge untereinander, sondern jeder Antrag wird unabhängig von allen anderen Anträgen durch Gutachterinnen und Gutachter bewertet. Der Wettbewerb bezieht sich deshalb nur auf die dem Fachbereich insgesamt zur Verfügung stehenden Mittel. Entscheidend für die Bewilligung ist dabei einzig die wissenschaftliche Qualität bzw. sie ist das einzig legitime Entscheidungskriterium im Wettbewerb um DFG-Mittel.

Im Gegensatz dazu finden wir bei Ausschreibungen von Forschungsgeldern beim Bundesministerium für Bildung und Forschung (BMBF) häufig einen direkten Wettbewerb und neben der wissenschaftlichen Qualität weitere legitime Entscheidungskriterien. Das BMBF schreibt in der Regel ein bestimmtes Forschungsthema, wie zum Beispiel „Leistungsbewertung in der Wissenschaft", aus, und die eingehenden Forschungsanträge zu diesem Thema treten dann direkt in Wettbewerb zueinander. Gefördert werden nur diejenigen, die besonders im Interesse des BMBF liegen und die neben hoher wissenschaftlicher Qualität auch eine Bedeutung für die Praxis haben.

Tabelle 3 listet die Drittmittelgeber für die Hochschulen insgesamt, die Universitäten ohne die Medizin und die staatlichen Fachhochschulen für das Jahr 2012 auf. Bemerkenswert ist zunächst, dass staatliche Stellen (Bund, Länder, EU) zusammengenommen für die Hochschulen insgesamt 38 Prozent, für die Universitäten 36 Prozent und für die staatlichen Fachhochschulen 60 Prozent der Drittmittel bereitstellen. Wird mitbedacht, dass die DFG zu 99,7 Prozent durch den Bund und die Länder finanziert wird (vgl. DFG 2012, 208), dann steigt der Anteil der staatlichen Gelder auf 70 Prozent bei allen Hochschulen, 73 Prozent bei den Universitäten und 62 Prozent bei den staatlichen Fachhochschulen. Wird zudem mitberechnet, dass auch eine Reihe von Stiftungen durch den Staat finanziert wird, dann steigt der Anteil der staatlichen Mittel noch weiter an.

Tabelle 3:   *Anteile verschiedener Drittmittelgeber an den Drittmitteln 2012*

	Hochschulen insgesamt	Universitäten* ohne Medizin	Staatliche Fachhochschulen
Bund	25	25	43
Länder	3	2	3
DFG	32	37	2
EU	10	9	14
Stiftungen	6	5	4
Wirtschaft	20	18	27
Sonstige / nicht zugeordnet	4	4	8
Gesamt	100	100	100

Angaben in Prozent; *ohne Pädagogische und Theologische Hochschulen; Quelle: Statistisches Bundesamt: Finanzen der Hochschulen 2012, eigene Berechnungen, eigene Darstellung

Tabelle 3 zeigt darüber hinaus auch deutliche Unterschiede in der Struktur der Drittmittelgeber zwischen Universitäten und Fachhochschulen. Während für die Universitäten die wichtigste Drittmittelquelle mit 32 Prozent aller Drittmittel die DFG ist, macht dieser Anteil bei den Fachhochschulen lediglich 2 Prozent aus. Zwar sind formal alle Förderlinien der DFG auch für Antragssteller aus dem Fachhochschulbereich geöffnet, allerdings schätzen die Wissenschaftlerinnen und Wissenschaftler aus den Fachhochschulen ihre Chancen, Drittmittel von der DFG zu erhalten, wohl eher als gering ein. So stammten weniger als 1 Prozent der 2013 entschiedenen Forschungsanträge bei der DFG von Wissenschaftlerinnen und Wissenschaftlern aus den Fachhochschulen (DFG 2014a).

Hingegen ist bei den Fachhochschulen der Bund mit 43 Prozent an allen eingeworbenen Drittmitteln der wichtigste Drittmittelgeber. Auch die Stellung der Wirtschaft unterscheidet sich deutlich zwischen den Universitäten und den staatlichen Fachhochschulen, wobei der prozentuale Anteil an Drittmitteln aus der Wirtschaft insgesamt bei den Fachhochschulen höher ist. Es ist also festzu-halten, dass sich nicht nur der Anteil der Drittmittel an den Gesamtausgaben zwischen Universitäten und Fachhochschulen deutlich unterscheidet, sondern auch die Struktur der Drittmittelgeber deutliche Differenzen aufweist.

Häufig werden die steigenden Drittmittelanteile bei der Finanzierung der Hochschulen als Ausdruck eines steigenden Wettbewerbs innerhalb des Hochschulsystems angesehen. Allerdings ist dies nicht so eindeutig, wie gerne behauptet wird. Zunächst gibt es keinerlei Daten darüber, ob die Anteile der Drittmittel, die über Wettbewerbsverfahren eingeworben wurden, gestiegen sind oder aber die Anteile der Drittmittel ohne Wettbewerbsverteilung, wie zum Beispiel Industriemittel oder Sonderförderungen des BMBF. Dies liegt daran, dass man zwar für die DFG weiß, dass hier die meisten Gelder über Wettbewerbsverfahren verteilt werden, für den Bund, die Länder, die EU, die Stiftungen und die Wirtschaft hierzu allerdings kein Zahlenmaterial vorhanden ist.

Zwar finden wir in den letzten Jahren auch eine Zunahme von Wettbewerbsverfahren und -mitteln beim BMBF, der EU (zum Beispiel „Horizon 2020") oder auf der Landesebene (Landesexzellenzinitiativen), deren Anteile an den Gesamtdrittmitteln sind aber nicht aus den Daten des Statistischen Bundesamtes ersichtlich. Ein reiner Anstieg der Drittmittel ist also nicht zwangsläufig mit steigendem Wettbewerb verbunden.

In Bezug auf die DFG lässt sich allerdings für Drittmittel ein steigender Wettbewerb zeigen, weil die Bewilligungsquoten von DFG-Anträgen in den letzten Jahren kontinuierlich zurückgegangen sind. So ist allein die Förderquote, also der Anteil der bewilligten Anträge im Verhältnis zu allen gestellten Anträgen, von 42,5 Prozent in 2010 auf 31,3 Prozent in 2013 abgesunken (DFG 2014b). Die aufgezeigten Differenzen in der Struktur der Drittmittelgeber für Universitäten und Fachhochschulen zeigen aber, dass die DFG bei den Fachhochschulen kaum eine Rolle spielt. Mit den verringerten Bewilligungsquoten der DFG kann also allenfalls für die Universitäten argumentiert werden, dass der Wettbewerb zugenommen habe.

Insgesamt zeigen die Ausführungen zu den Drittmitteln, dass es sich hierbei vor allem um staatliche Mittel handelt, die nicht direkt, sondern indirekt an die Hochschulen fließen. Ein steigender Drittmittelanteil ist deshalb auch nicht mit einem Wechsel der oben beschriebenen idealtypischen Finanzierungsmodelle verbunden, sondern das deutsche Hochschulsystem bleibt ein in der Finanzierung durch den Staat geprägtes System, in dem allerdings versucht wird, eine deutlich stärkere wettbewerbliche Ausrichtung zu erreichen.

3.2 Die Governance von Hochschulen

Die Governanceperspektive beschäftigt sich im Kern mit den Regelungsstrukturen einer sozialen Einheit bzw. dem Zusammenwirken dieser Regelungsstrukturen. Es geht damit zunächst darum, die Koordination eines nationalen Hochschulsystems bzw. einer Hochschule zu analysieren. Während im Kapitel 3.1 zur quantitativ-strukturellen Gestalt und Entwicklung eine Beschreibung des Hochschulsystems im Mittelpunkt stand, wird nun betrachtet, wie es möglich ist, dass Hochschulsysteme und Hochschulen zentrale Ziele wie Forschung und Lehre erreichen, obwohl in ihnen individuelle und freie Akteure mit eigenen – zum Teil von Forschung und Lehre sehr unterschiedlichen – Zielen handeln.

Die Governanceperspektive wird innerhalb der Sozialwissenschaften in den letzten Jahren zunehmend diskutiert und verwendet. Ihre Wurzeln hat die Perspektive in den Wirtschaftswissenschaften (zum Beispiel Williamson 1975), den Politikwissenschaften (zum Beispiel Rosenau und Czempiel 1992) und der Soziologie (zum Beispiel Wiesenthal 2000; Offe 1984); es handelt sich damit um eine interdisziplinäre Perspektive. Dies hat den Vorteil, dass die Perspektive anschlussfähig ist an Diskussionen in verschiedenen Disziplinen und es somit möglich ist, verschiedene Disziplinen miteinander ins Gespräch zu bringen (zum Beispiel Jansen 2007).[38] Die Attraktivität der Perspektive für die interdisziplinäre Hochschulforschung ist auch gerade vor diesem Hintergrund zu sehen.

Die Attraktivität für die Hochschulforschung entsteht darüber hinaus dadurch, dass es in der Governanceperspektive nicht nur darum geht, Regelungsstrukturen zu analysieren, sondern mit dem Wissen um Regelungsstrukturen auch gezielte Eingriffe und Veränderungen zu erleichtern. Es geht also auch – zumindest implizit – um die Steuerungsfähigkeit von Hochschulsystemen und Hochschulen (Schimank 2007b, 29). Hierbei werden häufig die Regelungsstrukturen selbst zum Gegenstand von Veränderungsversuchen. Es wird also versucht, die Koordination von Hochschulsystemen oder Hochschulen so zu verändern, dass es zu einer besseren oder effizienteren Zielerreichung kommt. Die bereits in Kapitel 2.2.2 kurz beschriebenen Reformen in Bezug auf das NPM-Modell sind genau hier zu verorten. Die Governanceperspektive teilt damit das Interesse in Bezug auf die Steuerungsfähigkeit von sozialen Einheiten mit der Planungs- und Steuerungsdebatte der Sozialwissenschaften, die insbesondere in den 1970er und 1980er Jahren geführt wurde.

---

[38] Die interdisziplinäre Verwendungsmöglichkeit ist dabei einerseits ein wichtiger Vorteil, führt aber andererseits auch zu einer hohen Heterogenität der Verwendung des Begriffs Governance (ausführlich hierzu Hüther 2010, 85ff.). Wir verwenden den Begriff im Folgenden rein analytisch.

Trotz dieser thematischen Überschneidungen gibt es allerdings wichtige analytische Unterschiede zwischen den Konzepten bzw. Debatten (vgl. hierzu grundlegend Mayntz 2008, 2004, 2001). In der Planungs- und Steuerungsdebatte wurde der Staat als zentraler Akteur mit einem überlegenen Steuerungsvermögen angesehen. Es wurde davon ausgegangen, dass es für den Staat relativ einfach möglich ist, Hochschulsysteme und Hochschulen bewusst zu steuern und auch bewusste Veränderungen zu vollziehen. Zwar wurde bereits im Rahmen der Steuerungsdebatte die Steuerungsfähigkeit des Staates kritisch gesehen (zum Beispiel in der Implementationsforschung; siehe hierzu Pressman und Wildavsky 1979) bzw. aufgrund der Eigenlogik gesellschaftlicher Subsysteme bestritten (zum Beispiel Luhmann 1986; Willke 1995), die Governanceperspektive verändert aber die grundsätzliche Perspektive radikal.

Es geht nun nicht mehr – wie in der politikwissenschaftlichen Steuerungs- und Planungsdebatte – um eine akteurzentrierte (staatliche) Intervention, sondern die Gesamtheit der institutionellen Regelungsarrangements einer sozialen Einheit und ihre jeweiligen Wirkungen in Bezug auf die Akteure treten in den Mittelpunkt (Mayntz und Scharpf 1995). Insofern beinhaltet der Wechsel der Begriffe eine Perspektivenverschiebung weg von einer akteurzentrierten „in eine institutionelle Denkweise" (Mayntz 2004, 5). In der Folge wird eine direkte Steuerungsfähigkeit von sozialen Einheiten deutlich kritischer gesehen. Gleichfalls wird erst durch diese Perspektivverschiebung erklärbar, warum die Regelungsstrukturen der Hochschulsysteme und der Hochschulen selbst vermehrt Gegenstand von Reformbestrebungen werden.

Aus der Governanceperspektive wird zwar die Möglichkeit einer direkten Intervention kritisch gesehen, sie akzentuiert aber das Potential von indirekter Steuerung bzw. Kontextsteuerung (Willke 1995), die unter anderem durch Veränderung der Regelungsstrukturen verwirklicht werden kann. Damit ist eine der Fragestellungen der Governanceperspektive umrissen: Welche Effekte entstehen durch eine bestimmte Art der Koordination?

Das immense Interesse an den Regelungsstrukturen von Hochschulsystemen und Hochschulen in den letzten Jahren kann dabei nur verstanden werden, wenn berücksichtigt wird, dass einzelnen Koordinationsweisen jeweils bestimmte Eigenheiten aufweisen, die als Vor- bzw. Nachteil der Koordination angesehen werden. Wenn also zum Beispiel im Rahmen der Reformen zum New Public Management versucht wird, den Wettbewerb zu verstärken, kann dies nur vor dem Hintergrund verstanden werden, dass eine Koordination über Wettbewerb bestimmte Eigenheiten aufweist und diese als vorteilhaft oder wünschenswert für die Koordination angesehen werden. Die Beschäftigung mit Veränderungen der Governancestrukturen erfordert es deshalb auch, zumindest die wichtigsten Eigenschaften verschiedener Koordinationsmechanismen zu kennen. Genau dies wird im nächsten Abschnitt im Vordergrund stehen. Erst dann wenden wir uns der Anwendung der Governanceperspektive auf die Hochschulen zu und stellen zwei Governancetypologien vor, die insbesondere für den internationalen Vergleich der Regelungsstrukturen von Hochschulsystemen und Hochschulen entwickelt wurden. Mit dem Wissen über die Eigenschaften der Governancemechanismen kann dann auch nachvollzogen werden: 1. welche Effekte bei einer bestimmten Zusammensetzung der Governancemechanismen zu erwarten sind und 2. welche Vor- und Nachteile bei einer bewussten Veränderung dieser Zusammensetzung eigentlich realisiert bzw. minimiert werden sollen. Im dritten Teil dieses Kapitels geben wir dann einen kurzen Überblick über aktuelle Forschungsergebnisse der Governanceperspektive, bevor im letzten Teil die Probleme, aber auch die Weiterentwicklungsmöglichkeiten der Governanceperspektive kurz beschrieben werden.

3.2.1 Governancemechanismen und ihre Eigenschaften

Governancemechanismen bezeichnen die Art der Koordination oder die „Muster der Interdependenzbewältigung zwischen Akteuren" (Schimank 2007b, 30). Es geht also grundsätzlich um eine Handlungsabstimmung oder -koordination von Akteuren. Damit verbunden ist die Frage, wie es zu einer Ordnungsbildung bzw. Zielerreichung kommt, obwohl Handlungen von unabhängigen Akteuren vollzogen werden.

In der Literatur gibt es verschiedene Vorschläge zur Systematisierung von Governancemechanismen, wobei insbesondere Unterschiede dahingehend bestehen, welche Analyseebene im Mittelpunkt der Erklärung steht. Bei Mayntz und Scharpf (1995) bzw. Scharpf (1997) und in deren Tradition auch bei Schimank (2007b, 2002a) stehen basale Mechanismen der Koordination bei Interaktionen zwischen Akteuren im Mittelpunkt bzw. diese bilden den Ausgangspunkt der Überlegungen. Häufiger findet man hingegen, dass die Koordination auf der Gesellschaftsebene als Ausgangspunkt gewählt wird (zum Beispiel Wiesenthal 2000, 2006; Streeck und Schmitter 1985) oder aber die Koordination von Handlungen im Wirtschaftssystem (zum Beispiel Williamson 1990; Ouchi 1980).

Wir werden im Folgenden eine Kombination beider Systematiken verwenden und die in der Diskussion momentan wichtigsten Governancemechanismen für Hochschulsysteme und Hochschulen betrachten. Es handelt sich dabei um die Koordinationsmechanismen Gemeinschaft, Verhandlungen, Märkte, Mehrheits-

Gemeinschaft
Verhandlung
Markt
Mehrheitsentscheidungen
Hierarchie

entscheidungen und Hierarchie.[39] Die folgenden Beschreibungen sind dabei als Idealtypen zu sehen, die basale Funktionsweisen und Effekte der Koordinationsmechanismen darstellen. Das bedeutet, dass bei einer Betrachtung faktischer Koordination – also den Realtypen – häufig mehrere Koordinationsmechanismen gleichzeitig eine Rolle spielen.

Gemeinschaft

Die Koordination in Gemeinschaften basiert darauf, dass Akteure bemerken, dass sie ein bestimmtes Merkmal mit anderen Akteuren teilen, das ihnen wichtig ist (zum Beispiel Präferenz für eine bestimmte Musikgruppe oder eine gemeinsame Tätigkeit) (Gläser 2007, 86). Die Wahrnehmung eines wichtigen gemeinsamen Merkmals führt dann dazu, dass die anderen Merkmalsträger aufmerksamer beobachtet werden und sich hierdurch das Verhalten stärker aufeinander bezieht. Zudem findet sich eine erhöhte Beeinflussungsoffenheit zwischen den Merkmalsträgern (Lange und Schimank 2004, 20). So ist zum Beispiel ein moralischer Appell eines Akteurs, mit dem ein wichtiges Merkmal geteilt wird, wirkungsvoller als ein Appell eines Akteurs, der nicht über dieses Merkmal verfügt. Eine Koordination findet also durch Beobachtung und gegenseitige Beeinflussung statt.

Die Beeinflussungspotentiale sind dabei nicht formal abgesichert, sondern ihr Einsatz ist informell und situativ begrenzt (Schimank 2007b, 39). Dies führt dazu, dass bei einer Koordination über den Gemeinschaftsmechanismus in der Regel keine zentralen Strategien oder Ziele formuliert werden können und die Koordinationsergebnisse kaum vorhersehbar oder gar steuerbar sind. Die nicht vorhandene formale Absicherung der Beeinflussungspotentiale hat als Ergebnis, dass die Koordination insgesamt schwach bleibt, d.h. dass die Akteure sich relativ leicht der Koordination entziehen können. Damit können neue Handlungen gewählt werden, was dazu führt, dass bei einer Koordination über Gemein-

---

[39] Wir verzichten hier auf die Darstellung der Koordination über Netzwerke. Die Koordination über Netzwerke spielt zwar in der politikwissenschaftlichen (zum Beispiel Mayntz 1993) und organisationswissenschaftlichen (zum Beispiel Powell 1990; Sydow und Windeler 1997) Governancediskussion eine wichtige Rolle und wir gehen auch durchaus davon aus, dass Netzwerke für die Governance in Hochschulsystemen und Hochschulen nicht unwichtig sind. Allerdings werden Netzwerke bisher kaum systematisch im Rahmen der Diskussion um die Governance der Hochschulen und Hochschulsysteme verwendet. Insbesondere spielt eine Koordination über Netzwerke in den später behandelten Governanceregimetypologien keine Rolle. Wir haben uns deshalb dafür entschieden, auf deren Aufnahme in diesem Buch zu verzichten. Wer sich dennoch für diese Art der Koordination interessiert, kann als Einstiegstext zum Beispiel auf Holzer (2006) oder Wald und Jansen (2007) zurückgreifen.

schaft eine hohe Flexibilität möglich ist. Allerdings hängt die Flexibilität auch davon ab, wie groß und homogen die Gemeinschaft ist. Je kleiner und homogener, umso eher zeigt sie Abschließungstendenzen gegen die Umwelt und eine hohe Konformität des Verhaltens innerhalb der Gemeinschaft (Wiesenthal 2000, 58).

Verhandlung

Bei einer Koordination über Verhandlungen kommt es zu einer Handlungsabstimmung über verbindliche Vereinbarungen zwischen Akteuren, die häufig formalisiert – also vertraglich – abgesichert sind (zum Folgenden vgl. insbesondere Scharpf 2000, 197ff.). Der große Vorteil für die Akteure bei Verhandlungen ist darin zu sehen, dass sie Erwartungssicherheit dahingehend gewinnen, wie sich die anderen Akteure verhalten werden. Um diese Erwartungssicherheit allerdings möglichst stabil zu halten, muss die Einhaltung die Verhandlungsergebnisse institutionell abgesichert werden, d.h. bei einem Verstoß gegen die Verhandlungsergebnisse muss die Möglichkeit bestehen, den Akteur zu zwingen, sein Verhalten entweder zu ändern und/oder den Verstoß negativ zu sanktionieren. Erfolgreiche Verhandlungen, die institutionell abgesichert sind, minimieren damit die Handlungsspielräume der Akteure erheblich oder anders ausgedrückt: Das kollektive Koordinationspotential steigt deutlich an.

Erfolgreiche Verhandlungen setzen dabei voraus, dass alle Akteure dem Verhandlungsergebnis zustimmen. Einerseits wird hierdurch eine hohe Legitimität des Verhandlungsergebnisses erreicht (alle haben zugestimmt), andererseits wird so aber auch sichergestellt, dass nicht gegen vitale Interessen eines Akteurs verstoßen werden kann. Kommt es während der Verhandlungen dazu, dass ein Akteur seine vitalen Interessen gefährdet sieht, kann er entweder neue Verhandlungen fordern oder aber, wenn die anderen Verhandlungspartner dies ablehnen, aus den Verhandlungen aussteigen. Bei letzterer Variante ist dann auch das Verhandlungsergebnis der anderen Verhandlungspartner für den Aussteiger nicht bindend. Die Akteure können sich damit einer Koordination immer noch relativ leicht entziehen, was dazu führt, dass sie, zumindest bevor ein Verhandlungsergebnis erreicht wurde, noch relativ große Freiräume bei der Handlungswahl haben.

Da jeder, für den am Ende das Verhandlungsergebnis bindend sein soll, an den Verhandlungen beteiligt werden muss (Scharpf 2000, 198), ergibt sich, dass bei Verhandlungen die Anzahl der Akteure eine kritische Variable ist. Verhandlungen sind deshalb eher bei einer geringen Anzahl von Akteuren erfolgverspre-chend, nicht aber bei vielen Akteuren.[40] Hinzu tritt, dass bei einer steigenden Zahl der Verhandlungspartner erstens die Anzahl der zu beachtenden Interessen und zweitens die Anzahl der Vetooptionen ansteigt. Dies erklärt, warum Ver-handlungsergebnisse häufig durch einen kleinsten gemeinsamen Nenner geprägt und kaum geeignet sind, grundsätzliche Veränderungen zu vereinbaren. Viel-mehr führen viele Vetopositionen in der Regel zu einer Status-quo-Erhaltung (Schimank 2001a) mit starken Erstarrungstendenzen. Zudem ist bei Verhandlun-gen auch nicht mit schnellen Entscheidungen zu rechnen, weil die Verhandlun-gen Zeit benötigen. Hinzu kommt, dass die Entscheidungen häufig nicht präzise sind, weil das Konsenserfordernis auch sprachliche Kompromisse beinhaltet.

Markt

Märkte sind eine Sonderform von Verhandlungen, wobei es hier zu einer Ab-stimmung von Handlungen durch alternative Austauschprozesse kommt. Märkte benötigen Wettbewerb, d.h., mindestens einer der Austauschpartner braucht alternative Austauschpartner (Wiesenthal 2000, 51). Der Inhalt des Austauschs ist dabei relativ spezifiziert und es ist klar, worüber verhandelt wird (Geld, Dienstleistungen, Güter). Im Idealtyp ist der Austausch auf Märkten kurzfristig angelegt und findet gleichzeitig an einem einzigen Punkt statt (Spotmärkte) (Schimank 2007b, 41; Scharpf 2000, 213). Wie schon bei den Verhandlungen beschrieben, benötigt auch die Sonderform des Marktes eine Vielzahl von institutionellen Absicherungen (Granovetter 1985; Engels 2009). So werden zum Beispiel Gerichte benötigt, die eine Absicherung des vereinbarten Austauschs wenn nötig durchsetzen können.

Der große Unterschied zwischen Verhandlungen und Märkten liegt darin, dass bei der Koordination über Märkte anders als bei Verhandlungen mit einer hohen zielgerichteten Innovationsrate gerechnet wird. Dies liegt daran, dass die Anbieter von Gütern bzw. Leistungen sich jeweils durchsetzen wollen und deshalb Innovationen generieren, die ihnen einen Wettbewerbsvorteil bringen. Anders als die möglichen Innovationen in anderen Governancemechanismen entsteht das Innovationspotential hier also nicht durch eine fehlende oder scheiternde Koordination (Gemeinschaft, Verhandlungen), sondern durch die

---

[40] Dieses Problem kann durch eine Vertretungslösung minimiert werden, wie wir das zum Beispiel aus Tarifverhandlungen zwischen Arbeitgeberverbänden und Gewerkschaften kennen. Hier entsteht allerdings das Problem, dass die Vertretenen dem Verhandlungsergebnis zustimmen müssen; die Fähigkeit der Vertreter, ihre Mitglieder zur Einhaltung von Verhandlungsergebnissen zu verpflichten, wird dann zur kritischen Variable.

Koordination. Innovationen auf Märkten sind deshalb viel zielgerichteter, weil sie durch den Inhalt des Austauschs stärker spezifiziert sind. Die kritischste Variable in Bezug auf diese Innovationen ist, dass ein ausreichender Wettbewerb vorhanden sein muss (zum Beispiel Ouchi 1980; Williamson 1975). Kommt es hingegen zur Bildung von Oligopolen oder gar Monopolen, ist nicht mehr mit Innovationen zu rechnen. Dies liegt daran, dass bei dem Vorhandensein von Oligopolen oder Monopolen die Notwendigkeit von Innovationen zur Durchsetzung am Markt nicht mehr benötigt wird, vielmehr setzen sich die Anbieter auch so durch.

Mehrheitsentscheidungen

Bei einer Koordination über Mehrheitsentscheidungen werden Handlungen durch Mehrheitsbeschlüsse koordiniert, wobei die Akteure, die der Minderheit angehören, das Ergebnis der Entscheidung akzeptieren (Scharpf 2000, 251). Die kollektive Handlungsfähigkeit ist hier also nochmals höher als bei Verhandlungen, weil nicht mehr alle Akteure der Entscheidung zustimmen müssen (Schimank 2007b, 41). Aus diesem Grund sind die institutionellen Voraussetzungen von Mehrheitsentscheidungen aber auch nochmals höher als bei Verhandlungen. Es muss nun nämlich abgesichert werden, dass die Minderheit sich dem Mehrheitswillen beugt. Dies kann einerseits durch Sanktionspotentiale geschehen; man zwingt also die Minderheit, sich zu beugen. Dies kommt vor, ist aber nicht die Regel, weil die tatsächliche Umsetzung der Androhung hohe Kosten verursacht und zumindest über einen längeren Zeitraum die soziale Einheit kaum stabil ist. In der Regel muss die Folgebereitschaft der Minderheit auch durch Legitimität abgesichert werden (Scharpf 2000, 253ff.). Die Minderheit findet es grundsätzlich richtig oder angebracht, dass Mehrheitsentscheidungen gefällt werden. Verbunden ist mit der Legitimität häufig auch, dass die Erhaltung der Einheit, in der die Entscheidung gefällt wird, an sich einen Wert darstellt. Man beugt sich also auch dem Mehrheitswillen, um die Einheit zu erhalten (Simmel 1992, 224).

Dadurch, dass nun nicht mehr alle Akteure zustimmen müssen, erhöht sich die Chance, auch grundsätzliche Veränderungen vorzunehmen. Prinzipiell sind auch schnellere und eindeutigere Entscheidungen möglich als im Verhandlungsmechanismus. Allerdings ist hier zu berücksichtigen, dass bei einer Koordination durch Mehrheitsentscheidungen häufig vor der Entscheidung ebenfalls Verhandlungen nötig sind, weil eine Mehrheit zu organisieren ist. Dies kostet wiederum Zeit und beinhaltet eine Kompromissbildung. Es besteht also auch hier die Gefahr von langwierigen und nicht eindeutigen Entscheidungen. Im Vergleich zum Verhandlungsmechanismus sollte die Dynamik und Entscheidungs-fähigkeit allerdings höher sein.

Hierarchie

Bei der Hierarchie entsteht eine Handlungsabstimmung dadurch, dass eine Leitungsinstanz die Handlungen aller Akteure einseitig festlegen kann. Die kollektive Handlungsfähigkeit ist hier am höchsten, weil im Extremfall ein Akteur die Handlungen aller anderen Akteure festlegen kann (Schimank 2007b, 42). Hier stellt sich allerdings das bereits bei den Mehrheitsentscheidungen beschriebene Problem in verschärfter Form: Wie kann abgesichert werden, dass die Untergebenen die Entscheidung befolgen? Die Lösung kennen wir schon: Entweder durch Zwang bzw. Machtmittel oder aber durch Legitimität (so schon bei Weber 1976, 542ff.).

Eine Koordination über Hierarchie steht dabei zwei grundsätzlichen Problematiken gegenüber: dem Informationsproblem und dem Kontroll- bzw. Umsetzungsproblem. Das Informationsproblem besteht darin, dass die Entscheider über die relevanten Informationen in Bezug auf die Entscheidung verfügen müssen. Während bei den bisherigen Mechanismen die Informationen durch Beteiligung einer Vielzahl von Akteuren quasi automatisch integriert werden, kommt es durch die starke Begrenzung der Entscheider in der Hierarchie auch zu einer Begrenzung der automatisch integrierten Informationen. Es muss demnach sichergestellt werden, dass die nötigen Informationen für die Entscheidung vorhanden sind. Das Kontroll- bzw. Umsetzungsproblem hingegen entsteht dadurch, dass die Leitungsinstanzen deutlich stärker als die Mehrheit bei Mehrheitsentscheidungen kontrollieren müssen, dass die Entscheidungen auch tatsächlich umgesetzt werden (Scharpf 2000, 286ff.). Da die Kontrollkapazitäten bei den Leitungsinstanzen allerdings begrenzt sind, finden wir bei der hierarchischen Koordination immer eine erhöhte Gefahr einer Unterwanderung der Entscheidungen in der Alltagspraxis.

Die Darstellung hat gezeigt, dass die Idealtypen der Governancemechanismen jeweils unterschiedlich funktionieren und bestimmte Effekte aus ihnen resultieren. Es ergibt sich, dass, ausgehend von der Gemeinschaft bis zur Hierarchie, die Freiheit der Akteure in der Koordination immer stärker eingeschränkt ist. Diese Beschränkung der Freiheit oder, positiv ausgedrückt, das höhere kollektive Koordinationspotential, benötigt allerdings immer umfassendere institutionelle Absicherungen. Sind die institutionellen Voraussetzungen für den jeweiligen Mechanismus nicht vorhanden, dann kann die Koordination – selbst wenn diese formal vorgesehen ist – auch nicht über den Mechanismus vollzogen werden.

Vielmehr wird dann informell auf einen weniger voraussetzungsreichen Governancemechanismus zurückgegriffen.

Werden nun die Bedingungen und Effekte der eben beschriebenen Mechanismen insgesamt betrachtet, dann stellt sich aus einer Steuerungsperspektive die
Frage, warum Hochschulsysteme und Hochschulen nicht einfach durch den
Mechanismus der Hierarchie koordiniert werden. Eine Koordination durch
Hierarchie hat im Hinblick auf Steuerungsfähigkeit und Zielerreichung, zumindest wenn die institutionellen Voraussetzungen (Macht und/oder Legitimität)
vorhanden sind, offensichtlich das größte Potential. Genau dies wurde insbesondere in den 1960er und 1970er Jahren mehr oder weniger offen in der Steue-
rungs- und Planungsdebatte propagiert. Allerdings waren die Erfolge der staatlichen Steuerungsversuche über Hierarchie eher begrenzt.

Eine zentrale Erklärung dafür ergibt sich aus der Beschreibung des Governancemechanismus der Hierarchie: Die staatlichen Akteure standen insbesondere
vor einem Kontrollproblem. Da nicht alle Handlungen kontrolliert werden
konnten, kam es in der Alltagspraxis zu einer Unterwanderung der hierarchischen Vorgaben. Verstärkt wurde dies einerseits durch das Streben der Hochschulen und der Wissenschaftlerinnen und Wissenschaftler nach Autonomie
gegenüber staatlichen Eingriffen (siehe Kapitel 2.1), andererseits dadurch, dass
die zentralen Arbeitsprozesse in Hochschulen (Lehre und Forschung) kaum
extern kontrolliert werden können (siehe Kapitel 3.3). Letztlich zeigte sich, dass
eine hierarchische Koordination durch den Staat nur vermeintlich das Problem
der Steuerung löste.

Hinzu kommt ein weiteres Problem von hierarchischer Steuerung. Durch
die einseitige Festlegung von Handlungen durch eine Leitungsinstanz entstehen
kaum innovative Lösungen. Die Innovationsfähigkeit ist aber für Hochschulen
von besonderer Bedeutung, weil Forschung – als eines der beiden Primärziele
von Hochschulen – auf innovativen Lösungen basiert. Eine Koordination, die
Innovationen nicht begünstigt, ist deshalb zumindest im Hinblick auf die Forschungsfunktion von Hochschulen durchaus kritisch zu sehen.[41]

Deutlich wird hier, dass die Governancemechanismen in Bezug auf unterschiedliche Zieldimensionen jeweils Vor- und Nachteile aufweisen. Besteht das
Ziel vor allem darin, eine staatliche Steuerung zu ermöglichen, dann ist trotz
aller beschriebenen Probleme Hierarchie sowohl im Verhältnis zwischen Staat
und Hochschulen als auch innerhalb der Hochschulen das Mittel der Wahl.
Kommen wir zunächst zur Koordination zwischen Staat und Hochschulen. Hier

---

[41] Allerdings ist Hierarchie dann wieder ein erfolgversprechender Mechanismus, um eine Innovation
schnell und flächendeckend durchzusetzen.

ist Hierarchie aus einer Steuerungsperspektive eindeutig die zu bevorzugende und – trotz zuweilen gegenteiliger Verlautbarungen aus der Politik – die bei weitem dominierende Koordinationsart. Würde hingegen eine Koordination zwischen Staat und Hochschule im Mehrheits-, Verhandlungs- oder Gemeinschaftsmodus erfolgen, könnte die Politik gerade nicht sicherstellen, dass ihre Ziele durch die Hochschulen erfüllt werden. Vielmehr könnten die Hochschulen Verhandlungen verweigern, dem Ergebnis nicht zustimmen oder aber den Staat überstimmen. Interessant ist in diesem Zusammenhang, dass in den letzten Jahren die Tendenz vorhanden ist, dass der Staat versucht, über die Schaffung von Märkten die Hochschulen auf eigene Zielsetzungen hin zu koordinieren. Wie erfolgreich er damit allerdings ist, ist umstritten.[42]

Aber nicht nur im Verhältnis zwischen Staat und Hochschulen, sondern auch durch eine hierarchische Koordination innerhalb der Hochschulen ergibt sich – zumindest theoretisch – eine erhöhte staatliche Steuerungsfähigkeit. Eine interne Hierarchie von Hochschulen ist deshalb für die Durchsetzung staatlicher Ziele vorteilhaft, weil im Gegensatz zu allen anderen Mechanismen auf weniger Akteure eingewirkt werden muss und die Ergebnisse der Koordination auch deutlich besser zurechenbar sind.

Hierarchie ist darüber hinaus aber auch deshalb am aussichtsreichsten, weil das Ergebnis der Koordination am berechenbarsten ist. So werden bei Mehrheitsentscheidungen staatliche Ziele nur dann verfolgt, wenn die Mehrheit dieses Ziel teilt – was eine hohe Unsicherheit bedingt. Bei Verhandlungen müssen aufgrund der Vetopositionen alle Verhandlungspartner das staatlich vorgegebene Ziel verfolgen – was mehr als unwahrscheinlich ist. Bei einer Koordination über den Markt hingegen muss mindestens einer der Austauschpartner das Ziel verfolgen und als Kriterium des Austauschs verwenden. Bei einer Koordination über den Gemeinschaftsmechanismus hingegen sind zentrale Strategien und Zielsetzungen kaum möglich, weil die Koordination kaum steuerbar ist.

Halten wir fest, dass in Bezug auf die Steuerungsfähigkeit Hierarchie durchaus funktional sein kann. Wird hingegen das Ziel verfolgt, eine hohe Innovationsfähigkeit innerhalb des Hochschulsystems bzw. von Hochschulen zu erreichen, ergibt sich ein ganz anderes Bild. Bei Hierarchie und Mehrheitsentscheidungen findet sich das geringste Innovationspotential, weil hier die größte Freiheitsbeschränkung bei den Akteuren vorhanden ist. Das Innovationspotential

---

[42] Hierarchische Koordination kann darüber hinaus auch auf die Eigenmotivation der Koordinierten negative Effekte haben, insbesondere bei Personen mit hohem Ausbildungsniveau und Autonomiestreben, wie dies für Wissenschaftlerinnen und Wissenschaftler an Hochschulen der Fall ist (vgl. Kapitel 2.3).

bei einer Koordination über Gemeinschaft, Verhandlungen und Märkte ist dagegen höher. Zu beachten ist dabei, das die Innovationsfähigkeit teilweise durch Koordination entsteht (Markt), teilweise durch eine fehlende bzw. schwache Koordination (Gemeinschaft, Verhandlungen). Hier zeigt sich ein grundsätzlicher Konflikt bei der Umgestaltung der Governancestrukturen in Bezug auf Hochschulsysteme und Hochschulen. Diejenigen Mechanismen, die ein besonders hohes Innovationspotential haben, bedingen eine geringe Steuerungsfähigkeit von außen und diejenigen, die eine höhere Steuerungsfähigkeit besitzen, weisen die geringsten Innovationspotentiale auf. Die Veränderungsversuche in Bezug auf die Art der Koordination von Hochschulsystemen und Hochschulen sind gerade auch vor dem Hintergrund dieses Zusammenhangs zu sehen. Es geht bei den Reformen in diesem Sinne darum, die Steuerungsfähigkeit sicherzustellen und dabei trotzdem den Akteuren Innovationen zu ermöglichen.

3.2.2 Typologien von Governanceregimen der Hochschulen

Die bisherige Beschreibung der Idealtypen der Governancemechanismen erklärt also zunächst einmal prinzipiell deren Funktionsweise. Im Hinblick auf die Anwendung auf soziale Einheiten, wie Hochschulsysteme oder Hochschulen, ist aber zu beachten, dass diese zur Koordination in aller Regel nicht nur einen, sondern mehrere Governancemechanismen nutzen (Wald und Jansen 2007, 99; Wiesenthal 2000, 49; Mayntz und Scharpf 1995, 62). Die Zusammensetzung der genutzten Mechanismen und deren Gewicht führen dann zu einem bestimmten Governanceregime. Genau diese Governanceregime in Bezug auf Hochschulsysteme und Hochschulen stehen im Fokus der zu nun zu behandelnden Typologien.[43]

Wir behandeln zwei Typologien, die wichtige Ergebnisse des bisherigen Forschungsstandes reflektieren und eine Einordnung der deutschen Hochschulen im internationalen Vergleich ermöglichen. Hierbei stellen wir mit dem „Koordinationsdreieck" von Clark (1983) zunächst den ersten und sehr einflussreichen Versuch eines internationalen Vergleichs der Governancestrukturen verschiedener Hochschulsysteme vor. Die zweite Typologie ist der momentan sehr häufig

---

[43] Auffallend ist dabei, dass in den Regimetypologien die Mechanismen der systemischen (zum Beispiel Ulrich und Probst 1984), aber auch der individuellen Selbststeuerung (zum Beispiel Foucault 1977; Bröckling 2007) nicht oder kaum systematisch betrachtet werden. Wir führen dies darauf zurück, dass bei diesem Mechanismus ein bewusster und planbarer externer Zugriff kaum möglich ist. Hieran zeigt sich, dass die Governanceperspektive nicht nur, aber vor allem an Mechanismen interessiert ist, die bewusst veränderbar und planbar sind.

verwendete Governance-Equalizer von Schimank (Schimank 2002b; de Boer et al. 2007b; Schimank 2007a). Wir konzentrieren uns also auf den Start- und auf den momentanen Endpunkt der Typologieentwicklung.[44]

Zwei Aspekte stehen bei den folgenden Erörterungen im Vordergrund: Erstens geht es bei der Darstellung der Typologien um einen grundlegenden Überblick über die Ergebnisse der Hochschulforschung und damit verbunden um eine Analyse, auf welche der oben beschriebenen allgemeinen Governancemechanismen in der Hochschulforschung abgestellt wird. Zweitens geht es darum, mit dem Wissen über die Funktionsweisen der Governancemechanismen einerseits theoretisch abzuleiten, wie geeignet die Governanceregime in Bezug auf die Innovations- und Steuerungsfähigkeit sind, und andererseits kritisch zu hinterfragen, welche wahrgenommenen Vorteile bei dem Versuch einer Veränderung des Governanceregimes eigentlich realisiert werden sollen.

3.2.2.1 Das „Koordinationsdreieck"

Auf die von Clark vorgelegte Einteilung von Governanceregimen wird auch in neueren Publikationen häufig Bezug genommen (ein aktuelles Beispiel ist Dobbins und Knill 2014), sie bildet quasi den Ausgangspunkt aller nachfolgenden Typologien.

Clark unterscheidet grundlegend zwischen „state system, market system, and professional system" (Clark 1983, 136). Zunächst argumentiert Clark im Hinblick auf die beiden Gegenpole „staatliche Einflussnahme" und „Markt". Eine weitere Einteilungsebene wird durch die Größe des Einflusses der „academic oligarchy", also des Einflusses der Wissenschaftlerinnen und Wissenschaftler, gebildet (Clark 1983, 136ff.). Hochschulsysteme unterscheiden sich also dahingehend, wie groß der Einfluss von Staat, Markt und akademischer Oligarchie ist (Clark 1983, 139).

Clark erhält hierdurch ein Dreieck der Koordination, in das die verschiedenen Governanceregime der nationalen Hochschulsysteme eingeordnet werden können. Die Position der Länder in diesem Dreieck bildet also ab, „welches relative Gewicht jedem der drei Regulierungsmodelle zukommt" (Braun 2001, 248). Hieraus ergeben sich drei Extremtypen, die stark durch jeweils einen der drei Governancemechanismen geprägt sind (Clark 1983, 142).

---

[44] Es gibt darüber hinaus weitere Typologien mit jeweils unterschiedlichen Schwerpunkten. Hierzu zählen zum Beispiel die Typologie von van Vught (1997), McDaniel (1996) oder auch von Braun und Merrien (1999b).

Abbildung 16:   *Das „Koordinationsdreieck" nach Clark*

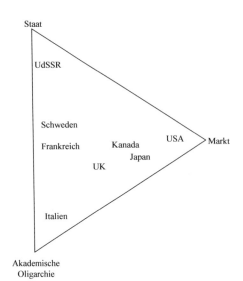

Quelle: Eigene Darstellung in Anlehnung an Clark (1983, 143)

Das relative Gewicht des Staates war in der UdSSR (Sowjetunion) im Jahr 1983 besonders stark, während Marktelemente und akademische Oligarchie dort nur eine geringe Rolle spielten (Staatsmodell). Das italienische Hochschulsystem war im Gegensatz dazu zum Analysezeitpunkt am deutlichsten durch die akademische Oligarchie geprägt, während der staatliche Einfluss und Marktmechanismen gering ausgeprägt waren (Professionsmodell). Im Gegensatz zu diesen beiden Modellen war das Hochschulsystem der USA von Marktkoordination geprägt, während sowohl der staatliche Einfluss als auch der Einfluss der akademischen Oligarchie gering waren (Marktmodell) (Clark 1983, 142ff.). Die meisten Hochschulsysteme befinden sich allerdings nicht an einem der Extrempunkte, sondern weisen jeweils spezifische Mischungsverhältnisse der drei Koordinierungsformen auf.

Das deutsche Hochschulsystem[45] im Jahre 1983 ist in diesem Koordinationsdreieck zwischen den beiden Polen „Staat" und „akademische Oligarchie"

---

[45] In der Darstellung bei Clark (1983) ist das deutsche System nicht abgebildet. Allerdings finden sich Ausführungen zum deutschen System, die eine nachträgliche Einordnung erlauben.

einzuordnen, während Marktmechanismen kaum eine Rolle spielen. Deutschland befindet sich demnach in der Nähe von Schweden und Frankreich. Das traditionelle deutsche System wurde in seiner Entwicklung bereits in der historischen Darstellung beschrieben. Der relativ große staatliche Einfluss beginnt mit der landesherrschaftlichen Gründung, setzt sich mit dem Einsatz von staatlichen Kuratoren und dem Aufbau der staatlichen Wissenschaftsverwaltung fort und wird durch die Schaffung von Landes- und Bundesgesetzen für die Hochschulen in den sechziger und siebziger Jahren des letzten Jahrhunderts gefestigt. Parallel dazu ist die Stellung der einzelnen Professorinnen und Professoren – auch nach der Abschaffung der Ordinarienuniversität – innerhalb der Hochschulen dominant (vgl. hierzu Kapitel 2.1.5).

Versuchen wir nun einmal die oben beschriebenen basalen Koordinationsmechanismen auf die von Clark beschriebenen Extremmodelle anzuwenden. Die Koordination in staatlichen Systemen ist insbesondere durch Hierarchie und zwar zwischen Staat und Hochschule geprägt. In relativ vielen Bereichen legen hier staatliche Akteure fest, welche Handlungen in den Hochschulen vorgenommen werden sollen. Wie oben beschrieben, folgt daraus, dass es zum einen zu Kontroll- und Informationsproblemen bei den Entscheidern kommen kann, und zum anderen, dass das Innovationspotential gering ist, weil die Akteure kaum alternative Handlungsmöglichkeiten vollziehen können. Wenn Clark also das Hochschulsystem der UdSSR als staatliches System kennzeichnet, dann wird damit gleichzeitig darauf hingewiesen, dass in diesem System die Effekte von hierarchischer Koordination besonders relevant sind.

Im Hochschulsystem der USA hingegen findet eine Koordination insbesondere durch den Markt statt. Auch hier wissen wir aus den vorherigen Betrachtungen, dass damit bestimmte Effekte einhergehen. So ist davon auszugehen, dass das Innovationspotential in Marktsystemen besonders hoch ist, weil die Anbieter sich einen Wettbewerbsvorteil verschaffen wollen und daher nach neuen Lösungen suchen. Es wäre also mit einer hohen Dynamik des Hochschulsystems zu rechnen. Gleichzeitig sind aber Ziele, die nicht von den Marktteilnehmern verfolgt werden, nur durch externe Eingriffe zu erreichen. In den USA wäre damit weniger die Innovationsfähigkeit problematisch als vielmehr die Durchsetzung von übergreifenden Zielsetzungen von Akteuren, die nicht direkt am Markt beteiligt sind.

Auch im Hinblick auf eine starke Regulierung durch die akademische Oligarchie lassen sich aus unserer Betrachtung der basalen Koordinationsmechanismen Ableitungen treffen. Zunächst verweist die akademische Oligarchie und die damit zusammenhängende starke Stellung der Wissenschaftlerinnen und Wissenschaftler auf eine Koordination durch Gemeinschaft. Der Begriff der Oligarchie hingegen betont, dass die Gemeinschaft von asymmetrischen Beeinflussungspotentialen durchzogen ist. Die asymmetrischen Beeinflussungspotentiale innerhalb der Gemeinschaft führen deshalb dadurch, dass einige Akteure mit größerem Nachdruck bestimmte Handlungen nahelegen können, zu einer Verstärkung der Koordination. Dennoch ist die Handlungskoordination aller Mitglieder – wie bei Gemeinschaften üblich – nur im geringen Umfang durch Zwangsmechanismen abgesichert.

Je nachdem, wie stark die durch Oligarchie hervorgerufene Asymmetrie ist, ergeben sich dann auch unterschiedliche Auswirkungen auf das Innovationspotential. Das Innovationspotential im Gemeinschaftsmechanismus, sofern es sich nicht um kleine und homogene Gruppen handelt, entsteht vor allem dadurch, dass alternative Handlungen ausgeführt werden können, weil die Koordination gering ist. Durch die Verstärkung der Koordination mit Hilfe oligarchischer Elemente wird dieses Innovationspotential zumindest verringert. Hinzu tritt, dass bei einer starken Oligarchie die oben beschriebenen Abschließungstendenzen der Gemeinschaft gegenüber der Umwelt höher sein können, was dann auch dazu führen kann, dass die Angleichungstendenzen innerhalb der Gemeinschaft wiederum verstärkt werden und dadurch eine Abnahme alternativer Handlungsmöglichkeiten entsteht. Wenn ein Hochschulsystem, wie zum Beispiel das italienische, besonders stark durch die akademische Oligarchie geprägt ist, hängt es also insbesondere von der Stärke und Art der Oligarchie ab, welche Effekte in Bezug auf die Innovationsfähigkeit zu erwarten sind. Hingegen sind die Auswirkungen auf die Durchsetzung von staatlichen Zielsetzungen relativ eindeutig. Da in Gemeinschaften kaum übergreifende Strategien verwirklicht werden können und die Ergebnisse der Koordination kaum vorausgesagt und auch nicht einzelnen Akteuren zugeordnet werden können, ist die Verwirklichung von extern gesetzten Zielen kaum möglich. Solche Hochschulsysteme und Hochschulen sind also von außen kaum steuerbar.

Durch die Rückbindung der von Clark beschriebenen Extremmodelle an die basalen Koordinationsmechanismen sollte deutlich werden, dass mit dem Wissen um diese Mechanismen theoretisch fundierte Ableitungen im Hinblick auf Effekte und Probleme der Koordination innerhalb von Hochschulsystemen möglich sind.

3.2.2.2   Der Governance-Equalizer

Eine weitere Typologie wird von Schimank in Anlehnung an Braun und Merrien (1999b) sowie Clark in mehreren Veröffentlichungen (de Boer et al. 2007b; Schimank 2005b, 2007a, 2002b) vorgeschlagen und momentan, zumindest in der europäischen Hochschulforschung, besonders häufig genutzt. Schimank versucht, die bereits bei Braun und Merrien (1999a) festgestellte Entwicklung unterschiedlicher nationaler Governanceregime in Richtung auf ein Managementmodell zu erfassen. Insbesondere die Entwicklungen der traditionell durch das Selbstverwaltungsmodell gekennzeichneten kontinentaleuropäischen Systeme stehen dabei im Fokus der Betrachtung (de Boer et al. 2007b). In der Typologie werden fünf unterschiedliche Governancemechanismen, die entweder stark oder schwach ausgeprägt sein können, unterschieden. Dies sind staatliche Regulierung, Außensteuerung, akademische Selbstorganisation, hierarchische Selbststeuerung und Konkurrenz. Die jeweilige Gewichtung der Mechanismen entscheidet dann über das Governanceregime (de Boer et al. 2007b, 138ff.; Schimank 2002b, 4ff.). Im Vergleich zum Dreieck von Clark differenziert der Equalizer einerseits den staatlichen Einfluss, indem er staatliche Detailregulierung und Steuerung über Zielvorgaben (als der Teil des Außensteuerungsmechanismus) voneinander unterscheidet. Andererseits findet sich eine detaillierte Beschreibung der internen Koordination der Hochschulen dadurch, dass, anders als bei Clark, nicht nur die akademische Oligarchie, sondern auch die interne Hierarchie als Koordinationsform betrachtet wird. Wir werden im Folgenden alle fünf Governancemechanismen beschreiben.

Staatliche Regulierung

Der Governancemechanismus „staatliche Regulierung" bezeichnet eine hierarchische Detailsteuerung der Hochschulen durch den Staat. Der Einfluss des Staates wird also durch direktive bürokratische Vorgaben an die Hochschulen umgesetzt. Detaillierte Vorgaben des Staates im Hinblick auf die Finanzierung oder das Personalrecht würden so für eine hohe staatliche Regulierung sprechen. Es handelt sich dabei um eine Koordination durch Hierarchie, mit den bereits bekannten Effekten von Kontroll- und Informationsproblemen und einem geringen Innovationspotential.

Außensteuerung

Der Mechanismus der „Außensteuerung" beinhaltet zwei Koordinationsarten. Erstens findet sich wiederum eine hierarchische Steuerung durch den Staat, der allerdings keine detaillierten Vorgaben macht, sondern es werden lediglich Ziele vorgegeben. Wie diese Ziele durch die Hochschulen erreicht werden, bleibt hingegen diesen selbst überlassen. So wäre die Zuweisung eines Globalbudgets ohne Vorgaben, für welche Bereiche dieses Budget genutzt werden muss, ein Beispiel für Außensteuerung, wenn gleichzeitig den Hochschulen zu erreichende Ziele vorgegeben werden. Ersichtlich wird hier, dass der mit der hierarchischen Detailsteuerung verbundene Aufwand potentiell minimiert werden soll. So verringert sich der Kontrollaufwand für den Staat, der nun nur noch die Zielerreichung, aber nicht eine Vielzahl einzelner Handlungen kontrollieren muss. Des Weiteren benötigt der Staat nur noch Informationen darüber, welche Ziele geeignet sind, während die Wahl der Handlungen, die zur Zielerreichung führen, den Hochschulen überlassen wird. Auch das Innovationspotential dieser Art hierarchischer Koordination sollte höher sein, weil zwar nicht die Ziele, wohl aber die Mittel durch die Hochschulen wählbar sind. Durch die Umstellung von einer Detailregulierung auf eine Steuerung über Ziele werden demnach einige Probleme der hierarchischen Steuerung zumindest theoretisch minimiert.

Zweitens beinhaltet der Außensteuerungsmechanismus eine Koordination, bei der der Staat andere Akteure an der Steuerung der Hochschulen beteiligt. Hier wäre an intermediäre Organisationen (zum Beispiel Akkreditierungsagenturen) oder an Hochschulräte zu denken. Bei dieser Art der Koordination können einerseits wiederum hierarchische Elemente vorhanden sein, andererseits finden wir aber häufiger eine Ersetzung der Hierarchie durch eine Koordination über Verhandlungen. Besonders deutlich wird dieser Zusammenhang bei den Hochschulräten in Deutschland. Hier finden wir in einigen Bundesländern Hochschulräte, die bei einigen wenigen Entscheidungen hierarchische Vorgaben für die Hochschulen machen können. Typischer ist hingegen, dass Hochschulräte bestimmte Entscheidungen verhindern können, also eine Vetoposition haben (Hüther 2009). Ist dies der Fall, dann finden wir eine Koordination über Verhandlungen zwischen den Hochschulräten, den Hochschulleitungen und/oder dem akademischen Senat.

Durch die Übertragung von hierarchischen Kompetenzen an die neugeschaffenen intermediären Einheiten werden dann wiederum das Kontroll- und das Informationsproblem hierarchischer Koordination minimiert. Dies geschieht erstens dadurch, dass intermediäre Einheiten als Teil der Hochschulen konzipiert sind (zum Beispiel einige Hochschulräte) und dabei angenommen wird, dass hierdurch eine höhere Kontroll- und Informationsdichte möglich ist.[46] Zweitens finden wir bei anderen intermediären Einheiten eine hohe Spezialisierung (zum Beispiel Akkreditierungsagenturen), die zumindest das Informationsproblem dadurch minimiert, dass durch die Spezialisierung die Akkumulation von Wissen und Informationen zu einem bestimmten Gegenstandsbereich erleichtert wird.

---

[46] Gegen diese Annahme spricht allerdings, dass die Hochschulräte in Deutschland im Gegensatz zu den Ministerien über keinen administrativen Unterbau verfügen (Hüther 2010, 354f.). Genau dies minimiert dann aber die Kontrollkapazitäten erheblich.

Hierarchische Selbststeuerung

„Hierarchische Selbststeuerung" betrachtet die Stellung der internen Leitungspositionen im Hinblick auf Entscheidungen in der Hochschule. Die hierarchische Selbststeuerung ist dann hoch, wenn die Hochschul- und Fakultätsleitungen[47] eine Vielzahl von Entscheidungen vornehmen können und fähig sind, diese auch durchzusetzen. Wir finden hier also wiederum hierarchische Koordination mit den uns bekannten Effekten. Allerdings sind im Vergleich zur staatlichen Regulierung das Kontroll- und das Informationsproblem als geringer anzusehen, weil bei der internen Hierarchie eine größere Nähe – und damit mehr Informationen und bessere Kontrollmöglichkeiten – der Entscheider anzunehmen ist.

Akademische Selbstorganisation

Die „akademische Selbstorganisation" bezieht sich hingegen auf den Entscheidungseinfluss von Wissenschaftlerinnen und Wissenschaftlern, die diese über von ihnen dominierte Gremien zur Entfaltung bringen. Das Entscheidungsprimat innerhalb dieser Gremien beruht dabei nicht auf Hierarchie, sondern im Normalfall auf Verhandlung und anschließendem Mehrheitsentscheid, wobei gleichfalls Elemente von Gemeinschaft zwischen den Wissenschaftlerinnen und Wissenschaftlern eine Rolle spielen. Die akademische Selbstorganisation wäre also dann als stark zu bezeichnen, wenn innerhalb der von Wissenschaftlerinnen und Wissenschaftlern dominierten Gremien eine Vielzahl von Entscheidungen gefällt wird und die „Leitungsstellen" primär die Aufgabe haben, diese zu vollziehen. Auch hier kennen wir einige zu erwartende Effekte bereits: keine schnellen und häufig unpräzise Entscheidungen, aber Entscheidungen mit hoher Legitimität.

Konkurrenz

Der fünfte Governancemechanismus ist die „Konkurrenz" um Mittel, Personal und Reputation. Konkurrieren können dabei Hochschulen, aber auch Einheiten innerhalb einer Hochschule.[48] Dieser Mechanismus beruht auf der Koordination durch einen Markt, wobei dieser bereits sowohl in Bezug auf die allgemeinen Governancemechanismen als auch im Rahmen der Governancetypologie von Clark behandelt wurde. Zusammengefasst lässt sich die Erwartung formulieren:

---

[47] Also Präsidenten/Präsidentinnen, Rektoren/Rektorinnen, Dekane/Dekaninnen.
[48] Zur theoretischen Diskussion der keineswegs unproblematischen und naturwüchsigen Konstitution von Wettbewerb im Hochschulbereich, insbesondere auf Ebene der Hochschulorganisationen, vgl. Hasse und Krücken (2013), die hier auf neo-institutionalistische, wirtschaftswissenschaftliche und organisationssoziologische Ansätze zurückgreifen.

Je stärker die Koordination über den Marktmechanismus erfolgt, umso mehr Innovationen sind zu erwarten, weil die Marktteilnehmer durch neue Lösungsansätze versuchen, den Wettbewerb zu ihren Gunsten zu entscheiden.

Der Idealtyp des New-Public-Management-Modells (NPM-Modell) wird nun durch eine bestimmte Kombination der eben beschriebenen fünf Governancemechanismen gewonnen. Das NPM-Modell zeichnet sich durch eine geringe staatliche Regulierung und akademische Selbstverwaltung aus. Hingegen sind bei diesem die Mechanismen Außensteuerung, hierarchische Selbststeuerung und Konkurrenz stärker ausgeprägt. Das NPM-Modell zeigt so im Vergleich zum traditionellen deutschen Governanceregime eine gegensätzliche Gewichtung der Mechanismen (vgl. Tabelle 4).

Tabelle 4:   *NPM-Modell und traditionelles deutsches Governancemodell im Vergleich*

	NPM-Modell	*Traditionelles deutsches Modell*
Staatliche Regulierung	Schwach	Stark
Außensteuerung	Stark	Schwach
Interne Hierarchie	Stark	Schwach
Akademische Selbstverwaltung	Schwach	Stark
Wettbewerb	Stark	Schwach

Bevor wir uns der empirischen Anwendung der Typologie zuwenden, wollen wir kurz darlegen, welche Effekte der Koordination von den Anhängern des NPM-Modells eigentlich angestrebt werden. Wir tun dies auf Grundlage der obigen Beschreibung der basalen Koordinationsmechanismen.

Durch die Stärkung der Außensteuerung und die Verminderung der staatlichen Regulierung sollen die Informations- und Kontrollprobleme der hierarchischen Steuerung durch den Staat minimiert werden. Gleichfalls soll dadurch, dass die Hochschulen die Mittel zur Zielerreichung selbst wählen können, mehr Varianz oder, anders ausgedrückt, eine Zunahme innovativer Lösungen erzeugt werden. Durch die Vorgabe von Zielen durch den Staat verbleibt gleichzeitig ein erhebliches Eingriffspotential, es wird also versucht abzusichern, dass der Staat eigene Ziele durchsetzen kann. Die Erhöhung des Wettbewerbs soll ebenfalls dazu beitragen, das Innovationspotential einer Koordination über den Marktmechanismus zu realisieren.

Mit der Stärkung der internen Hierarchie und der gleichzeitigen Schwächung der akademischen Selbstverwaltung wird hingegen angestrebt, die Geschwindigkeit und Präzision von Entscheidungen zu erhöhen. Hinzu kommt, dass grundsätzliche Veränderungen durch eine hierarchische Koordination deutlich besser zu bewerkstelligen sind als durch die akademische Selbstverwaltung und den hier zugrunde liegenden Mechanismen von Gemeinschaft, Verhandlungen und Mehrheitsentscheidungen. Durch diese Umstellung der internen Koordination treten allerdings wiederum Folgeprobleme auf. Die Leitungsinstanzen, seien es nun Präsidenten/Präsidentinnen, Rektoren/Rektorinnen oder aber Dekane/Dekaninnen, müssen über Macht und/oder über Legitimität verfügen, weil sonst nicht sichergestellt ist, dass die hierarchischen Entscheidungen befolgt werden. Zweitens sind bei der internen Hierarchie im Vergleich zur staatlichen Detailregulierung die Kontroll- und Informationsprobleme aufgrund der größeren Nähe der Hochschul- und Fakultätsleitungen zwar geringer, aber grundsätzlich weiterhin vorhanden.

Insgesamt sollen durch die angestrebten Veränderungen der Governancestrukturen im Rahmen der NPM-Reformen also bestimmte Effekte hervorgerufen werden. Die angestrebten Veränderungen sind, wie wir gezeigt haben, auch durchaus aus den Betrachtungen der Idealtypen der Koordination theoretisch ableitbar. Kritisch ist allerdings zu sehen, dass den Veränderungsversuchen ein sehr technisches und letztlich unrealistisches Verständnis der Koordination zugrunde liegt, weil angenommen wird, dass über formale Regelungen praktische Koordination nach Belieben veränderbar wäre. Nicht berücksichtigt wird dabei, dass Governancemechanismen institutionelle Voraussetzungen haben und sozial eingebettet sein müssen. Faktische Koordination findet nicht im luftleeren Raum statt, sondern sie ist zum Beispiel eingebettet in Traditionen und informelle Normen. Wir werden zum Ende der Governancebetrachtungen auf diesen Sachverhalt noch einmal eingehen.

Kommen wir nun zur empirischen Anwendung der Typologie der Governanceregime von Schimank. In Tabelle 4 werden die fünf Mechanismen jeweils als stark oder schwach beschrieben. Die Ausprägung der Stärke der jeweiligen Governancemechanismen kann natürlich auch zwischen den beiden Extrempolen stark und schwach variieren. Wird dies beachtet, so erhält man einen Governance-Equalizer, bei dem für eine bestimmte soziale Einheit das jeweilige Gewicht der Governancemechanismen abgetragen werden kann (siehe Abbildung 17).

Abbildung 17:   *Governance-Equalizer*

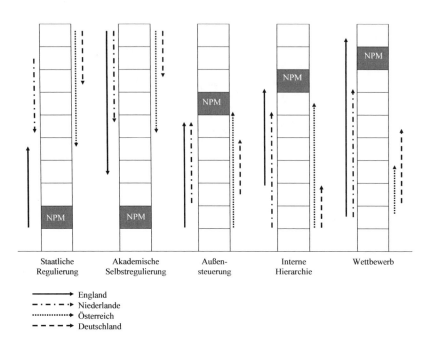

| Staatliche | Akademische | Außen- | Interne | Wettbewerb |
| Regulierung | Selbstregulierung | steuerung | Hierarchie | |

———————▶ England
— · — · — ·▶ Niederlande
··············▶ Österreich
— — — — —▶ Deutschland

Quelle: Eigene Darstellung in Anlehnung an de Boer et al. (2007b, 149)

Dieser Governance-Equalizer wurde von de Boer et al. (2007b) genutzt, um die Entwicklung der Hochschulsysteme in unterschiedlichen Ländern in den letzten Jahren zu erfassen. Der Equalizer zeigt, dass es in allen betrachteten Ländern zu erheblichen Veränderungen in der Gewichtung der einzelnen Governancemechanismen kam, aber bis zu diesem Zeitpunkt keines der Länder den Idealtyp des NPM verwirklicht hatte.

Für das deutsche Governanceregime ist auf Grundlage der Beschreibung und Einordnung zunächst davon auszugehen, dass die Veränderungen im Vergleich zu den anderen untersuchten Ländern am geringsten ausgeprägt sind und insgesamt noch der größte Abstand zum Idealtyp des NPM vorhanden ist. Im Hinblick auf die einzelnen Mechanismen ist dennoch eine Bewegung in Richtung NPM zu erkennen. Diese drückt sich erstens in einer Abnahme der Koordination durch staatliche Detailregulierung und akademische Selbstverwaltung aus, wohingegen die Koordination über Außensteuerung, hierarchische Selbstregulierung und Konkurrenz zugenommen hat. Mit de Boer et al. kann daraus geschlossen werden, dass sich das deutsche Governanceregime in Richtung des NPM-Idealtypus verschiebt, wobei im Vergleich zu den anderen betrachteten nationalen Systemen die Verschiebungen eher moderat sind (de Boer et al. 2007b, 149).

Die Stärke des Governance-Equalizers ist demnach eindeutig darin zu sehen, dass mit ihm anschaulich Entwicklungen in verschiedenen Ländern erfassbar und darstellbar sind. Es zeigt sich auch, dass es in allen untersuchten Ländern Tendenzen in Richtung des NPM-Governanceregimes gibt.

Aus unserer Sicht gibt es allerdings ein ganz grundsätzliches Problem der Governancetypologien. Dieses sehen wir darin, dass häufig keine eindeutigen Kriterien oder empirisch nutzbaren Operationalisierungen vorliegen, die eine Einordnung des Gewichtes eines bestimmten Governancemechanismus nachvollziehbar machen. Vielmehr beruhen die Einordnungen auf Erfahrungswissen und mehr oder weniger nachvollziehbaren verbalen Beschreibungen der Hochschulsysteme.

Zwar wurde von Schimank (2007a) ein Vorschlag zur Operationalisierung des Gewichts der Governancemechanismen gemacht, allerdings wurde dieser erstens bisher nicht empirisch umgesetzt und zweitens beinhaltet die vorgeschlagene Operationalisierung wiederum eine nicht unerhebliche Unschärfe. Dies liegt daran, dass offen bleibt, wie genau beispielsweise bestimmt werden kann, dass eine hohe, mittlere oder geringe Detailregulierung in Bezug auf Personalangelegenheiten vorhanden ist. Vielmehr stellen sich die nicht unwichtigen Fragen: Welche Personalentscheidungen sollen für die Einordnung berücksichtigt werden? Welche Kriterien sprechen bei den jeweiligen Entscheidungen für eine hohe bis geringere Detailregulierung? Wird zur Beurteilung der Detailregulierung auf die formalen Vorgaben oder die faktischen Prozesse abgestellt? Wie sollen die Werte für einzelne Personalentscheidungen zu einem Gesamtwert aggregiert werden?

So nützlich also die Typologien von Governanceregimen für internationale Vergleiche auch sind, es mangelt hier an nachvollziehbaren und eindeutigen empirischen Operationalisierungen der Governancemechanismen. Nicht selten finden wir in der Anwendung der Typologien auch eine Konzentration auf formale Veränderungen der Governancestrukturen. Zuweilen finden sich auch Vergleiche, die zu einem Zeitpunkt formale Strukturen und zu einem anderen Zeitpunkt den faktischen Umgang mit diesen Strukturen betrachten (so zum Beispiel in de Boer et al. 2007b). Nicht ausreichend beachtet wird dabei, dass zwar formale Strukturen leicht zu verändern sind, dies aber nicht zwangsläufig auf die tatsächliche Koordination in Hochschulen zutreffen muss. Vielmehr besteht dann die Gefahr, dass die Veränderungen der Governancestrukturen überschätzt werden, weil die „Abschleifungstendenzen" in der Implementation nicht beachtet werden. Dass eine nicht unerhebliche Überschätzung der Veränderungen des Governanceregimes in den 2000er Jahren eher die Regel als die Ausnahme war, zeigen auch die aktuellen Ergebnisse der Governanceforschung, die im Folgenden dargestellt werden.

3.2.3 Aktuelle Ergebnisse der Governanceforschung

Wir werden hier einige ausgewählte neuere Ergebnisse der international vergleichenden Governanceforschung sowie neuere Ergebnisse in Bezug auf das deutsche System vorstellen. Zielsetzung kann dabei nicht sein, die neuere Forschung in Gänze vorzustellen, sondern eher einige zentrale Aspekte hervorzuheben und zur weiteren Lektüre anzuregen.

Insgesamt zeigt die neuere Governanceforschung zwei zentrale Sachverhalte auf: erstens eine deutliche Differenzierung in der Umsetzung des NPM-Modells in den einzelnen europäischen Ländern, zweitens rücken die Ambivalenzen oder Widersprüche bei der Veränderung der Governancestrukturen immer stärker in den Vordergrund. Mit Letzterem verbunden, nimmt auch die empirische Beschäftigung von transintentionalen Handlungsfolgen der Governancereformen zu.

In der neueren international vergleichenden Governanceforschung finden wir einerseits, dass sich die Veränderungen in den einzelnen Ländern an einem neuen globalen Governancemodell für Universitäten orientieren (zum Beispiel Dobbins und Knill 2009, 425; Baker und Lenhardt 2008; Enders et al. 2013, 9). Dieses Modell entspricht weitestgehend dem bereits beschriebenen NPM-Modell. Offenbar spielt dieses Modell insbesondere auf der diskursiven Ebene in den einzelnen Ländern eine zentrale Rolle. Erklärbar wird dies dadurch, dass versucht wird, durch den diskursiven Bezug auf ein „global model" Legitimation für die Reformvorhaben in den einzelnen Ländern zu erzeugen (Lange und Schimank 2007, 525).

Wird allerdings die diskursive Ebene verlassen, finden sich erhebliche Unterschiede in der formalen Umsetzung des globalen Modells. Sichtbar wurde dies bereits im vorgestellten Artikel von de Boer et al. (2007b). Auch weitere vergleichende Studien und Projekte machen auf die großen Unterschiede im Hinblick auf die formale Umsetzung des NPM-Modells aufmerksam (Paradeise et al. 2009; Dobbins und Knill 2014; Dobbins und Leisyte 2013; Dobbins und Knill 2009; Reale und Seeber 2013; Bleiklie und Michelsen 2013). Zudem wird deutlich, dass die Unterschiede sich nicht nur auf Länder beziehen, sondern auch innerhalb nationaler Systeme auf der Organisationsebene zu finden sind (Paradeise und Thoenig 2013; Seeber et al. 2014; Capano und Regini 2014). Insgesamt lässt sich daraus schließen, dass, obwohl es auf der diskursiven Ebene ein globales Modell gibt, die formale Umsetzung auf der nationalen und lokalen Ebene unterschiedlich erfolgt. Es finden sich also unterschiedliche „translating"- und „editing"-Prozesse des globalen Modells (zu den beiden Konzepten vergleiche zum Beispiel Sahlin und Wedlin 2008).[49]

Diese unterschiedliche Umsetzung zeigt sich aber nicht nur im internationalen Kontext, sondern auch in Bezug auf Deutschland. So zeigt Hüther (2010) durch einen Vergleich der Landeshochschulgesetze, dass die einzelnen Bundesländer das NPM-Modell auf der formalen Ebene unterschiedlich umgesetzt haben. Zwar findet sich in allen Landeshochschulgesetzen eine Tendenz in Richtung NPM-Modell in den gesetzlichen Grundlagen, deutlich wird aber auch, dass zum Beispiel die Entscheidungsbeteiligungen der Hochschulleitungen, der Hochschulräte und der akademischen Senate sich sehr stark unterscheiden. Gleiches gilt zum Beispiel für die Besetzungsregeln der Hochschulräte oder der Hochschulleitungen. Zudem zeigt sich, dass die Ministerien in sehr unterschiedlichem Maße auf Eingriffsrechte verzichtet haben. Für den deutschen Fall ist deshalb, zumindest im Hinblick auf die gesetzlichen Regelungen, ebenfalls von sehr unterschiedlichen Adaptionen des NPM-Modells auszugehen. Vielmehr finden wir, worauf Bogumil et al. (2013) hinweisen, sehr unterschiedliche „Hybridisierungen" zwischen dem traditionellen deutschen Governancemodell und dem NPM-Modell.

Aufgrund der Forschungsergebnisse im Hinblick auf die differenzierte Umsetzung des NPM-Modells hat sich in den letzten Jahren eine Reihe von Artikeln damit beschäftigt, wie die Unterschiede in der Umsetzung entstehen bzw. wovon diese abhängig sind. So beschreiben zum Beispiel Ferlie et al. (2008), dass auf der nationalen Ebene unterschiedliche „narratives of public reform" benutzt werden, die sich nicht nur am NPM-Modell orientieren. Solche „narratives" sind als Versuche zu verstehen, einzelne Reformmaßnahmen durch eine erzählerische Einbettung in größere Zusammenhänge zu stellen und damit zu legitimieren bzw. ihnen Sinn zu geben. Neben dem NPM-Narrativ finden sich noch Narrative in Bezug auf Netzwerksteuerung und Neo-Bürokratie. Je nach Land finden sich diese drei, zumindest teilweise widersprüchlichen Erzählungen in unterschiedlicher Stärke und führen dann auch zu einer unterschiedlichen Fokussierung auf das NPM-Modell.

---

[49] Derartige „translating"- und „editing"-Prozesse finden grundsätzlich in allen Staaten statt. Ein besonders interessanter Fall solcher Übersetzungsprozesse ist das „Islamist New Public Management", das Elemente des politischen Islam mit dem NPM verbindet, wie Babyesiza (2015) in ihrer Analyse der Hochschulgovernance im Südsudan aufzeigt .

Ein weiterer Faktor, der zu unterschiedlichen Umsetzungen führt bzw. die Wahrscheinlichkeit einer eher starken oder schwachen Orientierung am NPM-Modell hervorruft, scheint das politisch-administrative System des jeweiligen Landes zu sein (Bleiklie und Michelsen 2013). Hiernach haben also solche Faktoren wie zum Beispiel die staatliche Struktur (zentral vs. föderal) oder die Art der Regierungsbildung (Mehrheitssysteme wie zum Beispiel das britische System oder Konsenssysteme mit Koalitionen wie zum Beispiel Deutschland oder die Schweiz) Auswirkungen auf die Umsetzung des NPM-Modells.

Hinzu kommt als weiterer Faktor der Zeitpunkt der Umsetzung der NPM-Reformen bzw. der Übernahme einzelner Elemente (Dobbins und Knill 2009; Reale und Seeber 2013). Hier geht es also stärker um situative Faktoren, die mitbestimmend dafür sind, wie hoch die Akzeptanz bzw. die Möglichkeiten zu einem bestimmten Zeitpunkt sind, umfassende Veränderungen vorzunehmen. Der Zeitpunkt und das damit verbundene „momentum" (Dobbins und Knill 2009, 425) spielt also auch eine Rolle im Hinblick auf die unterschiedliche Umsetzung des NPM-Modells.

Darüber hinaus wird in den bisherigen Traditionen der Hochschulsysteme ein Faktor für die unterschiedlichen Umsetzungen gesehen (zum Beispiel Reale und Seeber 2013, 149; Ramirez und Christensen 2013), wobei häufig auf den Ansatz der Pfadabhängigkeit[50] verwiesen wird.

So interessant die einzelnen Ergebnisse dieser Forschungen zu den Faktoren, die auf die Umsetzung des NPM-Modells einwirken, auch sind, bedauerlicherweise fehlt bisher eine übergreifende Systematisierung der Faktoren. Sinnvoll wäre, durch systematische Vergleiche verschiedener Faktoren eine stärkere Kohärenz und insbesondere eine Relationierung des Einflusses verschiedener Faktoren zu erhalten.

Das zweite zentrale Ergebnis der internationalen Governanceforschung ist, dass die Veränderungen zu nicht unerheblichen transintentionalen Effekten führen. Dass diese Effekte erst seit kurzem in den Fokus rücken, liegt unserer Ansicht nach daran, dass im Gegensatz zu den frühen 2000er Jahren weniger die formalen Veränderungen den Hauptgegenstand der Forschung bilden als vielmehr die Handlungspraxis. Gleichfalls kommt es im Zug dieser neueren Forschung auch zu einer Relativierung der faktischen Veränderungen in den Hochschulen. Während nämlich Veränderungen auf der diskursiven und der formalen Ebene relativ radikal und schnell sein können, sind Veränderungen in Bezug auf die Praxis deutlich inkrementeller und langsamer (zum Beispiel Krücken 2006).

---

[50] Allgemein zu diesem Konzept vgl. Beyer (2006).

So wird für verschiedene Länder darauf hingewiesen, dass trotz erheblicher formaler Schwächung der akademischen Gremien die informelle Kollegialitätsnorm nach wie vor sehr stark ist und auf die tatsächlichen Entscheidungsfindungen in den Hochschulen einwirkt (Paradeise et al. 2009; Braun et al. 2014). Dies trifft im Besonderen auch auf die deutschen Hochschulen zu, wie eine Reihe neuerer Studien zeigt (zum Beispiel Bieletzki 2012; von Stuckrad und Gläser 2012; Gläser und von Stuckrad 2013; Kleimann 2014, 2015). Hinzu tritt in Bezug auf das deutsche System, dass im Verlaufe der Reformen zwar auf der formalen Ebene eine – je nach Bundesland unterschiedlich starke – Konzentration von Entscheidungsmacht bei den Hochschulleitungen stattgefunden hat, diese in der Praxis aber kaum umgesetzt werden kann, weil die institutionellen Voraussetzungen von Hierarchie nicht vorhanden sind.

Wie wir bereits bei der Beschreibung der allgemeinen Koordinationsmechanismen gesehen haben, benötigt eine Koordination über den Mechanismus der Hierarchie Legitimation und/oder Macht. Die neuen Entscheidungsstrukturen widersprechen allerdings der langen Tradition kollegialer Entscheidungen und werden deshalb von einem nicht unerheblichen Teil der Wissenschaftlerinnen und Wissenschaftler abgelehnt. Mit anderen Worten, die neuen Entscheidungsstrukturen besitzen keine hinreichende Legitimität unter den Forschenden und Lehrenden. Deutlich wird dies zum Beispiel in den empirischen Ergebnissen der Studie von Bogumil et al. (2013). Hier finden sich erhebliche Unterschiede bei der Bewertung der Hochschulleitungen und der Professorinnen bzw. Professoren in Bezug auf die neuen Regulierungsinstrumente, wobei Letztere diese deutlich kritischer sehen.

Auch Macht als Absicherung von Hierarchie steht den Hochschulleitungen gegenüber den Wissenschaftlerinnen und Wissenschaftlern an deutschen Hochschulen kaum zur Verfügung. Weder können sie den Professorinnen und Professoren mit Entlassung drohen, noch können sie den Wissenschaftlerinnen und Wissenschaftlern Karrieren bieten bzw. diese verhindern (Hüther und Krücken 2013, 2011). Für Deutschland kann deshalb festgehalten werden, dass zwar die Politik die formalen Entscheidungsregeln verändert hat, ohne aber zugleich die institutionellen Voraussetzungen zur praktischen Umsetzung der neuen Regelungen zu schaffen.

Folgerichtig muss deshalb die Koordination über einen Mechanismus erfolgen, der weniger voraussetzungsreich ist. Und genau dies geschieht offenbar, weil die Koordination weiterhin über den Verhandlungsmechanismus erfolgt (zum Beispiel Kleimann 2014, 2015; Gläser und von Stuckrad 2013). Im Ergebnis führt dies dann zu einer Zunahme von Informalität in den Hochschulen, weil die formalen Regelungen umgangen werden (müssen). Vor dem Hintergrund, dass die Governancereformen auch zum Ziel hatten, die Entscheidungsverantwortlichkeiten eindeutiger zu regeln, handelt es sich hier offensichtlich um einen transintentionalen Reformeffekt.

Auf einen interessanten Zusammenhang in Bezug auf die weiterhin vorhandene starke Stellung der akademischen Selbstverwaltung machen Braun et al. (2014) aufmerksam. Die Autoren finden zwar an der von ihnen untersuchten Hochschule eine sehr dominante Stellung der Hochschulleitung, aber kaum hierarchische Entscheidungen. Dies liegt aber – so die Autoren – nicht an Traditionen, Kultur oder fehlenden Sanktionspotentialen, sondern daran, dass der dominante Koordinationsmechanismus an der Hochschule „Verhandlungen im Schatten der Hierarchie" (Mayntz und Scharpf 1975) ist.

Dieser Koordinationsmechanismus sieht zwar grundsätzlich Verhandlungen vor, aber alle Verhandlungspartner wissen, dass bei einem nicht befriedigenden Verhandlungsergebnis eine übergeordnete Instanz auch eine hierarchische Entscheidung treffen kann. Die Verhandlungen sind also durch die permanente Drohung geprägt, dass eine womöglich für alle Beteiligten weniger vorteilhafte hierarchische Entscheidung gefällt werden könnte. Ist die Drohung einer hierarchischen Entscheidung tatsächlich glaubhaft, dann ist damit zu rechnen, dass die Verhandlungspartner jeweils antizipieren, welche Verhandlungsergebnisse die hierarchisch übergeordnete Instanz akzeptieren würde. Durch diese Antizipation werden also Verhandlungsergebnisse erzielt, die für den hierarchisch Übergeordneten zumindest akzeptabel sind, und genau deswegen finden sich dann auch keine hierarchischen Entscheidungen. Das heißt, die akademischen Selbstverwaltungsgremien zeigen „vorauseilenden Gehorsam" und die Hochschulleitung erhält hierdurch kostengünstigere (eine glaubhafte Drohung genügt) und besser legitimierte (alle stimmen dem Verhandlungsergebnis zu) Entscheidungen, als wenn mit dem Mechanismus der Hierarchie Entscheidungen getroffen worden wären.

In der Literatur finden sich noch weitere transintentionale Effekte, die mit der Veränderung der Governancestrukturen verbunden sind. So wird zum Beispiel immer wieder von einer Zunahme der Bürokratie innerhalb der Hochschulen berichtet (zum Beispiel Friedrichsmeier 2012; Enders et al. 2013, 14). Gleichzeitig wird sichtbar, dass die Autonomie der Hochschulen faktisch kaum gestiegen ist, obwohl der Staat deutlich weniger Detailsteuerung vornimmt. Dies ist darin begründet, dass durch die neue Steuerung über Vorgaben von Zielen und Leistungen und durch die Eingriffe von neugeschaffenen Akteuren (zum Beispiel Akkreditierungs- und Evaluationsagenturen, Drittmittelgeber) die Entscheidungsspielräume für die Hochschulen wieder eingeschränkt werden (zum Beispiel Enders et al. 2013).

Weitere transintentionale Effekte sind offenbar in Bezug auf die Wissenschaftlerinnen und Wissenschaftler zu konstatieren. So zeigen die Daten aus der international vergleichenden CAP-Studie (CAP steht für „The Changing Academic Profession"), dass die Verbundenheit der Wissenschaftlerinnen und Wissenschaftler mit ihrer Hochschule und ihrer Fakultät insbesondere in den Ländern abgenommen hat, in denen (wie zum Beispiel Australien und Großbritannien) die Reformen vom NPM-Modell am stärksten beeinflusst waren (Jacob und Teichler 2011, 83). Starke Orientierung der Reformen am NPM-Modell scheint also negative Auswirkungen auf das Verhältnis von Wissenschaftlerinnen und Wissenschaftlern und Organisationseinheiten zu haben. Des Weiteren weisen Shin und Jung (2014) anhand der CAP-Ergebnisse nach, dass in den Ländern, in denen das NPM-Modell besonders stark verankert wurde, der wahrgenommene Arbeitsstress der Wissenschaftlerinnen und Wissenschaftler besonders hoch ist.

Immer wieder wird auch diskutiert, dass die neugeschaffenen Instrumente der Anreizsteuerung (zum Beispiel Leistungszulagen für Professoren und Professorinnen, befristete Mittelvergabe) dazu führen, dass die in Hochschule und Wissenschaft dominierende intrinsische Motivation der Wissenschaftlerinnen und Wissenschaftler (zum Beispiel Merton 1973; Luhmann 1992a) zugunsten einer extrinsischen Motivation verdrängt wird.[51] Ist dies der Fall, dann ist damit zu rechnen, dass nicht mehr die intrinsisch motivierte Wahrheitssuche das primäre Ziel der Forschenden ist, sondern die Erfüllung der Kriterien, die zur extrinsischen Belohnung führen (Osterloh 2012; Schimank 2010). Es geht dann also zum Beispiel nicht mehr darum, Geld für ein interessantes und innovatives Forschungsprojekt mit dem Ziel des Erkenntnisgewinns einzuwerben, sondern die Einwerbung von Forschungsmitteln wird zum Selbstzweck.

Interessant ist zudem, dass in Bezug auf die neueren Veränderungen zwar häufig beschrieben wird, dass der Einfluss der Wissenschaftlerinnen und Wissenschaftler in den einzelnen Hochschulen abnimmt, aber auf der Ebene des Hochschulsystems der Einfluss gestiegen ist (zum Beispiel Enders und Westerheijden 2014, 9; Whitley 2014, 374). Dies erklärt sich dadurch, dass die in der Summe deutlich zugenommenen Evaluationen und Begutachtungen in den Hochschulsystemen in der Regel durch Wissenschaftlerinnen und Wissenschaftler durchgeführt werden, was deren Einfluss erheblich vergrößert.

Ein wichtiger Unterschied scheint dabei zu sein, dass der Einfluss sich aber nicht – wie zuvor auf der Ebene der Hochschulen – mehr oder weniger gleich auf die Wissenschaftlerinnen und Wissenschaftlern verteilt, sondern eine stärkere Konzentration des Einflusspotentials auf der Systemebene vorhanden ist (zum

---

[51] Solche Effekte werden insbesondere in der sogenannten Crowding-Out-Theorie beschrieben (vgl. hierzu Osterloh und Frey (2000); Frey und Oberholzer-Gee (1997) sowie für den aktuellen Stand Welpe et al. (2015).

Beispiel Münch 2006b). Dieser Effekt wird dadurch hervorgerufen, dass für Begutachtungen – sei es nun für Forschungseinheiten, Drittmittelprojekte oder Zeitschriftenaufsätze – besonders reputationsstarke Wissenschaftlerinnen und Wissenschaftler deutlich häufiger zum Einsatz kommen. Während also durchaus unterstellt werden kann, dass eine Intention der Veränderungen der Hochschul-governance darin lag, den Einfluss der Wissenschaftlerinnen und Wissenschaft-ler auf die organisationalen Entscheidungsprozesse in den Hochschulen zu begrenzen (zum Beispiel Enders und Kaulisch 2005), führt die Art, wie diese Einflussverringerung umgesetzt wird, zu dem transintentionalen Effekt, dass der Einfluss der Wissenschaftlerinnen und Wissenschaftler auf der Systemebene ansteigt.

Auch für die Forschung wird immer wieder über transintentionale Effekte diskutiert. Die steigende Konkurrenz und die Zunahme der Drittmittelforschung werden dafür verantwortlich gemacht, dass vermehrt Mainstreamforschung erfolgt (zum Beispiel Münch 2006a; Lee 2007). Allerdings zeigt Winterhager (2015), dass Forschergruppen aus verschiedenen Fächern mit unterschiedlichen Strategien und Zielsetzungen auf den Drittmittelwettbewerb reagieren. Die Effekte von zunehmendem Wettbewerb und Drittmittelforschung dürften deshalb in den Fächern unterschiedlich sein, wobei in einigen Fächern stärker die gewünschten Effekte, in anderen hingegen stärker transintentionale Effekte auftreten.

Es wird zudem darauf hingewiesen, dass sich zwar häufig der quantitative Output der Hochschulen in Bezug auf Publikationen erhöht hat, dies aber nicht unbedingt auch auf die Qualität des Outputs zutrifft (Osterloh 2012). Dies geschieht unter anderem deshalb, weil Wissenschaftlerinnen und Wissenschaftler auf die neuen Leistungskriterien und die gestiegene Konkurrenz mit einer Publikationsstrategie reagieren, die darauf beruht, Forschungsergebnisse in kleinstmögliche Einheiten, die noch publizierbar sind, zu teilen – es wird also eine „Salamitaktik" verfolgt (zum Beispiel Butler 2003).

Whitley (2014) macht zudem darauf aufmerksam, dass durch die geänderten Autoritätsbeziehungen die Freiräume der Wissenschaftlerinnen und Wissen-schaftler für riskante und langfristig angelegte Forschung kleiner werden. Allerdings gibt es hier erhebliche Unterschiede zwischen einzelnen nationalen Settings und den Disziplinen (ausführlich hierzu die Artikel in Whitley und Gläser 2014). In eine ähnliche Richtung weisen Ergebnisse von Heinze et al. (2009). Hier wird festgestellt, dass eine zu hohe Konzentration von Mitteln über den Wettbewerbsmechanismus negative Auswirkungen auf innovative For-schung haben kann, weil erfolgreiche Forschende mehr Mittel bekommen und damit ihre Forschergruppen anwachsen. Wissenschaftliche Durchbrüche werden jedoch insbesondere in kleineren Forschungsgruppen erzielt. Auch Jansen et al.

(2007) weisen darauf hin, dass ab einer bestimmten Konzentration von Forschungsmitteln sich der Output nicht proportional mit den Geldern erhöht. Mit Hilfe der Governanceperspektive wurden in den letzten Jahren sehr viele interessante und wichtige Forschungsergebnisse gewonnen. Große Erkenntnisfortschritte sind insbesondere aufgrund der interdisziplinären Möglichkeiten, der Nutzung für internationale Vergleiche und der differenzierten Betrachtung von Regelungsstrukturen von sozialen Einheiten entstanden. Dennoch sind einige Probleme der Betrachtung von Hochschulen aus der Governanceperspektive augenscheinlich. Diese sind teilweise der Perspektive inhärent, teilweise entstehen sie aber auch durch die Art der empirischen Anwendung der Perspektive. Zum Abschluss dieses Kapitels wollen wir deshalb auf einige Probleme und Weiterentwicklungsmöglichkeiten der Governanceperspektive hinweisen.

3.2.4 Probleme und Weiterentwicklungspotential der Governanceperspektive[52]

Ein zentrales Problem der Governanceforschung ist aus unserer Sicht, dass sie zumindest implizit dazu einlädt, Koordinationsarten vor allem im Hinblick auf formale Strukturen in den Blick zu nehmen. An sich ist das kein Problem, auffallend ist dann aber, dass in einer Reihe von Studien eine Gleichsetzung von formalen Regelungen und Praxis erfolgt. Formale Regeln determinieren aber nicht die Praxis, vielmehr kann die Praxis vollkommen von den formalen Regelungen abweichen. Diese Abweichungen entstehen zum Beispiel durch die Einstellungen und Orientierungen der Akteure oder Traditionen in der betrachteten sozialen Einheit. Diese Faktoren sind durchaus in die Governanceperspektive integrierbar, sie sind aber nicht integraler Bestandteil der meisten Beschreibungen der Governanceperspektive. Vielmehr muss die Governanceperspektive hier auf andere Perspektiven oder Theorien zurückgreifen, was allerdings in der Hochschulforschung allzu oft unterbleibt.

Die Konzentration auf formale Regelungen und die häufig nicht integrierten Faktoren, die auf die Governance in der Praxis wirken, führen zu dem Verständnis, dass faktische Governancestrukturen einfach und beliebig veränderbar seien. Die Equalizer-Metapher, deren Optik suggeriert, man könne wie an einem Mischpult Veränderungen durch ein Verschieben von Reglern vornehmen, kann dies verstärken. Während das womöglich für die formalen Strukturen zutrifft, gilt das aber nicht für die Praxis. Formale Regelungen sind von Menschen bewusst geschaffene Strukturen, die auch mehr oder weniger einfach wieder

---

[52] Für eine nicht nur auf die Hochschulforschung bezogene Behandlung von Potentialen und Problemen der Governanceforschung siehe auch Schimank (2007a).

veränderbar sind. Dies trifft so nicht auf Einstellungen von Akteuren oder Traditionen in sozialen Einheiten zu. Diese entstehen unbewusst und im Rücken der Akteure und entziehen sich weitestgehend intentional steuernden Eingriffen. Diese deutlich unterkomplexe Annahme einer einfachen technischen Veränderbarkeit von faktischen Governancestrukturen durchzieht so eine nicht unbeträchtliche Anzahl von Governancestudien in der Hochschulforschung. Damit verbunden ist, dass häufig darauf verzichtet wird, klar und deutlich zu benennen, auf welcher Ebene sich die beschriebenen Veränderungen vollziehen. Vielmehr findet sich nicht gerade selten eine wilde Durchmischung von Beschreibungen zum Diskurs, den formalen Regelungen und der Praxis.

Ein zentrales Problem ist also unserer Meinung nach die nicht ausreichende Beachtung der unterschiedlichen Ebenen, die, verbunden mit der Konzentration auf formale Strukturen, die technischen Zugriffs- und Veränderungsmöglichkeiten von faktischen Governancestrukturen deutlich überschätzt. Dieses Problem wird auch dadurch verschärft, dass – wie oben bei den Typologien zu den Governanceregimen bereits beschrieben – in der Regel eine nachvollziehbare Messung des Gewichts eines Governancemechanismus fehlt. Die stattdessen genutzten Beschreibungen laden geradezu zur Vermischung von Diskurs, formalen Strukturen und Praxis ein. Die jeweilige Darstellung der Messung und mittelfristig die Entwicklung eines übergreifenden Messinstruments könnte also helfen, die Ebenen besser analytisch zu trennen.

In Bezug auf die Ebene der Praxis ist ein weiteres Problem zu erkennen. Die meisten Studien nutzen zur Erforschung der Praxis mehr oder weniger standardisierte Interviews. In diesen wird dann Praxis von den Interviewten aus ihrer Sicht nacherzählt oder eingeschätzt. Während in vielen Studien davon ausgegangen wird, dass hierdurch Praxis erhoben werden kann, ist eine Gleichsetzung von Nacherzählung der Praxis und tatsächlicher Praxis – vorsichtig ausgedrückt – etwas unterkomplex. Dies wird schon daran deutlich, dass Interviewte nicht gerade selten ihre Praxis oder das, was sie als solche wahrnehmen, legitimeren wollen oder müssen. Dass Hochschulleitungen zum Beispiel in Interviews immer wieder betonen, wie wichtig kollegiale Entscheidungen und die Einbindung von Wissenschaftlerinnen und Wissenschaftlern sind, kann auf der tatsächlichen Praxis beruhen, aber auch darauf, dass von den Wissenschaftlerinnen und Wissenschaftlern erwartet wird, dass Hochschulleitungen kollegiale Entscheidungen vornehmen. Es könnte sich also genauso gut um Legitimationsfassaden der Hochschulleitungen handeln, die bei einer unkritischen Beschreibung als Praxis reproduziert werden. Ein allzu einfacher Schluss von Interviewdaten auf Praxis sollte also tunlichst vermieden bzw. zumindest kritisch reflektiert werden. Deutlich wird hier, dass die hochschulbezogene Governanceforschung wie die Hochschulforschung insgesamt dazu kommen muss, gerade bei der Untersuchung von Praxis ihr empirisches Methodenarsenal zu erweitern und, wo immer möglich, ein „mixed method design" zu verwenden (vgl. Kapitel 4.2).

Hinzu kommt, dass die Governanceforschung sich aus unserer Sicht zu wenig mit den Grundlagen der jeweiligen Governancemechanismen befasst. Insbesondere finden sich kaum Beschäftigungen mit den institutionellen Grundlagen von Governancemechanismen in der Hochschulforschung. So finden wir in der Hochschulforschung viele Feststellungen zu einer Vermarktlichung und Hierarchisierung von Hochschulen oder Hochschulsystemen. Hingegen finden sich kaum Ausführungen dazu, ob die institutionellen Voraussetzungen und Absicherungen von Märkten und Hierarchien (zum Beispiel Wettbewerber, Messbarkeit der Leistung, Legitimation der Entscheidungsstrukturen, Macht) überhaupt vorhanden sind.

Die Beschreibung der idealtypischen Governancemechanismen mit ihren institutionellen Voraussetzungen und grundsätzlich zu erwartenden Effekten am Anfang dieses Kapitels ist deshalb auch eine Reaktion auf diesen – zumindest von uns wahrgenommenen – Mangel. Wir gehen davon aus, dass die Anwendung der Governanceperspektive in der Hochschulforschung deutlich dadurch gewinnen kann, dass sie sich systematischer und theoretischer mit den Grundlagen der jeweils verwendeten Governancemechanismen auseinandersetzt. Zudem sehen wir spannende und kaum ausgeschöpfte Perspektiven des systematischen Vergleichs von Governancemechanismen, wie sie in unterschiedlichen gesellschaftlichen Bereichen zum Tragen kommen. Der Hochschulsektor könnte so zum Beispiel mit den Bereichen Wirtschaft, öffentliche Verwaltung, Schule und Gesundheit im Hinblick auf Wandel und Kontinuität der Governance verglichen werden.

Zudem ist in der Governanceforschung häufig nicht ganz klar, welche soziale Einheit im Mittelpunkt der Analyse steht. Während es bei Clark (1983) noch eindeutig um die Verortung von nationalen Hochschulsystemen ging, finden wir in neueren Arbeiten eine immer stärkere Hinwendung zu einzelnen Hochschulen. Allerdings wird dies nicht immer expliziert, so dass eben nicht deutlich ist, ob nun die Governancestrukturen eines Hochschulsystems oder aber einer Hochschule die relevante Analyseeinheit bildet. Dieser Wechsel der Aufmerksamkeit in Richtung einzelner Hochschulen liegt sicherlich auch daran, dass die häufig zugrunde gelegten Typologien der Hochschulgovernance im Zeitverlauf den internen Governancestrukturen von Hochschulen eine immer größere Bedeutung zumessen. Methodisch wird häufig auf das Instrument von Fallstudien zurückgegriffen, so dass auch über die Methodenwahl eine oder mehrere Hochschulen als empirische Analyseeinheit bestimmt werden. Allerdings halten wir es nicht für sinnvoll, bei der Analyse von Regelungsstrukturen einzelner Hochschulen ausschließlich die Governanceperspektive zu nutzen.

Vielmehr ist es hier zwingend erforderlich, Theorien und Erkenntnisse der Organisationsforschung zu integrieren. Die Konzepte der Organisationstheorie können als Vorbild dienen, um die theoretisch-konzeptionellen Leerstellen der hochschulbezogenen Governanceforschung zu füllen.

So gibt es in der Organisationstheorie Konzepte zur Unterscheidung von formalen Strukturen und Organisationspraxis. Gleichfalls finden wir Konzepte zur Betrachtung von Einstellungen und Orientierungen von Organisationsmitgliedern und von Traditionen in der Organisation. Im Vergleich zur Governanceperspektive sind die Ebenenunterschiede zwischen Diskurs, formalen Regelungen und Praxis bzw. zwischen „talk, decision and action" (Brunsson 1989) viel deutlicher und analytisch schärfer gefasst. Zwar kann für die Hochschulforschung durchaus die Tendenz festgestellt werden, dass immer häufiger Theorien und Perspektiven der Organisationsforschung in der Beschreibung von Governancestrukturen eine Rolle spielen. Aus unserer Sicht sollte die Verknüpfung von Governance- und Organisationsperspektive aber noch weiter ausgebaut und theoretisch fundiert werden. In diesem Sinne sind die im nächsten Kapitel folgenden Ausführungen zur Hochschule als Organisation auch als Anregung zu verstehen, sich intensiv mit Organisationstheorien auseinanderzusetzen – insbesondere für Hochschulforschende, die die Governanceperspektive zur Analyse von einzelnen Hochschulen und nicht des übergreifenden Hochschulsystems nutzen wollen.

3.3 Hochschulen als Organisationen

Neben der Governanceperspektive können Hochschulen auch aus der Organisationsperspektive in den Blick genommen werden. Im Gegensatz zur Governanceperspektive können mit dem Ansatz aber nicht die Eigenschaften von Hochschulsystemen analysiert werden, sondern nur Gruppen von Hochschulen oder einzelne Hochschulen. Ein weiterer wichtiger Unterschied zur Governanceperspektive ist, dass bei der Betrachtung von Hochschulen als Organisationen nicht unterschiedliche nationale Regelungsstrukturen im Vordergrund stehen, sondern die Abgrenzung der Hochschulen von anderen sozialen Einheiten.[53] Werden Hochschulen aus der Organisationssicht betrachtet, wird also zunächst hervorgehoben, dass sie sich zum Beispiel von Familien und Netzwerken durch bestimmte Merkmale unterscheiden und diese Merkmale mit Wirtschaftsunternehmen, Verwaltungen oder Schulen teilen. Die Organisationstheorie versucht also, die Gemeinsamkeiten aller Organisationen zu beschreiben und zwar unabhängig von ihrer nationalen Einbettung.

Bei genauerer Betrachtung finden wir allerdings bei Organisationen vielfältige Unterschiede. Die Organisationstheorie trägt diesem Umstand durch Typenbildung Rechnung. Organisationen werden so aufgrund gemeinsamer Merkmale zu einem Typ zusammengefasst, wobei davon ausgegangen wird, dass die Organisationen eines Typs vor ähnlichen Problemen stehen und zum Teil auch ähnliche Problemlösungen verwenden. Aber auch hier zeigt sich, dass bei genauerer Betrachtung die Organisationen eines Typs sehr unterschiedlich sein können. Dies führt zur ganz grundlegenden Erkenntnis, dass je nach Tiefenschärfe der Analyse Folgendes gilt: Eine Organisation ist wie alle anderen Organisationen, eine Organisation ist wie einige andere Organisationen und eine Organisation ist wie keine andere Organisation (Scott 1981, 27).

Wir haben bei der Betrachtung der geschichtlichen Entwicklung der Hochschulen gesehen, dass wir es hier mit einer sehr alten Form von Organisation zu tun haben, deren Anfänge bis ins 11. Jahrhundert reichen. Allerdings wurden

---

[53] Einschränkend sei hier aber darauf verwiesen, dass in den Konzepten der Organisationstheorie zuweilen implizit nationale Eigenheiten durchaus eine Rolle spielen. Dies gilt insbesondere für Konzepte, die sich mit Organisationen wie Hochschulen beschäftigen, die stark von den jeweiligen nationalen Umwelten abhängig sind. So nutzen die später behandelten speziellen Ansätze zur Hochschulorganisation die US-amerikanischen Universitäten, noch genauer die US-amerikanischen Forschungsuniversitäten, als „Referenzmodell". Weil dies so ist, muss auch damit gerechnet werden, dass Eigenheiten dieser Organisationen in die Konzepte einfließen. Es ist deshalb, gerade weil in der Organisationstheorie nationale Eigenheiten keine Rolle spielen sollen, kritisch zu fragen, ob eine einfache Übertragung zum Beispiel auf die deutschen Universitäten möglich ist bzw. welche Anpassungen vorgenommen werden müssen.

Universitäten lange Zeit nicht als Organisation, sondern als kulturelle Institution in den Blick genommen. Es ging also um die Vorstellungen und Konzepte der Universität und weniger um Strukturen, Abläufe, Hierarchie usw. So schreibt Jaspers (1946) eben von der „Idee der Universität". Die Universität als kulturelle Institution beinhaltet dabei auch, dass sie ein unhinterfragtes Konzept darstellt, das hinreichend diffus und unbestimmt bleiben musste, um als Institution anerkannt zu werden.[54]

Die Hochschulen als Organisationen rücken in systematischer Form erst ab den 1970er und 1980er Jahren in den Blick (für die Entwicklung des Diskurses siehe zum Beispiel Meier 2009). Auch aufgrund der einsetzenden NPM-Reformen werden Hochschulen in den letzten Jahren vermehrt aus der Organisationsperspektive betrachtet und analysiert. Dies ist auch ein Resultat des Wechsels der gesellschaftlichen Perspektive auf Hochschulen: Diese werden von der gesellschaftlichen Umwelt im Zeitverlauf immer weniger als kulturelle Institutionen angesehen, sondern vielmehr als „normale" Dienstleistungsorganisationen (so zum Beispiel Braun und Merrien 1999b). Wir stellen deshalb in den letzten 30 Jahren einen erheblichen Bedeutungsgewinn der Organisationsperspektive auf Hochschulen fest.

Im Folgenden wenden wir uns zunächst der allgemeinen Organisationstheorie zu (Kapitel 3.3.1). Dabei wird zuerst ein allgemeines Modell von Organisationen vorgestellt. Danach behandeln wir eine – und zwar die momentan vorherrschende – Organisationstheorie vertiefend: den organisationssoziologischen Neo-Institutionalismus. Hierbei werden auch Anwendungsmöglichkeiten für die Hochschulforschung aufgezeigt.

Während in diesen Teilen die Gemeinsamkeiten der Hochschulen mit allen anderen Organisationen im Vordergrund stehen, wenden wir uns danach stärker spezifischen Organisationstheorien zur Analyse von Hochschulen zu (Kapitel 3.3.2). Hierzu werden die in der Literatur besonders häufig vorzufindenden Organisationsbeschreibungen von Hochschulen behandelt: erstens Hochschulen als lose gekoppelte Systeme (Weick 1976; Orton und Weick 1990), zweitens Hochschulen als professionelle Organisationen (Mintzberg 1983b) und drittens Hochschulen als organisierte Anarchien (Cohen et al. 1972). Alle drei Perspektiven haben gemeinsam, dass sie auf Abweichungen der Hochschulen im Vergleich zu rational-bürokratischen Organisations- oder Entscheidungsmodellen aufmerksam machen. Wir sehen hier also, dass es nun darum geht, die Gemein-

---

[54] Zur Vorstellung von Universitäten als Institutionen – im Unterschied zu mitgliedschaftsbasierten, bewusst geschaffenen und zweckorientierten Organisationen – vgl. auch Schelsky (1963).

samkeiten der Hochschulen mit einigen anderen Organisationen zu erfassen, wobei eine Abgrenzung zu anderen Organisationen erfolgt.

Wie wichtig diese Abweichungen in Folge der oben beschriebenen Reformen im Zuge des NPM-Modells sind, wird am Ende von Kapitel 3.3.2 im Rahmen der aktuellen Diskussion um Hochschulen als „Complete Organizations" behandelt. Im Gegensatz zu den drei spezifischen Organisationstheorien zur Analyse von Hochschulen steht hier dann wieder die Frage nach der Angleichung und Vergleichbarkeit von Hochschulorganisationen mit anderen Organisationen im Vordergrund. Es geht also vor dem Hintergrund der festgestellten Abweichungen und Besonderheiten nun wieder um Gemeinsamkeiten aller Organisationen.

3.3.1 Allgemeine Organisationstheorie

Moderne Gesellschaften sind Organisationsgesellschaften (zum Beispiel Perrow 1996; Schimank 2001b). Organisationen finden sich in nahezu allen gesellschaftlichen Bereichen und haben erhebliche Auswirkungen auf das Zusammenleben in einer Gesellschaft. Organisationen sind dabei zum einen „mechanism by which, in a highly differentiated society, it is possible to ‚get things done', to achieve goals beyond the reach of the individual" (Parsons 1960, 41), zum anderen führen sie aber auch zu einer immer stärkeren Rationalisierung verschiedener Lebensbereiche, was zum Beispiel von Habermas (1981) kritisch als Kolonialisierung der Lebenswelt angesehen wird.

Die Durchdringung der Gesellschaft durch Organisationen ist dabei keine Konstante der gesellschaftlichen Entwicklung, sondern ein Phänomen, welches mit der Bildung von Nationalstaaten und dem damit einhergehenden Verwaltungsbedürfnissen beginnt, mit der Industrialisierung das Wirtschaftssystem erreicht und sich danach allmählich in fast alle anderen Bereiche ausdehnt (Türk et al. 2006).

Trotz aller Unterschiede konvergieren makrosoziologische Ansätze seit Max Weber dahingehend, die besondere Leistungsfähigkeit von Organisationen darin zu sehen, dass in ihnen grundlegende Charakteristika der modernen Gesellschaft – wie insbesondere Arbeitsteilung, Differenzierung, Entscheidungskontingenz, Zweckrationalität und Fortschrittsorientierung – zum Ausdruck kommen (Coleman 1973, 2000; Luhmann 1997, 826 ff.; Meyer 2005). Die Ausbreitung erfolgt dabei in einer „Dynamik reaktiver Korporatisierung" (Schimank 2001b, 284), d.h., sobald sich Organisationen in einem gesellschaftlichen Bereich bilden und dies zu einer besseren Interessensdurchsetzung, mehr wirtschaftlichem Erfolg, besserer Steuerung, besserem Angebot usw. führt, schließen sich auch andere Individuen oder soziale Einheiten zu Organisationen zusammen. Daraus folgt: Die Bildung einer Organisation zieht häufig die Bildung weiterer Organisationen nach sich. Die systematische Beschäftigung mit Organisationen setzt ab den 1940er bzw. 1950er Jahren ein. Zwar gab es auch zuvor bereits vereinzelte Beschäftigungen mit Organisationen (zum Beispiel Michels 1911; Taylor 1911; Fayol 1918; Weber 1922; Barnard 1938), die Etablierung als eigenständiges Forschungsfeld beginnt aber im Grunde erst nach der englischen Übersetzung des Bürokratiekonzeptes von Max Weber im Jahre 1947. Die Beschreibung der Bürokratie bei Weber hat eine Reihe von US-amerikanischen Forschern dazu gebracht, eigene empirische Arbeiten vorzunehmen, was im Verlauf der 1950er und 1960er Jahren dann zur Entwicklung des Feldes der Organisationsforschung geführt hat (vgl. hierzu zum Beispiel Scott 1981; Perrow 1993).

3.3.1.1 Organisationen und ihre Bestandteile

Ganz grundlegend beschäftigt sich die Organisationstheorie mit bewusst geschaffenen, stabilen und auf freiwilliger Mitgliedschaft basierenden sozialen Einheiten. Organisationen verfolgen dabei bestimmte Ziele bzw. geben dies vor und verfügen über eine mehr oder minder ausgeprägte formale Struktur, die es ermöglicht, die Handlungen der Mitglieder auf die Ziele hin zu koordinieren (vgl. zum Beispiel Müller-Jentsch 2003, 13f.). Organisationen können dabei zunächst vereinfacht als Ressourcenpool verstanden werden, in den Mitglieder Teile ihrer Ressourcen wie Arbeitskraft, Geld usw. einbringen, um ein Ziel oder Ziele zu erreichen, die ein Einzelner nicht erreichen könnte (Kieser und Walgenbach 2010, 2ff.).

Organisationen können grundsätzlich auf zwei unterschiedliche Weisen analytisch in den Blick genommen werden: erstens als korporative Akteure und zweitens als soziale Systeme mit bestimmten Merkmalen. Im ersten Fall werden Organisationen in ihrer Gesamtheit betrachtet und die Verbindungen und Interaktionen zu anderen Organisationen oder sozialen Einheiten in den Mittelpunkt gerückt. Wir gehen auch in unserer Alltagswelt davon aus, dass Organisationen handeln können, also einen Akteursstatus haben. Diese alltagsweltliche Annahme ist dabei nichts Selbstverständliches, sondern musste sich erst im Laufe der Zeit herausbilden (Coleman 1973; 2000, 325ff.) und manifestiert sich nun in der Figur der juristischen Person (im Gegensatz zur natürlichen Person).

Wenden wir uns hingegen Organisationen als sozialen Systemen zu, rücken der innere Aufbau, die internen Interaktionen, Mitgliedergruppen, Arbeits- und Entscheidungsprozesse usw. in den Vordergrund (Scott 1981, 10f.).

Organisationen sind komplexe Gebilde mit einer Vielzahl von Elementen, die miteinander interagieren. So finden sich formale Strukturen, Verhaltensweisen, Technologien, Funktionen, Aufgaben, Motive und vieles mehr. Um diese zunächst verwirrende Komplexität zu ordnen und damit die Analyse von Organisationen zu erleichtern, hat sich ein einfaches Modell von Scott (1981, 13ff.), welches dieser auf Grundlage von Leavitt (1965) entwickelt, bewährt. Abbildung 18 zeigt dieses Modell.

Abbildung 18:   *Die Elemente der Organisation nach Scott*

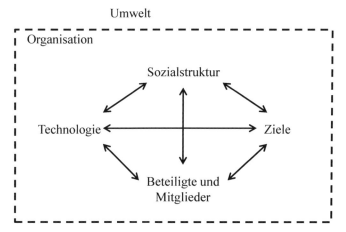

Eigene Darstellung in Anlehnung an Scott (1981)

Das Modell von Scott unterscheidet fünf Elemente von Organisationen: Sozialstruktur, Beteiligte und Mitglieder, Ziele, Technologie und Umwelt. Wir werden im Folgenden diese fünf Elemente jeweils kurz beschreiben und auf die Hochschulen anwenden.

Sozialstruktur

Die Sozialstruktur umfasst die Relationen zwischen Mitgliedern innerhalb der Organisation. Hierbei ist zu unterscheiden zwischen den erwarteten und den faktisch vorhandenen Relationen. Die erwarteten Relationen beziehen sich auf Werte, Normen und Rollenerwartungen innerhalb einer Organisation, während die faktischen Relationen auf das tatsächliche Verhalten in der Organisation abheben. Zu betonen ist dabei: „the normative structure and the behavioral structure of a social group are neither independent nor identical, but are, to varying degrees, interrelated" (Scott 1981, 14).

Für Organisationen ist dabei besonders relevant, dass Teile der normativen Strukturen als formale Verhaltenserwartungen festgelegt werden, die unabhängig von den jeweiligen Personen sind. Daneben gibt es aber auch immer informale Erwartungen der Mitglieder untereinander, die ebenfalls das Verhalten strukturieren. Während die Organisationsforschung sich zunächst primär mit den formalen Verhaltenserwartungen beschäftigt hat, wurden im Zuge der Hinwendung zum faktischen Verhalten in Organisationen auch informale Verhaltenserwartungen „entdeckt".[55] Das faktische Verhalten von Mitgliedern in Organisationen entsteht so durch das Zusammenspiel von formalen und informalen Erwartungen, wobei durchaus auch Verhalten möglich ist, das beide Arten der Verhaltensnormen durchbricht.

Ein Beispiel hierfür aus dem Hochschulbereich ist das Verhalten von Hochschulleitungen, die im Zuge der zuvor dargestellten NPM-Reformen größere Entscheidungsbefugnisse im Vergleich zu den Organen der akademischen Selbstverwaltung, insbesondere des akademischen Senats, erhalten haben. Diese neuartigen formalen Befugnisse an deutschen Hochschulen werden jedoch in aller Regel bei weitem nicht ausgeschöpft. Es dominiert ein auf Konsens und Diskurs setzendes Entscheidungsverhalten, in das zentrale Senatsmitglieder einbezogen werden, und die althergebrachte Kollegialitätsnorm ist informell weiterhin von sehr hoher Bedeutung.[56]

Beteiligte und Mitglieder

Während die gängige Betrachtung Mitglieder als entscheidende Kategorie in der Organisationsforschung berücksichtigt (zum Beispiel Luhmann 1964), nimmt Scott eine Erweiterung im Hinblick auf Beteiligte vor. Beteiligte sind dabei alle Personen, die einen Beitrag zur Zielerreichung oder zum Bestand der Organisation leisten. Beteiligte können zum Beispiel Kunden, Mitarbeiterinnen, Aktienbesitzerinnen, Lieferanten usw. sein. Der Beitrag zur Zielerreichung bzw. zum Bestandserhalt kann dabei zwischen den Beteiligten stark variieren. Gleiches gilt auch für die Zeitinvestition von Beteiligten.

Im Unterschied zu der Kategorie der Beteiligten sind die Mitglieder einer Organisation – als eine zentrale Untergruppe der Beteiligten – in der Regel eine deutlich homogenere Gruppe. Mitglieder zeichnen sich dadurch aus, dass sie in

---

[55] Grundlegend hierzu waren die sogenannten Hawthorne-Experimente (zum Beispiel Roethlisberger und Dickson 1939), die in Kieser und Ebers (2006, 141ff.) zusammenfassend beschrieben sind.

[56] Eine ausführliche Beschreibung dieses Sachverhalts findet sich bei Kleimann (2015); vgl. ergänzend die Studie von Scholkmann (2010) zu Dekaninnen und Dekanen, bei denen sich ähnliche Verhaltensmuster zwischen formalen Möglichkeiten und informellen Arrangements finden lassen.

der Regel freiwillig in die Organisation eintreten und mit diesem Beitritt formal festgelegte Rechte erhalten und Pflichten übernehmen. Diese Rechte und Pflichten sind dann in der Mitgliedschaftsrolle gebündelt und sowohl dem Mitglied als auch der Organisation bewusst (Luhmann 1964).

Für Hochschulen ist es wichtig, dass innerhalb der Mitgliedergruppe zwischen Beschäftigten und „Input-Mitgliedern" (Müller-Jentsch 2003, 27) zu unterscheiden ist. Die Gruppe der Beschäftigten verfolgt direkt das Organisationsziel und besitzt in der Regel einen Arbeitsvertrag, in dem Rechte und Pflichten festgelegt sind. Im Gegenzug zu ihrem Einsatz erhalten sie eine Entlohnung, die gleichzeitig sicherstellt, dass in einem zeitlich, sachlich und sozial umgrenzten Umfang auf die individuellen Ziele der Mitglieder kaum Rücksicht genommen werden muss. Für die Hochschulen wären dies zum Beispiel die Wissenschaftlerinnen und Wissenschaftler, aber auch die Verwaltungsangestellten.

Die Input-Mitglieder sind hingegen für die Organisation zu „bearbeitender Input" (Müller-Jentsch 2003, 27) und zeichnen sich – im Gegensatz zu reinen Kunden – durch eine längere Verweildauer und durch eine stärkere Reglementierung ihres Verhaltens in der Organisation aus. Bei den Input-Mitgliedern finden wir in der Regel ebenfalls formale Akte des Beitritts, die die Rechte und Pflichten festlegen. Deutlich sollte sein, dass die Input-Mitglieder der Hochschule die Studierenden sind, die durch den formalen Akt der Immatrikulation der Organisation beitreten.

Wichtig ist hierbei, dass Individuen in der Regel sowohl Beteiligte als auch Mitglieder in Bezug auf verschiedene Organisationen sind. Es findet in den allermeisten Organisationen keine Totalinklusion, sondern nur eine Partialinklusion statt.[57] Dies bedeutet, dass nur ein bestimmter Teil des Verhaltens der Wissenschaftlerinnen und Wissenschaftler, aber auch der Studierenden als spezifisches Organisationshandeln angesehen wird. Mitgliedschaft in und Beteiligung an einer spezifischen Organisation sind also meistens sozial, sachlich und zeitlich begrenzt.[58]

Ziele

Wir haben weiter oben darauf hingewiesen, dass Organisationen bestimmte Ziele verfolgen bzw. vorgeben diese zu verfolgen. In der Organisationstheorie wurde

---

[57] Im Sinne des reinen Typus legaler Herrschaft mit bürokratischem Verwaltungsstab nach Max Weber findet in diesen Organisationen also eine folgenreiche Trennung von Amt und Person statt.
[58] Ausnahmen bilden hierbei vor allem Input-Mitglieder in den von Goffman (1999) betrachteten „totalen Institutionen" wie zum Beispiel Gefängnissen, Klöstern oder aber auch geschlossenen psychiatrischen Kliniken.

lange Zeit davon ausgegangen, dass ein Großteil des Verhaltens der Organisation bzw. in der Organisation mit dem jeweiligen Ziel bzw. den Zielen der Organisation verbunden ist. Deshalb finden wir in den meisten Definitionen von Organisationen das Zielelement als zentrale Kategorie. Allerdings wird in neueren Ansätzen der Zusammenhang zwischen Zielen und dem Handeln in der Organisation deutlich relativiert. Wir wollen und können diese Diskussion hier nicht entscheiden, sondern weisen nur darauf hin, dass nicht in allen Fällen eine feste Kopplung zwischen Verhalten der bzw. in der Organisation und den offiziell verfolgen Zielen vorhanden ist (zum Beispiel Brunsson 1989).

Die meisten Organisationen haben nicht nur ein Ziel, sondern mehrere, die dann auch noch meist in Primär- und Sekundärziele unterschieden werden können. Primärziele der Hochschulen sind Forschung und Lehre. Daneben gibt es aber auch noch eine Reihe von Sekundärzielen wie die Gleichstellung der Frauen, die Integration von sozial benachteiligten Gruppen, den Wissenstransfer usw. Man kann deshalb durchaus mit Schimank feststellen, dass Hochschulen „Gemischtwarenläden" (Schimank 2001a) sind, die über einen ganzen Strauß von Zielen verfügen. Hierbei ist es eher die Regel als die Ausnahme, dass die verschiedenen Ziele zumindest latent miteinander in Konflikt stehen.

In Bezug auf die Hochschulen führt so die Investition von Zeit in die Forschung zu einem geringeren Zeitbudget für die Lehre und umgekehrt. Im Hinblick auf die Ziele sind aber nicht nur Zielkonflikte auf der Ebene der Organisation relevant, sondern auch Zielkonflikte zwischen den Zielen der einzelnen Mitglieder und der Organisation, was zu der Frage überleitet, wer eigentlich die Zielsetzung(en) der Organisation festlegt.

Ganz allgemein werden die Ziele in der „dominanten Koalition" ausgehandelt. Diese setzt sich aus allen Gruppen zusammen, deren Interessen zu berücksichtigen sind (Cyert und March 1963, 27ff.), wobei sowohl interne als auch externe Gruppen Teil der dominanten Koalition sein können. Die Zusammensetzung dieser dominanten Koalition unterscheidet sich von Organisation zu Organisation und ist jeweils empirisch zu bestimmen. Für die Hochschulen ist so davon auszugehen, dass die verschiedenen Statusgruppen (Professorinnen und Professoren, Mittelbau, Studierende, Verwaltungspersonal), aber auch externe Akteure wie die politischen Parteien oder wirtschaftspolitische Gruppen (zum Beispiel Gewerkschaften, Arbeitgeberverbände) eine wichtige Rolle in der dominanten Koalition spielen.

Technologie

Neben der Sozialstruktur, den Beteiligten und Mitgliedern und den Zielen bildet die Technologie einer Organisation das vierte interne Element. Dabei ist von einem weiten Technologiekonzept auszugehen, es handelt sich also nicht nur um Maschinen oder die Fertigung an Fließbändern. Technologie meint ganz grundsätzlich die Art, wie ein Produkt hergestellt wird, wie Personen (wie erinnern uns an die Input-Mitglieder) „bearbeitet" werden usw. Es geht also um den „mechanism for transforming inputs into outputs" (Scott 1981, 17) innerhalb der Organisation. In Hochschulen sind dies also zum Beispiel ein Seminar und die Techniken der Wissensvermittlung in diesem oder aber auch ein Labor mit all seinen Apparaten, Messgeräten usw., in dem Forschung betrieben wird.

Zu betonen ist dabei, dass jede Organisation über Technologien verfügt, es aber erhebliche Unterschiede dahingehend gibt, ob diese Technologien verstanden, kontrolliert, routinisiert, effizient und effektiv sind. Während in aller Regel in einer Fabrik die Funktionsweise von Maschinen verstanden und kontrolliert wird, sie zudem zu einer routinisierten, effizienten und effektiven Produktion beitragen, trifft Gleiches eher nicht auf die Technologien der Hochschulen zu. Weder in der Forschung noch in der Lehre ist sichergestellt, dass die zum Einsatz kommenden Technologien – also die Art, wie aus einem Input ein Output produziert wird – verstanden und kontrolliert werden. Routine ist sowohl in der Forschung als auch in der Lehre eher nicht zielführend und ob die Forschung und Lehre effizient und effektiv sind, kann häufig auch nicht beurteilt werden – zumindest nicht kurzfristig.[59] Wir werden auf diesen Sachverhalt bei der Betrachtung von Hochschulen als organisierte Anarchien nochmals zurückkommen.

Umwelt

Die Umwelt bildet nach Scott das letzte Element von Organisationen. Mit Umwelt sind dabei die äußeren physikalischen, technologischen, kulturellen und sozialen Bedingungen einer Organisation gemeint. Um zumindest den Bestand zu erhalten, müssen sich Organisationen an diese Umwelt anpassen. Die bisher vorgestellten Elemente zeigen entsprechend die Abhängigkeit bzw. die enge Verflechtung von Organisation und Umwelt. So werden zum Beispiel die Erwartungen in der Organisation – als wichtiger Teil der Sozialstruktur – maßgeblich von Erwartungen von außerhalb der Organisation ermöglicht bzw. auch eingeschränkt. Auch die Ziele einer Organisation sind von der sozialen und kulturellen Umwelt mitbestimmt. Was als Ziel angesehen werden kann und welche Art von Unterstützung eine Organisation für ein verfolgtes Ziel erhalten kann, wird von der Gesellschaft bzw. von relevanten Teilen dieser bestimmt.

---

[59] Zu den hieraus resultierenden Herausforderungen für das Wissenschaftsmanagement vgl. Krücken (2008).

Wenden wir dies nun auf Hochschulen als Organisationen an, so wird deutlich, dass deren Ziele maßgeblich nicht in der Hochschule bestimmt werden, sondern von der Politik und dem Wissenschaftssystem als Umwelt der Hochschulen. Man denke in diesem Zusammenhang nur an die Umstellung auf die Bachelor-Master-Abschlüsse, die auf europäischer Ebene beschlossen wurden und dann als Vorgaben an die Hochschulen weitergereicht wurden. Auch die Sozialstruktur der Hochschulen wird zum Beispiel in Form von Hochschulgesetzen von Instanzen mitbestimmt, die außerhalb der Hochschulen zu lokalisieren sind. Das informelle Verhalten von Wissenschaftlerinnen und Wissenschaftlern in den Hochschulen hingegen wird maßgeblich von Normen und Werten der jeweiligen Disziplin oder der Scientific Community geprägt, kommt also auch aus der Umwelt der Organisation, also dem übergreifenden Wissenschaftssystem.

Wir können festhalten, dass Organisationen Systeme sind, die aus verschiedenen Elementen bestehen, die miteinander verbunden sind, interagieren und damit verschiedene Effekte hervorrufen. Organisationen können nur verstanden werden, wenn die Effekte der Interaktion zwischen den Elementen berücksichtigt werden. Eine Organisation kann folglich nicht nur über die Ziele oder die Mitglieder oder die Sozialstruktur erschlossen werden, sondern auch die Relationen zwischen diesen Elementen müssen berücksichtigt werden. Mit Scott: „We will miss the essence of organization if we insist on focusing on any single feature to the exclusion of all others" (Scott 1981, 19).

3.3.1.2   Die neo-institutionalistische Organisationstheorie und ihre Anwendung auf Hochschulen

Bereits die Beschreibung der Bestandteile einer Organisation macht auf die grundsätzliche Komplexität des Gegenstandsbereiches der Organisationstheorie aufmerksam. Aus diesem Grund kann es auch kaum überraschen, dass es eine Vielzahl von Organisationstheorien gibt, die jeweils unterschiedliche Sachverhalte in den Mittelpunkt stellen. Organisationstheorien fokussieren also aus ihrem komplexen Gegenstand bestimmte Eigenschaften und Beziehungsmuster und sind nicht fähig, das Gesamtgebilde Organisation zu erfassen. Welches Theorieangebot dann jeweils genutzt wird, ist an der jeweiligen Fragestellung und dem Erkenntnisgewinn auszurichten.

Wir können im Rahmen dieses Buches die Vielzahl von organisationstheoretischen Angeboten nicht umfassend darstellen, sondern verweisen hier auf die sehr guten Darstellungen von Kieser und Ebers (2006), Preisendörfer (2011), Kühl (2011) sowie Scott und Davis (2007), die auch eine Vielzahl von Literaturhinweisen auf die spezifischen Organisationstheorien beinhalten. Im weiteren Verlauf werden wir vielmehr exemplarisch für einen Ansatz – die neo-institutionalistische Organisationstheorie – Anwendungsbeispiele auf Hochschulen vorstellen. Dies ist darin begründet, dass dieser Ansatz momentan in der internationalen Forschung besonders häufig verwendet wird.

Wir wollen aber auch darauf hinweisen, dass in den letzten Jahren auch die Anwendung anderer allgemeiner Organisationstheorien zu neuen und interessanten Einsichten in der Hochschulforschung beigetragen hat. Hier wäre zum Beispiel die „resource dependence theory" zu nennen (grundlegend Pfeffer und Salancik 1978; für einen allgemeinen Überblick der Nutzung der Theorie und ihre Weiterentwicklung siehe zum Beispiel Hillman et al. 2009; Cobb und Davis 2010). So nutzt Nienhüser (2012) die „resource dependence theory" zur Erklärung der Zusammensetzung von Hochschulräten in Deutschland und Larmann (2013) analysiert die Situation kleiner Hochschulen in strukturschwachen Lagen mit diesem Ansatz.[60]

Im Folgenden wird zunächst die grundsätzliche Konzeption der Theorie des Neo-Institutionalismus anhand zentraler Texte erläutert, um dann in einem zweiten Schritt ausgewählte Anwendungsbeispiele zu betrachten.[61]

Der Neo-Institutionalismus ist einer der wichtigsten und populärsten Ansätze in der Organisationsforschung. Dies gilt sowohl für die allgemeine Organisationstheorie als auch für die auf Organisationen bezogene Hochschulforschung. So ist der Neo-Institutionalismus der mit Abstand am meisten benutzte theoretische Ansatz bei Arbeiten, die bei der renommierten US-amerikanischen „Academy of Management" eingereicht wurden (Davis 2006). Krücken und Röbken (2009) zeigen, dass die beiden klassischen Grundlagentexte dieser Theorierichtung, die Aufsätze von Meyer und Rowan (1977) und DiMaggio und Powell (1983), von Seiten der Hochschulforschung im Zeitverlauf immer häufiger rezipiert wurden.

Die Grundannahme des Neo-Institutionalismus ist – wie häufig bei sozialwissenschaftlichen Theorien – zunächst ausgesprochen simpel: Das Verhalten von Organisationen ist im Wesentlichen durch das Streben nach Umweltlegitimation geprägt. Die Orientierung am Kriterium der Legitimation resultiert aus der gesellschaftlichen Einbettung von Organisationen. Andere in der Organisationstheorie ebenfalls angenommene Entscheidungskriterien, etwa das Streben

---

[60] Weitere Bespiele der Anwendung allgemeiner Organisationstheorien können auch im von Wilkesmann und Schmid (2012) herausgegebenen Buch „Hochschulen als Organisation" gefunden werden.
[61] Weitere Arbeiten zur neo-institutionalistischen Hochschulforschung werden in Krücken und Röbken (2009) vorgestellt und diskutiert.

nach Effizienz oder die Berücksichtigung mikropolitischer Kalküle, sind demgegenüber von untergeordneter Bedeutung. Aufbauend auf dieser Grundannahme entstand ein dynamisches Forschungsprogramm, das die gesellschaftlichen Legitimationsbedingungen von Organisationen in ganz unterschiedlichen gesellschaftlichen Sektoren – von Nicht-Profit-Einrichtungen wie die meisten Hochschulen und Krankenhäusern über die öffentliche Verwaltung bis hin zu Wirtschaftsorganisationen – analysiert und organisationales Entscheidungsverhalten darüber zu erklären versucht (zur Einführung in Theorie und Empirie vgl. Hasse und Krücken 2005; sowie Walgenbach und Meyer 2007).

Der Ansatz heißt „Neo-Institutionalismus", weil er die in der Institutionentheorie grundlegende Annahme teilt, dass individuelles und kollektives Handeln nur durch übergeordnete gesellschaftliche Regelwerke – Institutionen – erklärbar ist. Diese Regelwerke können sowohl formaler als auch informaler Natur sein. Je nach Formalisierungsgrad rücken sie damit entweder in die Richtung rechtlicher Normen (wie Verbote) oder allgemein-gesellschaftlicher Konventionen (wie der Handschlag zur Begrüßung). Unabhängig vom Formalisierungsgrad wird jedoch unterstellt, dass man im gesellschaftlichen Miteinander weiß, wie man sich zu verhalten hat. Institutionen lassen sich demnach soziologisch als gesellschaftliche Erwartungsstrukturen definieren, die darüber bestimmen, was angemessenes Handeln und Entscheiden ist.

Im Unterschied zur klassischen Institutionentheorie in der Soziologie[62] ist der Bezugspunkt, auf den sich die Gesellschaft und ihre Regelwerke beziehen, in der neo-institutionalistischen Organisationstheorie nicht in erster Linie das Individuum, sondern die Organisation. Dies liegt einerseits am Gegenstand der neo-institutionalistischen Organisationstheorie, die in den weiteren Kontext der interdisziplinären Organisationsforschung eingebettet ist (Walgenbach und Meyer 2007; Greenwood et al. 2008). Andererseits gibt es für diesen unterschiedlichen Ausgangspunkt der Theoriebildung auch ein systematisches Argument. Dieses besteht darin, dass, wie von uns in Kapitel 2.2.1 kurz skizziert, gesellschaftshistorisch betrachtet, mehr und mehr gesellschaftliche Handlungsfähigkeit durch und in Organisationen erzeugt wird.

Die besondere Bedeutung von Organisationen für die moderne Gesellschaft, die in sämtlichen Handlungsbereichen zu beobachten ist, bedeutet aus Sicht der

---

[62] Es gibt auch eine klassische Institutionenökonomie (zum Beispiel den „Property Rights-Ansatz"), wobei der Unterschied zwischen dieser und neo-institutionalistischen Ansätzen in der Organisationsforschung darin besteht, dass in der Institutionenökonomie rechtliche Regelungen als Institutionen gesehen werden. Hingegen ist das Institutionenverständnis in dem auf Organisationen bezogenen Neo-Institutionalismus breiter, weil hier auch kulturelle Vorstellungen als Institutionen angesehen werden.

neo-institutionalistischen Organisationstheorie jedoch nicht, dass Organisationen nun zur „unabhängigen Variable" der gesellschaftlichen Entwicklung werden. Im Gegenteil: Organisationale Handlungen und Entscheidungen sind nicht das Ergebnis autonomer Wahl. Sie sind ohne den Rekurs auf ihre gesellschaftliche Umwelt und die dort vorherrschenden Regeln gar nicht denkbar. In diesem Sinne sind Organisationen – ebenso wie Individuen in der klassischen Institutionentheorie – eher als „abhängige Variable" der sie umgebenden Gesellschaft und ihrer Regeln zu verstehen. Dieser Grundgedanke wurde vor allem in den beiden zuvor ·genannten klassischen Grundlagentexten dieser Theorierichtung herausgearbeitet.

Ausgangspunkt des Aufsatzes von Meyer und Rowan (1977) ist die an Max Weber anschließende Frage, warum Organisationen formal-rationale Strukturen – wie die Festlegung von Zuständigkeiten und Kommunikationswegen oder die Buch- und Aktenführung – herausbilden. Die neo-institutionalistische Antwort lautet, dass Organisationen dies nicht tun, um ihre internen Handlungs- und Entscheidungsprozesse möglichst effektiv und effizient zu strukturieren. Vielmehr geht es darum, gesellschaftlich institutionalisierten Vorstellungen zu entsprechen, um darüber Legitimität in der gesellschaftlichen Umwelt der Organisation zu erzielen. Formalstrukturen in Organisationen, wie die zuvor benannten Weberschen Insignien der Bürokratie, aber auch moderne Managementkonzepte, sind also vor allem nach außen gerichtet.

Organisationen müssen den darin zum Ausdruck kommenden gesellschaftlichen Rationalitätserwartungen – von Meyer und Rowan als „Mythen" bezeichnet – entsprechen, um ihr Überleben zu sichern. Diese Erwartungskonformität bleibt jedoch eher äußerlich. Formalstrukturen leiten die tatsächlichen Abläufe in der Organisation, die Aktivitätsstruktur, nur sehr begrenzt an und sind mit dieser Ebene nur sehr lose verbunden. Man hat es also mit zwei Ebenen der organisationalen Wirklichkeit zu tun. Während man sich auf der Ebene der Formalstrukturen an veränderte Umwelterwartungen rasch und geradezu rituell anpassen kann, findet auf der Ebene der Aktivitätsstruktur „business as usual" statt.

Dass man diesen Ansatz auch für die Hochschulforschung fruchtbar machen kann, belegt zum Beispiel ein mit Studierenden durchgeführtes Lehrforschungsprojekt zu universitären Technologietransferstellen (Krücken 2003b). Mit Hilfe der von Meyer und Rowan (1977) entwickelten Überlegungen konnte gezeigt werden, warum universitäre Technologietransferstellen in Universitäten entgegen den Erwartungen, die zu ihrer Gründung geführt haben, nur eine sehr begrenzte Rolle spielen.

Transferstellen wurden in den 1980er Jahren an deutschen Universitäten flächendeckend aufgebaut. Es handelt sich hierbei um spezialisierte Einrichtungen, die den Transfer von Wissen und Technologien zwischen Universitäten und

Unternehmen beschleunigen sollten. Mit Hilfe von Leitfadeninterviews, die mit statistischem Material und Textdokumenten unterfüttert werden konnten, ließ sich zeigen, dass universitäre Transferstellen ein klassisches Beispiel für eine nach außen sichtbare Formalstruktur der Organisation sind, die mit der Aktivitätsstruktur nur sehr lose verbunden ist.

Die Gründung der Transferstellen erfolgte in dem untersuchten Bundesland nicht aufgrund des Versuchs von Universitäten, die Transferprozesse selbst und die darauf bezogenen universitären Entscheidungsstrukturen zu verbessern. Vielmehr ging der Impuls eindeutig von der Umwelt der Universitäten aus. Fast alle Befragten betonten, dass es das Wissenschaftsministerium war, das von den Universitäten mehr Aktivitäten in dem Bereich einforderte. Universitäten reagierten darauf, indem sie diese nach außen, d.h. vor allem für das Ministerium, sichtbaren Formalstrukturen etablierten.

Auf der Ebene der Aktivitätsstruktur konnte dadurch weiter „business as usual" stattfinden, und zwar in zweierlei Hinsicht: Erstens gaben die meisten Universitätsleitungen keine Aufwertung des Transfergedankens für die Gesamtorganisation zu erkennen; die mit dem Transfer verbundene „dritte akademische Mission" ist gegenüber den klassischen Missionen „Forschung" und „Lehre" eher von untergeordneter Bedeutung. Zweitens umgehen transferorientierte Wissenschaftlerinnen und Wissenschaftler, die es gerade in den angewandten Naturwissenschaften und den Ingenieurwissenschaften in hoher Anzahl gibt, in der Regel die Transferstellen und setzen nach wie vor auf persönliche und zumeist dyadische Beziehungen zu Unternehmen. Damit schützt die Formalstruktur „Transferstelle" nicht nur das zu Anfang eher geringe Interesse auf Seiten der Universitätsleitungen, sondern auch die tatsächlichen Transferaktivitäten vor der externen Beobachtung und Kontrolle.

Diese auf die Frühphase der Gründung von Transferstellen bezogenen Untersuchungsergebnisse haben sich insbesondere in Bezug auf das Interesse der Universitätsleitungen im Zeitverlauf zum Teil verändert, wenngleich sich nach wie vor das Gros der Transferbeziehungen nicht über die Organisationseinheit „Transferstelle" vollzieht (Kloke und Krücken 2010). Mit dem Ansatz kann man sehr gut sehen, dass Erwartungen, die der institutionalisierten Umwelt von Hochschulorganisationen entstammen – hier insbesondere der Politik – nicht ungefiltert auf die Organisation einwirken. Transferstellen stellen einen für die Hochschulorganisation wichtigen Puffer dar, um ständig steigende Umwelterwartungen für die Organisation abzufedern, handhabbar und gerade nicht direkt in organisationalen Wandel umzusetzen.

Es ist zu vermuten, dass derartige Prozesse auch bei Umsetzung anderer, in der gesellschaftlichen Umwelt als wünschenswert artikulierter Erwartungen an Hochschulen stattfinden. Im Sinne von Meyer und Rowan (1977) kann man beispielsweise auch den Ruf nach „Diversity", der „unternehmerischen Hochschule", Geschlechtergleichstellung und Forschungsexzellenz als in der gesellschaftlichen Umwelt von Hochschulen institutionalisierte Mythen verstehen, die zum Erhalt von Umweltlegitimation von hoher Bedeutung sind und in der Organisation vor allem zum Aufbau von Formalstrukturen führen, während die Ebene der Aktivitätsstruktur, auf der in erheblichem Maße „business as usual" stattfindet, nur lose hiermit verbunden ist.

Mit dem Beitrag von Meyer und Rowan (1977) wurde ein dezidiert gesellschaftsorientierter Blick auf Organisationen, wie er für den Neo-Institutionalismus typisch ist, etabliert. Die diesen Ansatz prägende Annahme der für Organisationen überlebenswichtigen Gewinnung von Legitimation über die Konformität mit gesellschaftlichen Umwelterwartungen wird in dem Beitrag von DiMaggio und Powell (1983) organisationstheoretisch weiterentwickelt. Sie leisten eine Präzisierung des bei Meyer und Rowan (1977) noch sehr offenen Verständnisses von gesellschaftlicher Umwelt sowie die fehlende Angabe der Mechanismen, durch die diese Umwelt auf die Organisation einwirkt und zur formalen Anpassung führt.

Unter gesellschaftlicher Umwelt wird das organisationale Feld verstanden, in dem sich die zu untersuchende Organisation bewegt. Dieses Feld setzt sich ebenfalls aus Organisationen zusammen, und zwar aus all den Organisationen, die die relevante Umwelt der Organisation bilden. Wenn man eine Wirtschaftsorganisation untersucht, besteht das organisationale Feld zum Beispiel aus konkurrierenden Firmen, Zulieferer- und Abnehmerbetrieben sowie politisch-regulativen Instanzen. Zwischen diesen Organisationen kommt es zu Strukturangleichungsprozessen, die Organisationen werden sich also immer ähnlicher. Für diese Prozesse verwenden sie den Ausdruck „institutionelle Isomorphie". Konkret benennen DiMaggio und Powell (1983) in ihrem theoretisch-konzeptionellen Beitrag drei Mechanismen, die diese Angleichung hervorrufen: Zwang, Imitation und normativer Druck.

Durch Zwang hervorgerufene Isomorphie entsteht vor allem durch staatliche Vorgaben, die sich in bindenden Rechtsvorschriften niederschlagen. Das gemeinsame Operieren in rechtlichen Umwelten führt zur Strukturangleichung von Organisationen; Beispiele sind etwa die durch das Steuerrecht erzwungene Buchführung, der durch das Haftungsrecht erforderliche Versicherungsschutz oder die durch das Vereinsrecht notwendige Ausarbeitung von Satzungen. Dies sind klassische und bereits von Max Weber in aller Deutlichkeit herausgestellte Aspekte der organisationalen Verrechtlichung. Darüber hinaus sind jedoch auch neuere Entwicklungen zu beobachten, die den durch Recht erzwungenen Strukturangleichungsprozess beschleunigen. Man denke hierbei insbesondere an die Berücksichtigung gesellschaftlich institutionalisierter Wertvorstellungen hinsichtlich Frauen-, Minderheiten- und Umweltbelangen im Recht, die organisationsübergreifend u.a. in der Etablierung von Stellen und der Benennung von Beauftragten ihren Ausdruck finden. Mimetischer Isomorphismus bzw. Imitation ist ein typischer Angleichungsmechanismus bei hoher Unsicherheit. Unklare Ursache-Wirkungs-Zusammenhänge, heterogene Umwelterwartungen und der Mangel an eindeutigen Problemlösungstechnologien führen zu Prozessen wechselseitiger Beobachtung und Imitation. Als besonders erfolgreich und legitim wahrgenommene Modelle diffundieren daher rasch über Organisationsgrenzen hinweg; sie gelten als „Blaupause" für andere Organisationen im Feld und bewirken deren Konvergenz.

Als dritter Mechanismus zur Herstellung von Isomorphie wird normativer Druck identifiziert. Normativer Druck wird insbesondere durch Professionen erzeugt. Sie liefern ihren Angehörigen einen Orientierungsrahmen, der normative Bindungen entfaltet und zur Bevorzugung spezifischer, fall- und organisationsübergreifender Problemlösungsmuster führt.

Auch dieser Ansatz lässt sich für die Hochschulforschung fruchtbar machen, wie wiederum ein mit Studierenden durchgeführtes Lehrforschungsprojekt zeigt (Krücken 2007). In diesem Projekt wurden die Triebkräfte und die Dynamik der Umstellung auf Bachelor- und Master-Studiengänge im organisationalen Feld, in dem sich deutsche Hochschulen bewegen, in der Frühphase analysiert. Unter Berücksichtigung der Mechanismen „Zwang", „Mimese" und „normativer Druck" lässt sich die rasche Umstellung auf Bachelor- und Master-Studiengänge analytisch erfassen und erklären.

Auch hier fand methodisch wiederum eine Kombination aus Leitfadeninterviews sowie der Analyse von statistischem Material und Textdokumenten statt. Im Ergebnis zeigt sich, dass die untersuchten Universitäten derartige Studiengänge nur in wenigen Fällen „bottom up" einrichten. Vielmehr spielte der staatliche Zwang aus Sicht ganz unterschiedlicher Interviewpartner im „organisationalen Feld" die zentrale Rolle in dem Umstellungsprozess. Auch mimetische Prozesse waren von Bedeutung. Dies gilt einerseits für direkte Verhaltensabstimmungen zwischen Universitäten in spezifischen regionalen Settings. Andererseits ließen sich fächerspezifische Beobachtungs- und Abstimmungsprozesse aufspüren, in denen eine starke Orientierung an Trendsettern stattfand. Hinsichtlich des normativen Drucks sind vor allem die neu geschaffenen Akkreditierungsagenturen hervorzuheben, die allerdings nicht als Alternative, sondern als Ergänzung zur staatlichen Steuerung wahrgenommen werden.

Ebenso wie die an Meyer und Rowan (1977) anschließende Studie zu universitären Transferstellen fordert das an DiMaggio und Powell (1983) orientierte Projekt zur Bachelor-Master-Umstellung zu weitergehenden Überlegungen auf.

Beiden Untersuchungen ist gemeinsam, dass sie zeigen, wie stark das deutsche Hochschulsystem und seine Hochschulorganisationen trotz aller in Kapitel 3.2 diskutierten Veränderungen der Governance der Hochschulen weiterhin durch den Staat als dem zentralen Umweltakteur geprägt sind. Andere denkbare Umwelten, wie die Wirtschaft bei der Errichtung von Transferstellen oder potentielle Studierende bei der Umstellung auf Bachelor-/Master-Studiengänge, spielen nur eine untergeordnete Rolle.

Die meisten neo-institutionalistischen Studien, die mit dem Konzept von DiMaggio und Powell (1983) arbeiten, betonen die besondere Bedeutung mimetischer Prozesse zwischen strukturell gleichartigen Organisationen (vgl. Mizruchi und Fein 1999). Demgegenüber ist in dem hier analysierten organisationalen Feld vor allem die Wahrnehmung des Mechanismus „Zwang" über direkte staatliche Vorgaben von zentraler Bedeutung, die den Isomorphieprozess forciert haben. Beide hier skizzierten Beispiele für den Ertrag der neo-institutionalistischen Perspektive für die Hochschulforschung bezogen sich auf die Frühphase von Institutionalisierungsprozessen. Wichtig wäre darüber hinaus eine längerfristig angelegte Prozessperspektive. Ein Beispiel hierfür ist die Studie zur Veränderung der Kanzlerposition an den deutschen Hochschulen von Blümel (2015).

Theoretischer Ausgangspunkt seiner Arbeit ist das Konzept der „institutionellen Logiken". Dieses Konzept ist aus der Kritik innerhalb des Neo-Institutionalismus an den beiden zuvor skizzierten Ursprungstexten zu verstehen. Unter Stichworten wie „institutioneller Unternehmer", „institutionelle Arbeit" sowie nicht zuletzt „institutionelle Logiken" wird betont, dass Organisationen auch ihre Umwelt beeinflussen können und Umwelterwartungen in sich vielfach heterogen und widersprüchlich sind, so dass Organisationen sich aktiv mit ihrer Umwelt auseinandersetzen müssen, während ein Modell der reinen Umweltanpassung zurückgewiesen wird (vgl. die Beiträge in Greenwood et al. 2008).

Empirisch wird gezeigt, dass der Wandel der Kanzlerposition Teil des institutionellen Wandels der Hochschulorganisation ist. Dieser Wandel schlägt sich auch in veränderten Erwartungen an die Verwaltungsleitung nieder.

Auf der Grundlage unterschiedlicher Datenquellen (Hochschulgesetze, Stellenanzeigen, quantitative Befragung, Lebensläufe) wird von Blümel die These entwickelt, dass sich das an die Kanzlerrolle gestellte Erwartungsbündel im Zuge von New Public Management-Reformen von einer akademisch-bürokratischen „Verwaltungslogik" zu einer post-bürokratischen „Managementlogik" entwickelt. Beide Logiken sind insofern als institutionelle Logiken zu begreifen, als sie breit im Organisationsfeld „Hochschulen" institutionalisiert sind und die konkrete Auswahl von Organisationsmodellen beeinflussen.

Mit den sich wandelnden Aufgaben entsteht ein primär managerielles Rollenbild, in dem weniger die Orientierung am Recht als vielmehr die Bedeutung des Organisationserfolgs und die Notwendigkeit ökonomischer Kompetenzen von Bedeutung sind. Aufgrund der Langfristigkeit der Analyse und der Unterschiedlichkeit der verwendeten Datenquellen zeichnet Blümel (2015) in seiner Analyse ein sehr differenziertes Bild der Wirksamkeit beider Logiken im Feld. Was zunächst wie ein Paradigmenwechsel aussieht, in dem eine Logik durch die andere Logik ersetzt wird, stellt sich weitaus vielschichtiger dar. So zeigt seine historisch-soziologische Untersuchung, dass man sehr häufig die Koexistenz unterschiedlicher institutioneller Logiken beobachten kann. Zudem sind historisch kontingente Pfadabhängigkeiten prägend für den institutionellen Wandel.

Nimmt man das zuvor dargestellte Modell von Scott, in dem er zwischen fünf Kernelementen von Organisationen unterscheidet, so gilt für den Neo-Institutionalismus, dass bei Berücksichtigung aller Elemente hier vor allem das der „Umwelt" in den Vordergrund rückt. Neuere Beiträge diskutieren verstärkt die konstitutive Bedeutung der anderen Elemente, die sich stärker auf die Binnenstruktur von Organisationen, ihre historisch gewachsenen Pfadabhängigkeiten, ihre Mitglieder und Handlungspotentiale konzentrieren. Derartige Erweiterungen eröffnen nicht nur der neo-institutionalistischen Organisationsforschung neue theoretische und empirische Perspektiven, sondern auch der Hochschulforschung. Die grundsätzliche Offenheit des Neo-Institutionalismus, unter dessen Dach sich unterschiedliche Ansätze versammeln, ist vor allem als Einladung zu verstehen, selbst aktiv forschend tätig zu werden, um Kontinuität und Wandel von Hochschulorganisationen eingehender zu untersuchen. Dabei sind insbesondere die frühen neo-institutionalistischen Arbeiten um eine Perspektive zu erweitern, in denen komplementär zu der im Neo-Institutionalismus so deutlich hervorgehobenen Umweltanpassung die theoretische Beschäftigung – auch mit alternativen Theorieangeboten – mit organisationsinternen Prozessen wie Macht- und Symbolstrukturen, Interaktionsprozessen und Entscheidungsverfahren stehen müsste.[63]

3.3.2 Spezielle Ansätze zur Hochschulorganisation

Mit den allgemeinen Organisationstheorien standen bisher eher die Gemeinsamkeiten von Organisationen im Mittelpunkt. Dies hatte zum Ziel zunächst einige grundlegende Konzepte und Theorien der Organisation zu verdeutlichen. In

---

[63] Für eine aktuelle Darstellung von Herausforderungen und Weiterentwicklungsmöglichkeiten siehe auch Kirchner et al. (2015).

Bezug auf Hochschulen finden wir aber auch Ansätze in der Organisationsforschung, die deutlich stärker auf die Eigenarten der Hochschule als Organisation fokussieren und damit die Unterschiede zu anderen Organisationen hervorheben. Hierbei werden Hochschulen allerdings nicht als alleiniges Forschungsobjekt betrachtet, sondern vielmehr beschäftigen sich diese Ansätze mit bestimmten Organisationstypen[64], wobei die Hochschulen dann jeweils diesen Typen zugeordnet sind. Es handelt sich also nicht um Ansätze, die speziell und nur für Hochschulen entwickelt wurden. Das heißt dann auch, dass eine spezifische und zugleich umfassende Organisationstheorie der Hochschule zumindest bisher nicht vorhanden ist.

Um die Besonderheiten der Hochschule als Organisation zu erfassen, werden traditionell insbesondere drei Ansätze verwendet: Hochschulen als lose gekoppelte Systeme, Hochschulen als Professionsorganisation und Hochschulen als organisierte Anarchien. Alle drei Ansätze machen dabei auf wichtige Unterschiede zwischen Hochschulen und dem Modell der formal-bürokratischen Organisation im Sinne von Max Webers Bürokratiemodell (Weber 1976) aufmerksam.

Dieses Bürokratiemodell beschreibt Organisationen als soziale Einheiten, die insbesondere durch formale Regeln dominiert werden. Die formalen Regeln bestimmen zum Beispiel, wie Aufgaben erfüllt werden müssen, wer welche Aufgaben zu erfüllen hat und wer wem Anweisungen geben kann bzw. wer wessen Arbeit kontrollieren darf. All diese formalen Regeln führen im Modell von Weber zu einer rationalen und funktionalen Koordination innerhalb der Organisation und stellen sicher, dass das Organisationsziel möglichst effizient erreicht wird.

Der Ansatz der losen Kopplung, die Beschreibung der Professionsorganisationen und der organisierten Anarchie zeigen allerdings, dass dieses rationale Bild der Organisation (nicht nur) für Hochschulen angepasst werden muss. Um diese Anpassungen nachzuvollziehen und damit auch die Besonderheiten der Hochschule als Organisation zu erfassen, werden diese drei Ansätze in ihren Grundzügen im Folgenden beschrieben. Am Ende der jeweiligen Darstellungen der Ansätze finden sich dann Hinweise darauf, wie die jeweilige Perspektive nutzbar gemacht werden kann, um die neueren Reformbemühungen in Deutsch-

---

[64] Es gibt eine Vielzahl dieser Typologien in der Organisationsforschung, die auf sehr unterschiedlichen Sachverhalten aufbauen bzw. jeweils andere Aspekte betonen und auch jeweils unterschiedliche Organisationen unter einem „Label" zusammenfassen (vgl. zum Beispiel Scott 1981, 27ff.; Apelt und Tacke 2012).

land analytisch zu erfassen. Wir versuchen hier also Hinweise auf aktuelle Anwendungsmöglichkeiten zu geben.

Während die drei traditionellen Ansätze in der Organisationsforschung (lose Kopplung, Professionsorganisation, organisierte Anarchie) betonen, dass es sich bei Hochschulen um spezifische Organisationen handelt, wird dies in neueren Veröffentlichungen relativiert. Diese Relativierung hängt grundlegend mit den bereits mehrfach behandelten international feststellbaren Reformen der Hochschulen seit Anfang der 1980er Jahre zusammen und wird momentan unter dem Konzept der Konstruktion von Complete Organizations behandelt. Diesem neueren Ansatz und der Frage, wie spezifisch die Hochschulen nach den vielfältigen Reformen der letzten Jahre noch sind, widmet sich der letzte Teil dieses Kapitels.

3.3.2.1 Hochschulen als lose gekoppelte Organisationen

Während die Organisationsforschung in der Regel eines oder mehrere der von Scott beschriebenen Elemente der Organisation als Ausgangspunkt ihrer Überlegungen nutzt bzw. in den Mittelpunkt rückt, ist dies bei der Perspektive der losen Kopplung nicht der Fall. Hier wird vielmehr vor allem die Art der Verbindung der Elemente der Organisation in den Mittelpunkt gerückt. Während also in dem zuvor eingeführten Modell von Scott die Relationen der Elemente durch Pfeile gekennzeichnet sind und quasi implizit damit Verbindungen angenommen werden, wird diese implizite Annahme durch Weick (1976) einer genaueren Betrachtung unterzogen.

Weick (1976) entwirft – basierend auf Vorarbeiten von Thompson (1967) und Glassman (1973) – ein „neues Bild" der Organisation. Im Mittelpunkt steht dabei, dass Elemente von Organisationen nicht immer feste Verbindungen aufweisen und diese lose Kopplung für Organisationen vorteilhaft sein kann.[65] Lose Kopplungen zwischen Elementen der Organisation sind keine Entdeckung von Weick, sondern spielten auch in anderen Theorien eine Rolle. Allerdings wurden diese losen Kopplungen vor allem als nicht rational bzw. dysfunktional für Organisationen angesehen.

Das neue Bild von lose gekoppelten Organisationen ist deshalb ein Gegenentwurf zu einem Bild der Organisation, welches auf Grundlage des Weberschen

---

[65] Im Rahmen der obigen Darstellung der neo-institutionalistischen Organisationstheorie haben wir ein solches Beispiel mit der Entkopplung von Formalstruktur und Aktivitätsstruktur schon kennengelernt. Vorteilhaft ist diese Entkopplung, weil sie einerseits über die Formalstruktur Legitimität für die Organisation absichert bzw. generiert, andererseits aber potentielle negative Auswirkungen der Erwartungen der Umwelt auf die operativen Prozesse verhindert werden.

Bürokratiekonzeptes feste und kontinuierliche Relationen zwischen Elementen der Organisation als einzig rationale und funktionale Struktur ansieht. Weick konstatiert zwar, dass es Teile in Organisationen gibt, die dem bürokratisch rationalen System entsprechen, dass aber andere Organisationsteile nicht hinreichend durch das bürokratische Organisationskonzept beschrieben werden können. Hinzu kommt, dass die Anteile von festen und losen Kopplungen zwischen Organisationen variieren. Zur Veranschaulichung seiner These argumentiert Weick, dass Bildungsorganisationen wie Schulen und Hochschulen durch eine hohe Anzahl von losen Kopplungen geprägt sind und dennoch eine hohe Stabilität und Legitimität aufweisen.

Woran erkennt man aber nun, ob bzw. was lose oder fest gekoppelt ist? Kopplungen stellen ganz grundsätzlich Relationen zwischen Elementen, Strukturen oder Abläufen innerhalb von Organisationen dar. Stehen nun Elemente oder Strukturen in einer Relation zueinander, stellt Weick auf die Art dieser Relationierung ab bzw. auf den Mechanismus, der die Verbindung herstellt. Die drei Mechanismen, die nach Weick eine feste Kopplung ermöglichen, werden im Folgenden vorgestellt.

Technical core of the organization

Dieser Kopplungsmechanismus verbindet nach Weick Elemente innerhalb der Organisation durch ihre Funktion bzw. Funktionsabhängigkeit miteinander (Weick 1976, 4). Nur durch eine feste Kopplung der Elemente kann die Hauptfunktion – man könnte auch sagen das Primärziel – der Organisation erreicht werden.

Hochschulen weisen allerdings kaum feste Kopplungen in Bezug auf die Funktionserfüllung auf. Diese lose Kopplung bei den Hochschulen lässt sich mit Clark (1983, 14) dadurch erklären, dass in Hochschulen aufgrund der wissenschaftlichen Spezialisierungstendenzen eine Vielzahl von Disziplinen und Fächer versammelt ist und diese Disziplinen und Fächer Wissen autonom prozessieren. Hochschulen haben also in diesem Sinne kein primäres Ziel, das die unterschiedlichen Einheiten dazu zwingt zusammenzuarbeiten. So ist die Forschung und Lehre in den Geschichtswissenschaften unabhängig von der Forschung und Lehre in der Physik. Beide Wissenschaftsbereiche sind deshalb im Hinblick auf die Verfolgung der Organisationsziele von Forschung und Lehre nicht voneinander abhängig, sondern sie sind lose gekoppelt. Zudem sind innerhalb einer Fakultät oder einer Disziplin die beiden Kernfunktionen Forschung und Lehre nur lose gekoppelt. Das im Forschungsprozess relevante Wissen ist sehr viel avancierter und ergebnisoffener als das Wissen, das in der Lehre vermittelt wird.

Die geringe Funktionskopplung entspringt also letztlich daraus, dass hochspezialisiertes Wissen das Arbeitsmaterial der Hochschulen ist.

Authority of office

Bei diesem Kopplungsmechanismus werden die Elemente durch eine hierarchische Über- und Unterordnung miteinander verbunden (Weick 1976, 4). Auch hier finden wir in Hochschulen nur wenige feste Kopplungen. Professoren und Professorinnen sind zum Beispiel in Deutschland auch aufgrund der verfassungsrechtlich garantierten Forschungs- und Lehrfreiheit kaum in hierarchische Strukturen eingebunden. Vielmehr zeichnet sich die Professorenrolle durch hohe Entscheidungsautonomie und hohen Status aus, wodurch trotz aller Organisationsreformen ein „Durchgriff" der Leitungsebene auf die Arbeitsprozesse in Forschung und Lehre effektiv verhindert wird (Hüther und Krücken 2013). Zudem ist auch eine Motivation der Professoren und Professorinnen durch finanzielle Anreize eher nicht erfolgsversprechend (Hüther und Krücken 2015; Welpe et al. 2015).

Hinzu tritt, dass bis zu den jüngeren Governancereformen (vgl. Kapitel 3.2) das traditionelle Entscheidungszentrum der Hochschulen nicht die Organisationsspitze war, sondern das in der Mehrheit von Professoren und Professorinnen besetzte kollegiale Gremium des akademischen Senats. Auf der Fakultätsebene war dann wiederum nicht der Dekan bzw. die Dekanin die zentrale Entscheidungsinstanz, sondern wiederum der mit einer Professorenmehrheit ausgestattete Fakultätsrat.

Erklärbar wird die lose Kopplung in der Autoritätsstruktur letztlich ebenfalls durch die Arbeitsprozesse mit spezialisiertem Wissen. Der Umgang oder die Arbeit mit spezialisiertem Wissen überfordert in dieser Lesart nämlich hierarchisch übergeordnete Stellen. Sie könnten zwar Entscheidungen treffen, das Problem ist aber, dass sie selbst nicht über das spezialisierte Wissen verfügen – also ein Informationsdefizit aufweisen – und die Entscheidungen deshalb Gefahr laufen, ihr Ziel zu verfehlen. In solchen Situationen tendieren Organisationen dazu, Autorität nach unten zu delegieren und Entscheidungen dort treffen zu lassen, wo das nötige Wissen vorhanden ist. Diesen Sachverhalt kennen wir schon als Informationsproblem bei hierarchischer Koordination (vgl. Kapitel 3.2.1).

Kontrolle

Ein mit der „authority of office" verbundener Mechanismus der Kopplung ist der der Kontrolle. Findet eine Kontrolle in der Organisation statt, dann werden hierdurch feste Kopplungen etabliert. Zwei Bereiche sind für Weick im Hinblick auf Kontrolle besonders interessant (Weick 1976, 11): erstens „inspection" (wie gut wird die Arbeit gemacht?) und zweitens „certification" (wer macht die Arbeit?). Kontrolle kann sich also zum einen auf die Qualität der Arbeitserfüllung oder zum anderen auf den Zugang, die Ausbildung bzw. Funktionsfestlegung der Mitglieder beziehen.

In Hochschulen lassen sich aber nur schwache Kontrollen der Arbeitserfüllung in Bezug auf die Professoren und Professorinnen finden. Auch dies liegt neben Macht- und Statusaspekten daran, dass eine Kontrolle des Umgangs mit spezialisiertem Wissen nur schwer möglich ist, wenn der Kontrolleur nicht ebenfalls über dieses Wissen verfügt.[66] Auch dieser Sachverhalt ist uns grundsätzlich bei der Beschreibung der hierarchischen Koordination bereits begegnet oder anders, der Umgang mit spezialisiertem Wissen innerhalb der Hochschulen verstärkt das der hierarchischen Koordination inhärente Kontrollproblem.

Hingegen werden die Kontrollmechanismen des Zugangs, der Funktionsfestlegung und der jeweiligen Rechte der Hochschulmitglieder stark betont (Weick 1976, 11f.), was zum Beispiel an den aufwendigen Berufungsverfahren für Professorinnen und Professoren deutlich zu erkennen ist (Kühl 2007, 7; Musselin 2010). Diese aufwendigen Verfahren werden erklärbar durch die geringen Kopplungen innerhalb der Hochschulen über die Funktion, die Autoritätsstruktur und die Kontrolle der Arbeitserfüllung. Die Organisation versucht hier, eine Kompensation durch ein aufwendiges Zugangsverfahren herbeizuführen.

Für Hochschulen stellen wir also fest, dass die in bürokratisch-rationalen Organisationen typischen Kopplungsmechanismen kaum eine Rolle spielen. Weder finden sich eine besondere Funktionsabhängigkeit der Elemente noch eine ausgeprägte Hierarchie bzw. eine Kontrolle im Hinblick auf die Güte der Arbeitserfüllung. Dennoch handelt es sich um stabile Organisationen (Weick 1976, 4).

Aus der Perspektive des formal-bürokratischen Organisationsmodells kann diese Stabilität nicht erklärt werden, weil lose Kopplungen als problematisch im Hinblick auf die Zielerreichung angesehen werden. Die Stabilität kann dann nur

---

[66] Hingegen finden wir auf der Ebene der Lehrstühle in Deutschland bei dieser Kontrolldimension eine festere Kopplung, da Professoren und Professorinnen in der Regel über das Wissen verfügen, um ihre Mitarbeiter und Mitarbeiterinnen zu kontrollieren. Ob und wie sie dies tatsächlich einsetzen, ist allerdings eine andere Frage.

dadurch erklärt werden, dass lose Kopplungen Vorteile für eine Organisation haben, die bisher nicht beachtet wurden. Zu diesen Vorteilen gehört nach Weick zum Beispiel, dass verschiedenartige Anpassungen an veränderte Umweltbedingungen der lose gekoppelten Einheiten möglich sind, ohne die gesamte Organisation zu betreffen. So finden sich in lose gekoppelten Organisationen viele kleine und schnelle Anpassungen, die nur deshalb möglich sind, weil sie keine direkten Auswirkungen auf die mit dieser Einheit nur lose gekoppelten anderen Einheiten haben. Dies ermöglicht eine Vielzahl an lokal begrenzten Innovationen, etwa im Bereich der Lehre, da das Experimentieren mit neuen Lehr-/Lernformen sich häufig nur auf ein Fach oder gar einen Studiengang bezieht. Damit verbunden ist auch, dass Fehlfunktionen in einer Einheit nicht auf die gesamte Organisation übergreifen. So haben schlechte Lehre und Forschung in der Physik keine Auswirkungen auf die Soziologie und umgekehrt.

Ein weiterer potentieller Vorteil von lose gekoppelten Organisationen ist eine größere Zufriedenheit der Mitglieder. Diese kann durch die geringere Kontrolle und die damit verbundenen größeren Entscheidungsspielräume entstehen. Hinzu kann dann auch eine höhere Identifikation mit der Organisation treten, was wiederum als Vorteil für die Organisation anzusehen ist und insbesondere deren Stabilität erhöhen kann (eine systematische Aufzählung weiterer potentieller Vorteile findet sich in Orton und Weick 1990, 210ff.).

Der Aufsatz von Weick ist nun über 40 Jahre alt und es stellt sich deshalb die Frage, ob der Ansatz für aktuelle Fragestellungen der Hochschulforschung noch relevant ist. Unserer Einschätzung nach ist dies so, wie wir im Folgenden begründen werden. Wir wollen dies dadurch verdeutlichen, dass mit Hilfe des Ansatzes nachvollzogen werden kann, an welchen Besonderheiten der Hochschulorganisation die Reformen der letzten Jahre versuchen, Veränderungen zu erreichen.

Dabei zeigt sich, dass die angestrebte größere interne Hierarchisierung der Hochschulen im Rahmen der NPM-Reformen als Versuch zu interpretieren ist, eine festere Kopplung von Fakultäten, Instituten und Professoren bzw. Professorinnen durch eine Stärkung der „authority of office" zu erreichen.

Die vielfältigen neuen Instrumente der Evaluation von Hochschulen weisen hingegen darauf hin, dass versucht wird, die Kontrolle über den Mechanismus der „inspection" zu erhöhen. Hier wäre zum Beispiel an die Ziel- und Leistungsvereinbarungen zwischen Hochschulen und Staat, zwischen Hochschulzentrale und Fakultäten aber auch zwischen Hochschulzentrale und einzelnen Professoren und Professorinnen zu denken. Auch die flächendeckende Nutzung von Lehrevaluationen kann als Ausdruck des Versuchs einer verstärkten Kontrolle im Hinblick auf die Arbeitsleistung gesehen werden.

Auch in Bezug auf die Einführung des Bachelor-Master-Systems lässt sich der Ansatz der losen Kopplung nutzen. Die mit diesem System eingeführten Anforderungen an Modulbeschreibungen, die Zusammenfassung von Lehrveranstaltungen in Module und die Vergabe von Credit Points führen im Bereich der Lehre zur verstärkten Kopplung der einzelnen Lehrinhalte und Veranstaltungen. In Bezug auf die Lehre wird hierdurch eine stärkere Funktionsabhängigkeit etabliert, weil die Veranstaltungen innerhalb der Module und die Module insgesamt auf ein festgeschriebenes Ziel ausgerichtet werden. Zwar ist dies nicht völlig neu – man denke nur an traditionelle Studienpläne – aber die Abhängigkeit wird zum einen durch die umfassende Dokumentation der Studiengänge und zum anderen durch die Prüfung im Rahmen der Akkreditierung verstärkt. Diese Verstärkung bezieht sich zwar nicht auf die Hochschulen insgesamt, aber auf die Studiengänge als relevante Elemente der Hochschulen.

Mit der Perspektive der losen Kopplung rücken die Auswirkungen der Reformen auf Relationen zwischen Elementen in den Blickpunkt. Es wird dabei möglich eine Metaperspektive einzunehmen, um die verschiedenen und offensichtlich nicht verbundenen Reformen unter einem gemeinsamen Aspekt – dem der Auswirkungen auf Kopplungen in der Organisation – zu betrachten. Sichtbar wird dann, dass die Reformen als Versuch interpretiert werden können, die Konfiguration von Kopplungen in der Hochschulorganisation zu verändern.

3.3.2.2 Hochschulen als Professionsorganisationen

Ausgangspunkt dieses Ansatzes ist, dass es einige Organisationen gibt, in denen Professionelle eine zentrale Rolle für die Organisation spielen und diese Organisationen deshalb über abweichende Strukturen gegenüber dem bürokratischen Organisationsmodell verfügen. Professionelle sind dabei bestimmte Berufsgruppen, die sich unter anderem dadurch auszeichnen, dass sie komplexe Probleme lösen und eine hohe Autonomie im Arbeitsvollzug besitzen. Klassische Beispiele für Professionelle sind Ärzte, Anwälte aber auch Professoren. Daraus folgend sind Krankenhäuser, Anwaltskanzleien und Hochschulen typische Beispiele für Professionsorganisationen.

Versuchen wir auch hier diese Perspektive an das Organisationsmodell von Scott anzubinden, ergibt sich Folgendes: Da Professionsorganisationen bei dem Element der Mitglieder eine Dominanz von Professionellen aufweisen, kommt es auch bei anderen Elementen der Organisation zu Veränderungen. Wie wir gleich noch zeigen werden, verändert sich zum Beispiel die Sozialstruktur dahingehend, dass die Normen und Werte einer Profession eine wichtige Rolle in der Organisation spielen. Gleichzeitig verändert sich zum Beispiel auch der Umweltbezug der Organisation, weil die Profession – anders als bei anderen Organisationen – zum zentralen Umweltbezug wird.

Bevor wir allerdings zu einer Beschreibung der Professionsorganisation kommen können, muss zunächst – wenn auch ganz knapp – erläutert werden, was eigentlich eine Profession ist bzw. was Professionelle sind und warum sich mit deren Mitgliedschaft auch die anderen Elemente der Organisation verändern.

3.3.2.2.1 Professionen

Professionen sind bestimmte Berufsgruppen innerhalb des Berufssystems, die spezifische Merkmale und Strukturen aufweisen. Zunächst repräsentiert eine Profession eine abstrakte Wissensstruktur und die Fähigkeit, dieses Wissen anzuwenden. Das Wissen ist dabei nicht einfach ableitbar, sondern enthält einen großen Ermessensspielraum des Professionellen in der Anwendung. Damit verbunden ist, dass die Anwendung auch immer scheitern kann (Luhmann 2002, 148). Aus diesem Grund ist das Handeln nicht durch standardisierte oder formalisierte Ablaufregeln bestimmt, die eine einfache Übertragung auf verschiedene Situationen ermöglichen, sondern es ist darauf ausgerichtet, eine individuelle und flexible Bearbeitung von Einzelfällen zu ermöglichen. Einer Standardisierung und Bürokratisierung von Arbeitsabläufen sind deshalb in professionellen Kontexten enge Grenzen gesetzt. Im Vergleich zu anderen Berufsgruppen zeichnen sich deshalb Professionen auch durch eine hohe Autonomie im Arbeitsvollzug aus.

Anstatt die Arbeit durch Standardisierung und Bürokratisierung zu kontrollieren, wird in Professionskontexten viel stärker auf die Eigenkontrolle und die gegenseitige Kontrolle der Professionellen vertraut. Grundlage der Eigenkontrolle ist, dass Professionelle im Laufe ihrer Ausbildung nicht nur Wissen, sondern auch Standards, Programme, Normen und Werte vermittelt bekommen. Die gesamte Ausbildungsphase des Professionellen ist deshalb neben der Vermittlung von Wissen durch eine „Sozialisation in eine Berufsgruppe" (Stichweh 1994b, 357) geprägt, die darauf abzielt, eine Internalisierung von Normen, Werten und Standards der Berufsgruppe zu erreichen. Diese internalisierten Standards, Normen und Werte führen dann auch zu einer Eigenkontrolle (Mintzberg 1989, 185) oder mit Foucault (1977) zur „Selbstdisziplinierung" der Professionellen (vgl. hierzu auch Martin et al. 1993).

Neben Eigenkontrolle wirkt die Orientierung an den anderen Professionsmitgliedern ebenfalls als Kontrollinstanz (Klatetzki und Tacke 2005, 13f.). Diese Orientierung entsteht vor allem dadurch, dass für die Karriere von Professionellen das Ansehen bei den anderen Professionellen von entscheidender Bedeutung ist. Erst wenn die Selbstkontrolle und der Anpassungsmechanismus der Orientierung an der Profession versagen und ein Professioneller gegen die Standards und Normen der Profession verstößt, kann es zu einer Sanktionierung des Professionellen durch die anderen Mitglieder der Profession kommen. Intern sind professionelle Zusammenhänge nicht durch formale Autoritätszuweisungen, sondern durch Fachwissen geprägt. Daraus folgt, dass nicht die Amtsautorität, sondern die Fachautorität die dominierende Macht in professionellen Zusammenhängen ist (Mintzberg 1989, 175).

Dieses eher traditionelle Verständnis von Professionen wurde innerhalb der Professionssoziologie später als funktionalistisch bzw. idealisierend kritisiert. Demgegenüber wurde in der weiteren Diskussion verstärkt eine machttheoretische Perspektive auf Professionen eingenommen.[67] Hier wird weniger betont, dass Professionen Autonomie oder einen herausgehobenen gesellschaftlichen Status erhalten, weil sie wichtige Funktionen für die Gesellschaft erfüllen, sondern vielmehr, dass Professionen Autonomie haben, weil sie es geschafft haben, der Gesellschaft glaubhaft zu vermitteln, sie würden wichtige Funktionen erfüllen. Sie tun dies, um Vorteile wie Autonomie, Prestige, Gehalt usw. zu maximieren. Professionen gibt es demnach nicht aufgrund einer zentralen Funktionserfüllung, sondern aufgrund von Machtprozessen, in deren Verlauf bestimmte Berufsgruppen Vorteile durchsetzen.

Trotz dieser nicht unerheblichen Unterschiede können wir als gemeinsames Charakteristikum funktionalistischer und machttheoretischer Ansätze festhalten, dass in beiden Theorien die Profession insgesamt und die einzelnen Professionellen über eine hohe Autonomie in ihren jeweiligen Arbeitskontexten verfügen. Die Kontrolle der Professionellen wird dabei durch die Profession selbst abgesichert. Die Koordination von Handlungen innerhalb der Professionen steht deshalb im Gegensatz zur Hierarchie und zum Markt, weshalb Freidson Professionen als „third logic" (Freidson 2001) ansieht. In Bezug auf die bereits beschriebenen basalen Koordinationsmechanismen sind Professionen am besten im Rahmen von Gemeinschaften zu erfassen, die als gemeinsames Merkmal die Ausübung einer herausgehobenen beruflichen Tätigkeit aufweisen.

---

[67] Vgl. zum Beispiel Larson (1979); für eine Überblicksdarstellung der Ansätze der Professionstheorie siehe zum Beispiel Schmeiser (2006). Kloke (2014, 107ff.) stellt zudem eine „dritte Welle" an Professionstheorien dar, die gegenüber funktionalistischen und machttheoretischen Ansätzen Fragen der „Performativität" von Professionalität und professionellem Handeln in den Vordergrund rückt. Diese Ansätze sind vor allem mikrosoziologisch-interaktionistisch fundiert, indem sie derartige Fragen fallspezifisch in konkreten empirischen Settings untersuchen und weniger eine übergreifende Theorie der Profession bzw. des professionellen Handelns anstreben. Die Fruchtbarkeit dieser Perspektive für den Hochschulkontext zeigt Kloke am Beispiel der Qualitätsmanagerinnen und -manager auf; wir werden hierauf in Kapitel 3.4.3 bei der Beschreibung der „neuen Hochschulprofessionellen" zurückkommen.

Bleibt die Frage, was als Profession in unserem Anwendungsfeld der Hochschule anzusehen ist. Bilden die Forschenden und Lehrenden an Hochschulen insgesamt eine Profession oder finden wir eine Vielzahl von Professionen, die sich um die einzelnen Fächer gruppieren? In der Literatur finden sich beide Konzeptualisierungen (Mieg 2003, 19f.). Einerseits wird in der (inter-)nationalen Literatur der Begriff der „academic profession" genutzt, wobei – häufig eher implizit als explizit – davon ausgegangen wird, dass die Forschenden und Lehrenden mit ihrer Orientierung am übergreifenden Wissenschaftssystem eine gemeinsame Profession bilden (Boyer et al. 1994; Enders und Teichler 1995; Schimank 2005a; Teichler et al. 2013). Andere Autoren (zum Beispiel Clark 1987; Musselin 2007; Becher und Trowler 2001) gehen – wiederum häufig eher implizit als explizit – eher davon aus, dass weniger das übergreifende System, seine Normen und Werte von Bedeutung sind, als vielmehr fachspezifische Gemeinschaften, so dass ihnen zufolge die Forschenden und Lehrenden eines Faches eine Profession bilden. Für beide Konzeptualisierungen gibt es gute Gründe. Welche von beiden gewählt werden sollte, ist von der jeweiligen Fragestellung abhängig.

3.3.2.2.2 Professionsorganisationen

Fast alle Organisationen beschäftigen Professionelle – sei es als Jurist in einer Rechtsabteilung oder aber als Betriebsärztin. Dennoch ist nicht jede Organisation eine Professionsorganisation. Wichtig ist hier die Unterscheidung zwischen Organisationen, die zu einem geringen Anteil auf die Arbeit von Professionellen zurückgreifen, und „professionellen Organisationen, die ganz überwiegend mit Professionals besetzt sind" (Ortmann 2005, 290). Professionelle Organisationen zeichnen sich dadurch aus, dass Professionelle im operativen Kern ein quantitatives und/oder qualitatives Übergewicht besitzen (Scott 1965, 65).

Gebildet werden Professionsorganisationen immer dann, wenn hochkomplexe Aufgaben von einer Organisation erfüllt werden müssen, die nicht dazu geeignet sind, durch eine bürokratische Arbeitszerlegung erfüllt zu werden. Innerhalb des organisatorischen Kontrollsystems entsteht in solchen Organisationen grundsätzlich ein wichtiger Umbau. Eine professionelle Organisation „hires duly trained specialists – professionals – for the operating core, then gives them considerable control over their own work" (Mintzberg 1989, 175). In Professionsorganisationen finden sich deshalb neben formal-bürokratischen mehr oder weniger ausgeprägt auch professionelle Muster der Kontrolle und der Entscheidungsfindung.

Zwar werden in Organisationen, die von Professionellen geprägt und dominiert werden, formal-bürokratische Elemente nicht vollständig verdrängt (Waters

1989, 1993), es sind aber erhebliche Abweichungen von den Modellvorstellungen bürokratischer Organisationen zu beobachten. Diese Abweichungen hängen dabei mit den bereits in Kapitel 3.2.1 beschriebenen grundsätzlichen Kontroll- und Informationsproblemen von hierarchischer Koordination zusammen. Sowohl das Kontroll- als auch das Informationsproblem hierarchischer Koordination werden nämlich durch die Anwendung von spezifischem Wissen in den Arbeitsvollzügen der Professionellen deutlich verstärkt, weshalb hier vorrangig auf andere Mechanismen der Koordination rekurriert werden muss.

Beginnen wir mit den Kontrollstrukturen. Professionsorganisationen stehen vor dem grundsätzlichen Problem, dass die Kontrolle der Professionellen mit den Standardinstrumenten der formal-bürokratischen Organisation stark eingeschränkt ist. So ist eine direkte Kontrolle von Arbeitsvollzügen durch Vorgesetzte, die nicht selbst der Profession angehören, kaum möglich. Dies liegt an der komplexen Wissensstruktur der Profession. So kann eine Hochschulpräsidentin, die zum Beispiel Physikerin ist, kaum beurteilen, ob die Experimente, die ein Biologe in seinem Labor durchführt, richtig oder falsch, sinnvoll oder nicht sinnvoll sind.

Im Hinblick auf das personale Kontrollsystem findet sich in Professionsorganisationen in der Regel deshalb lediglich eine Kontrolle in Bezug auf die Ressourcen. Dieser Kontrollmechanismus erfordert nicht die Beschäftigung von Vorgesetzten mit einzelnen Arbeitsvollzügen, sondern ermöglicht eine Gesamtschau. Auch muss nicht auf die Arbeit selbst rekurriert werden, sondern deren Ergebnisse können in die Kontrolle der Vorgesetzten einfließen. Werden aber Ergebnisse von Arbeitsvollzügen bewertet, dann wird auch die Bedeutung von Wissen über die Arbeitsvollzüge geringer. Vorgesetzte benötigen nun lediglich noch Informationen über die Wirkungen der Entscheidungen. Innerhalb von professionellen Organisationen ist auch dies nicht unproblematisch, da die „Leistungen der professionellen Arbeit nicht einfach gemessen werden können" (Mintzberg 1991, 186). Auch hier finden sich demnach nicht unerhebliche Kontrollprobleme.

Neben dem personalen Kontrollsystem findet sich in Organisationen häufig auch eine Kontrolle über Standardisierungen, die Mitglieder insgesamt betreffen und weniger auf der Kontrolle eines Mitglieds durch Vorgesetzte (personale Kontrolle) beruhen. Solche Kontrolle über Standardisierung betreffen in der Regel Arbeitsprozesse und Arbeitsergebnisse. Auch diese Art der Kontrolle über Standardisierung steht den Professionsorganisationen nur in geringem Maße zur Verfügung. Professionelle wenden ihr Wissen einzelfallbezogen an, eine Standardisierung der Arbeitsprozesse ist deshalb kaum möglich. Da der Erfolg der Anwendung auch immer mit Unsicherheit verbunden ist, können auch die Arbeitsergebnisse kaum standardisiert werden (Mintzberg 1991, 186). Bei der

Standardisierung der Ergebnisse tritt zudem das gleiche Problem wie bereits bei der personalen Kontrolle über das Budget auf: Die Zielerreichung und die Leistung müssen gemessen werden, was in professionellen Kontexten nicht einfach zu bewerkstelligen ist. Die Diskussionen über Leistungskriterien für Wissenschaftlerinnen und Wissenschaftler, die gerade im Bereich der Forschung je nach (Sub-)Disziplin und Forschungsbereich sehr unterschiedlich ausfallen, sind hierfür ein beredtes Beispiel (zum Beispiel Jansen et al. 2007; oder die Beiträge in Matthies und Simon 2008; Welpe et al. 2015).

In Bezug auf den operativen Kern müssen Professionsorganisationen deshalb vor allem auf die oben beschriebenen Kontrollmuster der Profession zurückgreifen: Selbstkontrolle und gegenseitige Kontrolle der Professionellen. Das Problem dieser Art von Kontrolle für die Professionsorganisationen ist nun aber, dass die Standards, Programme, Normen und Werte, die die Grundlage beider professioneller Kontrollmechanismen bilden, von den Professionen – also der übergreifenden akademischen Profession oder der fachspezifischen Scientific Community – festgelegt werden. Die Organisationsführung hingegen hat keinen oder nur sehr geringen Einfluss.

Nicht nur die Kontrollstrukturen, sondern auch die Entscheidungsstrukturen in Professionsorganisationen sind im Gegensatz zum formal-bürokratischen Modell nicht durch Hierarchie dominiert; es finden sich in der Regel professionsbasierte Entscheidungsmuster. Zumindest in Teilbereichen wird die Koordination durch Verhandlungen zwischen den Professionellen sichergestellt. Hier wird demnach der Entscheidungsmodus der Profession – Verhandlung unter Gleichen – in die Organisation integriert. So finden wir in Hochschulen Gremien, in denen die Professoren und Professorinnen die Mehrheit haben und in denen wichtige Entscheidungen gefällt werden. Egal, ob man dies damit begründet, dass Entscheidungen, die sich auf Arbeitsvollzüge der Professionellen beziehen, aufgrund mangelnden Wissens und Informationen nicht durch Nichtprofessionelle getroffen werden können, oder ob man primär status- oder machttheoretische Argumente ins Feld führt, stellen professionsbasierte Entscheidungsstrukturen eine nicht leicht veränderbare Größe dar.

Die beschriebenen Eigenarten der Professionsorganisation im Hinblick auf Kontroll- und Entscheidungsstrukturen weisen darauf hin, dass es innerhalb dieser Organisationen zu potentiellen Konflikten zwischen bürokratisch-formalen und professionellen Arrangements kommen kann. So ist zum Beispiel mit Widerstand der Professionellen gegen neue bürokratische Regeln oder gegen bürokratische Überwachung zu rechnen (Scott 1968, 205). Der Widerstand dürfte noch höher sein, wenn die bürokratischen Regeln in Widerspruch zu den Normen und Werten der Profession stehen. Die Konflikte können zum Beispiel durch eine Trennung von Einflussbereichen minimiert werden. Während in einem Einflussbereich die Profession dominiert, ist in einem anderen Einflussbereich das formal-bürokratische Modell wichtiger (Scott 1982, 230ff.; 2005, 122f.; Leicht und Fennell 2008, 432).

Auch hier wollen wir am Ende die Frage behandeln, welche Sachverhalte sichtbar werden, wenn man die Reformen seit den 1990er Jahren mit den Vorstellungen der Hochschule als Professionsorganisation abgleicht. Zunächst wird deutlich sichtbar, dass versucht wird, die formal-bürokratischen Elemente in den Hochschulen zu verstärken. Ausdruck hierfür ist zum Beispiel die Verlagerung von formalen Entscheidungskompetenzen von Organen der akademischen Selbstverwaltung in Richtung der Hochschul- und Fakultätsleitungen. Die professionsbasierten Entscheidungsmuster sollen demnach zumindest auf der formalen Ebene minimiert werden. Allerdings ist auch darauf hinzuweisen, dass die Hochschulleiter und Hochschulleiterinnen, aber auch Dekane und Dekaninnen in Deutschland faktisch ausschließlich aus der Gruppe der Professoren und Professorinnen rekrutiert werden und somit Teil der Profession sind. Nicht zuletzt deshalb finden wir – wie bereits in Kapitel 3.2.3 beschrieben – empirisch noch häufig eine Dominanz professionsbasierter Entscheidungsmuster.

Auch im Hinblick auf die Kontrolldimension wird versucht, eine verstärkte Kontrolle des operativen Kerns durch die Organisation zu erreichen und zwar sowohl im Hinblick auf Standardisierung und Formalisierung als auch in Bezug auf personale Kontrolle. So findet sich vermehrt eine Ressourcenverteilung durch formalisierte und standardisierte Indikatorenmodelle. Gleichfalls wird mit den Zielvereinbarungen, die zwischen der Hochschulleitung und einzelnen Professoren bzw. Professorinnen ausgehandelt werden, der personale Kontrollmechanismus verstärkt.

Die Reformen versuchen also in den beiden Dimensionen, in denen sich Professionsorganisationen von formal-bürokratischen Organisationen unterscheiden – Entscheidungsmuster und Kontrolle – Veränderungen zu erreichen. Aus der Professionsperspektive sind bei solchen Eingriffen aber erhebliche Konflikte zu erwarten, weil die verstärkte Hierarchie und die zunehmende Kontrolle die Autonomieansprüche der Professionellen verletzen. Das den Reformen inhärente Konfliktpotential kann dann auch erklären, weshalb im Reformverlauf die kollegialen Gremien der Hochschulen nicht vollkommen entmachtet wurden und es zumindest in Deutschland weiterhin eine relativ hohe Abhängigkeit der Hochschul- bzw. Fakultätsleitungen von den kollegialen Gremien gibt.

Trotz dieser Abfederungsversuche der Reformen wäre aus der Professionsperspektive dennoch mit erheblichen Machtkämpfen innerhalb von Hochschulen zu rechnen, wobei offen ist, ob sich die Professionslogik oder aber die formal-bürokratische Logik durchsetzen kann. Die bereits im Governancekapitel beschriebenen aktuellen Forschungsergebnisse, denen zufolge es zur Bildung neuer informeller Entscheidungsgremien in den Hochschulen gekommen ist, ist dann auch vor allem vor dem Hintergrund zu sehen, dass hierdurch die erheblichen Gegenmachtpotentiale der Wissenschaftlerinnen und Wissenschaftler (Breisig und Kahl 2000, 218; Hüther und Krücken 2013) kanalisiert werden sollen bzw. kanalisiert werden müssen.

3.3.2.3 Hochschulen als organisierte Anarchien

In einem viel beachteten Aufsatz von Cohen et al. (1972) werden Hochschulen als typische Beispiele für organisierte Anarchien beschrieben, deren Entscheidungsprozesse in vielen Fällen keinem rationalen Abwägen von alternativen Problemlösungen entsprechen, sondern eher einem zufälligen Zusammentreffen von Problemen und Lösungen, aber auch Entscheidungsteilnehmern und Entscheidungssituationen (Garbage-Can-Modell). Cohen et al. geht es dabei weniger darum, eine umfassende Kennzeichnung der Organisation Hochschule vorzunehmen, sondern vielmehr um die Beschreibung von Entscheidungsprozessen innerhalb von Organisationen und hier insbesondere von Hochschulen.

Das Konzept der organisierten Anarchie basiert auf der Betrachtung von drei der fünf oben vorgestellten Elemente der Organisation nach Scott (Ziele, Technologie, Sozialstruktur). Organisierte Anarchien zeichnen sich dadurch aus, dass diese Elemente bestimmte Zustände aufweisen.

Problematische Präferenzen

In Bezug auf das Element „Ziele" finden sich problematische Präferenzen, d.h. sowohl die Ziele der Organisation als auch die Ziele in Entscheidungssituationen sind nicht eindeutig, unpräzise oder inkonsistent. Diese Problematik kann dadurch entstehen, dass ein festgelegtes Ziel zu abstrakt und damit uneindeutig ist, aber auch dadurch, dass mehrere Ziele in der Organisation bzw. in der Situation relevant sind und in Konflikt zueinander stehen. Wir haben solche Konstellationen bereits oben bei der Vorstellung der fünf Elemente der Organisation kennengelernt. In Hochschulen befinden sich die Ziele von Lehre und Forschung aufgrund von Zeitrestriktionen in einem beständigen Konflikt zueinander (Krücken und Wild 2010). Die Aufgabe der Wissensvermittlung hingegen ist zu abstrakt, als dass „daraus ein klarer Arbeitsauftrag hervorgehen würde" (Lüde et al. 2003, 15).

Unklare Technologien

In Bezug auf das Organisationselement der „Technologie", also dem „mecha-nism for transforming inputs into outputs" (Scott 1981, 17) innerhalb der Orga-nisation, besteht in organisierten Anarchien Unklarheit, was dazu führt, dass die ablaufenden Prozesse nicht vollständig verstanden werden. Den Mitgliedern ist also vor dem Handeln oftmals nicht klar, welche Auswirkungen ein bestimmtes Handeln hat und daraus folgend auch nicht, welches Handeln bei gegebener Zielsetzung die größte Erfolgswahrscheinlichkeit besitzt. Ein rationales Abwä-gen ist für die Mitglieder nicht möglich, was dazu führt, dass das Handeln durch „trial-and-error procedures" (Cohen et al. 1972, 1) geprägt ist. So gibt es zum Beispiel keine Verfahren, die absichern, dass neues Wissen produziert wird. Forschung ist damit die Aneinanderreihung von Versuch und Irrtum. Auch die Vermittlung von Wissen unterliegt keinem Standardverfahren. Die beiden Leitziele der Hochschule (Lehre und Forschung) sind demnach mit unsicheren Technologien verbunden, was diese deutlich in Richtung einer organisierten Anarchie rückt.[68] Dass die Anwendung des Wissens bei Professionellen mit Unsicherheit verbunden ist, wurde bereits diskutiert und fällt im Modell der organisierten Anarchie in den Bereich der unklaren Technologie.

Fluktuierende Partizipation

Im Hinblick auf das Element der „Sozialstruktur" sind organisierte Anarchien dadurch geprägt, dass bei Entscheidungssituationen das tatsächliche Verhalten der Mitglieder durch fluktuierende Partizipation geprägt ist. Diese kann durch mehrere Faktoren hervorgerufen werden.

Eine Möglichkeit besteht darin, dass die Teilnehmer einer Entscheidungssi-tuation im Zeitverlauf nicht stabil sind. Sind zum Beispiel Entscheidungsarenen in der Organisation vorhanden, in denen jeder teilnehmen kann, dann hängt die Partizipation stark vom Interesse des jeweiligen Mitgliedes ab. Möglich ist aber auch, dass die Teilnahme in der Entscheidungsarena nicht offen ist, aber die

---

[68] So sprechen der Soziologe Niklas Luhmann und der Erziehungswissenschaftler Karl E. Schorr von einem Technologiedefizit im Erziehungssystem, da Lehr- und Lernprozesse sich kaum in klaren Ursache-Wirkungs-Ketten ausdrücken und beherrschen lassen (Luhmann und Schorr 1982). Sie sind in diesem Sinne nicht technisierbar, d.h. situative und personenbezogene Spezifika dominieren Lehr-/Lernprozesse. Dasselbe gilt für die Forschungstätigkeit. Der britische Chemiker und Wissen-schaftsforscher Polanyi (1966) hat in diesem Zusammenhang den Begriff des „tacit knowledge", des stillschweigenden und impliziten Wissens, geprägt; dieses Wissens ist stark personen- und situati-onsbezogen und lässt sich nur in der konkreten Praxis der Forschungshandelns erschließen.

Teilnahmeregelung den häufigen Wechsel der Mitglieder vorsieht (Rotationsverfahren).

Aber nicht nur der Wechsel von Teilnehmern in der Entscheidungssituation kann zu fluktuierender Partizipation führen. Diese kann auch dadurch entstehen, dass bei stabilen Teilnehmern in einer Entscheidungssituation sich diese an bestimmten Entscheidungen aktiv beteiligen, an anderen hingegen nicht. Gleichfalls ist es möglich, dass Teilnehmer ihre Aktivität im Verlauf des Entscheidungsprozesses verändern, also zum Beispiel am Anfang einer Entscheidungsfindung keine Beteiligung erfolgt, aber kurz vor einer Entscheidung Teilnehmer auf einmal aktiv werden und damit die Entscheidungssituation grundlegend verändern.

Beide Arten der fluktuierenden Partizipation (fluktuierende Beteiligte, fluktuierende Aktivität der Beteiligten) können einzeln, aber auch zusammen auftreten (Cohen et al. 1972).

Wird dies auf die deutschen Hochschulen angewendet, wird deutlich, dass die Konstruktion der akademischen Selbstverwaltung und ihre starke Stellung im traditionellen Governanceregime eine fluktuierende Partizipation in Entscheidungsprozessen begünstigt. So hat prinzipiell jedes Mitglied der Hochschule zumindest Zugang zu den Entscheidungsarenen. Hinzu kommt, dass sowohl die Mitglieder der akademischen Selbstverwaltungsgremien als auch die Inhaber von Leitungspositionen auf Zeit gewählt werden.

Organisierte Anarchien zeichnen sich somit durch bestimmte Merkmale aus. Entscheidend kommt jetzt hinzu, dass diese Merkmale dazu führen, dass in organisierten Anarchien das klassische rationale Entscheidungsmodell nur eingeschränkt angewendet werden kann. Dieses Entscheidungsmodell geht davon aus, dass aufgrund eines erkannten und definierten Problems nach Lösungsalternativen gesucht und die optimale Lösung ausgewählt wird. Problemlösen wird so in einer festgelegten Sequenz modelliert. Cohen, March und Olsen stellen aber fest, dass in organisierten Anarchien eine solche Sequenzabfolge kaum zu beobachten ist (Cohen et al. 1972, 2). Dem sequentiellen Modell wird das Garbage-Can-Modell der Entscheidungsfindung gegenübergestellt. In diesem Modell wird nun nicht mehr von einer Sequenz des Problemlösens ausgegangen, sondern die Probleme, Lösungen, Entscheidungteilnehmer und Entscheidungssituationen werden entkoppelt (Cohen et al. 1972, 2). Das Zusammentreffen der Merkmale oder besser die Interaktion der Merkmale organisierter Anarchien führt also zu anderen Entscheidungsabläufen in der Organisation als in der Organisations- und Entscheidungstheorie gemeinhin angenommen wird.

Der „Mülleimer" (Garbage Can) ist dann eine Entscheidungsgelegenheit, in den von (wechselnden) Teilnehmern unterschiedliche Probleme und Lösungen abgelegt werden und dort auf eine Entscheidung warten. Sowohl die Verteilung von Lösungen und Problemen auf einen Mülleimer als auch die Lösungen und Probleme in einem Mülleimer folgen keiner rationalen Logik und beziehen sich auch nicht aufeinander. So werden Lösungen entdeckt für Probleme, die es noch gar nicht gibt, und diese werden in einem Mülleimer zwischengeparkt. Taucht nun ein Problem auf, welches mit der bereits vorhandenen Lösung bewältigt werden kann, und das Problem wird ebenfalls zufällig im Mülleimer mit der Lösung platziert, kann eine Entscheidung getroffen werden, die das neue Problem mit der bereits länger vorhandenen Lösung verknüpft. Die Sequenz ist hier also nicht Problem – Lösung, sondern Lösung – Problem.

Cohen, March und Olsen haben dann in einer Computersimulation Entscheidungsprozesse nachgebildet, um zu untersuchen, welche Organisationsstrukturen welche Art von Entscheidungsmodus nach sich zieht. Hierbei zeigte sich, dass sowohl Entscheidungen nach dem klassischen rationalen Modell als auch Entscheidungen nach dem Garbage-Can-Modell bei allen organisatorisch modellierten Annahmen auftauchten.[69] Dies spricht dafür, dass Entscheidungsprozesse in Organisationen durch beide Modi gekennzeichnet sein können oder anders: Keine Organisation entscheidet nur im Modus der rationalen Problemlösung (Cohen et al. 1972, 9).

Allerdings unterschieden sich die Anteile der beiden Entscheidungsarten in Abhängigkeit von den modellierten Organisationsstrukturen. Die oben beschriebenen organisatorischen Strukturen der organisierten Anarchien führten dabei zu einem höheren Anteil an Entscheidungen, die nicht durch ein rationales Problemlösen gekennzeichnet waren (Cohen et al. 1972, 11). Da Hochschulen – wie oben gezeigt – als organisierte Anarchien anzusehen sind (so auch Cohen et al. 1972, 11), folgt daraus: Im Vergleich zu Organisationen mit anderen Strukturen finden wir in Hochschulen häufiger Entscheidungen, die nicht dem rationalen Entscheidungsmodell entsprechen.

Versuchen wir einmal diese noch recht abstrakten Betrachtungen an Beispielen aus dem Bereich der Hochschulen zu verdeutlichen und zu konkretisieren. Wenden wir uns zunächst den Entscheidungsprozessen in Hochschulen zu. Wer jemals in akademischen Gremien saß, wird bemerkt haben, dass, wenn es zu langen oder heftigen Diskussionen zu einem Sachverhalt kommt, häufig eine Kommission gebildet wird, die den Sachverhalt klären soll oder aber, dass

---

[69] In der Simulation werden drei Entscheidungsarten unterschieden: „decision by resolution", „decision by oversight" und „decision by flight". Der Einfachheit halber werden wir im Folgenden die erste Entscheidungsart als rationales Entscheiden und die beiden andern als Entscheiden im Garbage-Can-Modus bezeichnen.

Entscheidungen auf die nächste Sitzung vertagt werden (und häufig dann erst Monate später wieder auftauchen). Zunächst wird also die Entscheidung aufgeschoben und mit der Kommission ein neuer „Mülleimer" gebildet, in dem das in der Gremiensitzung nicht entscheidbare Problem zwischengelagert wird. Interessant ist nun, wer Mitglied dieser Kommission wird. Setzt sich die Kommission aus Personen zusammen, die sich besonders für das Thema interessieren, dürfte sich die Kommission häufig treffen, angeregt verschiedene Alternativen diskutieren und womöglich sogar eine Lösung finden, die dem Ausgangsgremium vorgestellt wird. Solche Lösungen beinhalten nicht selten – wie bei allen Verhandlungen – das Kosten der Lösung (zum Beispiel zeitliche Ressourcen) auf diejenigen externalisiert werden, die nicht an der Verhandlung beteiligt waren. Darunter befinden sich nun aber leider auch Mitglieder des Ausgangsgremiums, die sich in Anbetracht der potentiellen eigenen Kosten nun doch für das Problem und die Entscheidung interessieren. Wir haben dann fluktuierende Aktivität der Beteiligten, die die Entscheidungssituation vollkommen verändern kann. Es muss dann wieder mit Diskussionen gerechnet werden, die wiederum aufgelöst werden müssen. Typischerweise wird dann die Zusammensetzung der Kommission geändert oder aber eine neue Kommission gebildet und das Lösungsspiel beginnt von neuem.

Etwas anderes kann hingegen passieren, wenn die Kommission sich nicht aus denen zusammensetzt, die sich für das Problem besonders interessieren. Zuweilen besteht die Auswahlregel für Kommissionmitglieder darin, dass diejenigen ausgewählt werden, die sich zuerst „rühren" – auch das ist ein Aspekt der „Erstarrung" in Gremien, weil körperliche Bewegung häufig als Interesse für unliebsame Aufgaben gedeutet wird. Die Annahme, dass solchermaßen zusammengesetzte Kommissionen sich nicht besonders häufig oder engagiert treffen und das Problem eher mit wenig Engagement bearbeiten, liegt nahe. Die zusätzliche Kommissionsarbeit kann aber dann beendet werden, wenn irgendeine Lösung gefunden wird; ob das Problem damit gelöst wird, wäre eher zweitrangig, weil das Ziel der Mitglieder womöglich vor allem darin besteht, den Mülleimer und die damit verbundene Arbeit möglichst schnell wieder loszuwerden. Es wird also irgendeine Lösung an das Problem angedockt und an das Ausgangsgremium zurückgegeben.

Diese Veranschaulichung von internen Entscheidungsprozessen in Hochschulen mag zwar etwas überspitzt sein, es sollte aber etwas plastischer geworden sein, welche organisationsinternen Sachverhalte durch den Ansatz der organisierten Anarchien erfasst und erklärt werden sollen.

Dass aber nicht nur (Hochschul-)Organisationen Entscheidungen im Garbage-Can-Modus fällen, sondern auch politische Reformprozesse häufig dieser Logik folgen, kann man am Beispiel der Einführung der Bachelor-Master-

Abschlüsse verdeutlichen. Dass die Lehrqualität der Hochschulen, die Dauer des Studiums, die vermeintlich hohen Abbruchquoten sowie die vermeintliche Praxisferne des Studiums als Probleme in den 1990er Jahren diskutiert wurden, für die es keine Lösungen gab bzw. Lösungen nicht für durchsetzbar gehalten wurden, ist augenscheinlich. Die Probleme warteten oder prozessierten also in verschiedenen Mülleimern – gerne auch in Kommissionen – und suchten eine Lösung. Das Interessante ist nun, dass mit der Bologna-Reform, die als Hauptziele die internationale Vergleichbarkeit von Studienabschlüssen und die Verbesserung der internationalen Mobilität anstrebte, eine Lösung auftauchte, an die alle vorhandenen Probleme der Lehre und Ausbildung der deutschen Hochschulen angedockt wurden. Die Probleme wanderten also alle in den Entscheidungsmülleimer der Bachelor-Master-Reform und wurden einer „Lösung" zugeführt, die ursprünglich zum Erreichen ganz anderer Ziele ersonnen wurde.

Auch hier wollen wir am Ende noch die Frage beantworten, wie dieser bereits mehr als 40 Jahre alte Artikel genutzt werden kann, um aktuelle Veränderungen an den Hochschulen zu analysieren. Es kann insbesondere betrachtet werden, an welchen Struktureigenschaften organisierter Anarchien Reformveränderungen angestrebt werden, die damit indirekt versuchen, den Anteil des Entscheidungsmodus des rationalen Problemlösens in Hochschulen zu erhöhen.

Im Hinblick auf die problematischen Präferenzen spielen zum Beispiel die Profilbildung und die angestrebte Differenzierung der Hochschulen eine Rolle. Hier wird versucht, auf der Organisationsebene deutlichere Präferenzordnungen zu bilden. Allerdings gibt es auch gegenläufige Tendenzen. So werden zum Beispiel die Weiterbildung oder das Diversity Management als neue Aufgaben der Hochschulen definiert, wodurch die möglichen Ziele und Präferenzen der Hochschulen weiter anwachsen. Einerseits wird also versucht das Zielbündel stärker zu strukturieren, anderseits wird das „Zielwirrwarr" (Schimank 2001a, 227ff.) der Hochschulen weiter verstärkt.

Forschung und Lehre sind mit unklaren Technologien verbunden, d.h., weder kann im Forschungsprozess vorausgesagt werden, ob neue „Wahrheiten" gefunden werden, noch kann in der Lehre sichergestellt werden, dass Studierende genau das lernen, was der Lehrende anstrebt zu vermitteln (Luhmann 1992b, 76). Dieses grundsätzliche Problem kann durch die Reformen auch nicht gelöst werden. Dennoch wird zumindest versucht, hier ein größeres Wissen zu erfolgreichen Forschungs- und Lehrprozessen zu generieren. Ausdruck hierfür sind die an den Hochschulen deutlich ausgeweiteten Hilfsfunktionen in Bezug auf Forschung und Lehre wie zum Beispiel das Qualitätsmanagement oder das Anbieten von Veranstaltungen für Lehrende zur Verbesserung ihrer Lehre.

In Bezug auf die fluktuierende Partizipation sind ebenfalls deutliche Eingriffsversuche zu konstatieren. So versuchen die Hochschulreformen auf die strukturell bedingte fluktuierende Partizipation einzuwirken. Dies geschieht einerseits durch formale Hierarchisierung, die durch die Begrenzung von Teilnehmern an der Entscheidungssituation die Gesamtmenge an potentiell fluktuierender Partizipation verringert. Auch durch die in der Tendenz eindeutigere Festlegung und Differenzierung von Zuständigkeiten in den neuen Hochschulgesetzen und Grundordnungen kommt es dazu, dass Probleme formal nur in bestimmten Entscheidungssituationen bearbeitet werden sollen. Auch dies verringert das Potential an fluktuierender Partizipation durch Begrenzung von Teilnehmern. Darüber hinaus können Probleme nicht mehr so einfach von einer Entscheidungsmöglichkeit zur anderen wandern.

Aus der Perspektive der organisierten Anarchie können die Reformen also als Versuch interpretiert werden, die Merkmale der organisierten Anarchie bei den Hochschulen zu minimieren und damit gleichzeitig die Anteile des Entscheidungsmodus des rationalen Problemlösens zu erhöhen.

3.3.2.4 Complete Organizations oder wie spezifisch ist die Hochschule als Organisation?

Während die zuvor vorgestellten Organisationsperspektiven betonen, dass es sich bei Hochschulen um spezifische Organisationen handelt, wird dies in neueren Veröffentlichungen relativiert. Diese Relativierung hängt grundlegend mit den international feststellbaren Reformen der Hochschulen seit Anfang der 1980er Jahre zusammen. In einem zentralen Aufsatz aus dem Jahr 2000 argumentieren Brunsson und Sahlin-Andersson, dass die Reformen als ein Versuch interpretiert werden können, öffentliche Verwaltungen und Hochschulen als „vollständige" Organisationen zu konstruieren (Brunsson und Sahlin-Andersson 2000; vgl. auch Meier 2009; de Boer et al. 2007a; Krücken und Meier 2006; Hüther und Krücken 2011). Da sich vollständige Organisationen nach Brunsson und Sahlin-Andersson vor allem im Wirtschaftsbereich finden lassen, ist damit gleichzeitig eine Angleichung der Hochschulen an Unternehmen verbunden.

Den Gedanken, dass sich Organisationen angleichen, kennen wir schon aus der Darstellung der neo-institutionalistischen Organisationstheorie. Die Angleichungstendenzen werden dort als Isomorphie beschrieben und basieren auf den drei Mechanismen Zwang, Mimese und normativer Druck. Auch in Bezug auf die Konstruktion von Complete Organizations spielen dabei alle drei Isomorphiemechanismen eine Rolle. So werden weite Teile des NPM-Modells über gesetzliche Regelungen normiert, bilden also einen Zwang für die Hochschulen. Gleichzeitig finden wir bei den Hochschulen mimetische Tendenzen, die sich insbesondere auf die Wahrnehmung der Forschungsuniversitäten im US-amerikanischen Raum beziehen. Hier wird vielfach unterstellt, dass im Vergleich zu kontinentaleuropäischen Hochschulen die US-amerikanischen Forschungs-universitäten im Hinblick auf die interne Koordination (stärkere Hierarchie) und die Koordination untereinander (Markt) Unternehmen ähnlicher sind. Insofern werden durch die Nachahmung der wahrgenommenen US-amerikanischen Forschungsuniversität auch Elemente von Unternehmen nachgeahmt. Die Angleichung über normative Erwartungen wird hingegen vor allem durch gemeinsam geteilte Vorstellungen der neuen „Profession" der Hochschulmana-ger und -managerinnen vorangetrieben.

Deutlich wird hier, dass die Vorstellung der Konstruktion von Complete Organizations im Hochschulbereich sich deutlich am Isomorphiekonzept der neo-institutionalistischen Organisationstheorie orientiert. Hierbei ist allerdings nicht davon auszugehen, dass die Konstruktion einem Masterplan der Verände-rung von Hochschulen folgen würde. Vielmehr entsteht die Angleichung aus vielfältigen, häufig nicht verbundenen Einzelreformen quasi im Rücken der Akteure. Es handelt sich also eher um einen transintentionalen Effekt, der durch das Zusammenwirken der vielfältigen Reformen entsteht.

Was sind aber nun vollständige Organisationen? Vollständige Organisatio-nen zeichnen sich durch Identität (Autonomie, kollektive Ressourcen, Abgren-zung zur Umwelt, Selbstwahrnehmung als Organisation), Hierarchie (Koordina-tion und Kontrolle, internes Management) und Rationalität (eindeutige Ziele, Messung und Zurechnung von Leistungen) aus. Die bisherigen Ausführungen zu den speziellen Ansätzen der Hochschulorganisation machen deutlich, warum Hochschulen im Vergleich zur Beschreibung vollständiger Organisationen tatsächlich „incomplete organizations" sind: Hochschule sind lose gekoppelte Systeme ohne eine besonders stark ausgeprägte Identität der Gesamtorganisation, Hierarchie widerspricht dem in der Professionsperspektive betonten Kollegiali-tätsprinzip, und Rationalität im Sinne von Brunsson und Sahlin-Andersson (2000) ist nicht mit der Beschreibung organisierter Anarchien, deren Prozesse typischerweise nicht zweckrational verlaufen, in Einklang zu bringen.

Wir werden im Folgenden kurz beispielhaft aufzeigen, dass es im Hinblick auf die drei Dimensionen Identität, Hierarchie und Rationalität für die deutschen Hochschulen Bewegungen in Richtung von Complete Organizations gibt.

Identität

Eine Reihe von Maßnahmen der jüngeren Hochschulreformen stärkt die Bildung einer für die gesamte Organisation geltenden Identität. Die Autonomie der Organisation steigt zum Beispiel dadurch, dass sich im NPM-Modell der Staat aus der bürokratischen Detailsteuerung zurückzieht. Stattdessen soll lediglich eine Außensteuerung vorgenommen werden. Das damit zusammenhängende neue Instrument von Ziel- und Leistungsvereinbarungen zwischen Hochschule und Staat adressiert die Hochschule als Einheit, was identitätsstiftend wirken kann.

Auch der Aufbau von kollektiven Ressourcen kann nachvollzogen werden. In Deutschland wurde durch die Einführung von Globalbudgets, die den Hochschulen insgesamt zur Verfügung gestellt werden, genau dieser Effekt erfüllt. Während in der kameralistischen Haushaltsführung der Etat aufgrund von individualisierten Aufstellungen zugeteilt wurde, wird nun eine gemeinsame kollektive Ressourcenausstattung gewährt, die von der Organisation verteilt wird.

In Bezug auf die Selbstwahrnehmung als Organisation kann gleichfalls festgestellt werden, dass diese durch die neueren Reformen deutlich erhöht wird. So finden sich vermehrt Leitbilder, die die Mission der Hochschulen festlegen sollen (Kosmützky 2012; Kosmützky und Krücken 2015). Auch wenn diese Leitbilder von Skeptikern lediglich als für die Organisation folgenloses „window-dressing" angesehen werden, so ist darin doch der Versuch zu sehen, die Identität auf der Ebene der gesamten Organisation zu stärken.

Die neueren Reformen weisen in der Tendenz demnach tatsächlich darauf hin, dass das Merkmal der Identität der gesamten Organisation gestärkt wird und somit eine Entwicklung in Richtung Complete Organization vonstattengeht.

Hierarchie

Die Stärkung der internen hierarchischen Beziehungen vollzieht sich durch eine Verlagerung von Entscheidungskompetenzen staatlicher Akteure sowie insbesondere der akademischen Selbstverwaltungseinheiten in Richtung der Hochschul- und Fakultätsleitungen. Diesen Sachverhalt haben wir bereits eingehend im Governancekapitel erörtert. Gleichzeitig sind Tendenzen offensichtlich, das Hochschulmanagement stärker zu professionalisieren (Krücken et al. 2009, 2013). Dies ist sowohl für die Managementspitze, zum Beispiel durch verlängerte Amtszeiten der Hochschulleiterinnen bzw. Hochschulleiter (Hüther 2011), als auch für den gesamten Verwaltungsapparat der Hochschulen zu bemerken. Letzteres wird deutlich durch die immer weitere Differenzierung und Spezialisierung der Hochschulverwaltung, die damit einhergeht, dass die Hochschulen ihre organisatorische Zuständigkeit auf immer mehr Handlungsbereiche ausdehnen – vom Technologietransfer über die Frauengleichstellung bis zur Personalentwicklung. Hiermit ist auch ein deutlich verändertes Selbstverständnis auf Seiten der Verwaltung sowie ihrer Mitarbeiterinnen und Mitarbeiter verbunden, da das Leitbild des eigenständig-entscheidungsorientierten Handelns die klassische bürokratische Rationalität als Leitbild der Verwaltung zunehmend überformt.

Vor allem die Stärkung der Hochschul- und Fakultätsleitungen, die zunehmend weniger als primus inter pares innerhalb des professoralen Kollegiums und verstärkt als entscheidungsbefugte Spitze einer Organisation bzw. Organisationseinheit gesehen werden, aber auch die Professionalisierungs- und Spezialisierungstendenzen innerhalb der Verwaltung, die die Mitglieder der Hochschulen an den Zielen der Gesamtorganisation auszurichten versuchen, weisen also deutlich in Richtung einer verstärkten Hierarchie.

Rationalität

Eine verstärkte Rationalität lässt sich zum Beispiel aus der vielfältigen Ausweitung von Leistungsmessung und Evaluation ableiten, die letztlich davon ausgeht, dass die betrachteten Einheiten auch verantwortlich für die gemessenen Resultate sind. Zu denken wäre hier an die in vielen Landeshochschulgesetzen geforderte Evaluation von Forschung und Lehre. Damit einher geht die Zurechenbarkeit von Fehlleistungen auf die Gesamtorganisation. Auch hier finden wir also Anhaltspunkte für die These der Konstruktion von Complete Organizations.

Es finden sich demnach in allen drei Bereichen – Identität, Hierarchie, Rationalität – Entwicklungen, die insbesondere in ihrem Zusammenspiel auf die Konstruktion von Complete Organizations hinweisen. Zwar betonen zum Beispiel Brunsson und Sahlin-Andersson (2000, 722, 730f.) und Meier (2009, 242ff.), dass es sich bei den beschriebenen Konzepten zunächst um Konstruktionen und Diskurse handelt und es abzuwarten ist, ob bzw. wie sich die Reformen des öffentlichen Sektors und der Hochschulen tatsächlich auswirken. Dennoch zeigt die Diskussion, dass es innerhalb der Organisationstheorie eine Tendenz gibt, die Sonderstellung der Hochschulen zu relativieren und die Reformauswirkungen dahingehend zu interpretieren, dass es zu einer deutlichen Angleichung des Organisationstyps „Hochschule" an andere Organisationen kommen wird.

Vor diesem Hintergrund stellt sich zum Abschluss des Kapitel zu Hochschulen als Organisationen also die Frage: „Are universities specific organizations?" (Musselin 2007).

Die Antwort lautet eindeutig Ja und sie lässt sich aus den bisherigen Beschreibungen der Hochschule als Organisation ableiten.

1. Wie im Abschnitt zur losen Kopplung bereits bemerkt, gibt es keine Funktionsabhängigkeiten in Forschung und Lehre zwischen den Wissenschaftlerinnen und Wissenschaftlern innerhalb der Hochschulen. Auch Musselin weist darauf hin, dass „in few other work places (....) is it as frequent to ignore colleagues seated next door and observe so little influence of the activities of those colleagues on one's own tasks" (Musselin 2007, 70). Solan-

ge hochspezialisiertes Wissen das primäre Arbeitsmaterial der Hochschulen ist, wird sich an dieser losen Kopplung wenig verändern und somit eine wichtige Eigenart von Hochschulen erhalten bleiben. Daran ändert auch die stärkere interne Verschränkung der Lehre in Bezug auf einen Studiengang durch die Einführung des Bachelor-Master-Systems nichts Grundsätzliches.

2. Die beiden Hauptzielsetzungen Forschung und Lehre sind im Sinne von Cohen et al. (1972) weiterhin mit unklaren Technologien verbunden: „because teaching and research are difficult to describe and difficult to prescribe, they are difficult to reproduce" (Musselin 2007, 72). Es gibt weiterhin keine Verfahren, die absichern, dass neues Wissen produziert wird und Studierende erfolgreich lernen. Beide Zielsetzungen können nicht durch ein final-kausales Modell mit den Handlungen der Wissenschaftlerinnen und Wissenschaftler verbunden werden. Daran ändern auch die neu geschaffenen Hilfsfunktionsstellen im Hochschulbereich nichts.

3. Hochschulen – zumal die deutschen – werden auch trotz Profilbildung weiterhin durch multiple Zielsetzungen, die eine Vielzahl von Konflikten in sich bergen, geprägt. Präferenzen und ihre Ordnung sind demnach weiterhin schwer für die gesamte Organisation festzulegen.

4. Die vielen unterschiedlichen disziplinären Identitäten innerhalb der Hochschulen wirken dem Versuch des Aufbaus einer Identität auf der Ebene der gesamten Organisation entgegen, zumal sich Wissenschaftlerinnen und Wissenschaftler vor allem ihren Disziplinen verbunden fühlen.

5. Hochschulen bleiben Professionsorganisationen. Interne Fragmentierung und Außenorientierung der Wissenschaftlerinnen und Wissenschaftler werden auch weiterhin wichtige Strukturmerkmale der Hochschulen bleiben – zumindest, solange die Wissenschaft sich um Disziplinen und Fächer strukturiert.

6. Eng verbunden mit der Professionsorganisation und dem Prozessieren von spezialisiertem Wissen ist gleichfalls der Effekt, dass Hochschulen nicht vollkommen auf kollegiale Muster verzichten können.[70]

Das Spezifische der Hochschule als Organisation entsteht dabei durch das Zusammenwirken dieser sechs Sachverhalte. Während also jeder einzelne Aspekt für eine ganze Reihe von Organisationen zutreffen kann, findet sich die Kombination aller fünf Aspekte nur bei sehr wenigen Organisationen. Hinzu

---

[70] In Deutschland sind die kollegialen Strukturen zudem durch die Interpretation der Verfassung durch das Bundesverfassungsgericht garantiert, was anhand verschiedener Urteile von Zechlin (2012) herausgestellt wird.

kommt, dass diese Aspekte vor allem aus den basalen Operationen (Forschung und Lehre) der Hochschulen entstehen und deshalb auch sehr stabil sind.

3.4 Forschungen zu Personengruppen an Hochschulen

Der letzte Teil der thematischen Perspektive dieses Buches beschäftigt sich im Gegensatz zu den bisherigen Teilen nicht mit relativ abstrakten Strukturen wie Hochschulsystemen oder Hochschulorganisationen, sondern mit konkreten Personengruppen. Man könnte auch sagen, während wir uns bisher mit der Makro- bzw. Mesoebene beschäftigt haben (Hochschulsystem bzw. Hochschulorganisation), wenden wir uns nun der Mikroebene zu – zumindest dann, wenn man Personengruppen als ein Element auf der Mikroebene gelten lässt.

Wir werden im Folgenden einige ausgewählte Forschungsfragen und -ergebnisse in Bezug auf die Studierenden, das wissenschaftliche Personal sowie das Verwaltungspersonal vorstellen. Bei den Studierenden und dem wissenschaftlichen Personal tun wir dies im Rahmen einer unterschiedliche Etappen umfassenden Phasenbeschreibung. Bei den Studierenden beginnen wir mit den Studienanfängern und enden bei den Absolventen, während wir bei den Wissenschaftlerinnen und Wissenschaftlern mit den Promovierenden starten und unsere Darstellung bei Forschungen zum Übergang auf eine Professur beenden. Vergleichbare Phasen gibt es beim Verwaltungspersonal an Hochschulen nicht, vielmehr konzentrieren wir uns hier auf Entwicklungen der letzten rund 20 Jahre und beschreiben, wie sich die Struktur dieser Personengruppe verändert hat.

Im letzten Teil dieses Kapitels wenden wir uns dann der Chancengleichheit im Hochschulsystem zu. Chancengleichheit ist dabei als ein Querschnittsthema sowohl der Forschung zu Personengruppen als auch der gesamten Hochschulforschungsthematik anzusehen. Gerade dann, wenn formale Bildungstitel immer stärker über gesellschaftliche Positionen entscheiden, stellt sich die Frage nach Chancengleichheit nicht nur im Bildungssystem insgesamt, sondern auch an dessen „Spitze" – der Hochschulausbildung. Da wir die Thematik der Chancengleichheit aufgrund ihrer Bedeutung in einem eigenen Unterkapitel kompakt und geschlossen darstellen wollen, verzichten wir weitestgehend auf eine Beschreibung von sozialer Ungleichheit in den Kapiteln zu den Studierenden, den Wissenschaftlerinnen und Wissenschaftlern oder den Verwaltungsangestellten.

3.4.1 Vom Studienbeginn zum Studienabschluss

Der folgende Abschnitt stellt Forschungsfragen und -ergebnisse der sozialwissenschaftlichen Hochschulforschung in Bezug auf die Gruppe der Studierenden vor. In diesem Abschnitt konzentrieren wir uns vor allem auf Forschungen aus dem deutschen Bereich. Dies liegt daran, dass zwar die Forschungsfragen im internationalen Vergleich vielfach identisch sind, aber aufgrund unterschiedlicher sozialer und kultureller Faktoren sowie der unterschiedlichen Studienbedingungen die Ergebnisse kaum systematisch miteinander verglichen werden können. Wir stellen ausgewählte Ergebnisse zu unterschiedlichen Phasen des Studiums vor. Hierbei konzentriert sich die Forschung insbesondere auf Entscheidungen von Studierenden – sei es nun die Entscheidung zur Studienaufnahme, dem Ort oder aber dem Abbruch des Studiums. Grundsätzlich wird hierbei häufig nicht beachtet, dass Entscheidung nicht zwangsläufig ein rationales bewusstes Abwägen zwischen Alternativen sein muss, sondern auch durch die Orientierung an Konventionen und Traditionen sowie Entscheidungsheuristiken („Daumenregeln") geprägt sein kann (Weber 1976, 12ff.; Schütz und Luckmann 1975; Goffman 1977; Kahneman et al. 1982; Gigerenzer et al. 2011). Dies ist nicht zuletzt deshalb wichtig, weil praktische Interventionsversuche je nachdem, ob ein rationales Abwägen oder aber eine Orientierung an Traditionen und Entscheidungsheuristiken theoretisch erwartet werden, sehr unterschiedlich aussehen müssen.

Unsere Darstellung beginnt mit der Forschung zur Studienwahl, um dann Ergebnisse der Forschung zum Studium selbst darzustellen. Am Ende beschäftigen wir uns dann mit der Absolventenforschung.

Wie auch in anderen Teilen des Buchs, geht es uns dabei nicht um eine vollständige Darstellung sämtlicher Forschungsfragen und -ergebnisse, sondern um die Darstellung zentraler Fragestellungen und ausgewählter Ergebnisse. Zielsetzung ist es, durch eine Überblicksdarstellung den Einstieg in eine intensivere Auseinandersetzung mit der Hochschulforschung in Bezug auf Studierende zu erleichtern.

Wir sind uns allerdings bewusst, dass gerade im Hinblick auf die Forschung zu den Studierenden hier nur eine sehr begrenzte Darstellung geleistet wird. So gibt es mittlerweile recht lange und sehr interessante Datenreihen zur sozialen Lage der Studierenden. Hierzu zählen zum Beispiel Wohnverhältnisse, Finanzierungsformen oder Zeitbudgets. Wer sich für diese Daten und Zusammenhänge interessiert, findet mehr als reichhaltiges Material in den Sozialerhebungen des Deutschen Studentenwerks, die bisher 20-mal durchgeführt wurden und Daten bis in die 1950er Jahre umfassen (Middendorff et al. 2013).

Auch finden sich Studien, die sich explizit mit den Lebensstilen oder den Milieus von Studierenden auseinandersetzen (zum Beispiel Engler 1993, 2014; Georg et al. 2009). Dabei wird auch der Zusammenhang zwischen den NPM-Reformen und den Lebenswelten der Studierenden behandelt (Bülow-Schramm 2008). In den letzten Jahren finden sich zudem relativ viele Studien zur internationalen Mobilität von Studierenden, die in Zusammenhang mit der Umstellung auf das Bachelor-Master-System stehen, da durch diese Umstellung der Anteil

der Studierenden mit einem Auslandsaufenthalt deutlich gesteigert werden sollte
(zum Beispiel Heublein et al. 2008; Lörz und Krawietz 2011).
    Wir werden in diesem Buch, wie bereits in der Einleitung erwähnt, auch
nicht auf die Hochschuldidaktik und -pädagogik eingehen können. Einen guten
Überblick über aktuelle Themen und Forschungsergebnisse dieser Forschungsfelder bietet das von Braun und Hannover (2012) herausgegebene Schwer-
punktheft der „Zeitschrift für Erziehungswissenschaften".

3.4.1.1 Motive für die Studienaufnahme, die Studienfachwahl und die Wahl des Studienortes

Wir haben bereits im Kapitel zur quantitativen Gestalt des Hochschulsystems
darauf hingewiesen, dass in modernen Gesellschaften formale Bildungstitel das
dominante Merkmal zur Verteilung von Berufschancen darstellen. Zudem zeigen
Daten der OECD nicht nur, dass bei steigendem Ausbildungsniveau das Risiko
von Arbeitslosigkeit sinkt und ein höheres Gehalt erzielt wird, sondern auch,
dass man sich gesünder fühlt und anderen Menschen eher vertraut (OECD 2014,
114ff., 141ff., 180ff.). Zwar gibt es zwischen den einzelnen Ländern der OECD
bei all diesen Faktoren erhebliche Unterschiede, auffallend ist aber, dass in allen
Ländern die Hochschulabsolventen zu den „Gewinnern" hinsichtlich dieser
Faktoren zählen. Es scheint also zunächst gute Gründe für die Aufnahme eines
Studiums zu geben.
    Für Deutschland ist dabei aber zu beachten, dass durch das duale Ausbil-
dungssystem ein weiterer anerkannter Ausbildungsweg besteht, der in Konkurrenz zu einer Hochschulausbildung steht. Anders als in vielen anderen Ländern
ist damit ein Studium nicht der einzige Weg, eine qualifizierte Ausbildung zu
erreichen, und der Studienverzicht kann „im Prinzip mit der Entscheidung für
eine Berufsausbildung" (Schindler 2014, 83) gleichgesetzt werden. Um besser
nachzuvollziehen, weshalb sich Studienberechtigte für ein Studium entscheiden,
ist also besonders interessant, welche Vorteile von einem Studium im Gegensatz
zu einer Berufsausbildung und umgekehrt erwartet werden.
    Abbildung 19 zeigt die erwarteten Vorteile eines Studiums bzw. einer Be-
rufsausbildung bei den Studienberechtigten von 2010. Dargestellt sind die beiden
aufsummierten obersten Zustimmungskategorien einer 5er-Skala.

Abbildung 19:   *Erwartete Vorteile der Studienberechtigten 2010 von einem*
                    Studium und einer Berufsausbildung

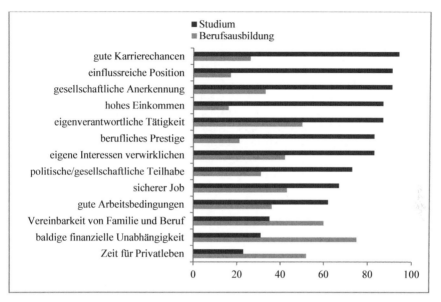

Angaben in Prozent; Werte 4+5 einer 5er-Skala von 1 „gar nicht" bis 5 „in hohem Maße"; Quelle: Lörz et al. (2012, 70, 73), eigene Berechnungen, eigene Darstellung

Deutlich wird hierbei, dass die Studienberechtigten Vorteile des Studiums gegenüber einer Berufsausbildung vor allem in besseren Karrierechancen (94 Prozent vs. 26 Prozent), dem Erlangen einer einflussreichen Position (91 Prozent vs. 17 Prozent) bzw. einem hohen gesellschaftlichen Ansehen (91 Prozent vs. 33 Prozent) und höheren Verdienstchancen (87 Prozent vs. 16 Prozent) sehen. Ersichtlich wird hier, dass sich in den Erwartungsstrukturen der Studienberechtigten die objektiven Daten zu den Vorteilen eines Studiums widerspiegeln.

Deutlich wird aber auch, dass bei stärker intrinsischen Zielsetzungen wie „Eigenverantwortlichkeit" oder „eigene Interessensverfolgung" die Studienberechtigten die Erwartung haben, dass sie diese deutlich besser durch ein Studium erreichen können als durch eine Berufsausbildung. Hinsichtlich der Erwartungen zeigt sich aber auch, dass sich die Studienberechtigten von einer Berufsausbildung eine baldige finanzielle Unabhängigkeit (75 Prozent vs. 31 Prozent), eine bessere Vereinbarkeit von Familie und Beruf (60 Prozent vs. 35 Prozent) sowie mehr Zeit für das Privatleben (52 Prozent vs. 23 Prozent) eher versprechen als von einem Studium.

Die vorgestellten Erwartungen plausibilisieren, warum der weit überwiegende Teil der Studienberechtigten auch tatsächlich ein Studium aufnimmt. Zwar kann im Zeitverlauf festgestellt werden, das die Studierquote – also das Verhältnis zwischen Studienberechtigten und denjenigen, die ein Studium aufnehmen – insbesondere im Vergleich zu den 1970er und 1980er Jahren abgenommen hat, seitdem liegt sie aber zumindest bis 2008 relativ stabil um die 80 Prozent (Schindler 2014, 78). Hierbei ergibt sich allerdings das Problem, dass je aktueller die Daten sind, desto unsicherer ist die adäquate Messung. Dies liegt daran, dass Studienberechtigte auch erst nach etlichen Jahren ein Studium aufnehmen können und diese Gruppe bei der Studierquote zunächst nicht erfasst werden kann. So kommt es bei der Erfassung der Studierquote auf Grundlage einer Befragung ein halbes Jahr nach dem Erwerb der Studienberechtigung – selbst wenn die spätere Absicht ein Studium aufzunehmen berücksichtigt wird – eher zu einer Unterschätzung der tatsächlichen Studierquote. So ist die oben genannte Studierquote für 2008 von 80 Prozent von Schindler auf Grundlage einer Bereinigung errechnet worden, die einen späteren Studienbeginn berücksichtigt (vgl. Schindler 2014, 79f.).

Trotz der Unterschätzungsproblematik der Befragungen von Studienberechtigten ein halbes Jahr nach Erhalt der Studienberechtigung können die so gewonnen Daten dennoch verwendet werden, um Trends im Hinblick auf die wahrscheinliche Abnahme oder Zunahme der Studierquote zu erfassen (vgl. zu den folgenden Zahlen Schneider und Franke 2014, 53f.). Wird dies gemacht, so wird erstens deutlich, dass der Anteil derjenigen, die bereits ein halbes Jahr nach Erhalt der Studienberechtigung ein Studium aufgenommen haben, von 35 Prozent in 2001 auf 53 Prozent in 2012 angestiegen ist. Zwar zeichnet sich hier eine kontinuierliche Zunahme ab, dennoch ist hier auch der Sondereffekt der Aussetzung der Wehrpflicht 2011 und damit die Ermöglichung einer schnelleren Studienaufnahme für die männlichen Studienberechtigten in Rechnung zu stellen.

Werden zu denjenigen, die ein halbes Jahr nach Erhalt der Studienberechtigung bereits ein Studium aufgenommen haben, diejenigen gerechnet, die ein solches sicher aufnehmen wollen, so zeigt sich, dass diese „Brutto-Studierquote" 2012 bei 73 Prozent lag und damit den gleichen Wert erreichte wie 2002. Allerdings finden wir zwischen diesen beiden Zeitpunkten auch Abweichungen nach unten – insbesondere in 2006 auf 68 Prozent – was allerdings auch als Sondereffekt der Diskussion und der tatsächlichen Einführung von Studiengebühren in einigen Bundesländern interpretiert werden kann (Heine et al. 2008; Hüther und Krücken 2014). Insgesamt bleibt festzuhalten, dass einerseits extrinsisch motivierte Erwartungen wie Karrierechancen, andererseits aber auch intrinsische Faktoren wie die Erwartung von hoher Eigenverantwortlichkeit zentral für die Aufnahme eines Studiums sind. Zudem zeigt sich zumindest in den letzten beiden Jahrzehnten eine relativ hohe Stabilität bei der Studierquote. Neben der Frage, ob ein Studium aufgenommen wird oder nicht, ist auch die Entscheidung, welches Fach studiert wird, von besonderer Bedeutung. Im Zentrum der Forschung zur Studienfachwahl steht dabei zunächst die Frage, welche Motive für die Aufnahme des Studiums in einem bestimmten Fach vorhanden sind und ob sich diese im Zeitverlauf bzw. zwischen den Fächergruppen unterscheiden. Gleichzeitig wird über die reine Beschreibung auch versucht zu ergründen, welche Faktoren für die Wahl eines bestimmten Studiengangs verantwortlich sind. Im Hintergrund dieser zweiten Frage steht dabei – zumindest implizit – fast immer auch die Frage im Raum, ob es möglich ist, die Studienwahl der individuellen Akteure zu beeinflussen bzw. mit der Erkenntnis über Faktoren der Studienwahl die Faktoren so zu verändern, dass gesellschaftlich „wünschenswertere" Entscheidungen durch die individuellen Akteure – man denke hier etwa an die Diskussion um die gesellschaftliche Nachfrage nach Absolventen der MINT-Fächer – gefällt werden.

Abbildung 20:   Studienwahlmotive von 2000 bis 2011

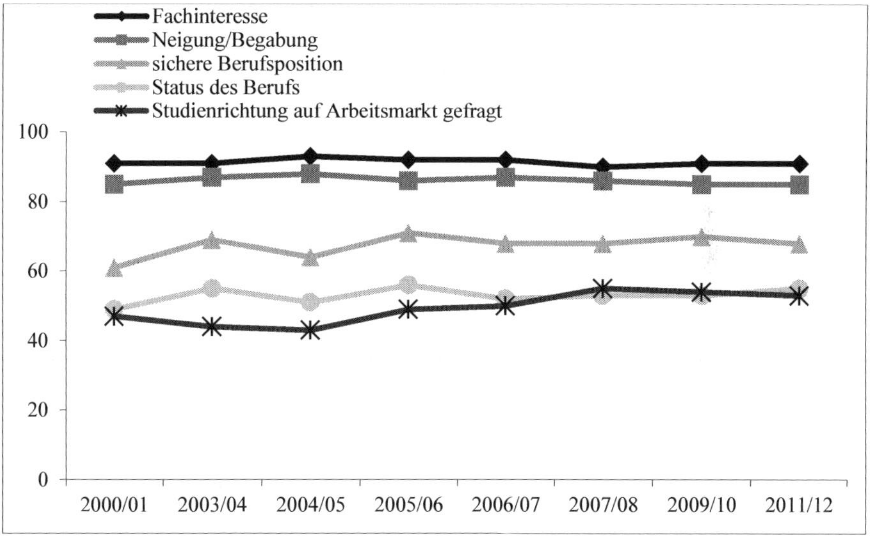

Angaben in Prozent; Werte 1+2 einer 5er-Skala von 1 „sehr wichtig" bis 5 „unwichtig"; Quelle: Scheller et al. (2013, 76f.), eigene Darstellung

Betrachten wir zunächst einmal, ob sich die Motive der Studienanfänger, ein bestimmtes Studium zu beginnen, im Zeitverlauf verändert haben. Abbildung 20 zeigt ausgewählte Motive für die Wahl eines bestimmten Studiengangs und deren Entwicklung seit 2001. Deutlich wird im Zeitvergleich zunächst eine relativ hohe Stabilität. So ist das Fachinteresse bei allen Messzeitpunkten das wichtigste Motiv und Neigung/Begabung folgt jeweils an zweiter Stelle. Ersichtlich wird hierbei, dass insbesondere intrinsische Motive besonders wichtig für die Studienfachwahl sind.

Hingegen spielen extrinsische Motive wie eine sichere Berufsposition, der Status des Berufs und die Arbeitsmarktchancen zwar ebenfalls eine Rolle, sind aber weniger dominant. Im Zeitverlauf kann aber durchaus festgestellt werden, dass es in der Tendenz eine leichte Erhöhung der Relevanz der extrinsischen Motive gibt. Dieser Effekt setzt damit eine Entwicklung fort, die bereits in den 1980er Jahren begonnen hat.[71] So stieg der Anteil derer, für die der Status des Berufs ein wichtiges Motiv war, von 1983/84 bis 1998/1999 von 14 Prozent auf 28 Prozent. Eine ähnliche Entwicklung finden wir zum Beispiel bei dem Motiv der sicheren Berufsposition (33 Prozent auf 42 Prozent). In den letzten ca. 30 Jahren finden wir also durchaus eine Verschiebung der Studienfachwahlmotive dahingehend, dass extrinsische Motive wichtiger werden.

Abbildung 21 zeigt die Studienfachwahlmotive für einzelne Fächergruppen bei den Studienanfängern des Jahres 2011/2012. Ersichtlich wird hier, dass die Wichtigkeit der Motive durchaus in den Fächergruppen unterschiedlich ist. Zwar sehen wir auch, dass intrinsische Motive über alle dargestellten Fächergruppen weiterhin am wichtigsten sind, allerdings gibt es im Hinblick auf die Wichtigkeit der extrinsischen Motive erhebliche Unterschiede. Für Studierende der Ingenieurwissenschaften ist die Nachfrage nach dieser Studienrichtung auf dem Arbeitsmarkt deutlich häufiger wichtig als zum Beispiel für Studierende der Rechtswissenschaft. Hingegen ist das Motiv des beruflichen Status in der Rechtswissenschaft von besonderer Wichtigkeit für die Studienfachwahl. Wichtig ist hier festzuhalten, dass die Motive zur Wahl eines Studiengangs sich zwischen den Fächern unterscheiden. Dies wird uns im weiteren Verlauf noch einmal bei den Studienabbruchgründen beschäftigen, weil die Studien zeigen,

---

[71] Hierbei besteht allerdings das Problem, dass, obwohl es zu den Studienmotiven der Studienanfänger Daten des HIS bis zum Anfang der 1980er Jahre gibt, diese mit neueren Daten nicht vergleichbar sind, weil ab dem Jahr 2001 eine andere Abfrage der Studienmotive vorgenommen wurde. Während bis 2001 die Abfrage anhand einer 3er-Skala mit den Ausprägungen „wichtig", „weniger wichtig" und „unwichtig" erfolgte, wird ab 2001 anhand einer 5er-Skala zwischen wichtig und unwichtig unterschieden.

dass die Gefahr eines Studienabbruchs unter anderem dann ansteigt, wenn für die Studienfachwahl extrinsische Motive dominierend waren.

Abbildung 21:   Studienfachwahlmotive nach Fächergruppen 2011/2012

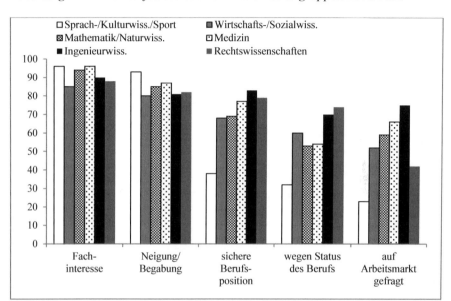

Angaben in Prozent; Werte 1+2 einer 5-Skala von 1 „sehr wichtig" bis 5 „unwichtig"; Quelle: Scheller et al. (2013, 80ff.), eigene Darstellung

Die bisherigen Darstellungen machen zudem deutlich, wie schwierig Versuche sind, auf die Studienfachwahl einzuwirken. Dies liegt daran, dass die intrinsischen Motive so dominierend sind und damit die Studienfachwahl eng mit den Selbstkonzeptionen und der Identität der Studierenden verwoben ist. Zumindest momentan führt dies dazu, dass Versuche, eine relevante Anzahl von Studierenden in gewünschte Fächer zu leiten, insbesondere an der individuellen Konstruktion des Interesses, der Neigung und der Begabung ansetzen müssen.

Dass Eingriffe in solche komplexen Selbstkonstrukte äußerst schwierig sind, wird auch daran deutlich, dass zumindest in westlichen Demokratien bislang kaum Erfolge der Studienwahlsteuerung zu verzeichnen sind. Allerdings sind die neueren Versuche, möglichst frühes Interesse an bestimmten Fachgebieten zu wecken, erfolgversprechender als der beständige Hinweis kurz vor der Studienaufnahme darauf, wie gefragt und statusanerkannt bestimmte Fachrichtungen sind. Zudem ist zu berücksichtigen, dass Versuche, Studierende in bestimmte Fachrichtungen zu lenken, dann erleichtert werden könnten, wenn die Bedeutung der extrinsischen Motive weiterhin zunimmt.

Neben den Entscheidungen, ob ein Studium aufgenommen wird und welches Studienfach gewählt wird, ist zu Beginn des Studiums eine weitere Entscheidung von den Studienanfängern zu treffen: die Entscheidung für einen Studienort und damit verbunden für eine Hochschule. Während in stark differenzierten Hochschulsystemen (vgl. Kapitel 3.1.2) diese Entscheidung für die späteren Berufs- und Karriereaussichten deutlich zentraler ist und deshalb auch erhebliche Forschung hervorgerufen hat (vgl. für den US-amerikanischen Fall zum Beispiel den Überblick bei John et al. 1996, 179ff.), ist für Deutschland zu konstatieren, dass die Studienortwahl kaum strukturelle Effekte auf die späteren Berufs- und Karrierechancen hat. Dies liegt daran, dass die Ausbildungsqualität der Hochschulen in Deutschland im Vergleich zu anderen nationalen Hochschulsystemen im Großen und Ganzen als vergleichbar angesehen wird. Nach wie vor finden wir also eine Gleichheitsvorstellung der Ausbildungsgüte im deutschen Hochschulsystem, auch wenn durchaus Versuche vorhanden sind, diese Vorstellung zu unterminieren (zum Beispiel Bloch et al. 2014a).

Interessant ist allerdings durchaus, dass sich im Hinblick auf das entscheidende Motiv für die Wahl einer bestimmten Hochschule im Zeitverlauf Verschiebungen andeuten (zu den folgenden Zahlen vgl. Scheller et al. 2013, 115ff.). So lag bei den Studienanfängern 1998/99 das entscheidende Motiv nur zu 35 Prozent bei hochschulinternen Bedingungen, bei den Studienanfängern 2011/12 hingegen zu 48 Prozent. Unter die hochschulinternen Bedingungen fallen hierbei zum Beispiel der Ruf der Hochschule, gute Ausstattung oder die Passung von Studienangebot und fachlichen Interessen. Diese Passung ist dann das mit weitem Abstand am häufigsten genannte entscheidende Motiv zur Hochschulwahl (zum Beispiel 2011/12 mit 20 Prozent). Im gleichen Zeitraum sinkt parallel die Bedeutung der Gegebenheiten des Hochschulortes von 40 Prozent auf 34 Prozent. Hierunter fallen Aspekte wie Vertrautheit mit dem Hochschulort, keine Studiengebühren oder günstige Lebensbedingungen. Auch hier finden wir jedoch ein deutlich dominierendes Motiv: die Nähe zum Heimatort (zum Beispiel 2011/12 mit 19 Prozent).

Wir können also festhalten, dass bisher zumindest bei dem entscheidenden Motiv für die Hochschulwahl eine vertikale Differenzierung – also eine Differenzierung aufgrund von Reputation – des deutschen Systems kaum eine Rolle spielt. Hingegen spielt die horizontale Differenzierung eine zentrale Rolle, weil die Passung zwischen Studienangebot und Fachinteresse eine hohe Bedeutung bei der Wahl der Hochschule hat. Da die vertikale Differenzierung im deutschen Hochschulsystem – zumindest im internationalen Vergleich – noch nicht so weit fortgeschritten ist, kann es auch kaum verwundern, dass die regionale Mobilität der Studienanfänger in Deutschland relativ gering ist, weil das passende Studienangebot häufig in der Nähe des Heimatortes zu finden ist.[72] Ein Hinweis darauf ist auch, dass 2011/2012 lediglich 35 Prozent der Studierenden das Bundesland verlassen haben, in dem die Hochschulreife erlangt wurde (Middendorff et al. 2013, 62f.). Wird zudem berücksichtigt, dass hier auch „grenznahe" Hochschulbesuche als Mobilität interpretiert werden, dürfte der Anteil der Studierenden, die tatsächlich ihre Region verlassen, wohl noch deutlich geringer sein. So dürfte auch nach rund 20-jährigen Versuchen einer stärkeren Differenzierung und Wettbewerbsorientierung des deutschen Hochschulsystems in Bezug auf die Studierenden und ihre Hochschulwahl die Feststellung der KMK aus dem Jahr 2002 noch immer zutreffen: „Der/die deutsche Studierende ist eher sesshaft und nur in relativ wenigen Fällen durch die Qualität von Studienangeboten zum Wandern zu bewegen" (KMK 2002, 4).

3.4.1.2 Studienabbruch

In Bezug auf die Phase des Studiums werden wir im Folgenden vor allem die Forschung zum Studienabbruch vorstellen. Zu Recht könnte man uns hier vorwerfen, uns auf den Misserfolg zu konzentrieren (vgl. zum Beispiel van Buer 2011). Unserer Ansicht nach sprechen allerdings zwei Gründe für diese Fokussierung. Erstens gibt es eine andauernde und gegenwärtig verstärkte Diskussion über die Gründe und Auswirkungen des Studienabbruchs. Zweitens können durch die Darstellung der Forschung zum Studienabbruch auch im Umkehrschluss die wichtigsten Faktoren zum Studienerfolg erschlossen werden, wenn auch darauf hinzuweisen ist, dass Verbleib nicht gleich Erfolg bedeutet (zum Beispiel van Buer 2011, 472).[73]

In der neueren öffentlichen und politischen Diskussion um das Studium oder die Studienbedingungen in Deutschland spielt der Abbruch eines Studiums eine nicht unerhebliche Rolle (vgl. zum Beispiel Autorengruppe Bildungsberichterstattung 2014, 132). Ein wichtiger Grund ist, dass ein Studienabbruch nicht nur eine Entscheidung mit erheblichen Auswirkungen für einzelne

---

[72] Komplementär dazu findet sich auch eine regionale Orientierung zahlreicher Arbeitgeber in Deutschland (vgl. hierzu Winterhager und Krücken 2015).

[73] Bei einer Darstellung des Studienerfolgs hingegen wäre ein solcher Umkehrschluss viel problematischer, weil Studienerfolg ein fluideres und sehr viel komplexeres Konzept ist. Dies liegt daran, dass Studienerfolg an sehr unterschiedlichen Faktoren wie zum Beispiel Studienabschluss, Studienzufriedenheit, Abschlussnote, Übergangsdauer in den Beruf oder erlangte Kompetenzen gemessen werden kann.

Studierende ist, sondern die Summe von Studienabbrüchen zudem als ein Faktor betrachtet wird, der zum Beispiel das politisch gewünschte Ziel gefährdet, die Akademikerquote in der Gesamtgesellschaft zu steigern. Immer wieder wird auch darauf hingewiesen, dass eine zu hohe Abbruchquote ein Zeichen für eine Fehlallokation von Mitteln sei, weil die Investitionen in die Studierenden, die ein Studium abbrechen, aus volkswirtschaftlicher Sicht Fehlinvestitionen seien, die man frühzeitig verhindern sollte.

Hierbei wird häufig der Studienabbruch entweder den einzelnen Studierenden angelastet, die nicht studierfähig oder -willig seien, oder aber der Studienabbruch wird als Versagen der Hochschulen angesehen, die nicht die für ein erfolgreiches Studium nötigen Strukturen schaffen oder aber sich nicht ausreichend um ihre Studierenden kümmern – ein im Sinne der britischen Kulturanthropologin Mary Douglas typischer Fall von sozialer „blame attribution" (Douglas 1992) und damit der Versuch einer einseitigen Schuldzuweisung.

Die im Folgenden betrachtete Forschung zum Studienabbruch zeigt allerdings, dass weder die eine noch die andere Erklärung zutreffend ist. Vielmehr ist die Entscheidung, das Studium abzubrechen, eine komplexe Entscheidung oder besser ein komplexer Prozess, der sich nur durch das Aufeinandertreffen mehrerer Faktoren erklären lässt. Nichtsdestotrotz finden wir in den neuen indikatorischen Mittelverteilungssystemen der Bundesländer (vgl. Kapitel 3.1.3) in der Regel die Studienerfolgsquote als einen Indikator. Damit wird ein in Kapitel 3.3 dargestellter Trend der zunehmenden Rechenschaftspflicht („accountability") der Hochschulorganisation vollzogen. Hierbei wird aber nicht beachtet, ob eine hohe Abbruchquote „eigentlich auf Bedingungen und Ursachen" zurückzuführen ist, die „im Verantwortungsbereich der Hochschulen" (Heublein und Wolter 2011, 215) liegen. Bevor wir uns allerdings mit den Gründen und Motiven für einen Studienabbruch beschäftigen, ist zunächst zu klären, wie hoch die Abbruchquote an den deutschen Hochschulen eigentlich ist.

3.4.1.2.1 Studienabbruchsquoten

Wird versucht zu ermitteln, wie viel Prozent der Studierenden in Deutschland ihr Studium nicht abschließen, ist zunächst auf erhebliche Messprobleme hinzuweisen. Ein zentrales Problem ist dabei, dass die in Deutschland erhobenen Daten zu den Studierenden auf der Hochschulebene verortet sind und deshalb keine eindeutigen Aussagen zum Studienabbruch möglich sind. Vielmehr wird von den Hochschulen in der Regel nur erfasst, ob Studierende die Hochschule verlassen, während es auf Hochschulebene allenfalls nur sehr lückenhafte Daten hinsichtlich der Frage gibt, was diese nach dem Verlassen der Hochschule tun. Das Verlassen einer Hochschule ist aber nicht gleichbedeutend mit einem Studienabbruch. Vielmehr können die Studierenden nur die Hochschule wechseln und ihren Studienabschluss an einer anderen Hochschule oder in einem anderen Fach machen, sie können den Hochschultyp wechseln, zum Beispiel von einer Universität zu einer Fachhochschule, oder sie können ihr Studium im Ausland beenden.

Die vorhandenen Daten in Deutschland lassen also keine Differenzierung in Bezug auf „unterschiedliche Formen von Fluktuation und Mobilität im Hochschulsystem" (Heublein und Wolter 2011, 216) zu. Basierend auf den Zahlen der Hochschulen ist deshalb nur die Angabe einer Schwundquote auf Hochschul- oder Fachebene möglich. Diese Schwundquote sollte aber keinesfalls als Abbruchquote interpretiert werden, denn ein Studienabbruch ist nicht lediglich durch Fluktuation und Mobilität gekennzeichnet, sondern dadurch, dass das Hochschulsystem (nicht eine Hochschule) dauerhaft ohne Abschluss verlassen wird. Im Folgenden verstehen wir daher unter Studienabbruch das tatsächliche dauerhafte Verlassen des Hochschulsystems ohne Abschluss.

Die zuvor beschriebenen Messprobleme führen dazu, dass die Zahlen zum Studienabbruch in Deutschland bestenfalls Schätzungen[74] sind und schlechtesten falls auf einer nicht korrekten Operationalisierung des Konstrukts „Studienabbruch" basieren. Das erklärt dann auch, warum wir unterschiedliche Abbruchquoten in verschiedenen Studien zum gleichen Messzeitpunkt finden. Folglich ist es problematisch, verschiedene Studien und Datenquellen für einen Zeitvergleich im Hinblick auf den Studienabbruch oder aber für einen Vergleich der Studienabbruchquoten zwischen verschiedenen Fächern zu nutzen. So sind Studienabbruchquoten und deren Entwicklung seit den 1960er Jahren auch nur schwer zu interpretieren, weil nicht klar ist, ob es sich hierbei um tatsächliche Entwicklungen handelt oder aber um „statistische Inkonsistenzen" (Heublein und Wolter 2011, 220) bzw. Erhebungsartefakte.

Die von Heublein und Wolter (2011, 220) genannten Studien legen aber zumindest nahe, dass es im Vergleich zu den 1960er Jahren (16 Prozent) zu einem Anstieg der Studienabbruchquoten in den 1980er Jahren (25-27 Prozent) kam. Die neueren Entwicklungen der Abbruchquoten werden wir im Folgenden auf Grundlage der Schätzungen des HIS bzw. des DZHW darstellen (zum Schätzverfahren vgl. Heublein et al. 2014, 13f.). Während hier für die Gesamtquote des Studienabbruchs durchaus Schätzunsicherheiten vorhanden sind, können die Daten allerdings im Zeitverlauf relativ gut interpretiert werden, weil hier jeweils dasselbe Schätzverfahren zugrunde liegt.

---

[74] Eine Beschreibung der unterschiedlichen Schätzverfahren vom HIS/DZHW, dem ZEW und dem Statistischen Bundesamt findet sich in Heublein und Wolter (2011, 218f.)

Abbildung 22 zeigt zunächst, dass die von der HIS bzw. dem DZHW ge-schätzte Abbruchquote bei den Absolventen des Jahrgangs 1999 bis 2006 von 31 Prozent auf 21 Prozent absinkt. Dies bedeutet, dass von den Studienanfängern der Jahrgänge 1992 bis 1994 31 von 100 Studierenden das Hochschulsystem ohne einen Abschluss verlassen haben. Hingegen waren dies bei den Studienan-fängern der Jahrgänge 2001 bis 2003 nur 21 von 100.

Abbildung 22:   Studienabbruchquote für die Absolventenjahrgänge 1999 bis 2012

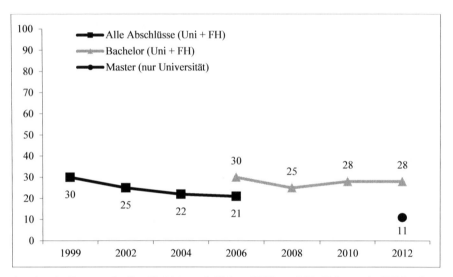

Angaben in Prozent; Quelle: Heublein und Wolter (2011) und Heublein et al. (2014), eigene Darstellung

Seit 2006 werden auch die Abbruchquoten der Bachelor-Studierenden berechnet. Hier zeigt sich, dass entgegen der politischen Absicht keine positiven Effekte der Bachelor-/Master-Reform auf die Abbruchquoten vorhanden sind. Vielmehr lagen diese seit 2006 immer über den Abbruchquoten der Absolventen von 2004 und 2006. Hinzu kommen noch die Abbruchquoten der Masterstudierenden, die 2012 erstmals für die Absolventen von universitären Masterstudiengängen berechnet wurden und immerhin 11 Prozent betragen. Ersichtlich wird hierbei, dass zumindest das Ziel der Senkung der Abbruchquoten durch die Einführung der Bachelor-Master-Abschlüsse bisher nicht erreicht wurde. Die Verkürzung und stärkere Strukturierung des Studiums, die studienbegleitenden Prüfungen und damit das Wegfallen der hohen Hürde der Abschlussprüfungen am Ende des Studiums sowie der Ausbau der Betreuung der Studierenden bzw. der studentischen Services (zum Beispiel Studienbüros auf Fakultätsebene) im Zuge der Abschlussumstellung haben also bisher nicht die erhofften Wirkungen gezeigt. Allerdings lässt sich feststellen, dass sich der Studienabbruch im Durchschnitt um ca. eineinhalb Semester vorverlagert hat. Dies liegt insbesondere daran, dass die Bachelor-Studierenden im Vergleich zu den Studierenden in den traditionellen Studiengängen deutlich früher das Studium abbrechen. So brechen in den Bachelor-Studiengängen die Studierenden im Durchschnitt bereits nach drei Semestern das Studium ab, während der Abbruch bei allen Studierenden im Durchschnitt erst nach 6,3 Hochschulsemestern erfolgt (Heublein und Wolter 2011, 222f.). Die Einführung der Bachelor-Master-Abschlüsse hat dann zwar den Anteil der Studienabbrecher nicht verringert, aber dazu geführt, dass die Studienabbrüche früher erfolgen. Aus einer rein ökonomischen Sicht nimmt damit auch die angenommene Fehlallokation von Mitteln ab.

Zudem ist darauf hinzuweisen, dass die Abbruchquoten sich zwischen Universitäten und Fachhochschulen bzw. zwischen den Fächern zum Teil stark unterscheiden. So liegt die Abbruchquote für die universitären Bachelor-Absolventen 2012 bei 33 Prozent, während bei den Fachhochschulen nur 23 Prozent abbrechen. Während allerdings die Abbruchquote im Vergleich zu den Absolventen 2010 bei den Universitäten leicht gefallen ist (35 vs. 33 Prozent), hat sich bei den Fachhochschulen dieser Wert erhöht (19 vs. 23 Prozent) (Heublein et al. 2014, 3ff.).

Auch auf der Fächerebene finden sich erhebliche Unterschiede bei der Abbruchquote sowohl bei den Universitäten als auch bei den Fachhochschulen. Bei den universitären Bachelor-Absolventen 2012 liegt zum Beispiel die Abbruchquote bei den Ingenieurwissenschaften bei 36 Prozent, in Mathematik und Naturwissenschaften bei 39 Prozent, hingegen nur bei 27 Prozent in den Rechts-, Wirtschafts- und Sozialwissenschaften (Heublein et al. 2014, 4).

Ein ähnliches Bild – allerdings auf niedrigerem Niveau – findet sich auch bei den Fachhochschulen. Hier weisen die Ingenieurwissenschaften mit 31 Prozent sowie die Mathematik und Naturwissenschaften mit 34 Prozent wiederum recht hohe Abbruchquoten auf, während die Abbruchquote in den Rechts-, Wirtschafts- und Sozialwissenschaften bei 15 Prozent liegt (Heublein et al. 2014, 6).

Werden diese aktuellen Zahlen mit den Ergebnissen aus den Jahren von 2004 bis 2006 verglichen, dann kann konstatiert werden, dass die Umstellung auf die Bachelor-Abschlüsse – zumindest bisher – in einigen Fächern zu geringeren Abbruchquoten geführt hat (zum Beispiel in den Wirtschafts- und Sozialwissenschaften), während in anderen Fächern die Abbruchquoten deutlich gestiegen sind (Ingenieur- und Naturwissenschaften, Mathematik).

Man kann also insgesamt feststellen: „Die Studienabbruchquote entwickelt sich uneinheitlich; eine generelle Reduktion zeichnet sich nicht ab" (Autorengruppe Bildungsberichterstattung 2014, 138). Es wird hier von besonderem Interesse sein, ob sich diese Zahlen und Entwicklungen in Bezug auf die Abbruchquote bei den Bachelor-Studierenden in den nächsten Jahren verstetigen oder aber ob die bisher gemessenen Werte immer noch als Übergangsphänomen anzusehen sind. Allerdings wäre eine Sichtweise, die monokausal die Umstellung der Studienabschlüsse mit den Studienabbruchsquoten in Beziehung setzt, zu einfach.

3.4.1.2.2 Gründe für den Studienabbruch

Eine Vielzahl von Studien[75] hat sich in den letzten Jahrzenten mit den Gründen für einen Studienabbruch beschäftigt (für Deutschland zum Beispiel Schröder-Gronostay und Daniel 1999; Bargel 2003; Fellenberg und Hannover 2006; Schiefele et al. 2007; Georg 2008; Blüthmann et al. 2008; Heublein 2010; Blüthmann et al. 2011; Blüthmann et al. 2012; Pohlenz et al. 2012; für die internationale Diskussion siehe zum Beispiel Tinto 1975; Bean und Metzner 1985; John et al. 1996; Bean und Eaton 2001; Pascarella et al. 2004; Mäkinen et al. 2004; Chen 2012; Kehm 2014).

Im Hinblick auf die einzelnen Studien sollte allerdings beachtet werden, dass diese teilweise nicht auf tatsächlichen Studienabbrüchen basieren, sondern Faktoren untersuchen, die eine Neigung zum Studienabbruch erhöhen bzw. vermindern (zum Beispiel Fellenberg und Hannover 2006; Hadjar und Becker 2004; Blüthmann et al. 2011; Georg 2008). Dieses Vorgehen erklärt sich – zumindest für Deutschland – wiederum damit, dass aufgrund der Erfassungsprobleme des Studienabbruchs auch die Befragung von tatsächlichen Studienabbrechern deutlich erschwert wird. Allerdings sind die Neigung und der tatsächliche Studienabbruch nicht gleichzusetzen.

Zudem weist eine Reihe von Studien das Problem auf, dass sie sich auf das erste Jahr des Studiums konzentrieren und deshalb insbesondere die Gründe für einen frühen Abbruch des Studiums erfassen (zum Beispiel Mäkinen et al. 2004; ein Gegenbeispiel ist Schiefele et al. 2007). Dabei ist davon auszugehen, dass

---

[75] In den USA sind derartige Forschungen seit Jahrzehnten etabliert und werden in einer eigenen Fachzeitschrift, dem „Journal of College Student Retention: Research, Theory & Practice", eingehend behandelt. Fallstudien zu verschiedenen europäischen Ländern finden sich im Themenschwerpunkt „Dropout from University" des „European Journal of Education" (vgl. Kehm 2014).

sich die Abbruchgründe im ersten Semester deutlich von denen im sechsten Semester unterscheiden (Tinto 1988; Schiefele et al. 2007).

In der Literatur finden sich insbesondere zwei unterschiedliche theoretische Erklärungsansätze für einen Studienabbruch: auf der einen Seite soziologisch-institutionelle und auf der anderen Seite psychologisch-individuelle Erklärungsmodelle. Zu ersteren gehören zum Beispiel die Modelle von Spady (1970) und Tinto (1975).[76] Beide Modelle stellen in den Vordergrund, dass es beim Übergang in das Studium zu einer Integration der Studierenden in die Hochschule kommen muss. Scheitert diese Integration, dann wird ein Studienabbruch wahrscheinlich.[77] Ein Studienabbruch wird demnach dann wahrscheinlich, wenn die Werte, Einstellungen und Überzeugungen der Studierenden im Widerspruch zu den an Hochschulen erlebten stehen und deshalb eine Integration in die akademische und soziale Welt der Hochschule nicht möglich oder zumindest erschwert ist.

In einem späteren Aufsatz nutzt Tinto zusätzlich das sozialanthropologische Konzept von van Gennep (1960), der unter anderem verschiedene Passagen und Riten für die Aufnahme von neuen Mitgliedern in traditionellen Gesellschaften beschreibt. In diesem Sinne versteht Tinto den Übergang in das Hochschulsystem als ein „moving from one community or set of communities (…) to another" (Tinto 1988, 442). Tinto nutzt dieses Konzept einerseits dafür, die verschiedenen Passagen der Integration in die akademische und soziale Welt der Hochschulen besser zu erfassen und andererseits die Zeitdimension im Hinblick auf die jeweilige Integration zu betonen (Tinto 1988). Studierende müssen sich demnach zunächst von ihren bisherigen Kontexten separieren, dann eine Übergangsphase durchlaufen, um schließlich vollständig inkorporiert zu werden. Die drei Phasen müssen dabei sowohl für die soziale als auch die akademische Integration durchlaufen werden. Forschungen, die sich an diesen Modellen orientieren, interessieren sich deshalb vor allem für Faktoren, die eine Integration der Studierenden in die Hochschulen fördern oder behindern.[78]

---

[76] Unter den soziologisch-institutionellen Modellen finden sich zudem Versuche, das Kapitalkonzept von Bourdieu zur Erklärung von Studienabbrüchen zu nutzen (zum Beispiel Longden 2004).

[77] Spady greift für seine Argumentation auf die Überlegungen von Durkheim (1973) zum Selbstmord zurück, wobei insbesondere der Selbstmordtyp der Wertdifferenz zwischen Gesellschaft und Individuum herangezogen wird.

[78] Die überragende Bedeutung von Tintos Arbeiten in der Diskussion zeigt sich u.a. daran, dass sie auch die Grundlage einer eigenen Studie bilden, die sich ausschließlich auf der Basis von begutachteten Zeitschriftenartikeln mit der Überprüfung seiner Theorie beschäftigt (Braxton et al. 1997). Hier wie vor allem im weiteren Verlauf der Diskussion zeigt sich, dass die Erklärungskraft von Tintos Theorie insbesondere hinsichtlich traditioneller Studierender an Campus-Universitäten hoch ist,

Die psychologisch-individuellen Erklärungsmodelle stellen hingegen die Bedeutung von individuellen „Prädispositionen, kognitiven Fähigkeiten, von Selbstkonzepten und motivationalen" (Heublein und Wolter 2011, 231) Faktoren in den Mittelpunkt der Erklärung (vgl. zum Beispiel Bean und Metzner 1985; Bean und Eaton 2001; Mäkinen et al. 2004; Fellenberg und Hannover 2006; Schiefele et al. 2007). Ein Studienabbruch wird hierbei dann wahrscheinlicher, wenn zum Beispiel nicht damit gerechnet wird, den Anforderungen an ein Studium zu genügen, eine geringe Lernmotivation vorhanden ist oder aber die falschen Lernstrategien benutzt werden.

Die empirischen Studien zu Studienabbrüchen nutzen die beiden theoretischen Erklärungsmodelle insbesondere dazu, herzuleiten, welche Variablen in die statistischen Modelle aufgenommen werden und welche Beziehungen zwischen diesen Variablen bestehen bzw. erwartet werden. Teilweise finden sich dabei auch Studien, die versuchen, beide Modelle zu integrieren, indem zum Beispiel psychologische Faktoren genutzt werden, um die Integration der Studierenden in die akademische und soziale Umwelt der Hochschulen zu erklären (zum Beispiel Bean und Metzner 1985).

Insgesamt zeigen die Studien ein sehr komplexes Bild von Einflussfaktoren und Bedingungen, d.h., der Abbruch eines Studiums kann mitnichten als monokausaler Entscheidungsprozess verstanden werden (zum Beispiel Sarcletti und Müller 2011; Heublein und Wolter 2011; John et al. 1996). Für Deutschland zeigt zum Beispiel Heublein (2010), dass insbesondere Leistungsprobleme, eine mangelnde Selbstmotivation sowie finanzielle Probleme einen Studienabbruch auslösen können.[79]

Hierbei wird deutlich, dass sowohl Variablen, die nicht direkt mit der inhaltlichen Ebene des Studiums verbunden sind (zum Beispiel Finanzen), als auch solche, die eine starke inhaltliche Verbindung zum Studium aufweisen (Leistungsprobleme, Selbstmotivation) wichtige Faktoren bei einem Studienabbruch sein können.

In Bezug auf Leistungsprobleme spielen dabei sowohl institutionelle Faktoren als auch psychologische Faktoren eine Rolle. So entstehen Leistungsprobleme zum Beispiel durch die Wahrnehmung zu hoher Anforderungen oder aber

---

während die ständig steigende Zahl nicht-traditioneller Studierender eine erhebliche Herausforderung darstellt und zu nicht unerheblichen Modifikationen an der Theorie führt.

[79] Vgl. ergänzend Blüthmann et al. (2012), die durch eine Analyse vorzeitig exmatrikulierter Bachelor-Studierender an einer Universität mit Hilfe einer Clusteranalyse vier unterschiedliche Cluster („überfordert", „enttäuscht", „verwählt", „strategisch wechselnd") gefunden haben. Einschränkend ist darauf hinzuweisen, dass Exmatrikulation nicht Studienabbruch im engeren Sinne bedeutet.

schlechter Studienbedingungen. Leistungsprobleme können auch daraus resultieren, dass daran gezweifelt wird, den Studienanforderungen gerecht werden zu können. Ein wichtiger Faktor im Hinblick auf die Leistung im Studium bildet dabei gleichfalls die Selbstmotivation, die wiederum von einer Reihe von Faktoren abhängt. Hierzu zählt zum Beispiel, welche Motive für die Studienfachwahl entscheidend waren oder ob damit gerechnet wird, dass ein Studienabschluss per se die Arbeitsmarktchancen erhöht. Während Leistungsprobleme und Selbstmotivation insbesondere bei den Frühabbrechern eine zentrale Rolle spielen, tritt bei den Spätabbrechern häufig als weiterer zentraler Grund des Studienabbruchs eine schwierige finanzielle Situation hinzu.[80] Die Forschung zeigt also eine Vielzahl von direkten und indirekten Effekten in Bezug auf die Integration in die Hochschulen, psychologische Prädispositionen und organisatorisch-institutionelle Faktoren.

Die Erforschung der Studienabbruchgründe wird auch deshalb als wichtig angesehen, weil mit dem Wissen um die Gründe auch Interventionen möglich werden, die einen Studienabbruch verhindern bzw. dessen Wahrscheinlichkeit verringern. So finden sich in relativ vielen Studien Hinweise darauf, welche Maßnahmen durch die Hochschulen ergriffen werden können, um Studienabbrüche zu verhindern (zum Beispiel Henke et al. 2013; Bean und Eaton 2001; Fellenberg und Hannover 2006). Einerseits konzentrieren sich diese dabei darauf, die Integration der Studierenden in die Hochschulen – und hier insbesondere in das akademische Milieu – zu erleichtern, andererseits bei Leistungsproblemen frühzeitige Beratung anzubieten, die auch versucht, Selbstkonzeptionen und Eigenmotivation der Studierenden so zu verändern, dass ein Studienabbruch unwahrscheinlicher wird.

3.4.1.3 Die Absolventen

Ein weiterer wichtiger Forschungsgegenstand in Bezug auf die Studierenden ist die Frage nach deren Verbleib nach einem erfolgreich abgeschlossenen Studium. Diese Fragestellung wird insbesondere im Rahmen von Absolventenstudien untersucht. Absolventenstudien sind zumeist „standardisierte, quantitative und für eine definierte Population repräsentative Befragungen von Hochschulabsolventen" (Falk et al. 2009, 5), die einerseits Informationen im Hinblick auf die Einschätzung des Studiums und andererseits den Übergang in den Arbeitsmarkt

---

[80] Hierbei spielt dann auch indirekt die soziale Herkunft eine Rolle, weil Studierende aus niedrigeren sozialen Schichten eine geringere finanzielle und sonstige Unterstützung durch ihre Eltern erfahren, häufiger auf öffentliche Studienförderung angewiesen sind und häufiger mehr Zeit in studienbegleitende Erwerbsarbeit investieren müssen (vgl. Kapitel 3.4.4).

sowie die Beschäftigungssituation zum Gegenstand haben (für einen aktuellen Überblick vgl. Flöther und Krücken 2015). Absolventenstudien können dabei so angelegt sein, dass sie die Absolventen nur einmalig befragen oder aber ein Paneldesign aufweisen, d.h., die Absolventen werden über einen längeren Zeitraum mehrfach befragt.[81] Bei groß angelegten Studien in Deutschland hat sich hier mittlerweile das Paneldesign durchgesetzt.[82] Der Vorteil von Wiederholungsbefragungen liegt darin, dass sich der Berufsverlauf und damit auch der Einfluss des Studiums über einen längeren Zeitraum beobachten lassen und damit auch konjunkturelle Effekte in der Gesamtwirtschaft zumindest besser kontrolliert werden können. Zudem wird erst in einer langfristigen Perspektive der tatsächliche Nutzen eines Hochschulstudiums sichtbar (zum Beispiel Falk et al. 2009, 5).

3.4.1.3.1 Die Diskussion von Absolventenstudien in Deutschland

Im Zeitverlauf kann festgestellt werden, dass sich die Wichtigkeit der Fragestellungen und damit verbunden auch die Ebene, auf die sich Absolventenstudien beziehen, verändert haben (Teichler 2002; Janson 2014; Teichler 2015; Janson 2015). Die ersten Absolventenstudien in Deutschland in den 1970er und 1980er Jahren sind stark durch die damalige Diskussion um Überqualifizierung und einen zunehmenden Mismatch zwischen Hochschulausbildung und Arbeitsmarkterfordernissen geprägt (zum Beispiel Schomburg et al. 2005, 29).[83] Die Erwartung in den 1970er Jahren, dass ein „akademischen Proletariat" entstehen könnte, welches durch hohe Arbeitslosigkeit oder aber nicht der Ausbildung entsprechende Berufspositionen geprägt ist (Teichler 2002), war ein wichtiger Auslöser dafür, sich mit dem Verbleib der Hochschulabsolventen auseinanderzusetzen. Im Mittelpunkt der frühen Befragungen standen dabei insbesondere die Beschäftigungssituation und die Dauer der Beschäftigungssuche.

Auffallend ist hierbei, dass in Deutschland bis weit in die 1990er Jahre eher Einzelstudien zu einigen Universitäten und einigen Fächern vorherrschend waren (Burkhardt et al. 2000). Diese sehr unterschiedlichen Einzelstudien können im Hinblick auf ihre Ergebnisse kaum verglichen werden. Sie leisten nur in Bezug auf einzelne Hochschulen und hier zusätzlich häufig nur in Bezug auf einzelne

---

[81] Ein frühes Beispiel für ein solches Paneldesign ist die Studie von Teichler et al. (1992) aus den 1980er/1990er Jahren.

[82] Ein solches Paneldesign wird im Rahmen der Absolventenstudien des DZHW, des Bayerischen Absolventenpanels und der Befragungen im Rahmen des KOAB-Projektes des INCHER genutzt.

[83] Diese Diskussion kennen wir bereits aus der Beschreibung der Universitäten in der Weimarer Zeit und dem Nationalsozialismus. Und auch neuerdings wird diese Diskussion wieder geführt.

Fächer punktuelle Einsichten zu den Absolventen. Im Gegensatz zu anderen Ländern (Reinfeldt und Frings 2003, 280ff.; Falk et al. 2009, 5ff.) findet sich deshalb in Deutschland lange Zeit keine Absolventenforschung, die sowohl nationale, fachspezifische und auf einzelne Hochschulen bezogene Aussagen zu den Absolventen der Hochschulen erlaubt. Seit Anfang der 1990er Jahren gibt es eine repräsentative Erhebung von Absolventen aller Fachrichtungen in ausgewählten Jahrgängen durch die HIS bzw. in der Nachfolge durch das DZHW, die repräsentativ in Bezug auf die Absolventen deutscher Hochschulen und der erhobenen Fächer ist. Allerdings ist auf der Basis dieser Erhebungen kein Rückschluss auf einzelne Hochschulen möglich. Adressaten dieser Studien sind deshalb vor allem die Politik und die Hochschulforschung, nicht aber die einzelnen Hochschulen.

Das Fehlen von regelmäßig und systematisch erhobenen Absolventenstudien, die sich auf einzelne Hochschulen und deren Studiengänge beziehen, wurde dabei im Zeitverlauf immer stärker als erheblicher Mangel angesehen und führte in den letzten zehn Jahren zu erstaunlichen Entwicklungen. Während Burkhardt et al. (2000) für den Zeitraum von Ende der 1980er Jahre bis 1998 noch eine geringe Systematik und Regelmäßigkeit von Absolventenbefragungen auf der Hochschulebene konstatierten, ergibt sich für das Jahr 2015 ein vollkommen anderes Bild. Mittlerweile befragen die meisten Hochschulen systematisch und regelmäßig ihre Absolventen. So werden im Rahmen des KOAB-Projektes, das am INCHER in Kassel angesiedelt ist, in Kooperation mit den teilnehmenden Hochschulen mittlerweile Absolventenbefragungen für ca. 80 Hochschulen wissenschaftlich konzipiert, begleitet und koordiniert (zu KOAB vgl. Flöther und Krücken 2015). Auch das bayerische Hochschulpanel (BAP) des Bayerischen Staatsinstituts für Hochschulforschung und Hochschulplanung (IHF) ist Ausdruck der verstärkten Konzentration von Absolventenstudien auf die Hochschulebene. Das BAP führt regelmäßig Absolventenstudien für alle bayerischen Hochschulen durch und ist so angelegt, dass Betrachtungen auf der Ebene einzelner Studiengängen, der Ebene einzelner Hochschulen und für Bayern insgesamt möglich sind (zum BAP vgl. Falk 2007; Falk et al. 2009).

Wie kann diese Entwicklung erklärt werden? Zunächst finden wir eine deutliche Verschiebung des Diskussionszusammenhangs von Absolventenstudien in den letzten 15 Jahren (zum Beispiel Grühn und Hecht 2007, 5f.). Während wir in den 1970er und 1980er eine makroökonomische bzw. makrosoziologische Einbettung der Diskussion über die Frage der Entstehung eines „akademischen Proletariats" sehen können, sind die aktuellen Diskussionen viel stärker auf der Organisationsebene verortet. Betont wird nun die Verantwortung der einzelnen Hochschulen für ihre Absolventen bzw. das Lernen der Hochschulen aus den Erfahrungen der Absolventen für die weitere Gestaltung von Studiengängen.

Absolventenstudien werden so zum Beispiel vom Wissenschaftsrat (1999, 61) als „selbstverständlicher Bestandteil" der Verantwortung der Hochschule „für ihre Studierenden und ein Element der regelmäßigen Selbstevaluation der Fachbereiche bzw. Fakultäten" angesehen. Einen zentralen Grund für diese auffallende Verschiebung im Bereich der Absolventenstudien kennen wir schon aus den beiden Kapiteln zu Governance und Organisation von Hochschulen in diesem Buch: Im Hintergrund dieser Entwicklung steht die verstärkte Akteurswerdung der Hochschulen bzw. der Versuch der Konstruktion von Hochschulen als Complete Organizations, was mit einer verstärkten internen und externen Rechenschaftspflicht einhergeht. Eine zentrale Dimension dieser Rechenschaftspflicht besteht darin, dass auch sicherzustellen ist, dass die Absolventen der Hochschulen durch den Arbeitsmarkt aufgenommen werden. Hierfür werden systematisch und regelmäßig erhobene Daten zu den Absolventen für einzelne Hochschulen und deren Studiengänge benötigt.

Neben dieser eher abstrakten Begründung, die wir in grundlegenden Veränderungen im Bereich der Hochschulgovernance und -organisation sehen, findet sich allerdings auch ein sehr konkreter Grund für die Verschiebung der Diskussion und die damit verbundene Veränderung der Erhebungsebene: die Einführung der Bachelor-Master-Studiengänge. Mit der Einführung der neuen Studiengänge wurde die „employability"[84], d.h. die Beschäftigungsfähigkeit, insbesondere der Bachelor-Absolventen stark betont und dominierte die Diskussion zunehmend (zum Beispiel Janson 2014, 15; Teichler 2011, 5). Der Bachelor-Abschluss sollte dabei als erster berufsqualifizierender Abschluss konzipiert werden, der es den Studierenden ermöglicht, bereits nach drei Jahren die Hochschule beschäftigungsfähig zu verlassen.

Die Diskussion um die „employability" führt demnach zunächst zu einer Aufwertung von Absolventenstudien, da diese eine Überprüfung der Beschäftigungsfähigkeit ermöglichen. Da aber gleichzeitig die konkrete Gestaltung der Bachelor-Master-Studiengänge in Deutschland in den einzelnen Fakultäten erfolgt und dabei erhebliche Unterschiede entstanden sind (für Bayern zeigt dies zum Beispiel die Studie von Witte et al. 2011), kann die gelungene Konzeption eines Bachelor-Studiengangs in Bezug auf die „employability" nur anhand von Daten auf der Hochschul- bzw. der Studiengangsebene überprüft werden. Genau hierin ist ein wichtiger Treiber der Verschiebung der Diskussion um Absolventenstudien von der nationalen Ebene auf die Hochschulebene zu sehen, weil nur

---

[84] Einen guten Überblick zum Konzept und den damit verbundenen Diskussionen liefert Tomlinson (2012).

Absolventendaten auf der Hochschul- und Studiengangsebene zeigen können, ob die angestrebte „employability" tatsächlich erreicht wurde.

Dass solche Daten erhoben werden, wird vor allem durch das mit der Umstellung auf die Bachelor-Master-Abschlüsse eingeführte Akkreditierungssystem sichergestellt.[85] So müssen die Studiengänge durch unabhängige Agenturen akkreditiert und in regelmäßigen Abständen reakkreditiert werden. Für die Reakkreditierung verlangen diese Agenturen, dass die Hochschulen auch Informationen zu den Absolventen ihrer Studiengänge erheben (zum Beispiel Janson 2014, 11f.), um so sicherzustellen, dass der Studiengang das Ziel der „employability" erreicht.

Durch diese Verschiebung der Erhebungsebene kommt es zu einer Verschiebung der Zielsetzungen von Absolventenstudien insgesamt. Da nun die retrospektiven Einschätzungen der Absolventen in Bezug auf Studieninhalte und -struktur sich auf konkrete Studiengänge bzw. auf konkrete Hochschulen beziehen, können diese auch genutzt werden, um einen konkreten Studiengang bzw. Serviceeinrichtungen der Hochschulen für die Studierenden zu evaluieren und weiterzuentwickeln. Genau dies ist die zweite Zielsetzung der von den Akkreditierungsagenturen verlangten Absolventenstudien. Mit dieser Zielsetzung wird der evaluative Charakter von Absolventenstudien für einzelne Hochschulen und Studiengänge deutlich stärker betont als zuvor.

Absolventenstudien werden somit verstärkt zu Instrumenten der Qualitätssicherung der einzelnen Hochschulen und ihrer Fakultäten.[86] Damit ist die Hoffnung bzw. Erwartung verbunden, dass Hochschulen Absolventenstudien nutzen zwecks „Qualitätssicherung von Studium und Lehre, der Verbesserung und Weiterentwicklung der zentralen Service- und Beratungsangebote sowie der Curriculumsentwicklung" (Janson 2014, 12; ähnlich Schomburg 2008, 84ff.; Falk et al. 2009, 8ff.; Janson 2015). Dass diese Hoffnung bzw. Erwartung – zumindest bisher – kaum in praktisches Handeln umgesetzt wurde, zeigen Studien zur tatsächlichen Verwendung der Absolventenstudien in den Hochschu-

---

[85] Zudem haben einzelne Wissenschaftsministerien entweder in den Hochschulgesetzen oder in den Ziel- und Leistungsvereinbarungen mit den Hochschulen festgelegt, dass die Hochschulen ihre Absolventen befragen müssen.

[86] So wird die Einführung des Bayerischen Absolventenpanels (BAP) auf der Internetseite des Bayerischen Staatsinstituts für Hochschulforschung und Hochschulplanung (IHF) mit folgender Argumentation begründet: „Qualität in der Lehre ist ein zentrales Leitmotiv des deutschen Hochschulreformprozesses. Für die Qualitätsentwicklung und -sicherung sind Absolventenstudien ein unverzichtbares Instrument" (IHF 2014).

len und den dezentralen Einheiten (zum Beispiel Janson 2014; Kaufmann 2009).[87] So stellt Janson (2014, 269) fest:

> „Bei den befragten Hochschulen verbleibt der Umgang mit den Absolventendaten in der Regel auf einem informativen und symbolischen Nutzen. (…) Mit Ausnahme vereinzelter Fachbereiche findet keine intensive Auseinandersetzung mit den Ergebnissen zur Verbesserung von Studium und Lehre statt."

Janson arbeitet für diesen Sachverhalt vielfältige Gründe heraus. Um nur einen besonders wichtigen zu nennen: Die Absolventenstudien sind organisationsstrukturell häufig auf der zentralen Ebene bei den Hochschulleitungen angesiedelt, was aufgrund der in Kapitel 3.3 beschriebenen Spezifika der Organisation Hochschule zu Verwendungsproblemen auf der dezentralen Ebene führt. Einerseits werden diese Probleme durch die lose Kopplung zwischen zentraler Ebene und dezentraler Ebene hervorgerufen, andererseits dadurch, dass die Absolventenstudien von den Professionellen im operativen Kern, also den Lehrenden, durch die Verortung bei der Hochschulleitung auch als bürokratisches Kontrollinstrument wahrgenommen werden, welches im Widerspruch zur Professionslogik steht (vgl. Janson 2014, 275).[88]

3.4.1.3.2 Berufseinstieg und Adäquanz der Beschäftigung

Wir werden im Folgenden einige zentrale Ergebnisse der nationalen[89] Absolventenforschung vorstellen, die sich auf die Fragen von Berufseinstieg und Beschäftigungsadäquanz beziehen.[90]

---

[87] Dies scheint allerdings kein deutsches Problem zu sein, sondern findet sich zum Beispiel auch in Großbritannien (vgl. Brennan et al. 2005).

[88] Zu ähnlichen Ergebnissen in Bezug auf das Qualitätsmanagement in der Lehre gelangen Kloke (2014, 187ff.) und Kloke und Krücken (2012).

[89] Es gibt auch einige international vergleichende Studien zu Hochschulabsolventen. Zu den größten dieser Art gehört erstens die CHEERS-Studie (Careers after Higher Education: A European Research Survey), die 1999 die Absolventen des Abschlussjahrgangs 1995 in 12 Ländern untersuchte (Ergebnisse dieser Studie sind unter anderem zu finden in Paul et al. 2000; Schomburg und Teichler 2007). Zweitens wurden im Rahmen des REFLEX-Projektes (The flexible Professional in the Knowledge Society) im Jahre 2005 die Absolventen des Abschlussjahrgangs 2000 in 16 Ländern befragt (Ergebnisse finden sich zum Beispiel in Allen und van der Velden 2011; Little und Arthur 2010). Ein Vergleich zentraler Ergebnisse beider Studien findet sich bei Schomburg und Teichler (2012). In beiden Studien stehen dabei vor allem die unterschiedlichen Verläufe beim Eintritt in den Arbeitsmarkt und die Beschäftigungssituation der Befragten in den untersuchten Ländern im Vordergrund der Erhebungen.

[90] Die zuvor benannte weitere Funktion von Absolventenstudien, retrospektiv Informationen zur Einschätzung des Studiums zu gewinnen, wird hier aus Platzgründen nicht eingehender behandelt. Vgl. hierzu aber zum Beispiel die Untersuchung von Plasa (2015) zur Einschätzung der Studienbe-

Werden die empirischen Ergebnisse zu Hochschulabsolventen mit den Diskussionen aus den 1970er Jahren verglichen, ist das befürchtete „akademische Proletariat" eindeutig nicht entstanden. Vielmehr zeigt sich, dass die Arbeitslosenquote bei Akademikern und Akademikerinnen im Vergleich zu weniger gut qualifizierten Personen deutlich niedriger ist (Reinberg und Hummel 2007; für eine frühe Diskussion siehe Tessaring 1977). Dabei fällt auf, dass die Unterschiede zwischen den Qualifikationsgruppen im Zeitverlauf eher angewachsen sind bzw. „die Spreizung der Arbeitsmarktrisiken zwischen den Qualifikationsebenen" (Reinberg und Hummel 2007, 18) voranschreitet. Dieser Zusammenhang bleibt auch bestehen, wenn eine Betrachtung der Absolventen nach unterschiedlichen Fächern vorgenommen wird, d.h. ein Hochschulstudium gleich welchen Faches führt zu einer Verminderung des Arbeitslosigkeitsrisikos (vgl. Reisz und Stock 2013).

Für Deutschland[91] zeigt sich hier also insgesamt, „dass das Beschäftigungssystem, entgegen allen Befürchtungen, die mit der Hochschulexpansion stark zunehmende Zahl der Akademiker weitgehend aufgenommen hat." (Reisz und Stock 2013, 138). Während diese Erkenntnis mit Hilfe der offiziellen Arbeitsmarktstatistiken gewonnen werden kann, zeigen die Absolventenstudien allerdings weitere und viel detailliertere Zusammenhänge auf. So kann festgestellt werden, dass im Vergleich zu den 1970er Jahren der „Übergang vom Studium in den Beruf immer aufwendiger und langwieriger geworden ist" (Teichler 2002, 19). Ausdruck hierfür ist zum Beispiel, dass sich im Zeitverlauf die Wege zur Stellensuche ausdifferenziert haben (vgl. hierzu zum Beispiel Rehn et al. 2011, 263ff.) und immer früher mit der Stellensuche begonnen wird. So haben mehr als 50 Prozent der Absolventen des Abschlussjahrgangs 2009 bereits vor Ende ihres Studiums mit der Stellensuche begonnen (Rehn et al. 2011, 222f.).

Im Hinblick auf die Dauer zwischen Studienabschluss und erster regulärer Beschäftigung mag sich die Zeitspanne zwar zwischen den 1970er Jahren und den 2000er Jahren vergrößert haben, im Vergleich zu den Absolventenjahrgängen 1997, 2001, 2005 kann aber zum Beispiel für die Fachhochschulabsolventen in Diplomstudiengängen des Jahrgangs 2009 festgestellt werden, dass diese „am schnellsten und am häufigsten reguläre Beschäftigungen" (Rehn et al. 2011, 175) finden. Auch für die Absolventen der traditionellen Universitätsabschlüsse ergibt

---

dingungen von Absolventen in den Naturwissenschaften und der Mathematik sowie von Wolf (2015) zu der von Lehramtsstudierenden.

[91] Zwar ist die Integration in anderen Ländern der OECD weniger gut gelungen, allerdings ist auch darauf hinzuweisen, dass die Arbeitslosenquote von Akademikern im Jahr 2012 in nahezu allen OECD-Ländern unter dem Durchschnitt der Arbeitslosigkeit der 25- bis 64-jährigen Gesamtbevölkerung lag (OECD 2014, 122).

sich, dass die Zeitspanne zwischen Abschluss und erster regulärer Stelle seit 1997 relativ stabil bleibt und sich teilweise sogar verbessert hat. Allerdings zeigen die Daten auch, dass es zwischen den Fächern erhebliche Unterschiede gibt (Rehn et al. 2011, 175ff.). Während „fast alle Human- und Zahnmediziner(innen), Informatiker(innen) und Maschinenbauer(innen) nach einem Jahr in einer regulären Beschäftigung" (Rehn et al. 2011, 175) sind, trifft dies zum Beispiel nicht auf die Sprach-/Kulturwissenschaften bzw. Sozial-/ Politikwissenschaften zu. Vielmehr liegt hier der Anteil bei ca. 70 Prozent (Rehn et al. 2011, 179). Dies bedeutet allerdings keineswegs, dass 30 Prozent dieser Absolventen offiziell arbeitslos wären, vielmehr befinden diese sich fast ausschließlich in Übergangsjobs, Praktika oder streben eine Weiterqualifikation an. Lediglich ca. 5 Prozent der Absolventen des Jahrgangs 2009 aus den beiden eben behandelten Fächergruppen sind ein Jahr nach Abschluss ihres Studiums arbeitslos gewesen (Rehn et al. 2011, 209).

Verschiedene Studien haben dabei untersucht, welche Faktoren sich positiv bzw. negativ auf die Zeitspanne zwischen Abschluss und erster Beschäftigung auswirken (zum Beispiel Sarcletti 2009; Kühne 2009; Salas-Velasco 2007; Falk und Reimer 2007; Schomburg 2001; Biggeri et al. 2001; Franzen und Hecken 2002; Müller 2015). Insgesamt zeigt sich, dass neben dem Studienfach auch makroökonomische Faktoren (zum Beispiel eine Rezession, Anteil der Arbeitslosen in der Gruppe der Erwerbsfähigen), die Studiendauer, die Abschlussnote, die Intensität der Stellensuche, der Zeitpunkt des Beginns der Stellensuche, das Vorhandensein von Berufserfahrung vor dem Studium, absolvierte Praktika, Tätigkeiten während des Studiums sowie die soziale Herkunft und das Geschlecht einen Einfluss auf die Zeitspanne zwischen Abschluss und erster regulärer Beschäftigung haben.

Die Ergebnisse der HIS-Befragung der Absolventen 2009 sind besonders interessant, weil hier erstmals ausreichende und aussagekräftige Daten für die Absolventen der neuen Bachelor-Studiengänge erhoben wurden (vgl. hierzu Heine 2012; Rehn et al. 2011). Das augenfälligste Ergebnis hierbei ist, dass sowohl bei den Fachhochschulabsolventen als auch bei den Universitätsabsolventen eine beträchtliche Anzahl ein Jahr nach dem Bachelor-Abschluss ein Master-Studium aufgenommen hat. Dieser Anteil liegt für die Fachhochschulabsolventen bei 50 Prozent und bei den Universitätsabsolventen bei 73 Prozent.[92]

---

[92] In anderen Veröffentlichungen finden sich teilweise andere Zahlen. Dies liegt zum Teil daran, dass häufig nicht die tatsächliche Umsetzung, sondern die Absicht erhoben wird ein Master-Studium aufzunehmen oder aber eine andere Bezugsbasis (Prüfungs- vs. Studienjahr) genutzt wird. Bisher, so muss konstatiert werden, ist die Datenbasis zu den tatsächlichen Übergangsquoten, d.h. eingeschlossen auch diejenigen, die nach einigen Jahren der Berufstätigkeit ein Master-Studium aufnehmen, als

Hierbei ergeben sich allerdings wiederum beträchtliche Fächerunterschiede, so liegt der Anteil bei den Fachhochschulabsolventen der Fachrichtung Architektur/Raumplanung bei 69 Prozent, während 100 Prozent der Universitätsabsolventen der Physik ein Master-Studium aufgenommen haben (Rehn et al. 2011, 160). Aber nicht nur das Studienfach wirkt sich auf den Anteil der Absolventen, die ein Master-Studium aufnehmen, aus. Bei einer logistischen Regressionsanalyse zeigt sich zum Beispiel, dass Absolventen aus einem akademischen Elternhaus, die direkt nach dem Erwerb der Studienberechtigung ein Studium aufgenommen haben – also keine Berufsausbildung besitzen –, eher ein Master-Studium aufnehmen.[93] Gleichfalls steigt die Wahrscheinlichkeit einer Aufnahme, wenn während des Bachelor-Studiums eine Tätigkeit als studentische Hilfskraft ausgeübt wurde. Hingegen wird eher eine Erwerbstätigkeit aufgenommen, wenn „Schwierigkeiten im Studium" vorhanden waren, der regionale Arbeitsmarkt Beschäftigungsoptionen bietet und berufliche „Erfahrungen im bzw. vor dem Studium" vorhanden sind (Rehn et al. 2011, 169ff.).

Werden die Absolventen nach den Gründen für die Aufnahme eines Master-Studiums gefragt (Rehn et al. 2011, 145ff.), geben sie einerseits an, sich persönlich weiterbilden zu wollen (Fachhochschule: 91 Prozent, Universität: 88 Prozent) bzw. ihren fachlichen/beruflichen Neigungen mit einem Master-Studium besser nachkommen zu können (Fachhochschule: 85 Prozent, Universität: 88 Prozent). Andererseits sollen durch das weitere Studium aber auch die Berufschancen verbessert werden (Fachhochschule: 94 Prozent, Universität: 90 Prozent). Letzteres ist insbesondere vor dem Hintergrund zu sehen, dass eine nicht unbedeutende Anzahl der Absolventen der Bachelor-Studiengänge ein geringes Vertrauen in die Berufschancen des Bachelor-Abschlusses haben (Fachhochschule: 39 Prozent, Universität: 57 Prozent).

---

relativ unsicher anzusehen. Für eine kritische Diskussion siehe zum Beispiel Heine (2012), der sich hier auf die Berechnungen des Statistischen Bundesamtes bezieht. Andere Zahlen finden sich aber auch in der Analyse von Alesi et al. (2014), die im Rahmen des KOAB-Projekts am INCHER durchgeführt wurde und auf der Befragung der Hochschulabsolventen des Abschlussjahrgangs 2011 an sämtlichen Hochschulen des Landes Nordrhein-Westfalen basiert. Demzufolge haben anderthalb Jahre nach dem Bachelor-Abschluss 74 Prozent der Absolventen ein weiteres Studium aufgenommen; weitere 8 Prozent beabsichtigen, dies noch zu tun (Alesi et al. 2014, 82). Während der Übergang bei den Fachhochschulabsolventen mit 52 Prozent ungefähr den Ergebnissen der HIS-Studie entspricht, findet sich bei Universitätsabsolventen eine mit 87 Prozent deutlich höhere Übergangsquote (Alesi et al. 2014, 84).

[93] In Alesi et al. (2014) wird auf weitere soziale Ungleichheiten im Bachelor-Master-Übergang hingewiesen, etwa im Hinblick auf Alter, Geschlecht und Migrationshintergrund; ebenso wirken sich u.a. auch die Examensnote und die Abiturnote auf die Übergangsquote aus (vgl. Alesi et al. 2014, 83ff.).

In der Diskussion um das „akademische Proletariat" in den 1970er Jahren bildeten die Arbeitslosigkeit und die erschwerten Übergangsbedingungen in den Beruf nur einen Aspekt. Der weitere zentrale Aspekt war die Art der Beschäftigung. Hier wurde die These vertreten, dass die Absolventen keine ihrer Hochschulausbildung entsprechende Tätigkeit finden würden und deshalb die weitere Akademisierung der Gesellschaft eine Fehlallokation von Ressourcen auf der gesamtgesellschaftlichen Ebene wäre. Die Art der Beschäftigung (zum Beispiel Befristung, Teilzeit) und ihre Adäquanz in Bezug auf das Studium sind deshalb nach wie vor ein zentrales Thema in Absolventenstudien.[94]

Wir werden im Folgenden zentrale Ergebnisse in Bezug auf die Adäquanz der ausgeübten Tätigkeit der Hochschulabsolventen der Jahrgänge 1993, 1997, 2001 und 2005 fünf Jahre nach dem jeweiligen Studienabschluss beschreiben. Im Gegensatz zu den bisherigen Ausführungen zu den Absolventenstudien greifen wir hier demnach nicht auf die Befragung der Absolventen nach einem bzw. eineinhalb Jahren nach dem Abschluss zurück, sondern auf die Befragung fünf Jahre nach dem Abschluss. Wir tun dies, weil Aussagen zur Adäquanz der Beschäftigung aussagekräftiger sind, wenn sie längere Zeit nach dem Eintritt in den Arbeitsmarkt erhoben werden. Zur Einordnung der Adäquanz wird meist auf Selbsteinschätzungen der Absolventen zurückgegriffen, es handelt sich also um eine subjektive Messung[95], die mit bestimmten Messproblemen einhergeht (vgl. zum Beispiel Fehse und Kerst 2007, 74f.; Plicht und Schreyer 2002; Jensen et al. 2006).

Hinsichtlich der Adäquanz der Tätigkeit wird hierbei unterschieden zwischen einer vertikalen und horizontalen Adäquanz (zum Beispiel Teichler 2002). Für die vertikale Adäquanz ist erstens entscheidend, ob für die ausgeübte Tätigkeit ein Hochschulstudium erforderlich ist. Zweitens stellt sich die Frage, ob die eingenommene Position einer Hochschulausbildung entspricht und drittens, ob das Niveau der tatsächlichen Aufgaben der Tätigkeit einem Hochschulstudium entspricht. Im Hinblick auf die horizontale Adäquanz ist hingegen entscheidend, ob das studierte Fach für die Tätigkeit benötigt wird, es geht also

---

[94] Zu Recht weist Teichler (2002) darauf hin, dass zum Beispiel selbst bei einer hohen Befristungs- bzw. Teilzeitrate oder einer geringen Adäquanz der Tätigkeit der Schluss auf einen geringen Erfolg der Absolventen und damit auf eine Fehlallokation von Ressourcen nur eine mögliche Interpretation darstellt. Alternativ könnten solche Prozesse auch an einer veränderten Einstellung zur Arbeitswelt liegen oder aber „ein Merkmal für ein offenes Beschäftigungssystem" (Teichler 2002, 14) sein – eine womöglich durchaus wünschenswerte Entwicklung.

[95] Es gibt auch Versuche, die Adäquanz aufgrund von objektiven Daten zu messen bzw. Mischverfahren zu verwenden, allerdings treten hier ebenfalls nicht unerhebliche Messprobleme auf (vgl. zum Beispiel Jensen et al. 2006; Boll und Leppin 2013, 16ff.)

um die „inhaltliche Passung der spezifischen (Fach-)Qualifikationen mit der ausgeübten Tätigkeit" (Fehse und Kerst 2007, 74). Für eine bestimmte Tätigkeit ergibt sich daraus, dass diese volladäquat, nur vertikal adäquat, nur horizontal adäquat oder aber inadäquat sein kann.[96]

Abbildung 23:   Vertikale und horizontale Adäquanz der aktuellen/letzten
                 Beschäftigung bei den Universitätsabsolventenjahrgängen
                 1993, 1997, 2001, 2005 ca. fünf Jahre nach dem Abschluss

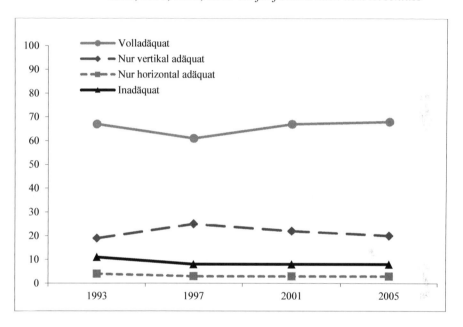

Angaben in Prozent; Quelle: Grotheer et al. (2012, 140), eigene Darstellung

Insgesamt zeigt Abbildung 23, dass die Adäquanz der Tätigkeit fünf Jahre nach dem Abschluss des Studiums bei den Universitätsabsolventen über die Jahre weitgehend konstant ist. Trotz steigender Absolventenzahlen seit 1993 finden wir also keine grundsätzlich verschlechterte Situation – zumindest, wenn die subjektive Einschätzung in Bezug auf die Adäquanz zugrunde gelegt wird. Auch

---

[96] Für die exakte Operationalisierung dieser vier Dimensionen anhand der Fragestellungen der Absolventenstudien des DZHW siehe Fehse und Kerst (2007).

dies spricht dafür, dass das Beschäftigungssystem die steigende Anzahl an Hochschulabsolventen relativ gut integriert hat.

Zudem zeigen die Daten für den Absolventenjahrgang 2005, dass in Bezug auf die Adäquanz kaum noch Unterschiede zwischen den Absolventen der Universitäten und der Fachhochschulen vorhanden sind. Bemerkenswert ist dabei, dass die Volladäquanz bei den Fachhochschulabsolventen 1993 fünf Jahre nach ihrem Abschluss lediglich 57 Prozent betrug, bei den Absolventen von 2005 allerdings fünf Jahre nach dem Abschluss 65 Prozent und damit fast die 68 Prozent bei den Universitätsabsolventen erreicht wurden (Grotheer et al. 2012, 140).

Allerdings finden sich teilweise deutliche Unterschiede nach Studienfach (Grotheer et al. 2012, 140). Besonders hoch ist der Anteil der inadäquaten Beschäftigung bei den Absolventen des Jahrgangs 2005 zum Beispiel bei den Pädagogen und Pädagoginnen mit einem Universitätsabschluss (21 Prozent), bei den Wirtschaftswissenschaftlern und Wirtschaftswissenschaftlerinnen mit einem Fachhochschulabschluss (18 Prozent) sowie bei den Universitäts- und Fachhochschulabsolventen der Agrar- und Ernährungswissenschaften (jeweils 15 Prozent).

Beachtet werden sollte hier allerdings, dass gerade in Bezug auf die horizontale Adäquanz – also der Passung zwischen Tätigkeit und fachlichem Hintergrund – die Beziehung zwischen Studienfach und Berufsfeld eine wichtige Rolle spielt. Da diese Beziehung für eine Reihe von Fächern sehr lose ist, kann auch eine geringe Passung zwischen Studieninhalten und späterer Tätigkeit kaum überraschen. So kann unterschieden werden zwischen Fächern, die einen klaren Bezug zu bestimmten Berufen aufweisen und stark durch den Staat reguliert sind (zum Beispiel Medizin, Rechtswissenschaft, Lehramt), Fächern mit klar umrissenen Tätigkeitsfeldern, aber aufgrund einer geringeren Regulierung mit einer im Vergleich zur ersten Gruppe differenzierteren und offeneren beruflichen Struktur (zum Beispiel Wirtschaftswissenschaften, Ingenieurwissenschaften), sowie Fächern ohne klare Berufsfelder (zum Beispiel Geistes- und Sozialwissenschaften) (vgl. Wissenschaftsrat 1999, 19ff.).

Hinzu kommt, dass diese Unterschiede teilweise mit den traditionellen Studienabschlüssen verbunden sind. Während in der ersten Gruppe häufig Staatsexamen als Abschlussart zu finden sind, lassen sich die traditionellen Magisterabschlüsse insbesondere in der letzten Gruppe verorten. Es überrascht dann auch nicht, dass unter den Absolventen eines Magisterstudiums des Jahrgangs 2005 der Anteil derer, bei denen die Tätigkeit nur vertikal adäquat ist, mit 35 Prozent besonders hoch ist (Grotheer et al. 2012, 140).

Auch im Hinblick auf den Berufserfolg von Absolventen finden wir Studien, die versuchen, positive bzw. negative Einflussfaktoren herauszuarbeiten. Als Kriterium des Berufserfolgs können die Adäquanz, das Gehalt, das Erreichen einer Führungsposition und/oder die Zufriedenheit mit der Tätigkeit genutzt werden (zum Beispiel Fehse und Kerst 2007; Krempkow und Pastohr 2006; Kühne 2009; Büchel 1996; Jensen et al. 2006; Boll und Leppin 2013; Boll et al. 2014; Falk und Huyer-May 2011).[97]

Aus den bisherigen Ausführungen ergibt sich, dass das Fach und die Abschlussart Einfluss auf den Berufserfolg haben. Weitere mehr oder weniger in verschiedenen Studien konstant gefundene Faktoren sind zum Beispiel die Studiendauer, die Abschlussnote, die Art des Abschlusses (Fachhochschule oder Universität), die Frage, ob die erste Stelle bereits nicht adäquat war, Berufserfahrung, eine kontinuierliche Berufsbiographie sowie das Geschlecht und die soziale Herkunft.

Die insgesamt gut gelingende Integration von Hochschulabsolventen auf dem Arbeitsmarkt ist umso bemerkenswerter, als es seit den 1970er Jahren einen erheblichen Anstieg der Absolventenzahlen in Deutschland gegeben hat. Insgesamt kann also festgestellt werden, dass die Hochschulabsolventen relativ gut in den Arbeitsmarkt integriert werden. Die Befürchtungen einer „Überakademisierung" sind also nicht eingetreten. Dies schließt natürlich nicht aus, dass in bestimmten Fächern, in der ersten Phase des Übergangs und/oder für bestimmte Gruppen größere Integrationsschwierigkeiten vorhanden sind.

3.4.2 Vom Studienabschluss zur Professur

Die zweite Personengruppe, zu der wir hier ausgewählte Forschungsergebnisse vorstellen, ist das wissenschaftliche Personal an Hochschulen. Auch in diesem Themenfeld finden wir eine Vielzahl verschiedener Fragestellungen und Forschungsergebnisse. So gibt es Forschung, die sich damit beschäftigt, wie Wissenschaftlerinnen und Wissenschaftler ihre Zeit verwenden (Zeitbudgetstudien), wie Wissenschaftlerinnen und Wissenschaftler eigentlich neues Wissen generieren (zum Beispiel wissenschaftssoziologische Laborstudien), wie zufrieden Wissenschaftlerinnen und Wissenschaftler mit ihren Arbeitsbedingungen sind, welche Faktoren darauf einwirken, ob die Wissenschaftlerinnen und Wissenschaftler an Hochschulen auch gute Lehre anbieten, welche formalen und faktischen Unterschiede zwischen Wissenschaftlerinnen und Wissenschaftlern in Bezug auf Zeitbudgets und Status vorhanden sind usw. Diese Fragestellungen können jeweils wieder mit einem zeitlichen oder internationalen Bezug vergleichend untersucht werden.

---

[97] Allerdings nimmt der Einfluss von Faktoren des Studiums im Zeitverlauf ab, weil sowohl die Berufserfahrungen als auch mögliche Weiterbildungen wichtiger werden als beim Eintritt in den Arbeitsmarkt direkt nach dem Studium.

Diese Vielfalt erfordert es, dass wir uns im Rahmen dieses Buches auf einige Forschungsgebiete und Fragen konzentrieren, wobei wir wiederum Phasen, nun allerdings die Phasen der wissenschaftlichen Karriere, in den Mittelpunkt der Betrachtungen rücken. Diese Konzentration bedingt, dass wir uns insbesondere mit Karrierestrukturen, wissenschaftlichen Arbeitsmärkten und Erfolgsfaktoren für wissenschaftliche Karrieren auseinandersetzen, da diese die zentralen Elemente für alle wissenschaftlichen Karrieren sind und zugleich die Schnittstellen zwischen der gesellschaftlichen, organisationalen und individuellen Ebene darstellen.

Grundsätzlich ist zu beachten, dass diese Themenbereiche stark von den institutionellen Strukturen der nationalen Hochschul- und Wissenschaftssysteme beeinflusst werden. So unterscheiden sich zum Beispiel die Karrierestrukturen in den nationalen Systemen sehr stark (Musselin 2010; Kreckel 2008; Enders 2000). Ein Beispiel hierfür ist, ob nach der Promotion eine weitere Ausbildungsphase vorgesehen ist, an deren Ende nach einer weiteren Prüfung eine Professur an einer anderen Hochschule erreicht werden kann (Habilitationssystem), oder aber ob direkt nach der Promotion eine Bewerbung auf eine „niedrige" Professur möglich ist und ob dann im weiteren Verlauf ein Aufstieg auf „höhere" Professuren innerhalb derselben Hochschule erfolgen kann (Tenure-track-System).

Während wir in Deutschland vor allem Strukturen eines Habilitationssystems finden, sind die USA mit dem organisationsinternen Aufstieg vom Assistant zum Associate und schließlich zum Full-Professor das Paradebeispiel für ein Tenure-track-System. Die Frage nach den Karrierestrukturen wirkt dann auf eine Reihe weiterer relevanter Faktoren in Bezug auf das wissenschaftliche Personal ein, so zum Beispiel auf den Anteil an Wissenschaftlerinnen und Wissenschaftlern, die selbstständig lehren und forschen. Dieser Anteil ist in Habilitationssystemen niedriger (vgl. zum Beispiel Kreckel 2011a, b), weil große Teile des promovierten Mittelbaus zumindest formal einer Professur zugeordnet sind und es damit wahrscheinlicher ist, dass die Postdoktoranden – im Folgenden als Postdocs[98] bezeichnet – auch faktisch einen gewissen Anteil ihrer Arbeitszeit für Forschung und Lehre aufbringen müssen, deren Inhalt nicht sie gewählt haben, sondern der vorgesetzte Professor bzw. die vorgesetzte Professorin. Die

---

[98] Wir verstehen hier die Postdoc-Phase und die Bezeichnung als Postdoc sehr breit. Die Phase umfasst die gesamte Zeit nach der Promotion bis zur Erlangung der ersten Vollprofessur. Postdocs als Personengruppe umfassen alle Promovierten, die keine Vollprofessur besitzen, also auch Juniorprofessoren und -professorinnen. Es handelt sich hier also um eine andere Begriffsverwendung als zum Beispiel im amerikanischen Karrieresystem, in dem der Begriff Postdoc eine meist nicht länger als zwei Jahre dauernde Anstellung nach der Promotion und vor der ersten Assistant-Professur bezeichnet.

Auswirkungen dieser Strukturen kennen wir aus Kapitel 3.1.1 – ein im internationalen Vergleich sehr hoher Anteil von Assisting Staff. Auch aufgrund dieser sehr unterschiedlichen Bedingungen werden wir uns im Folgenden fast ausschließlich mit Strukturen und Forschungsergebnissen beschäftigen, die sich auf das deutsche System beziehen.

Kommen wir zunächst zu den typischem Karrierestationen von Wissenschaftlerinnen und Wissenschaftlern auf dem Weg zur Professur in Deutschland. Wie Abbildung 24 zeigt, ist der wissenschaftliche Karriereweg in Deutschland durch mehrere Auswahlverfahren und Prüfungen gekennzeichnet.

Abbildung 24:   Typische wissenschaftliche Karriereverläufe in Deutschland

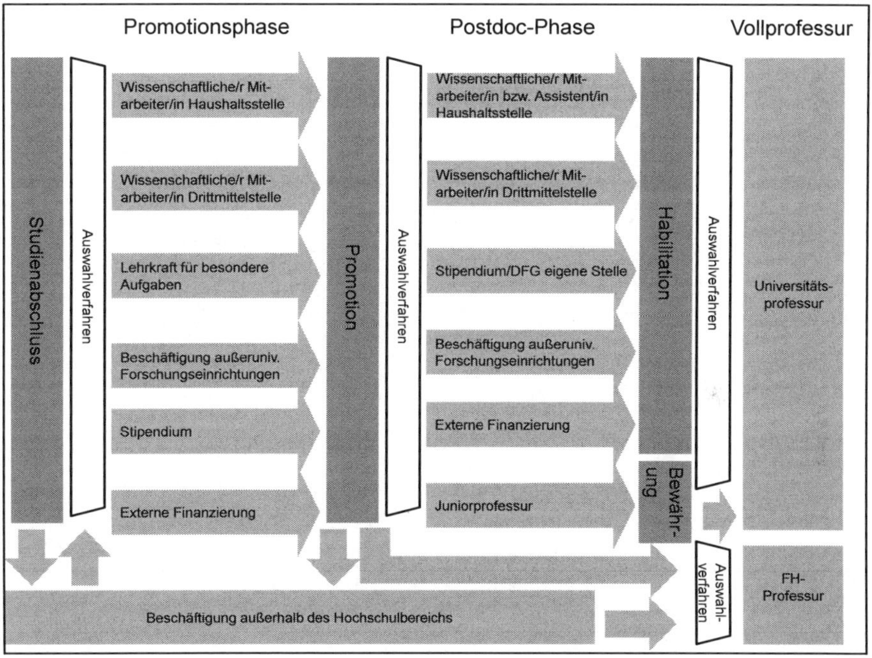

Eigene Darstellung

Die wissenschaftliche Karriere ist damit ein mehrstufiger Selektionsprozess, der sich über mehr als ein Jahrzehnt – meist eher zwei Jahrzehnte – erstreckt. Wir werden im Folgenden vor allem die Promotionsphase, die Postdoc-Phase und das Berufungsverfahren auf eine Professur skizzieren. Dieser Teil ist dabei ganz bewusst darauf ausgerichtet, grundlegende Karrierestrukturen des deutschen Systems zu beschreiben, weil nach unserer Erfahrung selbst beim akademischen Nachwuchs häufig eine eher geringe Kenntnis des wissenschaftlichen Karrieresystems vorhanden ist. Leserinnen und Lesern, die mit dem Karrieresystem vertraut sind, kann durchaus empfohlen werden, diese vor allem beschreibenden Ausführungen zu überspringen.

In einem zweiten Schritt werden wir dann betrachten, über welche Eigenschaften Wissenschaftlerinnen und Wissenschaftler verfügen, die letztendlich auf eine Professur berufen werden. In diesem zweiten Teil wechseln wir also von der vorwiegend deskriptiven zu einer analytischen Perspektive, in der es verstärkt wieder um Fragestellungen und Forschungsergebnisse der Hochschulforschung geht.

3.4.2.1 Die Promotionsphase

Das erste Auswahlverfahren auf dem Weg zur Professur findet nach dem erfolgreichen Studienabschluss statt und bezieht sich auf zwei zumindest formal voneinander unabhängige Sachverhalte. Wir unterscheiden hier zwischen dem Auswahlverfahren zur Annahme des Promotionsprojektes und dem Auswahlverfahren im Hinblick auf die Finanzierung der Promotionsphase. Beide Auswahlverfahren können in einer Reihe von Konstellationen zusammenfallen (Professoren und Professorinnen übernehmen zum Beispiel in der Regel die Betreuung der am Lehrstuhl Beschäftigten), allerdings ist dies nicht immer der Fall.

Kommen wir zunächst zur Auswahl in Bezug auf das Dissertationsprojekt. In der Regel müssen Personen, die eine Promotion anstreben, mindestens einen Professor oder eine Professorin finden, der ihr geplantes Promotionsprojekt betreut. Dieser erste Schritt der Promotionsphase ist typischerweise in Deutschland formal unstrukturiert, d.h. es gibt kaum formale Vorgaben bzw. Verfahren und die Auswahl wird durch einen Professor oder eine Professorin vorgenommen. In den letzten Jahren gibt es allerdings Versuche, diesen ersten Auswahlschritt stärker zu strukturieren (zum Beispiel durch feste Bewerbungszeiträume, Vorgaben für die Bewerbungsunterlagen usw.) und die Entscheidung über Annahme oder Ablehnung eines Dissertationsprojektes durch mehrere Professoren und Professorinnen vornehmen zu lassen (zum Beispiel Röbken 2007). Strukturierte und kollegiale Auswahlentscheidungen finden sich insbesondere in den relativ neu geschaffenen Graduiertenkollegs.

Die zweite Auswahlentscheidung bezieht sich auf die Finanzierung während der Promotionsphase. Grundsätzlich gibt es hier eine Reihe von Möglichkeiten, dennoch dominiert die Finanzierung durch eine Beschäftigung an einer Hochschule, in aller Regel an einer Universität, weil die Fachhochschulen traditionellerweise kein eigenständiges Promotionsrecht besitzen. So sind nach einer Schätzung des Statistischen Bundesamtes 63 Prozent aller Promovierenden an einer Hochschule beschäftigt (Statistisches Bundesamt 2012b, 40). Die Beschäftigung kann hierbei auf einer Haushaltsstelle (wissenschaftlicher Mitarbeiter bzw. Mitarbeiterin an einem Lehrstuhl, Lehrkraft für besondere Aufgaben) oder in einem Drittmittelprojekt erfolgen. Die Auswahl wird bei den Lehrstuhl- und Drittmittelstellen in der Regel wiederum durch einen Professor bzw. eine Professorin vorgenommen. Ähnliches gilt auch für die Auswahl für die Stellen für besondere Lehrkräfte, wobei sich hier zuweilen auch eine kollegiale Auswahl finden lässt, insbesondere dann, wenn die Stellen nicht eindeutig dem Fachgebiet eines Professors oder einer Professorin zugeordnet werden können.[99]

In Bezug auf die Annahme des Dissertationsprojektes und die Finanzierung durch eine Beschäftigung an den Hochschulen kann festgestellt werden, dass einzelne Professoren oder Professorinnen eine zentrale Rolle bei der Auswahl spielen oder, anders ausgedrückt, einzelne Professoren und Professorinnen – und damit nicht akademische Kollektivorgane – sind die Gate-Keeper bei den ersten Auswahlprozessen einer wissenschaftlichen Karriere. Empirische Studien zeigen dabei, dass die Auswahlchancen der Kandidaten und Kandidatinnen sich erheblich vergrößern, wenn sich diese und der Professor bzw. die Professorin bereits kennen. So rekrutieren typischerweise die Professorinnen und Professoren ihre wissenschaftlichen Mitarbeiter und Mitarbeiterinnen aus dem Kreis der Absolventen, die sie bereits aus dem Studium kennen (Enders und Bornmann 2001; Berning und Falk 2006).

Im Gegensatz zu den abgelegten Promotionsprüfungen, die gut dokumentiert sind, gibt es zu den Promovierenden in Deutschland keine verlässlichen Zahlen, weil es keine einheitliche Erfassung gibt. Dies liegt auch daran, dass Promovierende nicht zwangsläufig als Promotionsstudierende immatrikuliert sein müssen. So weist die amtliche Statistik für das Wintersemester 2010/11 rund 104.000 eingeschriebene Promotionsstudierende aus. Nach einer Schätzung des Statistischen Bundesamtes gab es aber in Deutschland im Wintersemester 2010/2011 rund 200.000 Promovierende (Statistisches Bundesamt 2012b, 5).

Da die Anzahl der Promovierenden nicht bekannt ist, kann die Erfolgsquote ebenfalls nur geschätzt werden. Es wird dabei geschätzt, dass nur rund ein Drittel

---

[99] Von den Promovierenden 2010 waren zudem geschätzte sechs Prozent an einer außeruniversitären Forschungseinrichtung beschäftigt, 14 Prozent in der Wirtschaft bzw. bei sonstigen Arbeitgebern und 17 Prozent waren ohne Beschäftigung. Neben einem Beschäftigungsverhältnis an einer Hochschule kann die Promotion auch über Stipendien teilweise oder aber vollkommen finanziert werden. Rund 26 Prozent der Promovierenden im Jahr 2010 wurden durch öffentliche Promotionsstipendien gefördert (Statistisches Bundesamt 2012b, 40ff.).

der begonnen Promotionsvorhaben außerhalb der Medizin abgeschlossen wird
(BMBF 2008, 47). Diese sehr hohe Abbruchquote hängt sicherlich auch damit
zusammen, dass die Länge der Bearbeitungsdauer der Promotion (Zeitspanne für
die Arbeit an der Promotion) bzw. die Promotionsdauer (Zeitspanne zwischen
Hochschulabschluss und Promotion) mehr als vier Jahre beträgt. Bei Enders und
Bornmann (2001, 65) finden wir eine Bearbeitungsdauer von 4,2 Jahren und eine
Promotionsdauer von 5,7 Jahren, wobei beide Zeitspannen erheblich zwischen
den Fächergruppen variieren (vgl. auch BMBF 2008, 54ff.). Man geht aktuell
davon aus, dass die Promotionsdauer zwischen vier und sechs Jahren liegt
(Konsortium Bundesbericht Wissenschaftlicher Nachwuchs 2013, 273). Im
Durchschnitt ergibt sich dabei, dass 2010 die Promotion mit 32,7 Jahren erfolg-
reich bestanden wurde (Konsortium Bundesbericht Wissenschaftlicher
Nachwuchs 2013, 162).

Die Promotionsphase endet mit einer Abschlussprüfung: der Promotion. Die
Promotion umfasst dabei in der Regel eine Promotionsschrift sowie eine mündliche Prüfung (die auf das Thema der Dissertation bezogene Disputation oder das
fachlich breiter angelegte und mehrere Prüfungsfächer umfassende Rigorosum).
Für beide Prüfungsteile werden jeweils Noten vergeben und am Ende eine
Gesamtnote gebildet. Für eine weitere wissenschaftliche Karriere wird hierbei in
aller Regel erwartet, dass die Promotion mit einem summa cum laude (ausge-
zeichnet) oder einem magna cum laude (sehr gut) bestanden wird. Eine solche
Note erreichen 67 Prozent der Promovierenden, wobei dieser Anteil wiederum
stark zwischen den Fächern differiert (zum Beispiel in Mathema-
tik/Naturwissenschaften 78 Prozent, Humanmedizin/Gesundheitswissenschaften
52 Prozent). Es zeigt sich, dass im Vergleich zu 2000 die Anteile der ausge-
zeichneten und sehr guten Promotionen zugenommen hat (Konsortium
Bundesbericht Wissenschaftlicher Nachwuchs 2013, 216ff.).

Im Jahr 2013 wurden an deutschen Hochschulen 27.707 Promotionen abgeschlossen. Diese sind im Hinblick auf die Fächer allerdings nicht gleich verteilt.
So entfallen zum Beispiel 35 Prozent auf die Mathematik und Naturwissenschaften, auf die Humanmedizin/Gesundheitswissenschaften 25 Prozent der Promotionen. Hingegen entfallen nur 14 Prozent auf die Rechts-, Wirtschafts- und
Sozialwissenschaften bzw. 11 Prozent auf die Sprach- und Kulturwissenschaften
(Statistisches Bundesamt 2014c, eigene Berechnungen). Deutschland weist dabei
im internationalen Vergleich eine sehr hohe Promotionsquote im Vergleich zu
den Abschlüssen an Hochschulen auf (BMBF 2008, 31ff.).

Nur die deutliche Minderheit aller Promovierten verbleibt allerdings im
Wissenschaftsbereich bzw. strebt eine weitere wissenschaftliche Karriere an.
Promovierte des Jahrgangs 2009 sind so 1,5 Jahre nach der Promotion nur zu 27
Prozent an Hochschulen und außeruniversitären Forschungseinrichtungen

beschäftigt. Im Zeitverlauf ergibt sich dann zusätzlich, „dass fast ein Drittel der Promovierten, die nach der Promotion zunächst im Wissenschaftssystem tätig werden – dieses im Laufe der nachfolgenden fünf Jahre verlässt" (Konsortium Bundesbericht Wissenschaftlicher Nachwuchs 2013, 286). Allerdings unterscheidet sich der Anteil derer, die im Wissenschaftssystem verbleiben, auch deutlich zwischen den Fächern. So sind 1,5 Jahre nach der Promotion nur sechs Prozent der Promovierten in der Rechtswissenschaft an einer Hochschule beschäftigt, hingegen 40 Prozent der Promovierten in den Geisteswissenschaften (Konsortium Bundesbericht Wissenschaftlicher Nachwuchs 2013, 290).

Wir können insgesamt folgern, dass es eher typisch ist, nach der Promotion das Wissenschaftssystem zu verlassen. Dass sich eine Promotion auch außerhalb der Wissenschaft lohnt, zeigen dabei verschiedene Studien: Eine Promotion bedingt ein geringeres Risiko der Arbeitslosigkeit, führt zu einem besseren Verdienst, einer erhöhten Wahrscheinlichkeit einer adäquaten Beschäftigung sowie dazu, dass eher Führungspositionen erreicht werden (vgl. zum Beispiel Konsortium Bundesbericht Wissenschaftlicher Nachwuchs 2013, 282ff.; Flöther 2015).

3.4.2.2 Die Postdoc-Phase

Für die meisten Promovierten, die eine weitere Karriere in der Wissenschaft anstreben, steht am Beginn der Postdoc-Phase, also der Zeitspanne nach der Promotion und vor dem Erreichen der ersten Vollprofessur, wiederum ein Auswahlverfahren. Auch hier gibt es verschiedene Möglichkeiten. Eine Anstellung an einer Hochschule – zumindest bisher in den allermeisten Fällen an einer Universität – bildet dabei wiederum die häufigste Art der Finanzierung. Hierbei kann es sich um eine klassischen Assistentenstelle bzw. eine wissenschaftliche Mitarbeiterstelle (Haushalt oder Drittmittel), aber auch um eine Juniorprofessur handeln. Traditionell fand die Weiterqualifikationsphase auf einer Assistenten- oder wissenschaftlichen Mitarbeiterstelle statt, die einer Professur zugeordnet war. Die Auswahl oblag dabei dem Inhaber bzw. der Inhaberin der jeweiligen Professur, die damit wiederum als Gate-Keeper für die weitere wissenschaftliche Qualifikation fungierten. Im Hinblick auf die Auswahl kann wiederum – wie schon bei der Anstellung an einer Hochschule während der Promotionsphase – die persönliche Bekanntheit ein relevantes Kriterium sein. Häufig werden die Wissenschaftlerinnen und Wissenschaftler zur Weiterqualifikation nach der Promotion am gleichen Lehrstuhl rekrutiert (Enders 2008). Zumindest bei den Stellen, die direkt einer Professorin bzw. einem Professor zugeordnet sind (ob Haushalts- oder Drittmittelstellen), können so neben der Leistungsauswahl auch Elemente eines „Patronagesystems" eine Rolle spielen.

Anderes gilt zumindest teilweise für die 2002 eingeführten Juniorprofessuren. Eingeführt wurden diese, um Nachwuchswissenschaftlerinnen und Nachwuchswissenschaftlern einerseits eine frühere Unabhängigkeit in Lehre und Forschung zu ermöglichen und andererseits die wissenschaftliche Karriere planbarer zu gestalten. Diese Professuren sind demnach keinen anderen Professuren zugeordnet. Aus diesem Grund entfällt auch die Auswahl durch einen einzelnen Professor bzw. eine einzelne Professorin, stattdessen finden wir ein umfangreiches Berufungsverfahren. Neben den Mitgliedern der Berufungskommission (Professoren/Professorinnen, Angehörige des Mittelbaus, Studierendenvertreter, Gleichstellungsbeauftragte, externe Mitglieder) sind an der Entscheidung in der Regel externe Gutachter und Gutachterinnen beteiligt. Hinzu kommen weitere organisationsinterne Kontrollinstanzen: Fakultätsräte, die Dekanate, die akademischen Senate und die Hochschulleitung. In einigen Bundesländern sind sogar noch die Wissenschaftsministerien als Letztentscheidungsinstanz involviert.

Während wir also bei den klassischen Lehrstuhlstellen im Hinblick auf den wissenschaftlichen Nachwuchs aufgrund des in aller Regel faktischen Alleinentscheidungsrechts des Professors bzw. der Professorin eher die Gefahr von Patronage-Effekten haben, wird bei den Juniorprofessuren versucht, solche Effekte durch verschiedene Maßnahmen formal zu verhindern. Allerdings sind nach der Studie von Federkeil und Buch (2007) immerhin 20 Prozent der befragten Juniorprofessorinnen und -professoren an die Hochschule berufen worden, an der sie promoviert wurden, und das, obwohl sie diese Hochschule nach der Promotion nicht bzw. nicht länger als zwei Jahre verlassen hatten. Zumindest kann hier der Verdacht geäußert werden, dass Patronage eine gewisse Rolle spielen könnte.[100]

Die Postdoc-Phase endete traditionellerweise wiederum mit einer Prüfung, der Habilitation. Grundlage der Habilitationsprüfung sind eine Habilitationsschrift und ein Probevortrag, wobei allerdings keine Noten vergeben werden, sondern nur zwischen „bestanden" und „nicht bestanden" unterschieden wird. Ist die Habilitationsprüfung bestanden, kommt es zur Verleihung der Lehrbefähigung (venia legendi). Diese kann für das gesamte Fach oder für Teilgebiete des Fachs verliehen werden. Im Jahr 2013 wurden 1.567 Wissenschaftlerinnen und

---

[100] Die Auswahlentscheidungen im Hinblick auf Stipendien bzw. auf eine Förderung auf einer „Eigenen Stelle" durch die DFG folgen wiederum anderen Verfahren. Die Förderung erfordert dabei zunächst eine Antragstellung mit einer Projektbeschreibung für die Weiterqualifikation bzw. für ein Projekt. Die Entscheidung wird dann auf Basis von Gutachten durch ein kollegiales Organ getroffen. Während Stipendiengeber häufig auch noch Auswahlgespräche führen, ist ein solcher „face-to-face"-Kontakt bei einer Förderung im Normalverfahren durch die DFG explizit ausgeschlossen.

Wissenschaftler in Deutschland habilitiert. Im Schnitt waren die Wissenschaftlerinnen und Wissenschaftler 2013 zum Zeitpunkt der Habilitation 41,1 Jahre alt (Statistisches Bundesamt 2014b, 293).

Durch die Einführung der Juniorprofessur nimmt allerdings die Bedeutung der Habilitation in den letzten Jahren deutlich ab. So zeigt Abbildung 25 einen relativ kontinuierlichen Rückgang der Habilitationen seit 2003, der mit dem gleichzeitigen Ausbau der Juniorprofessuren einhergeht.

Abbildung 25:   Habilitationen und Juniorprofessuren seit 2003

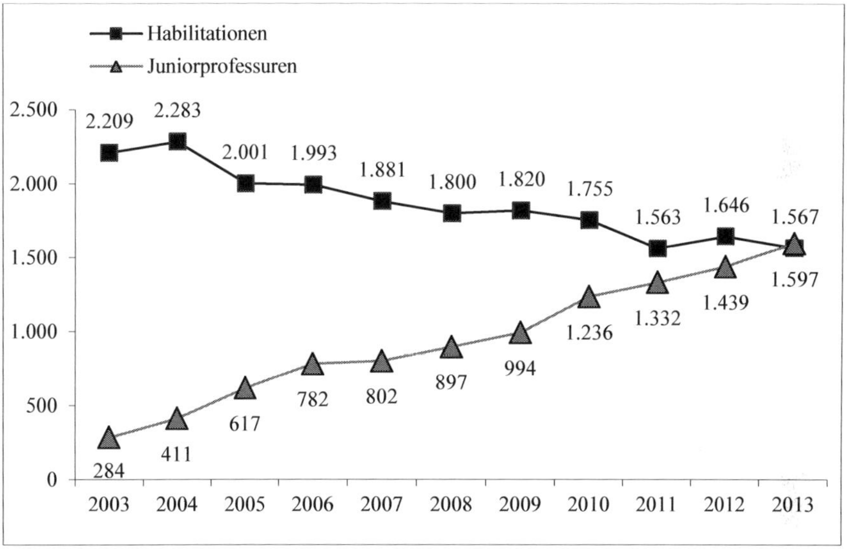

Quelle: Verschiedene Jahrgänge von Statistisches Bundesamt: Personal an Hochschulen, eigene Darstellung

Der Grund für die Abnahme der Habilitationen ist darin zu sehen, dass die Juniorprofessur selbst als Qualifikationsausweis für eine Vollprofessur gilt oder, anders ausgedrückt, Juniorprofessorinnen und -professoren müssen nicht mehr habilitieren.[101] So können die für eine Berufung geforderten weiteren wissen-

---

[101] Allerdings hat nach wie vor ein nicht unerheblicher Anteil von Juniorprofessoren und -professorinnen vor zu habilitieren bzw. ist habilitiert (30 Prozent) oder ist sich noch nicht sicher, ob auf eine Habilitation verzichtet wird (30 Prozent) (Rathmann 2014, 13). Die Daten haben sich dabei seit 2007 kaum verändert (Federkeil und Buch 2007, 31). Noch immer besteht also eine hohe

schaftlichen Leistungen neben der Promotion entweder durch eine Habilitation, habilitationsäquivalente Leistungen oder aber im Rahmen einer Juniorprofessur erbracht werden. Formal zwar nicht vorgesehen, wohl aber faktisch wird eine erfolgreiche Evaluation nach den ersten drei bzw. vier Jahren der Juniorprofessur als Äquivalenz zur Habilitation gesehen. Diese Evaluation ist im Gegensatz zur Habilitation keine Prüfung, d.h. weder gibt es eine wissenschaftliche Abhandlung, die speziell für die Evaluation geschrieben wurde, noch eine mündliche Vortragsprüfung.

Die Berufung auf eine Juniorprofessur erfolgt dabei im Durchschnitt im Alter von 35,3 Jahren, wobei wiederum das Alter zwischen den Fächergruppen schwankt (zwischen 33,8 und 40,5 Jahren) (Konsortium Bundesbericht Wissenschaftlicher Nachwuchs 2013, 174). Hierbei ist zu beachten, dass – im Gegensatz zu unserer obigen vereinfachten Darstellung in Abbildung 24 – häufig nicht direkt nach der Promotion eine Berufung auf eine Juniorprofessur erfolgt, sondern im Durchschnitt erst 3,4 Jahre nach der Promotion. Zwischen Promotion und Berufung wird dann häufig eine Stelle als Postdoc an einem Lehrstuhl übernommen (Federkeil und Buch 2007, 29).

3.4.2.3   Das Berufungsverfahren

Sowohl für die Habilitierten als auch für die allermeisten Juniorprofessoren und -professorinnen steht mit dem Berufungsverfahren ein weiteres Auswahlverfahren vor der Besetzung einer Universitätsprofessur. Hierbei muss in aller Regel ein Wechsel der Hochschule erfolgen, weil interne Berufungen gesetzlich durch das sogenannte Hausberufungsverbot beschränkt sind. Allerdings handelt es sich dabei nicht um ein formal striktes Verbot, sondern bestimmt wird lediglich, dass nur in begründeten Ausnahmefällen die Berufung eines Mitglieds der Hochschule möglich ist.[102] Die gesetzliche Beschränkung der Hausberufung wird in Deutschland allerdings dadurch verstärkt, dass innerhalb der Professorenschaft die informelle Norm besteht, interne Berufungen zu vermeiden. Hier greifen also formale und informelle Normen ineinander und führen zu einem faktisch fast vollständigen Hausberufungsverbot. Dieses stammt aus dem 19. Jahrhundert und

---

Unsicherheit, ob die Juniorprofessur faktisch als Qualifikation für eine Vollprofessur ausreicht, auch wenn neuere Daten zeigen, dass die meisten ehemaligen Juniorprofessoren und -professorinnen, die eine Vollprofessur erreicht haben, hierfür keine Habilitation benötigt haben (Nickel et al. 2014, 11). Die Daten zeigen zudem, dass die Habilitation in einzelnen Fächern, wie zum Beispiel der Medizin, noch besonders wichtig ist (Rathmann 2014, 14; Federkeil und Buch 2007, 31).

[102] Ein formal striktes Hausberufungsverbot würde auch gegen Artikel 33 Abs. 2 des Grundgesetzes verstoßen, weil hier für die Besetzung von öffentlichen Ämtern als Auswahlkriterien lediglich Eignung, Befähigung und fachliche Leistung vorgesehen ist.

wurde eingeführt, um bei der Besetzung von Professuren ein Patronagesystem zu verhindern. Patronage bei der Besetzung von Professuren wird aber nicht nur durch den Wechsel der Universität erschwert, sondern auch durch das Berufungsverfahren selbst. Wie bei der Juniorprofessur bereits beschrieben, wirken in diesen Verfahren kollegiale Entscheidungen, die Integration externer Gutachter und Gutachterinnen und organisationsinterne Kontrollinstanzen dahingehend, dass Patronage zumindest erheblich erschwert wird.

Der Ablauf eines solchen Berufungsverfahrens ist in der Regel wie folgt: Aufgrund einer Ausschreibung bewerben sich potentielle Kandidaten und Kandidatinnen bei der Hochschule. Die Berufungskommission wählt aus diesen Bewerbungen erfolgversprechende Personen aus und fordert von diesen Schriften (Artikel und/oder Bücher) an, die die Grundlage für die Einladung mehrerer Personen zu einem universitätsöffentlichen mündlichen Vortrag (manchmal zusätzlich einer Lehrprobe) und einem nichtöffentlichen Gespräch mit der Berufungskommission bilden. Aufgrund der Schriften, Vorträge und Gespräche werden Personen ausgewählt, die anschließend durch externe Gutachterinnen und Gutachter vergleichend bewertet werden. Mithilfe dieser externen Gutachten stellt die Berufungskommission eine Liste von meist drei Kandidaten und Kandidatinnen auf, die für die Professur in Frage kommen.

Diese Liste muss dann durch akademische Selbstverwaltungsgremien (Fakultätsrat und/oder akademischer Senat) bestätigt werden. Je nach Bundesland erfolgt dann in der Regel der Ruf der erstplatzierten Person auf der Liste durch die Hochschulleitung oder das Ministerium. An diesen Ruf schließen sich dann Berufungsverhandlungen zwischen der berufenen Person und der Hochschule an, in denen insbesondere die sachliche und personale Ausstattung der Professur Verhandlungsgegenstand sind. Nimmt die berufene Person die Professur nach den Verhandlungen an, ist das Berufungsverfahren abgeschlossen. Lehnt die berufene Person hingegen den Ruf ab, erhält in der Regel die zweitplatzierte Person den Ruf, wobei sich auch hier wiederum Berufungsverhandlungen anschließen. Spätestens, wenn die drittplatzierte Person den Ruf ablehnt, muss das Verfahren mit einer Ausschreibung der Professur von vorne beginnen.

Für einen kleinen Teil der Juniorprofessoren und Juniorprofessorinnen ist auch ein interner Aufstieg innerhalb der Hochschule möglich, an der sie Mitglied sind. Hierfür benötigen sie eine sogenannte Tenure-track-Option. Ist dies der Fall, dann erfolgt der Aufstieg auf eine unbefristete Vollprofessur aufgrund einer positiven Evaluation nach ca. sechs Jahren. Hierbei findet also kein förmliches Berufungsverfahren mit Konkurrenten und Konkurrentinnen statt, sondern eine Evaluation, die allerdings in der Regel externe Gutachterinnen und Gutachter integriert. Eine solche Tenure-track-Option haben aber nur sehr wenige Juniorprofessorinnen und -professoren, wenngleich der Anteil scheinbar langsam steigt. Während in der Untersuchung von Federkeil und Buch (2007) nur acht Prozent eine solche Tenure-track-Option besaßen, weist eine neuere Untersuchung einen Anteil von 15 Prozent aus (Rathmann 2014, 18). Trotz dieses Anstiegs kann aber konstatiert werden, dass nach wie vor das oben beschriebene Berufungsverfahren das Regelinstrument zur Besetzung einer Vollprofessur in Deutschland ist.

Bei der Berufung auf eine Professur lag das Durchschnittsalter 2010 für eine W2-Professur bei 41,4 Jahren bzw. bei einer W3-Professur bei 42,3 Jahren. Wiederum schwanken die Durchschnitte zwischen den Fächergruppen erheblich (zwischen 37,0 und 46,3 Jahren für W2 bzw. zwischen 39,0 und 50,0 Jahren für W3). Hierbei ist festzustellen, dass sich das Berufungsalter trotz der Einführung der Juniorprofessur in den letzten 10 Jahren nur um 0,5 (W2- vs. C3-Professuren) bzw. 0,3 Jahre (W3- vs. C4-Professuren) minimiert hat (Konsortium Bundesbericht Wissenschaftlicher Nachwuchs 2013, 178).

Wir haben uns bisher auf den Karriereverlauf im Hinblick auf Universitätsprofessuren konzentriert. Abbildung 24 zeigt aber auch den Karriereverlauf für eine Fachhochschulprofessur. Der Unterschied zwischen beiden Karriereverläufen besteht darin, dass Fachhochschulprofessorinnen und -professoren zwar in der Regel ebenfalls eine Promotion benötigen, aber keine Habilitation bzw. eine Bewährung auf einer Juniorprofessur. Vielmehr ist es erforderlich, dass sie neben der Promotion über eine mindestens fünfjährige Berufspraxis verfügen, wobei mindestens eine dreijährige Tätigkeit außerhalb des Hochschulbereichs nachgewiesen werden muss. Diese Tätigkeit außerhalb der Hochschule kann dabei direkt nach dem Studium oder der Promotion erfolgen (siehe die Pfeile in Abbildung 24 in Richtung Beschäftigung außerhalb der Hochschule).

Je nach individuellem Lebenslauf ist so eine Berufung auf eine Fachhochschulprofessur direkt nach der Promotion möglich oder aber es muss nach der Promotion noch eine Beschäftigung im außerhochschulischen Bereich stattfinden. Das Auswahlverfahren für eine Fachhochschulprofessur unterscheidet sich dann nicht grundsätzlich vom Auswahlverfahren für eine Universitätsprofessur. Auch hier findet das oben dargestellte typische Berufungsverfahren Anwendung, wenngleich die Kriterien andere sind (insbesondere stärkere Gewichtung des Praxisbezugs).

Unsere Darlegungen sollten deutlich machen, dass das Erreichen einer Professur in Deutschland ein langwieriger Prozess ist, der durch mehrfache Qualifikationsprüfungen und Auswahlentscheidungen geprägt ist. Hierbei ist kennzeichnend, dass die Beschäftigungsbedingungen unterhalb der Professur durch Befristung und häufig auch durch formal starke Abhängigkeit zu einem Professor bzw. einer Professorin geprägt sind. Es existieren im Laufe der Karriere auch zwei unterschiedliche Arbeitsmarktlogiken: Der Arbeitsmarkt in der Promotionsphase und der Postdoc-Phase ist ein organisationsinterner und -externer Markt, während der Arbeitsmarkt für eine Professur fast ausschließlich extern ist, weil in der Regel ein Wechsel der Arbeitsorganisation vorgenommen werden muss (Musselin 2010).

Gleichzeitig ist sowohl bei jeder Qualifikationsstufe als auch bei jedem Auswahlverfahren ein Scheitern möglich. Die wissenschaftliche Karriere ist deshalb in Deutschland nach wie vor durch eine lange Abhängigkeitsphase und ein hohes Risiko gekennzeichnet, was bereits von Max Weber (1991, 240) in einem Vortrag von 1917 mit dem Begriff „Hasard" beschrieben wurde. Dies ist insbesondere auch deshalb so, weil das deutsche System im Gegensatz zu den 1970er und 1980er Jahren wieder zunehmend durch ein „all or nothing" geprägt ist, d.h. einzig mögliche und auch als legitim angesehene Zielsetzung ist das Erreichen einer Professur, weil es kaum Dauerstellen unterhalb der Professur für Habilitierte bzw. ehemalige Juniorprofessoren und Juniorprofessorinnen gibt. Wissenschaftlerinnen und Wissenschaftler, die keine Professur erhalten, müssen entweder das Hochschulsystem verlassen oder aber in Kauf nehmen, auch noch im fortgeschrittenen Erwerbsalter in Drittmittelprojekten zeitlich befristet beschäftigt zu sein.

3.4.2.4 Auswahlkriterien in der Wissenschaft

Auf der Grundlage des Beschriebenen stellt sich die Frage, welche Kriterien eigentlich ausschlaggebend dafür sind, wer eine Professur aufgrund welcher Leistungen erhält. Genau dieser Frage wenden wir uns im Folgenden zu. Auswahlkriterien zur Stellenbesetzung in der Wissenschaft sind dabei seit einigen Jahrzehnten Gegenstand intensiver Forschung, wobei ein deutlicher Schwerpunkt bei der Auswahl zur Professur liegt.

Merton (1973, 270ff.) beschreibt dabei im Rahmen der Erörterungen des wissenschaftlichen Ethos eine idealtypische universalistische Norm, die als Auswahlkriterium für Erfolg in der Wissenschaft lediglich die wissenschaftliche Leistung anerkennt und leistungsfremde Merkmale wie Geschlecht, soziale Beziehungen oder soziale Herkunft ausschließt. Andere betonen hingegen stärker als Merton, dass Wissenschaft ein soziales System bzw. in Anlehnung an Bourdieu (1992) ein soziales Feld ist, in dem auch leistungsfremde Merkmale eine Rolle spielen können. Hier wäre zum Beispiel an Kommunikationsnetzwerke, Beziehungen und Anerkennungsprozesse zu denken, die nicht zwangsläufig mit wissenschaftlicher Leistung verbunden sein müssen, aber auch einen Einfluss auf Auswahlprozesse haben können. Nichtsdestoweniger wirkt die universalistische Norm dahingehend, dass Auswahlentscheidungen – auch wenn nicht-meritokratische Kriterien eine Rolle spielen – über Leistungsdifferenzen legitimiert werden müssen. Die Forschung zu Auswahlentscheidungen in der Wissenschaft konzentriert sich dann entweder darauf, Leistung als Auswahlkriterium zu bestätigen oder aber als Legitimationsfassade zu entlarven. Die Forschung beschäftigt sich also primär mit der Frage, ob, wann und wie nichtmeritokratische Kriterien bei der Auswahl eine Rolle spielen bzw. welche dies sind.

Die Forschung weist dabei darauf hin, dass bei Auswahlprozessen in der Wissenschaft zwei Einfallstore für nicht-meritokratische Kriterien vorhanden sind: Erstens ist eine direkte Messung der wissenschaftlichen Leistungen kaum möglich, sondern hierzu wird eine Vielzahl von Hilfskriterien herangezogen. Welche dies jeweils sind und wie diese untereinander gewichtet werden, unterscheidet sich dabei nicht nur von Fach zu Fach (zum Beispiel Krais 2000, 37f.), sondern auch zwischen einzelnen Auswahlentscheidungen (Musselin 2010, 97). Es gibt hierbei einen erheblichen Ermessensspielraum der Entscheidungsinstanz(en), der kaum kontrollierbar ist und die Möglichkeit bietet, nichtmeritokratische Faktoren in die Entscheidung zu integrieren.

Zweitens ist die Unterscheidung zwischen meritokratischen und nichtmeritokratischen Faktoren in einigen Fällen „nicht ganz eindeutig" (Gross und Jungbauer-Gans 2007b, 456). So können zum Beispiel positive Produktivitätseffekte von Wissenschaftlerinnen und Wissenschaftlern an reputationsstarken Universitäten oder Fakultäten meritokratisch dadurch erklärt werden, dass diese Einheiten die besseren Wissenschaftlerinnen und Wissenschaftler anziehen, auswählen und auch ausbilden. Der Grund für die höhere Produktivität ist also letztlich, dass es sich um leistungsstärkere Wissenschaftlerinnen und Wissenschaftler handelt. Würde hingegen die höhere Produktivität darauf beruhen, dass zum Beispiel die Publikationschancen der Wissenschaftlerinnen und Wissenschaftler höher sind, weil eine Beschäftigung an einer reputationsstarken Universität oder Fakultät vorliegt, so würde dies gegen das meritokratische Prinzip verstoßen. Dies erklärt sich daraus, dass die Reputation der Universität oder Fakultät als träges soziales Konstrukt relativ unabhängig von der Leistung der einzelnen Forschenden ist und ein Profitieren von dieser Reputation deshalb als nicht-meritokratisch anzusehen ist (Allison und Long 1990, 469). In Bezug auf einzelne Wissenschaftlerinnen und Wissenschaftler durchmischen sich in aller Regel beide Erklärungsstränge zu einem kaum durchschaubaren oder gar trennbaren potentiellen Auswahlkriterium, weshalb es eben nicht mehr eindeutig ist, ob es sich nun um meritokratische oder nicht-meritokratische Auswahlkriterien handelt.

In der Literatur finden sich insbesondere vier Arten von Studien zu den Auswahlkriterien von Wissenschaftlerinnen und Wissenschaftlern.

Erstens existieren Studien, die auf Befragungen von (Nachwuchs-)Wissenschaftlerinnen und Wissenschaftlern basieren und diese anhand verschiedener Merkmale meist ausschließlich deskriptiv vergleichen (zum Beispiel Joas und Bochow 1987; Enders 1996; Berning und Falk 2006; Federkeil und Buch 2007). Hier wird zum Beispiel betrachtet, welches Alter, welches Geschlecht oder welche soziale Herkunft Wissenschaftlerinnen und Wissenschaftler auf einer Vollzeit-, Teilzeit- oder aber befristeten Stelle haben. Allerdings kann aus einer reinen Verteilung noch nicht zwangsläufig etwas darüber ausgesagt werden, ob tatsächlich nicht-meritokratische Faktoren bei der Auswahl eine Rolle gespielt haben. Vielmehr müsste diese Verteilung in Relation zu der Produktivität der Wissenschaftlerinnen und Wissenschaftler gesetzt werden, was meist in diesen Studien nicht gemacht wird. Zwar wird zuweilen nach der Produktivität gefragt, diese wird aber nicht anhand „objektiver" Daten, wie zum Beispiel Publikationsdatenbanken, kontrolliert. Dennoch finden wir in diesen Studien einige Hinweise auf die Spezifika wissenschaftlicher Auswahlprozesse und -kriterien. Für Deutschland zeigt sich zum Beispiel, dass für den Eintritt in die wissenschaftliche Laufbahn an Hochschulen bzw. für den Beginn einer Promotion persönliche Kontakte zu einem Professor oder einer Professorin besonders relevant sind.

Eine zweite Art von Studien untersucht, welche Kriterien von den Auswählenden als zentral angesehen werden (zum Beispiel Gross und Jungbauer-Gans 2008; Musselin 2010; Zimmermann 2000). Gross und Jungbauer-Gans (2008) berichten zum Beispiel aus Interviews mit Professorinnen und Professoren der Soziologie, der Rechtswissenschaft, der Mathematik und dem Maschinenbau von folgenden Leistungskriterien, die für die Besetzung einer Professur relevant sind: Anzahl der Publikationen, die Art der Publikation (Monographie, Artikel), Publikationsort (Verlag, Zeitschrift), Publikationssprache, Preise, Benotung formaler Abschlüsse, Leistungen in einem Praxisfeld, Drittmittel, Lehre, internationale Erfahrungen.

Bemerkenswert ist dabei, dass in den jeweiligen Fächern sehr unterschiedliche Kriterien genutzt werden. Während in der Rechtswissenschaft sowohl englischsprachige Publikationen als auch Artikel in Zeitschriften mit einem Peer Review-Verfahren kaum von Bedeutung sind, sind dies die entscheidenden Kriterien in der Soziologie und der Mathematik. Hingegen spielen im Maschinenbau insgesamt die Publikationen eine nur untergeordnete Rolle, sondern entscheidend ist die „praktische Leistung in der Industrie" (Gross und Jungbauer-Gans 2008, 16). Es zeigt sich, dass in den Fächern sowohl unterschiedliche Leistungskriterien vorhanden sind als auch die jeweiligen Leistungen anhand unterschiedlicher Indikatoren gemessen werden.

Aber nicht nur reine Leistungsdimensionen werden von den Befragten genannt, sondern auch das soziale Kapital der Kandidaten und Kandidatinnen. Vorteilhaft ist dabei sowohl die Einbindung in Netzwerke als auch das Vorhandensein von reputationsstarken Mentorinnen bzw. Mentoren. Es zeigt sich ebenfalls, dass zwar in allen betrachteten Fächern soziales Kapital wichtig ist, es aber dennoch erhebliche Unterschiede gibt. Diese beziehen sich unter anderem auch darauf, ob soziales Kapital als nicht legitimes Kriterium („Patronage") wahrgenommen wird oder aber als Nebenfolge von wissenschaftlichen Leistungen – Netzwerkbeziehungen aufgrund individuell zurechenbarer wissenschaftlicher Leistungen – gilt.

Ähnliche Auswahlkriterien wie bei der Analyse von Gross und Jungbauer-Gans (2008) finden sich auch bei Musselin (2010, 94ff.), wobei hier deutlich stärker der Prozess und die Veränderung der Relevanz unterschiedlicher Kriterien im Prozessverlauf eine Rolle spielen. Zudem wird betont, dass neben Forschung und Lehre auch die soziale Passung in das Institut eine Rolle spielt und zwar im Sinne von „Can we live with this colleague"? (Musselin 2010, 114). Gleichfalls betont Musselin, dass – zumindest in den letzten Stufen des Auswahlprozesses – nicht einzelne Kriterien, sondern die Gesamtsicht auf Kandidaten und Kandidatinnen entscheidend ist.

Eine dritte Art von Studien zu Auswahlentscheidungen besteht darin, ausgewählte Personen mit nicht ausgewählten Personen anhand von bestimmten Merkmalen quantitativ zu vergleichen und anhand dieses Vergleichs auf die Auswahlkriterien zu schließen (Caplow und McGee 1958; Hargens und Hagstrom 1967; Crane 1970; Cole und Cole 1973; Long 1978; Allison und Long 1987; Lang und Neyer 2004; Plümper und Schimmelpfennig 2007; Leahey 2007; Jungbauer-Gans und Gross 2013; Lutter und Schröder 2014). Es geht also darum, in einer retrospektiven Perspektive die zentralen Auswahlkriterien zu rekonstruieren und dabei zu prüfen, ob ausschließlich meritokratische oder auch andere Kriterien ausschlaggebend waren.

Bei solchen retrospektiven Studien ist entscheidend, welche Variablen als ausschlaggebend betrachtet werden und wie diese jeweils gemessen werden. Neben den typischen sozialstrukturellen Variablen (Alter, Geschlecht, soziale Herkunft) werden zum Beispiel die Anzahl der Publikationen, Publikationen im Science Citation Index (SCI) oder vergleichbaren Datenbanken, die Zitationsraten im SCI, wissenschaftliches Alter, Dissertationspreise, Preise, Rezensionen von Büchern und soziale Netzwerkeffekte untersucht. Die Studien greifen dabei zur Bildung des Datensamples auf Befragungsdaten, eine Kombination von Befragungsdaten und Datenbank- bzw. Internetrecherchen oder aber auf reine Datenbank- bzw. Internetrecherchen zurück. Für die Analyse der Daten werden vor allem multivariate Verfahren eingesetzt.

So vergleichen Lang und Neyer (2004) verschiedene Promotionskohorten im Fach Psychologie im Hinblick auf Produktivität und soziale Netzwerkstrukturen. Sie stellen dabei fest, dass für den Verbleib im Wissenschaftssystem nach der Promotion zwar die Produktivität entscheidend ist, diese allerdings fünf Jahre später keinen Einfluss mehr darauf hat, ob eine Professur erreicht wird. Vielmehr sind das Kooperationsverhalten und das Netzwerkkapital entscheidend.

Plümper und Schimmelpfennig (2007)[103] untersuchen für die Politikwissenschaften, wie sich Habilitierte und Berufene unterscheiden bzw. welche Faktoren zu einer schnellen Berufung führen. Als berufungshemmende Faktoren stellen sich dabei fehlende Publikationen und fehlende Netzwerkbeziehungen heraus, wobei sich die Nichtberufenen von den Berufenen auch im Hinblick auf das Alter und das Vorhandensein von Kindern unterscheiden. Hingegen spielt die Einwerbung von Drittmitteln nach den Analysen dieser Studie, die allerdings nur ein Fach betrachtet, kaum eine Rolle bei der Frage, ob ein Ruf erteilt wird.

Zuber und Hüther (2013) finden auf Basis einer Befragung in der Exzellenzinitiative Hinweise darauf, dass interdisziplinäre Forschung vor dem ersten Ruf die Zeitspanne zwischen Promotion und erstem Ruf erhöht, sich also negativ auf der Schnelligkeit einer Berufung auswirkt.

Jungbauer-Gans und Gross (2013) befragten für die Fächer Mathematik, Rechtswissenschaft und Soziologie alle zwischen 1985 und 2005 an einer westdeutschen Universität habilitierten Personen und analysieren auf dieser Grundlage, welche Faktoren für eine Berufung ausschlaggebend waren. Sie finden dabei deutliche Fächerunterschiede, wenn auch insgesamt die wissenschaftliche Produktivität ein zentraler Faktor ist. Über die Fächer konstant ist, dass eine frühe Habilitation sich positiv auf die Berufungschancen auswirkt. Für die Mathematik und Rechtswissenschaft finden sie darüber hinaus den Effekt, dass reputationsstarke Mentoren die Berufungschancen erhöhen und dass eine bessere soziale Herkunft die Berufungschancen ebenfalls erhöht. Für die Soziologie wird festgestellt, dass bei sonst gleichen Leistungen Frauen eher eine Chance haben, auf eine Professur berufen zu werden.

Dieses Ergebnis für die Soziologe wird auch von Lutter und Schröder (2014) bestätigt. Sie rekonstruieren auf Grundlage der Informationen auf den Internetseiten von Universitäten und zwei außeruniversitären Forschungseinrichtungen 77 soziologische Forschungseinheiten. Alle dort beschäftigten Soziologinnen und Soziologen, die nach 1979 promoviert haben, wurden dabei in einen Datensatz aufgenommen. Anhand dieses Datensatzes testen sie, welche Faktoren für eine Berufung auf eine Professur entscheidend waren bzw. sind. Die größte

---

[103] Kritisch zu dieser Studie Gross und Jungbauer-Gans (2007a).

Erklärungskraft haben dabei Publikationen in Fachzeitschriften, die im Social Science Citation Index (SSCI) gelistet sind, sowie Bücher. Für jeden Artikel in einer im SSCI gelisteten Fachzeitschrift erhöht sich die Chance auf eine Berufung um ca. 10 Prozent, während für jedes Buch die Chance um ca. 13 Prozent ansteigt. Auch andere Publikationen erhöhen die Chance einer Berufung, sodass insgesamt bestätigt wird, dass eine hohe Produktivität – gemessen am Publikationsoutput – die Chance auf eine Berufung erhöht. Zwar finden Lutter und Schröder (2014) auch einen Effekt in Bezug auf soziales Kapital, dieser ist aber im Vergleich zum Publikationsoutput gering.

Insgesamt bestätigen diese Studien, dass wissenschaftliche Produktivität ein entscheidender Faktor bei der Auswahl für eine Professur ist. Allerdings werden auch immer wieder Einflüsse nicht-meritokratischer Faktoren wie Reputation des Mentors bzw. der Mentorin, Geschlecht und soziale Herkunft aufgezeigt. Die Ergebnisse in Bezug auf soziale Herkunft und Geschlecht werden uns später in Kapitel 3.4.4 noch einmal beschäftigen.

Eine vierte Art von Studien ist meist empirisch-qualitativ angelegt und beschäftigt sich vor allem mit der Konstruktion der wissenschaftlichen Persönlichkeit und der Inkorporierung des wissenschaftlichen Habitus (zum Beispiel Engler 2001; Beaufaÿs 2003; Zuckerman et al. 1991). Hierzu gehört zum Beispiel die Vorstellung, dass in der Wissenschaft Tätige „Leidenschaft" und „innere Hingabe" (Weber 1991, 245, 248) benötigen und ihre Arbeit in „Einsamkeit und Freiheit" (Schelsky 1963) verrichten. Deutlich wird hier, dass diese Vorstellungen auf eine Verschmelzung von Wissenschaft und Person abzielen oder, anders ausgedrückt, Wissenschaft wird nicht als Beruf, sondern als Berufung verstanden.

Eine erfolgreiche Inkorporierung des wissenschaftlichen Habitus oder eine überzeugende Darstellung der wissenschaftlichen Persönlichkeit – durchaus im Sinne von Goffman (1959) – wird dabei als ein wichtiges Auswahlkriterium, insbesondere für den Ruf auf eine Professur, beschrieben. Da dieses Kriterium allerdings nicht zwangsläufig mit der wissenschaftlichen Leistung korrelieren muss, ist damit immer auch der Verdacht verbunden, dass es sich um ein nicht-meritokratisches Kriterium handelt. Erkennbar wird dieses Kriterium zum Beispiel dann, wenn Kandidaten und Kandidatinnen als „nicht-professorabel" eingeschätzt werden, weil diese Kategorie zwar auch auf wissenschaftliche Leistungen rekurrieren kann, aber dennoch die Konnotation des Habitus oder der wissenschaftlichen Persönlichkeit deutlich mitschwingt. Gerade in Bezug auf die Unterrepräsentation von Frauen in der Wissenschaft weisen die Studien auch immer wieder darauf hin, dass das Konstrukt der wissenschaftlichen Persönlichkeit geschlechtsspezifisch keineswegs neutral ist, d.h., dass die damit verbundenen Attribute männlich konnotiert sind und deshalb Männer bevorzugt werden.

Auch diesem Sachverhalt werden wir uns später – wenn es um Chancengleichheit gehen wird – nochmals zuwenden.

Alle vier Arten von Studien zu Auswahlkriterien zeigen, dass es in der Wissenschaft eine Vielzahl von Kriterien gibt, die von den Auswählenden anhand unterschiedlicher Ausprägungen operativ handhabbar gemacht werden. Ebenso zeigen sich deutliche Unterschiede zwischen den Fächern. In fast allen Studien wird zudem gezeigt, dass neben meritokratischen Auswahlkriterien auch nichtmeritokratische Kriterien eine Rolle spielen. Sowohl die Vielzahl der Kriterien als auch die Kontingenz der Auswahlentscheidungen (Musselin 2010) führen dann dazu, dass kaum eingeschätzt werden kann, wer sich in einem bestimmten Verfahren durchsetzen wird. Dies führt dann auf Seiten des wissenschaftlichen Nachwuchses zu einer hohen Unsicherheit und gleichfalls kulminiert hier die Wahrnehmung der wissenschaftlichen Karriere als „Hasard" im Sinne von Max Weber (1991).

3.4.3 Das Verwaltungspersonal

Das Verwaltungspersonal an Hochschulen ist gerade im Zusammenhang mit den vielfältigen neueren Reformen im Hochschulbereich, die in diesem Buch eingehend beschrieben wurden, von besonderem Interesse. Es stellt sich die Frage, wie sich das Zusammenspiel von veränderten Governancestrukturen (vgl. Kapitel 3.2) mit der zunehmenden Konstituierung von Hochschulen als eigenständigen organisationalen Akteuren (vgl. Kapitel 3.3) auf die Hochschulverwaltung ausgewirkt hat. Die Auswirkungen dieses Zusammenspiels haben wir bislang nur für den wissenschaftlichen Bereich thematisiert (vgl. Kapitel 3.2). Der Druck zur verstärkten organisationalen Rechenschaftslegung, Selbststeuerung und Profilbildung führt jedoch auch im Bereich der Hochschulverwaltung zu erheblichen Veränderungen.

In Hochschulen, Öffentlichkeit und Politik werden die Auswirkungen engagiert und zum Teil kontrovers diskutiert: Kann man einen Wandel von der Hochschulverwaltung hin zum Hochschulmanagement beobachten? Hat ein Personalzuwachs der Verwaltung zulasten des wissenschaftlichen Personals stattgefunden? Wie haben sich die beruflichen Hintergründe, Anforderungsprofile und Rollenbilder im Bereich des Verwaltungspersonals gewandelt? Wie drücken sich diese Wandlungsprozesse insbesondere im Hinblick auf das Kanzleramt, als der Verwaltungsleitung der Hochschulen, aus? Ist das Hochschulmanagement auf dem Weg zu einer neuen Profession? Auch zu diesen Fragen hat die sozialwissenschaftliche Hochschulforschung in den letzten Jahren einiges an Ergebnissen geliefert, die zur Versachlichung von Kontroversen und zur Weiterentwicklung in Wissenschaft und Praxis beitragen können.

Zunächst ist festzuhalten, dass wir es hier – ebenso wie bei zugrunde liegenden Veränderungen im Bereich von Governance und Organisation – mit
Entwicklungen zu tun haben, die keineswegs auf Deutschland beschränkt sind.
In ganz unterschiedlichen nationalen Hochschulsystemen findet seit den 1980er
Jahren ein erheblicher Wandel der Hochschulverwaltung statt, die zunehmend als
administratives Hochschulmanagement zu verstehen ist (zum Beispiel Gornitzka
und Larsen 2004; Whitchurch 2006).[104]

Auch wenn wir den Trend der Neubenennung klassischer Tätigkeiten und
Berufe als „Management" durchaus kritisch sehen und tatsächliche Veränderungen von Umetikettierungsprozessen zu unterscheiden sind, so lässt sich nicht
bestreiten, dass gerade in den letzten Jahren zahlreiche neue Tätigkeitsfelder im
Hochschulbereich geschaffen wurden, die mit der klassischen Hochschulverwaltung nur wenig zu tun haben. So zeigen zwei Umfragen aus den Jahren 2008 und
2015 unter den Kanzlerinnen und Kanzlern der Hochschulen in Deutschland,
dass zahlreiche neue Stellen in Bereichen wie Qualitätsmanagement, Career-
Service, Hochschulkommunikation, wissenschaftliche Weiterbildung und
Forschungs- und Technologietransfer geschaffen worden sind (Krücken et al.
2010, 237; Blümel und Hüther 2015, 20).

Ebenso konstatieren Schneijderberg et al. (2013) einen deutlichen Zuwachs
an sogenannten „Neuen Hochschulprofessionen", die in ihrer Tätigkeit auf
grundlegende und eigener Erfahrung basierende Kenntnisse der Kernbereiche
akademischer Tätigkeit, Lehre und Forschung, angewiesen sind. Bei diesen
neuen Tätigkeitsfeldern handelt es sich also um Bereiche, die mit der klassischen
Hochschulverwaltung und ihren Aufgaben – die vor allem in der Regulierung
und Überprüfung mit Hilfe rechtlicher Vorgaben und formaler Standardisierungen gesehen werden können – nur wenig zu tun haben. Vertiefende Analysen
zeigen, dass auch die fachlichen Hintergründe und die konkreten Aufgaben nicht
dem klassischen Verwaltungsprofil entsprechen.

Übergreifend zeigt sich, dass die Mitarbeiterinnen und Mitarbeiter in den
neuen Tätigkeitsfeldern einerseits sehr heterogene Studienhintergründe aufweisen, wobei insgesamt die Sozial-, Wirtschafts- und Geisteswissenschaften
überwiegen (Krücken et al. 2013; Schneijderberg et al. 2013; Kloke 2014).
Andererseits ist ein rechtswissenschaftlicher Hintergrund, wie er für höhere
Verwaltungsstellen üblich ist, sehr selten; zudem spielen die klassische Verwal-

---

[104] Wir sprechen hier vom administrativen Hochschulmanagement, um den notwendigen Bezug zu
klassischen Verwaltungsaufgaben zu berücksichtigen. Die erheblichen Veränderungen im Bereich
der Hochschulleitung durch gewählte Rektoren/Rektorinnen bzw. Präsidenten/Präsidentinnen werden
hier nicht behandelt. Vgl. hierzu die umfangreiche Analyse von Kleimann (2015).

tungsausbildung oder ein verwaltungswissenschaftliches Hochschulstudium hier faktisch keine Rolle.

Schaut man sich die genauen Tätigkeitsfelder und die dafür erforderlichen Kompetenzen an, so findet man auch hier deutliche Abweichungen von der klassischen Verwaltungstätigkeit.[105] Insgesamt überwiegen Informations- und Beratungstätigkeiten, und auch die interne und externe Vernetzung spielt eine wichtige Rolle. Interessanterweise sind für dieses Profil vor allem Kompetenzen erforderlich, die im Bereich der Soft Skills zu verorten sind und für die Professionsorganisation „Hochschule" als durchaus angemessen angesehen werden können. In einem sehr umfassenden Verständnis kann man deshalb von Hochschulmanagement sprechen, nicht im Sinne der Übertragung betriebswirtschaftlicher Instrumente, die im Wirtschaftsbereich angewendet werden, sondern in der wissenschaftsadäquaten Reaktion auf die gestiegene Komplexität von Hochschulen und ihren Umwelten (Krücken 2008).

Eine weitere, lebhaft und kontrovers diskutierte Frage ist die nach der quantitativen Entwicklung des Verwaltungspersonals. Gerade auf wissenschaftlicher Seite wird häufig vermutet, dass mit den in diesem Buch beschriebenen Veränderungen von Hochschulgovernance und -organisation eine Ausdehnung des Verwaltungspersonals zulasten des mit den Kernprozessen „Lehre" und „Forschung" befassten wissenschaftlichen Personals stattfindet.

Abbildung 26 zeigt die Entwicklung des hauptberuflich tätigen Verwaltungs-, technischen und sonstigen Personals an den Hochschulen seit 1980. Auffallend ist dabei, dass seit dem Einzug des New Public Management und der organisationalen Selbststeuerung seit Anfang der 1990er Jahre kaum ein Anstieg dieser Personalgruppe zu verzeichnen ist. Ausnahme bildet lediglich der Zeitraum von 1990 bis 1995, wobei dieser Anstieg ein Effekt der Wiedervereinigung Deutschlands ist.

Werden die Anteile des hauptberuflich tätigen Verwaltungs-, technischen und sonstigen Personals am hauptberuflichen Personal der Hochschulen im Zeitverlauf betrachtet, zeigt sich, dass deren Anteil von 65 Prozent im Jahre 1980 auf 55 Prozent in 2013 abnimmt. Hingegen steigt der Anteil des hauptberuflich wissenschaftlichen Personals erheblich an. So standen 1980 noch 160.581 hauptberuflich beschäftige Verwaltungs-, technische und sonstige Angestellten 85.243 hauptberuflich tätigen Wissenschaftlerinnen und Wissenschaftlern

---

[105] Grundsätzlich sollten trotz der hier skizzierten Unterschiede die Flexibilität und auch Kreativität der faktischen Verwaltungstätigkeit nicht unterschätzt werden, die weder dem Idealtypus des Weberschen Bürokratiemodells noch dem Zerrbild des New Public Management entsprechen. Für eine realistische Einschätzung verwaltungsinterner Abläufe vgl. hierzu nur die frühe verwaltungssoziologische Arbeit von Luhmann (1964).

gegenüber. 2013 stehen den 288.008 hauptberuflich beschäftigten Verwaltungs-, technischen und sonstigen Angestellten allerdings 233.259 hauptberufliche wissenschaftliche Angestellte gegenüber. Auf Grundlage der Personalzahlen der amtlichen Statistik erhält man also den Befund, dass der erhebliche Anstieg der an Hochschulen hauptberuflich Beschäftigten vor allem aufgrund des Zuwachses des wissenschaftlichen Personals zustande kam. Die Anteil des hauptberuflich beschäftigten Verwaltungs-, technischen und sonstigen Personals unterscheidet sich dabei auch kaum zwischen den Universitäten und den Fachhochschulen.

Abbildung 26: *Hauptberuflich tätiges Verwaltungs-, technisches und sonstiges Personal an deutschen Hochschulen seit 1980*

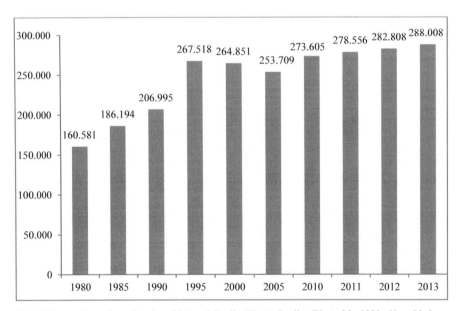

Bis 1990 nur ehemaliges Bundesgebiet und Berlin West; Quelle: Werte bis 1990: Verschiedene Jahrgänge von Statistisches Bundesamt: Statistische Jahrbücher; Werte ab 1995: Verschiedene Jahrgänge von Statistisches Bundesamt: Personal an Hochschulen, eigene Darstellung

Zwar lag der Anteil des Verwaltungs-, technischen und sonstigen Personals am gesamten hauptberuflichen Personal in den Universitäten 2013 bei 57 Prozent und in den Fachhochschulen bei 48 Prozent, dies liegt aber fast ausschließlich daran, dass in den Universitäten in der Gruppe des Verwaltungs-, technischen und sonstigen Personals die Pflegekräfte der Universitätskliniken enthalten sind. Werden diese herausgerechnet, so ergibt sich für die Universitäten ein Anteil des

Verwaltungs-, technischen und sonstigen Personals von 49 Prozent (eigene Berechnungen auf Grundlage von Statistisches Bundesamt 2014b).

Diese Befunde sind zunächst überraschend und widersprechen vermutlich den Wahrnehmungen und Einschätzungen der meisten wissenschaftlichen Hochschulangehörigen. Wir vermuten, dass dies damit zusammenhängt, dass die Verwaltungsstellen sich verändert haben und mehr direkte Kontakte mit hochqualifiziertem Verwaltungspersonal stattfindet, das mit den Kernbereichen der akademischen Tätigkeit wie Lehr- und Forschungsmanagement befasst ist.

Diese Vermutung lässt sich bestätigen, wenn man sich den hochschulinternen Wandel der Stellenstruktur betrachtet. Im Bereich der Hochschulverwaltung findet eine kontinuierliche Umschichtung zugunsten höherwertiger Positionen statt, da die Stellen im höheren und gehobenen Dienst deutlich zunehmen, während sie im einfachen und mittleren Dienst abnehmen (Blümel et al. 2010b). Unter diesen höherwertigen Positionen sind vor allem die zahlreichen neuen Stellen im administrativen Hochschulmanagement zu finden.

Demgegenüber stellt es sich im Bereich der Wissenschaft anders dar, da vor allem zeitlich befristete Drittmittelstellen anwachsen, während die unbefristeten Stellen unterhalb der Professur deutlich abgenommen haben und die Anzahl der Professuren keineswegs mit den steigenden Studierendenzahlen und der zunehmenden Forschungsintensität Schritt hält (vgl. Kapitel 3.1.1). Hinzu kommt – und hier wären wir wieder bei problematischen Umetikettierungsprozessen –, dass zahlreiche Stellen wie zum Beispiel Geschäftsführungsstellen von Fakultäten, Forschungs-Clustern oder Graduiertenkollegs formal als Wissenschaftlerstellen geführt werden, obwohl das Aufgabengebiet der dort Tätigen eindeutig dem administrativen Hochschulmanagement zuzuordnen ist. Unter der Oberflächenstruktur von Hochschulstatistiken vollziehen sich also noch weitergehende quantitative Veränderungen als es hoch aggregierte Daten abzubilden in der Lage sind.

Veränderungen im Bereich der Hochschulverwaltung können darüber hinaus exemplarisch an der Position der Verwaltungsleitung betrachtet werden. Hierbei finden sich sowohl Veränderungen in der strukturellen Einbindung der in der Regel als Kanzler bzw. Kanzlerin bezeichneten Verwaltungsleitung als auch im Hinblick auf deren fachlichen Hintergrund (ausführlich hierzu Blümel 2015).

Bei der strukturellen Position kann im Zeitverlauf eine immer stärkere Integration der Verwaltungsleitung in die Hochschulen festgestellt werden. So kann der preußische Kurator – als Vorläufer der modernen Kanzlerposition – „am ehesten als unmittelbarer Vertreter des Ministeriums vor Ort verstanden werden" (Wallerath 2004, 208). Bis weit in die 1960er Jahre gab es an den Universitäten entsprechend zwei Verwaltungsbereiche: Einerseits den Verwaltungsbereich, der für die staatlichen Aufgaben zuständig war und vom Kanzler bzw. der Kanzlerin geleitet wurde, und andererseits die Rektoratsverwaltung, die für die akademische Selbstverwaltung verantwortlich war und dem Rektor bzw. der Rektorin unterstand. Diese doppelte Verwaltungsstruktur wurde ab den 1970er Jahren mit der allmählichen Durchsetzung der Einheitsverwaltung überwunden. Hierbei kam es zu einer Integration der Kanzlerposition in die Hochschulen, weil in dieser sogenannten Präsidialverfassung[106], der Präsident bzw. die Präsidentin auch die Verwaltung leitete, die für die staatlichen Aufgaben zuständig war.

Im Zuge der Umgestaltung der Hochschulgesetze ab 1998 änderte sich die strukturelle Position der Kanzler und Kanzlerinnen wiederum in Richtung einer stärkeren Integration. In den meisten Landeshochschulgesetzen ist der Kanzler bzw. die Kanzlerin Mitglied der kollegialen Hochschulleitung. Ausdruck findet dies zum Beispiel darin, dass die Verwaltungsleitung in einigen Gesetzen als Vizepräsident bzw. Vizepräsidentin für Finanzen und Verwaltung bezeichnet wird.

Gleichzeitig kam es zu zwei zentralen Veränderungen: Erstens wurde in fast allen Bundesländern aus dem Amt auf Lebenszeit ein Wahlamt auf Zeit. Zweitens wurde der Einfluss der Wissenschaftsministerien der Bundesländer auf die Auswahl der Verwaltungsleitung deutlich zurückgedrängt. Vielmehr sehen die meisten Landeshochschulgesetze vor, dass Kanzler bzw. Kanzlerinnen, wie auch die anderen Mitglieder der Hochschulleitung, maßgeblich von den Hochschulen – um genauer zu sein: von den akademischen Senaten, den Hochschulräten und dem Hochschulleiter bzw. der Hochschulleiterin – ausgewählt werden (Hüther 2010, 306ff.).

---

[106] Der Begriff der Präsidial- und Rektoratsverfassung hat dabei in den letzten Jahren eine Bedeutungsverschiebung erfahren. In den 1970er Jahren und bis weit in die 1990er Jahre waren zwischen beiden Formen drei wesentliche Unterschiede vorhanden: Bei der Präsidialverfassung gab es erstens eine Einheitsverwaltung, zweitens musste der Präsident bzw. die Präsidentin vor der Wahl nicht Mitglied der Hochschule sein und drittens betrug die Amtszeit mindestens vier Jahre. Im Gegensatz dazu war die Rektoratsverfassung dadurch gekennzeichnet, dass es eine doppelte Verwaltungsstruktur gab, der Rektor bzw. die Rektorin vor der Wahl Mitglied der Hochschule sein musste und die Amtszeit mindestens zwei Jahre betrug. Auch nach den neuen Landeshochschulgesetzen finden wir Präsidial- und Rektoratsverfassungen, allerdings ohne die eben beschriebenen Unterschiede. Beide Formen sehen eine Einheitsverwaltung vor und haben die gleichen Amtszeiten. Einziger Unterschied, der noch durch die Bezeichnung angezeigt wird, ist, dass Rektoren bzw. Rektorinnen in aller Regel vorher Mitglied der Hochschule waren. Hinzu kommt, dass insbesondere mit dem Begriff der Präsidialverfassung auch die mehrfach aufgezeigte Hierarchisierung der Hochschulen assoziiert wird. Präsidialverfassung meint hier also eine verstärkte Entscheidungskompetenz und die „Entmachtung" der akademischen Senate. Diese Assoziation war aber nicht Bestandteil der ab den 1970er Jahren praktizierten Präsidialverfassung mit Einheitsverwaltung.

Es kommt hier also – im Vergleich zu den anderen Mitgliedern der Hochschulleitung – zu einer „Normalisierung" des Kanzleramtes, was allerdings teilweise kritisch gesehen wird (zum Beispiel Wallerath 2004). Unabhängig von der Bewertung dieser Entwicklung kann diese als Zunahme der Hochschulautonomie interpretiert werden und damit als weiterer Faktor der Entwicklung hin zu einer Complete Organization, weil zum Beispiel durch die stärkere Integration der Kanzlerposition in die Hochschulen eine Abgrenzung gegenüber der Umwelt – hier dem Wissenschaftsministerien – erfolgt.

Mit diesen strukturellen Veränderungen sind auch veränderte Erwartungen an die Verwaltungsleitung verbunden. Auf der Grundlage unterschiedlicher Datenquellen (Hochschulgesetze, Stellenanzeigen, quantitative Befragung, Lebensläufe) entwickelt Blümel (2015) zum Beispiel die These, dass sich das an die Kanzlerrolle gestellte Erwartungsbündel im Zuge von New Public Management-Reformen von einer akademisch-bürokratischen Verwaltungslogik zu einer post-bürokratischen Managementlogik entwickelt. Diese findet ihren Ausdruck unter anderem in der eben beschriebenen Integration der Kanzlerposition in die Hochschulleitung.

Mit den sich damit wandelnden Aufgaben entsteht zunehmend ein managerielles Rollenbild, in dem weniger die Orientierung am Recht als vielmehr die Bedeutung des Organisationserfolgs und die Notwendigkeit ökonomischer Kompetenzen von Bedeutung sind. Es überrascht dann auch kaum, dass in den letzten Jahren das Monopol der Juristen und Juristinnen bei der Besetzung der Kanzlerposition durchbrochen wurde. So lag der Anteil der Kanzler und Kanzlerinnen mit einem juristischen Ausbildungshintergrund an deutschen Hochschulen 2008 noch bei 51 Prozent und ist 2015 auf 40 Prozent gesunken. Dabei ist es nicht zu einer einfachen Verschiebung hin zu den Wirtschaftswissenschaften gekommen (2008: 25 vs. 2015: 22 Prozent), sondern es findet sich vielmehr eine Diversifizierung der Ausbildungshintergründe der Kanzler und Kanzlerinnen (Blümel und Hüther 2015, 10).

Während wir bei der Diskussion der Veränderung der Kanzlerrolle nicht nur strukturelle Aspekte, sondern auch das zugrunde liegende Rollenbild diskutiert haben, steht der zweitgenannte Aspekt beim administrativen Hochschulmanagement noch aus. Wir werden dieses Thema hinsichtlich der darüber hinausreichenden Frage behandeln, ob die Veränderungen im Bereich des administrativen Hochschulmanagements dazu geführt haben, dass man diese Berufsgruppe als eigenständige Profession bezeichnen kann. Diese Frage ist für die weitere Entwicklung der Hochschulen von besonderer Bedeutung, da in ihnen traditionell nur die wissenschaftliche Profession eine zentrale Rolle spielt.

Die professionssoziologische Arbeit von Kloke (2014) zu Tätigkeitsprofilen und Selbstverständnis von Mitarbeiterinnen und Mitarbeitern im Qualitätsmanagement an deutschen Hochschulen zeigt, dass man diesen Kernbereich des neuen administrativen Hochschulmanagements kaum als neue Profession bezeichnen kann. Autonomie, Selbstregulation, klar umrissene Wissens- und Kompetenzbasis und hoher Status, die klassischen Kriterien zur Bestimmung einer Profession, sind hier nicht gegeben. Besonders auffällig ist das Dienstleistungsverständnis gegenüber den Wissenschaftlerinnen und Wissenschaftlern, also der akademischen Profession. Vor allem gegenüber der Professorenschaft ist der Status eher niedrig und die Legitimation unsicher. Hinzu kommt eine starke Einbindung in das organisationale Hierarchiegefüge und die enge Orientierung an der Hochschulleitung. Letztere ist von zentraler Bedeutung, denn ohne diese Unterstützung sind Status und Legitimation gegenüber der akademischen Profession zu schwach, um Veränderungsprozesse in Hochschulen zu gestalten.

Ein weiterer Grund, weshalb unserer Einschätzung nach keine neue Profession „administratives Hochschulmanagement" im Entstehen begriffen ist, besteht in der sehr starken Identifikation der dort Tätigen mit ihrem jeweiligen Tätigkeitsbereich. Trotz einiger Studienprogramme zum Hochschul- und Wissenschaftsmanagement finden sich nur schwache Anzeichen für die Herausbildung eines übergreifenden Berufsbildes „Hochschulmanagement", welches das Hochschulfeld und seine Organisationen prägt. Jedoch sind Professionalisierungstendenzen erkennbar, die durch jeweils spezifische Vernetzungen, Tagungen und Weiterbildungsveranstaltungen zustande kommen. Diese richten sich in aller Regel aber an spezifische Tätigkeitsbereiche im Hochschulmanagement – also Qualitätsmanagement oder Wissens- und Technologietransfer oder Öffentlichkeitsarbeit –, nicht an das Feld insgesamt.

Nicht nur im Hinblick auf die Aufgabenerfüllung, sondern auch professionssoziologisch gedacht, kann diese strikt tätigkeitsbezogene Professionalisierung, der kein übergreifendes Professionalisierungsprojekt entspricht, durchaus wünschenswert sein. Der in der Hochschulforschung ohnehin häufig konstatierte Konflikt zwischen Wissenschaft und Verwaltung wächst sich solchermaßen nicht zu einem Machtkampf unterschiedlicher Professionen aus, denn der akademischen Profession erwächst keine starke Konkurrenz, die ihr angestammte Kompetenzen in der Steuerung von Lehre und Forschung streitig machen kann.[107] Angesichts stetig steigender Komplexität von Hochschulen und ihren

---

[107] Zum Konflikt zwischen Wissenschaft und Verwaltung vgl. die international vergleichenden Forschungsbefunde in Lewis und Altbach (1996), die hierin „A Universal Problem" sehen, wie es im Untertitel heißt. Zudem ist nicht auszuschließen, dass die Professionalisierung der Leitungsebenen in Hochschulen, die mit gestiegenen Entscheidungskompetenzen und Machtbefugnissen von Hochschulleitungen und Dekanen bzw. Dekaninnen einhergeht, ein höheres Konfliktpotential birgt als die hier beschriebenen Veränderungen in der Hochschulverwaltung. Folgt man der sehr umfangreichen

Umwelten ist zusätzliche Unterstützung von Wissenschaft und Hochschulleitung durch das administrative Hochschulmanagement sicherlich ein sinnvoller Weg der Weiterentwicklung der Hochschulverwaltung und ihres Personals. Allerdings wäre hier darauf zu achten, dass es nicht zu einer weiteren Bürokratisierung insbesondere in Bezug auf Forschung und Lehre kommt. Es ist gerade die sinnvolle Bearbeitung des Spannungsverhältnisses zwischen professioneller Unterstützung und Vermeidung von Bürokratisierung, welches für die Legitimation des administrativen Hochschulmanagements von entscheidender Bedeutung sein wird.

Perspektiven sehen wir vor allem darin, den Fokus bisheriger Forschungen zur Hochschulverwaltung auszudehnen, und zwar in vier Hinsichten: Erstens ist der Wandel des Verwaltungspersonals deutlicher auf den Wandel des wissenschaftlichen Personals zu beziehen. Bisherige Studien konzentrieren sich zumeist auf eine der beiden Seiten, wobei die Weiterentwicklung der Organisation „Hochschule" maßgeblich von ihrem Zusammenspiel, was auch Konflikte, Widersprüche und Ambivalenzen einschließt, abhängig ist.

Zweitens sollten weitere Beschäftigungsgruppen jenseits von Verwaltung und Wissenschaft ebenfalls berücksichtigt werden, denn auch die Aufgaben und Qualifikationsprofile des technischen und Bibliothekspersonals haben sich zum Beispiel erheblich geändert[108]; ebenso stellen Hochschulen in verschiedenen Regionen zentrale Arbeitgeberinnen dar, und auch diese Rolle gilt es verstärkt zu reflektieren.

Drittens sollte offensichtlich sein, dass zumindest ein Teil derartiger Studien international vergleichend angelegt sein sollte. Im Gegensatz zur Erforschung der akademischen Profession gibt es hier eine erhebliche Leerstelle. Dies ist insofern bedauerlich, als die zugrunde liegenden Veränderungen in Hochschulgovernance und -organisation zwar staatenübergreifend stattfinden, die jeweilige Neuausrichtung auch aufgrund historisch kontingenter Rahmenbedingungen – man denke hier zum Beispiel an die starke und auch verfassungsrechtlich abgesicherte Stellung der Professorenschaft an deutschen Hochschulen gegenüber dem administrativen Lehr- und Forschungsmanagement – jedoch sehr unterschiedlich ausfällt.

Studie von Kleimann (2015), wird aber auch von den „gestärkten" Hochschulpräsidenten und -präsidentinnen in Bezug auf die akademische Profession ein primär auf Konsens setzender Entscheidungsstil favorisiert.

[108] Diese wichtige Perspektive wird gegenwärtig in einem von der Hans-Böckler-Stiftung geförderten Projekt an der Humboldt Universität in Berlin, das von Andrä Wolter geleitet wird, empirisch untersucht.

Viertens wäre es spannend, den systematisch vergleichenden Blick auch stärker auf Veränderungsprozesse in der Wissenschaftsverwaltung insgesamt zu richten, also auch auf die zuständigen Wissenschaftsministerien sowie die in Deutschland traditionell starken außeruniversitären Forschungseinrichtungen.

3.4.4 Chancengleichheit als Querschnittsthema der Forschung zu den Gruppen an Hochschulen

Die Frage nach Chancengleichheit im Hochschulsystem ist ein immer wieder aktueller und umstrittener Themenbereich. Gerade, wenn ein erfolgreiches Hochschulstudium dazu führt, dass ein geringeres Arbeitslosigkeitsrisiko oder höhere Verdienstchancen vorhanden sind, dann stellt sich die Frage, ob auch alle die gleichen Chancen haben, diese Vorteile zu erlangen. Chancengleichheit ist darüber hinaus auch bei der wissenschaftlichen Karriere von besonderer Bedeutung, weil das Erreichen einer Professur mit einem hohen sozialen Status, hoher Autonomie und hoher sozialer Sicherheit einhergeht. Hinzu kommt, dass Chancengleichheit im Hochschul- und Wissenschaftssystem als kritische Variable anzusehen ist, weil die Orientierung an Leistung und Meritokratie eine zentrale Legitimationsgrundlage der beiden Systeme ist. Ein systematischer und offensichtlicher Verstoß gegen diese Grundlagen birgt demnach die Gefahr, dass beide Systeme Legitimation einbüßen.

Dabei kann der Begriff der Chancengleichheit unterschiedlich gefasst werden. Eine gängige Vorstellung ist, dass Chancengleichheit dann besteht, wenn ausschließlich die Leistung des Individuums über die Verteilung der Lebenschancen entscheidet. Dieses „konservativ-liberale Modell" (Hradil 2006, 131ff.) wäre dann erfüllt, wenn zum Beispiel das Geschlecht oder die soziale Herkunft bei leistungsgleichen Personen keine Rolle bei den Bildungsentscheidungen spielt. Aus dieser Sicht sind dann auch unterschiedliche Bildungserfolge von gesellschaftlichen Gruppen nicht zwangsläufig ein Resultat von sozialer Ungleichheit, weil diese auch aufgrund unterschiedlicher Leistungen erfolgen können und damit legitim wären. Was bei dieser Sichtweise allerdings unbeachtet bleibt, ist, dass „Fähigkeiten, Motivationen, Anstrengungen und Leistungen" (Becker 2011, 89) auch mit der Gruppenzugehörigkeit von Individuen zusammenhängen. Wird dies beachtet, dann führt die formale Chancengleichheit des konservativ-liberalen Modells zu einer Fortsetzung sozialer Ungleichheiten.

Hingegen wird im „Modell der statistischen Unabhängigkeit" (Müller und Mayer 1976) von Chancengleichheit dann ausgegangen, wenn der Bildungserfolg statistisch unabhängig von der Gruppenzugehörigkeit ist. Das Postulat ist dann, dass „Erfolg wie Misserfolg im Bildungssystem (…) nicht von vornherein über die soziale Herkunft vorhersagbar" (Becker 2011, 89) sein soll. Um dieses

Ziel zu erreichen, müssen kompensatorische Maßnahmen ergriffen werden, die eine Annäherung der Leistungsfähigkeit zwischen unterschiedlichen gesellschaftlichen Gruppen gewährleisten. Allerdings wird meist nicht davon ausgegangen, dass es möglich ist, soziale Ungleichheit vollkommen zu eliminieren, sondern Ziel sollte es sein, die Chancenungleichheit zu reduzieren (Coleman 1968, 22).

Trotz ihrer großen Verdienste sollte man die Ungleichheitsforschung aber auch nicht vollkommen unkritisch hinnehmen. So weist zum Beispiel Beck (2008) auf zweierlei hin: Erstens wird Ungleichheit erst dann zum Problem, wenn soziale Gleichheit als gesellschaftliche Erwartung etabliert wird. Dies gelte es historisch-soziologisch nachzuzeichnen und nicht als gegeben hinzunehmen. Zweitens, und gravierender, müssten diese Erwartung und die daraus resultierenden Folgen heutzutage zunehmend im globalen Maßstab behandelt werden. Hierin sieht er eine Herausforderung für die Ungleichheitsforschung, denn: „Das Weltbild der sozialen Ungleichheit beruht auf den Prinzipien von Nationalität und Staatlichkeit, ohne daß dies in der Soziologie bis heute (angemessen) thematisiert wurde oder wird" (Beck 2008, 16f.).

Im Folgenden wollen wir anhand ausgewählter Sachverhalte für das deutsche Hochschulsystem prüfen, ob die Chancengleichheit zugenommen hat bzw. ob die Integration von benachteiligten Gruppen erfolgreich war. Wir konzentrieren uns hierbei auf Ungleichheiten in Bezug auf Geschlecht und soziale Herkunft.[109]

3.4.4.1 Geschlecht

Die Integration der Frauen in die Hochschulen ist ein zentraler und häufig untersuchter Gegenstandsbereich. Nicht zuletzt aufgrund vielfältiger politischer Programme auf der Bundes- und Länderebene rückt dieses Thema immer wieder in den Vordergrund. Hier ist zum Beispiel an das „Professorinnenprogramm" des BMBF zu denken oder aber daran, dass Gleichstellungskonzepte als Kriterium bei der Exzellenzinitiative, dem Hochschulpakt und dem Pakt für Forschung und Innovation eine Rolle spielen. Hinzu kommen Programme, die Interesse bei den jungen Frauen für naturwissenschaftlich-technische Studien- und Ausbildungsberufe wecken sollen, wie zum Beispiel der „Girls' Day". Gleichzeitig finden

---

[109] Soziale Ungleichheit wird in Deutschland weiterhin im Hinblick auf die Gruppe der Migrantinnen und Migranten diskutiert (vgl. zum Beispiel Stanat und Edele 2011; Diefenbach 2009), sowie im Hinblick auf das Zusammenspiel mehrerer Benachteiligungsmerkmale, was soziologisch nicht neu ist (zum Beispiel Dahrendorf 1965) und in jüngster Zeit unter dem Stichwort der Intersektionalität diskutiert wird (vgl. grundlegend Winker und Degele 2009).

wir häufig eine wissenschaftliche Begleitforschung zu diesen Programmen, was zu einer Fülle an neuen Erkenntnissen in den letzten Jahren geführt hat (in Bezug auf die Exzellenzinitiative zum Beispiel Engels et al. 2015; Zuber und Hüther 2013; Beaufaÿs et al. 2012b). Hierbei konzentriert sich die Diskussion mittlerweile einerseits auf die Studienfachwahl der Frauen und ihre damit verbundenen geringen Anteile in bestimmten Fächern (insbesondere Natur- und Technikwissenschaften) und andererseits auf die im Zeitverlauf abnehmenden Anteile der Frauen auf dem Weg zur Professur.

Der große Vorteil bei den Betrachtungen zur Chancengleichheit im Hinblick auf das Geschlecht ist, dass zumindest bei grundlegenden Daten auf amtliche Statistiken zurückgegriffen werden kann, weil das Geschlecht bei der Erhebung von „objektiven" Strukturdaten eine basale und recht schlicht zu erfassende Kategorie darstellt. Im Gegensatz zur weiter unten behandelten Chancengleichheit in Bezug auf die soziale Herkunft ist man also nicht nur auf sozialwissenschaftliche Befragungen angewiesen, sondern kann auf Strukturdaten zurückgreifen, die von den Hochschulen aufgrund von Personalstatistiken und Daten der Sozialversicherungsträger an das Statistische Bundesamt geliefert werden. So gibt die amtliche Statistik Auskunft über den Anteil der weiblichen Professoren oder aber der weiblichen Habilitanden. Unbestreitbar gibt es bei den amtlichen Statistiken große Lücken (Beaufaÿs et al. 2012a, 19), diese beziehen sich allerdings weniger darauf, dass die jeweiligen Daten für das Geschlecht nicht erhoben werden, sondern darauf, dass diese Daten überhaupt nicht erhoben werden. So ist es zum Beispiel nicht möglich, den Mittelbau danach zu differenzieren, ob die wissenschaftlichen Angestellten promoviert oder nicht promoviert sind. Für verschiedene Aspekte der weiteren Darstellung müssen deshalb auch Daten aus sozialwissenschaftlichen Befragungen genutzt werden, um die Chancengleichheit in Bezug auf das Geschlecht zu betrachten. Hier ergibt sich allerdings wiederum der Vorteil, dass das Geschlecht – im Gegensatz zur sozialen Herkunft – eine Standardvariable ist und deshalb bei nahezu keiner sozialwissenschaftlichen Erhebung fehlt. Insgesamt ergibt sich damit eine relativ gute Datenbasis für unsere folgenden Betrachtungen.

Der nächste Abschnitt beschäftigt sich zunächst mit der Chancengleichheit in Bezug auf die weiblichen Studierenden, um dann in einem zweiten Schritt die Ebene des wissenschaftlichen Personals bzw. der Wissenschaftlerinnen in den Blick zu nehmen. Abschließend betrachten wir das Verwaltungspersonal.

3.4.4.1.1 Studierende

Wird der Frauenanteil bei den Studierenden seit 1910 betrachtet, dann ist festzustellen, dass die Integration der Frauen als Studierende in das Hochschulsystem insgesamt sehr erfolgreich war. Die Werte in Abbildung 27 zeigen einen kontinuierlichen Anstieg des Anteils von Studentinnen, wobei allerdings festzustellen ist, dass die vollständige Integration lange Zeit in Anspruch genommen hat.

Abbildung 27:   *Anteil weiblicher Studierender in Deutschland von 1910 bis 2013*

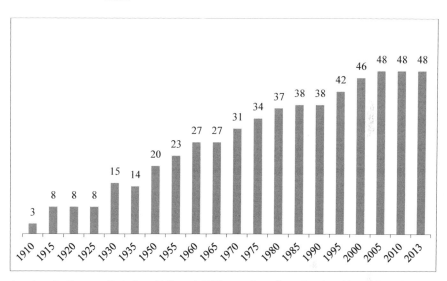

Angaben in Prozent; Zwischen 1950 und 1990 nur ehemaliges Bundesgebiet und Berlin West; Quelle: Werte bis 1950: GESIS (2014a), Werte ab 1950: Datenportal BMBF (2014k, i), teilweise eigene Berechnungen, eigene Darstellung

Die erfolgreiche Integration in das Hochschulsystem zeigt auch der Anteil der Frauen an den erfolgreichen Abschlussprüfungen. Bei den Hochschulprüfungen ohne die Promotion liegt der Anteil der Frauen seit 2005 über 50 Prozent und erreicht zum Beispiel 2013 einen Wert von 51,2 Prozent (BMBF 2014g; h, eigene Berechnungen). Die Frauen weisen daraus folgend – gemessen am Studienabschluss – eine höhere Studienerfolgsquote auf als die Männer.

Es stellt sich aber zusätzlich die Frage, ob die Integration der Frauen auch in Bezug auf die einzelnen Hochschultypen und die Fächergruppen erfolgreich war. Im Hinblick auf die Hochschultypen ist besonders interessant, ob der Anteil der Frauen zwischen den Fachhochschulen und den Universitäten differiert. Wie wir oben gezeigt haben (vgl. Kapitel 3.1.2), sind die Reputationsdifferenzen zwischen den Hochschulen in Deutschland eher gering. Lediglich die Universitäten können als reputationsstärkere Hochschulen angesehen werden. Hinzu kommt, dass auch die Verdienstmöglichkeiten – nicht zuletzt auch im öffentlichen Dienst – für Universitätsabsolventen höher sind als für Fachhochschulabsolventen. Ein geringer Anteil der Frauen in den Universitäten würde also dafür sprechen, dass die Integration sich stärker auf reputationsschwächere Hochschulen konzentriert.

Abbildung 28 zeigt den Anteil der Frauen in unterschiedlichen Hochschultypen in Deutschland seit 1985.

Abbildung 28:   *Anteil weiblicher Studierender in den unterschiedlichen*
                   Hochschultypen von 1985 bis 2014

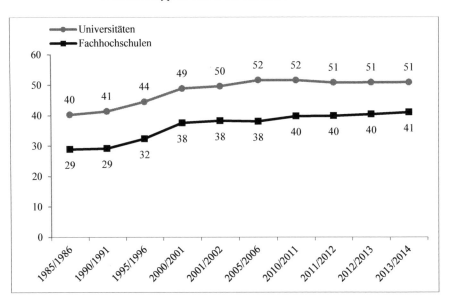

Angaben in Prozent; einschließlich Wintersemester 1991/1992 nur ehemaliges Bundesgebiet und Berlin West; Quelle: Datenportal BMBF (2014k, i), eigene Berechnungen, eigene Darstellung

Bemerkenswert ist dabei, dass der Anteil der Frauen an den im Vergleich zu Fachhochschulen prestigeträchtigeren Universitäten über den gesamten Betrachtungszeitraum über dem Anteil der Frauen an den Fachhochschulen lag. So lag der Anteil der Studentinnen in den Universitäten bereits im Wintersemester 1985/1986 bei 40 Prozent und stieg bis zum Wintersemester 2013/2014 auf 51 Prozent. Hingegen lag der Anteil der Studentinnen in den Fachhochschulen 1985/1986 bei 29 Prozent und erreichte im Wintersemester 2013/2014 einen Anteil von 41 Prozent. In Universitäten zeigt sich demnach eine deutlich bessere

Integration der Frauen als bei den Fachhochschulen. Aufgrund dieser Zahlen kann also davon ausgegangen werden, dass auf Ebene des Gesamtsystems der Hochschulen keine negative Selektion im Hinblick auf die reputationsstärkeren Einrichtungen erfolgt.

Der unterschiedliche Anteil der Frauen an Universitäten und Fachhochschulen kann aber auch ein Effekt der gewählten Studienfächer sein. Die Fachhochschulen bieten ein geringeres Studienfachangebot an und insbesondere einige Fächer aus den Geistes- und Kulturwissenschaften (zum Beispiel Philosophie, Germanistik), den Sozial- und Rechtswissenschaften (zum Beispiel Soziologie, Rechtswissenschaft) sowie Mathematik/Naturwissenschaften (zum Beispiel Physik, Chemie) können nur an Universitäten studiert werden. Hieraus ergibt sich die Frage, welche Fächer von Frauen und Männern gewählt werden und ob es hier Unterschiede gibt, die sich indirekt auch auf die Anteile der Frauen an den Universitäten bzw. Fachhochschulen auswirken.

Abbildung 29 zeigt die Verteilung der männlichen und weiblichen Studierenden auf die verschiedenen Fächergruppen an deutschen Hochschulen im Wintersemester 2012/2013. Ersichtlich wird hier, dass die Wahl des Studienfaches sich zwischen den Geschlechtern erheblich unterscheidet. So studieren 52 Prozent der Männer aber nur 23 Prozent der Frauen Fächer aus dem Bereich der Ingenieurwissenschaften, der Mathematik und den Naturwissenschaften. Hingegen studieren 28 Prozent der Frauen, aber nur 11 Prozent der Männer ein Fach aus den Sprach- und Kulturwissenschaften. Der Anteil in der Fächergruppe der Rechts-, Wirtschafts- und Sozialwissenschaften hingegen ist relativ ausgeglichen (33 Prozent der Frauen vs. 28 Prozent der Männer). Ersichtlich wird hierbei, dass der Anteil der Frauen gerade in den Fächergruppen, in denen im Durchschnitt die Verdienstmöglichkeiten geringer sind, besonders häufig anzutreffen sind, während die Männer eher Fächer studieren, die im Durchschnitt ein höheres Einkommen versprechen.

Abbildung 29:   *Verteilung weiblicher und männlicher Studierender auf*
                   Fächergruppen im Wintersemester 2012/2013

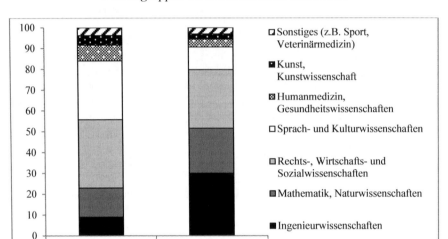

Angaben in Prozent; Quelle: Statistisches Bundesamt: Studierende an Hochschulen. Wintersemester 2012/2013, eigene Berechnungen, eigene Darstellung

Wie ungleich die Verteilung zwischen Frauen und Männern bei einzelnen Studienfächern ist, zeigt zusätzlich Abbildung 30. Dargestellt sind hierbei für das Wintersemester 2012/2013 die Anteile der weiblichen Studierenden in verschiedenen Fächergruppen sowie innerhalb der Fächergruppen die Fächer mit dem höchsten bzw. dem niedrigsten Frauenanteil. Deutlich wird daran, dass Frauen nicht etwa bestimmte Fächergruppen meiden, sondern vor allem bestimmte Fächer.

In der Fächergruppe der Sprach- und Kulturwissenschaften ist so der Anteil der Frauen in der Sonderpädagogik mit 82 Prozent am höchsten, während er in der Philosophie bei lediglich 44 Prozent liegt. Während man in der Fächergruppe der Rechts-, Wirtschafts- und Sozialwissenschaften im Studienfach Sozialwesen vor allem auf Frauen trifft (77 Prozent der Studierenden sind hier Frauen), halten sich diese vom Studienfach Wirtschaftsingenieurwesen mit dem Schwerpunkt Wirtschaft eher fern (25 Prozent Frauen). Auch in der Fächergruppe Mathematik und Naturwissenschaften gibt es bei Frauen äußerst beliebte Studiengänge wie Pharmazie (71 Prozent der Studierenden sind Frauen) und Biologie (62 Prozent Frauenanteil), während die Informatik einen sehr geringen Anteil an weiblichen Studierenden aufweist (18 Prozent Frauenanteil). In den Ingenieurwissenschaften findet sich mit der (Innen-)Architektur eine Studienrichtung, in der die Mehrheit der Studierenden weiblich ist (58 Prozent Frauenanteil). In dieser Fächergruppe weist die Elektrotechnik hingegen mit nur 10 Prozent weiblichen Studierenden den geringsten Frauenanteil auf.

Abbildung 30:   Anteil weiblicher Studierender in ausgewählten Fächergruppen und Fächern im Wintersemester 2012/2013

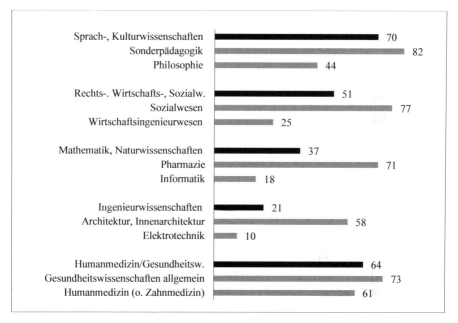

Angaben in Prozent; Quelle: Statistisches Bundesamt: Studierende an Hochschulen. Wintersemester 2012/2013, eigene Berechnungen, eigene Darstellung

Wie kann man aber diese sehr unterschiedlichen Studienfachpräferenzen von Männern und Frauen erklären? In der Literatur finden sich dafür verschiedene Erklärungen (für einen Überblick zum Beispiel Blickenstaff 2005).

Eine davon ist, dass Studentinnen materielle Motive wie Einkommen und Karriereaussichten weniger wichtig sind als den Männern und sie deshalb auch andere Fächer wählen. Während zum Beispiel von den männlichen Studienanfängern eine sichere Berufsposition von 75 Prozent als sehr wichtiges bzw. wichtiges Motiv für die Studienfachwahl angegeben wurde, trifft dies nur auf 61 Prozent der weiblichen Studierenden zu. Gute Verdienstmöglichkeiten sind 76

Prozent der männlichen aber nur 59 Prozent der weiblichen Studienanfänger sehr wichtig bzw. wichtig. Auch der Berufsstatus bzw. die Nachfrage der Studienrichtung auf dem Arbeitsmarkt sind Männern bei der Studienfachwahl wichtiger (Scheller et al. 2013, 76f). Es zeigt sich somit, dass Männer häufiger ein Studienfach wählen, in dem das erwartete Einkommen, der Status und die Nachfrage auf dem Arbeitsmarkt als höher eingeschätzt werden.

Der insgesamt niedrigere Anteil der Frauen bei einigen technisch-naturwissenschaftlichen Studiengängen hat in der Forschung besonders viel Aufmerksamkeit erhalten und wird auf eine „complex interaction of factors that tend to push girls and women away" (Blickenstaff 2005, 383) zurückgeführt. Zu diesen Faktoren gehören zum Beispiel die geringere Wahl von Schülerinnen für bestimmte technisch-naturwissenschaftliche (Leistungs-)Fächer/Kurse in der Schule, eine reserviertere Einstellung von Schülerinnen gegenüber Technik- und Naturwissenschaft, fehlende Rollenvorbilder für Schülerinnen, die (un-)bewusste Benachteiligung von Schülerinnen und Studentinnen in technisch-naturwissenschaftichen Zusammenhängen („chilly climate") und die traditionelle Rollenerwartung, dass Frauen eher „weichere" Fächer als Technik- und Naturwissenschaften studieren sollten. Hinzu kommt, dass selbst wenn Frauen technisch-naturwissenschaftliche Studiengänge wählen, sie breit angelegte, interdisziplinäre Studiengänge bevorzugen und weniger zu den jeweiligen Kernfächern tendieren (zum Beispiel Wächter 2005; Schwarze 2006).

In Bezug auf die Integration von Studentinnen in das Hochschulsystem ergibt sich insgesamt zwar ein positives Bild, allerdings sind Frauen in einigen Fächern nach wie vor unterrepräsentiert, während sie in anderen Fächern die deutliche Mehrheit an den Studierenden stellen. In der Tendenz sind Frauen eher in solchen Fächern überrepräsentiert, die ein geringes Einkommen versprechen, während sie in Fächern, die ein höheres Einkommen versprechen, eher unterrepräsentiert sind. Auch hier muss man allerdings relativ nüchtern konstatieren, dass die Studienfachentscheidungen – wie in Kapitel 3.4.1 bereits für alle Studierenden beschrieben – stark mit Selbstkonzeptionen und der Identität verwoben sind. Selbstkonstruktionen des Interesses, der Neigung und der Begabung entziehen sich dann allerdings weitestgehend gezielten Einflussnahmen – erst recht auf Hochschulebene, da die Grundlagen hierfür bereits im Kindes- und Jugendalter gelegt wurden.

3.4.4.1.2 Wissenschaftliches Personal

Während die Integration der Frauen auf der Ebene der Studierenden und der Absolventen insgesamt eine Erfolgsstory ist, trifft dies noch nicht auf das wissenschaftliche Personal bzw. die Phasen der wissenschaftlichen Karriere auf dem Weg zur Professur zu. Um dies zu verdeutlichen, zeigt Abbildung 31 den Frauenanteil bei den Promotionen, den Habilitationen, den Juniorprofessuren, den Neuberufungen auf eine Professur sowie bei den Professuren im Zeitvergleich.

Abbildung 31: Frauenanteil bei zentralen Stationen der wissenschaftlichen Laufbahn in Deutschland von 1985 bis 2013

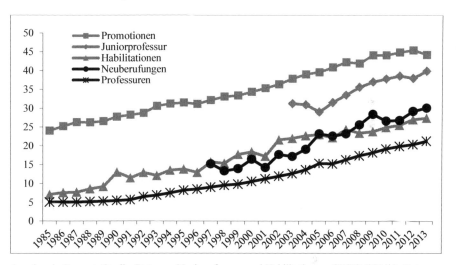

Angaben in Prozent; Quelle: Daten zu Neuberufungen und Habilitationen: GESIS (2014b), Daten zu Promotionen: Datenportal BMBF (2014g, h), Daten zur Juniorprofessur: Verschiedene Jahrgänge von Statistisches Bundesamt: Personal an Hochschulen, teilweise eigene Berechnungen, eigene Darstellung

Zunächst wird dabei deutlich, dass die Anteile der Frauen hierbei im Zeitverlauf in allen Betrachtungskategorien zunehmen. So steigt der Anteil der Frauen an den Promotionen von 24 Prozent in 1985 auf 44 Prozent in 2013. Bei den Habilitationen finden wir eine Steigerung von 7 Prozent in 1985 auf 27 Prozent in 2013. Bei den Juniorprofessuren, die erst ab 2002 eingeführt wurden und neben der Habilitation eine Alternative bilden, um sich für eine Vollprofessur zu qualifizieren (vgl. Kapitel 3.4.2), finden wir ebenfalls eine Steigerung von 31 Prozent in 2003 auf 40 Prozent in 2013. Ersichtlich wird hier dann auch, dass die Juniorprofessur im Vergleich zur Habilitation in Bezug auf eine bessere Integration von Wissenschaftlerinnen größere Erfolge erzielt hat, weil der Anteil der weiblichen Habilitanden 2013 nur bei 27 Prozent liegt. Auch im Hinblick auf die Neuberufungen lassen sich deutliche Verbesserungen erkennen. Da dieser Wert vom Statistischen Bundesamt erst ab 1997 erhoben wird, fehlen hier allerdings Daten aus den 1980er und frühen 1990er Jahren. Von 1997 bis 2013 verdoppelt sich der Anteil der Frauen bei den Neuberufungen von 15 Prozent auf 30 Prozent. Auch beim Anteil der Professorinnen finden wir eine kontinuierliche Steigerung von 5 Prozent in 1985 auf 21 Prozent in 2013.

So erfreulich diese Entwicklungen insgesamt erscheinen, so deutlich wird allerdings auch, dass nach wie vor eine umfassende Integration der Frauen in die Wissenschaft noch nicht gelungen ist. So liegt zum Beispiel der Anteil sowohl der Absolventinnen insgesamt als auch der Universitätsabsolventinnen (ohne Lehramt, da hier die Promotionsneigung geringer ist als in anderen Fächergruppen) seit 2005 über 50 Prozent, dennoch liegt der Anteil der Frauen bei den Promotionen auch 2013 noch bei lediglich 44 Prozent (eigene Berechnungen auf Grundlage von Statistisches Bundesamt 2014c). Auch bei den Juniorprofessuren zeigt sich, dass es einen abnehmenden Anteil der Frauen im Vergleich zur Promotion gibt. So gibt es zwischen 2003 und 2013 eine Differenz von 11 Prozent- bis 4 Prozentpunkten zwischen dem Anteil an weiblichen Promovenden und dem Anteil an weiblichen Juniorprofessoren. Es scheint also so zu sein, dass von Karrierestation zu Karrierestation ein Schwund der Frauen vorhanden ist.

Um diesen Zusammenhang zu verdeutlichen, zeigt Abbildung 32 die Entwicklung der Anteile der Frauen in einem idealtypischen Karriereverlauf für die Studienanfänger zwischen 1993-1995. Es ist wichtig, dass wir hier versuchen, die Entwicklung einer Kohorte abzubilden, weil man nur so sinnvollerweise die Effekte im Zeitverlauf korrekt betrachten kann. Allerdings handelt es sich dabei jedoch um eine idealtypische Kohorte.

Deutlich wird hierbei, dass der Anteil der Frauen insbesondere bei den Promotionen und den Habilitationen sinkt und selbst bei den in Bezug auf die Integration der Frauen relativ erfolgreichen Juniorprofessuren, der Anteil der Frauen unter ihrem Promotionsanteil verbleibt. Zwar weisen alle Daten darauf hin, dass die jeweilige Schwundquote der Frauenanteile im Zeitverlauf abgenommen hat, sich das Bild bei späteren Studieneingangskohorten also verbessert hat, doch noch immer ist festzustellen, dass die Anteile der Frauen bei jeder Karrierestufe absinken (Gemeinsame Wissenschaftskonferenz GWK 2014, 12).

Abbildung 32:   *Frauen- und Männeranteile im Qualifikationsverlauf – Analyse*
                   idealtypischer Karriereverläufe von 1993 bis 2012

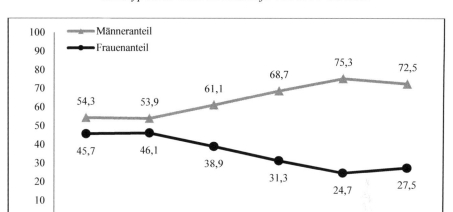

Angaben in Prozent; Quelle: Anteil der Juniorprofessuren: Verschiedene Jahrgänge von Statistisches Bundesamt: Personal an Hochschulen; Sonstige Daten: GESIS (2014c), teilweise eigene Berechnungen, eigene Darstellung

Die bisher behandelten Daten lassen mit gutem Grund annehmen, dass sich der Anteil der Professorinnen im Zeitverlauf weiter erhöhen wird. Hinzuweisen ist aber auch darauf, dass selbst wenn alle Frauen, die momentan eine Juniorprofessur innehaben bzw. habilitiert sind, eine Professur erreichen, die Neuberufungsquote der Frauen in den nächsten Jahren kaum über 40 Prozent steigen kann, weil der Anteil der Frauen bei den Habilitationen bei lediglich 27,4 Prozent und bei den Juniorprofessuren auch nur bei 39,9 Prozent liegt. Das Erreichen eines Anteils von 40 Prozent Professorinnen insgesamt dürfte deshalb aufgrund der zeitlichen Verzögerung, sei es im Hinblick auf frei werdende Professuren, sei es im Hinblick auf die Dauer des Karrieregeweges, noch in weiter Zukunft liegen. Legt man die durchschnittliche Steigerungsrate des Anteils der weiblichen Professoren zwischen 2000 und 2013 zugrunde (+0,83 Prozent pro Jahr) und schreibt diese fort, dann wird ein Anteil von 40 Prozent Professorinnen im Jahre 2035 erreicht. Ein Anteil von 50 Prozent würde bei einer stabilen Weiterentwicklung schließlich 2047 erreicht. Auch wenn die zukünftige Entwicklung nur begrenzt aus der Vergangenheit extrapoliert werden kann, so stellt dies eine eher ernüchternde Rechnung dar.

Auch aufgrund dieser Zahlen stellt sich trotz der im Zeitverlauf unbestreitbar verbesserten Integration die Frage: Wieso sinken die Anteile der Frauen nach wie vor bei jedem Karriereschritt?

Wie bei solchen Sachverhalten üblich, ist davon auszugehen, dass es für die Abnahme des Frauenanteils im Laufe der wissenschaftlichen Karriere keine monokausale Erklärung gibt, sondern vielmehr das Zusammenwirken verschiedener Faktoren ausschlaggebend ist (für aktuelle Überblicke vgl. zum Beispiel Metz-Göckel et al. 2010; Beaufaÿs et al. 2012b; Engels et al. 2015; Riegraf et al. 2010).

So wird der abnehmende Anteil von Frauen auf dem Weg zur Professur teilweise dadurch erklärt, dass sie häufiger aus dem wissenschaftlichen System aussteigen. Es findet also keine weitere Verfolgung der wissenschaftlichen Karriere statt, weil zum Beispiel die fast flächendeckende Befristung der Stellen unterhalb der Professur nicht als erstrebenswert angesehen wird. Gerade in der „Rush-Hour" (Bittman und Wajcman 2000) des Lebens scheinen Frauen die Befristung und die hohe Unsicherheit der wissenschaftlichen Karriere weniger attraktiv zu finden als Männer (zum Beispiel Metz-Göckel et al. 2010, 23). Hinzu kommen, wie oben beschrieben, die Mobilitätsanforderungen an Wissenschaftlerinnen und Wissenschaftler, weil in aller Regel spätestens beim ersten Ruf auf eine Professur ein Hochschulwechsel und damit in aller Regel auch ein Ortswechsel erforderlich ist.

Insgesamt sind die Arbeitsstrukturen im deutschen Wissenschaftssystem so strukturiert, dass Personen privilegiert werden, „die ungebunden sind und die sich auf eine unterstützende Person oder ein entsprechendes Umfeld verlassen können" (Beaufaÿs et al. 2012a, 18). Frauen haben hier Nachteile gegenüber Männern, weil sie zum Beispiel häufiger in Partnerschaften leben, in denen zwei Akademikerkarrieren in Einklang gebracht werden müssen (Rusconi und Solga 2007, 313; Hess et al. 2011; Engels et al. 2015).

Ein deutliches Indiz für dieses Ungleichgewicht ist auch darin zu sehen, dass Professorinnen im Gegensatz zu den Professoren deutlich häufiger kinderlos sind. Während 2006 nur 34 Prozent der Professoren kein Kind hatten, traf dies auf 62 Prozent der Professorinnen zu (Metz-Göckel et al. 2012, 248). Für Frauen scheint sich demnach deutlich schärfer als für Männer die Frage zu stellen: wissenschaftliche Karriere oder Kind(er)?

Ein Faktor für die Abnahme des Anteils der Frauen im Lauf der wissenschaftlichen Karriere scheint also die geringe Passförmigkeit der wissenschaftlichen Karriere- und Arbeitsstrukturen des deutschen Hochschulsystems auf der einen Seite mit den privaten Lebenszusammenhängen und -vorstellungen der Frauen auf der anderen Seite zu sein. Ob die weitere Verschlechterung der Arbeitsstrukturen im Hochschulsystem der letzten Jahre (Zunahme von Befristung und Drittmittelstellen) dazu geeignet ist, den Anteil der Frauen in den unterschiedlichen Karrierestufen zu fördern, kann also zumindest angezweifelt werden. Womöglich wäre es eine sinnvollere Strategie zur Erhöhung der Frauenanteile, nicht wie bisher vor allem auf Frauenförderprogramme zu setzen, die insbesondere eine Verbesserung der „Kompetenzen"[110] der Frauen im Blick haben, sondern vielmehr eine allgemeine Verbesserung der Karrierestrukturen und Arbeitsbedingungen anzustreben (vgl. Beaufaÿs et al. 2012a, 19).

Aber nicht nur die „harten" Karrieremuster und Arbeitsstrukturen im Hochschulsystem bevorzugen ungebundene Personen, sondern auch die bereits in Kapitel 3.4.2 beschriebene Konstruktion dessen, wer als guter Wissenschaftler oder gute Wissenschaftlerin gilt (zum Beispiel Engler 2001; Beaufaÿs 2003; Zuckerman et al. 1991). Bei dieser Konstruktion der Wissenschaftspersönlichkeit wird die Vorstellung aufgebaut, dass bei einem guten Wissenschaftler oder einer guten Wissenschaftlerin eine Verschmelzung von Wissenschaft und Person vorhanden ist, oder anders, Wissenschaft wird nicht als Beruf, sondern als Berufung konstruiert. Es sollen also Personen ausgewählt werden, „die sich voll und ganz mit ihrer Wissenschaft identifizieren, die bereit sind, sich vollkommen einem genuinen Erkenntnisinteresse an der wissenschaftlichen Arbeit hinzugeben" (Metz-Göckel et al. 2010, 24). Familiäre Verpflichtungen und Schwangerschaften gefährden die Darstellung, man wäre eine solche wissenschaftliche Persönlichkeit oder wie bei Kemelgor und Etzkowitz (2001, 243) zu lesen ist: „Many older male colleagues view pregnancy as a sign that a woman scientist is not serious about her work." Die Frage, ob Frauen im Vergleich zu den Männern eine erfolgreiche Darstellung der wissenschaftlichen Persönlichkeit weniger gut gelingt bzw. ihnen die diesbezügliche Anerkennung verweigert wird oder aber ein solches Bild der wissenschaftlichen Persönlichkeit stärker abschreckend auf Frauen wirkt, ist zwar theoretisch und empirisch interessant, der Effekt allerdings ist in allen Fällen der gleiche: eine Abnahme des Frauenanteils im Laufe der wissenschaftlichen Karrierestufen.

Neben den Arbeitsstrukturen und der Konstruktion der wissenschaftlichen Persönlichkeit werden in der Literatur auch Faktoren für die Abnahme des

---

[110] Hierbei stehen keine wissenschaftlich inhaltlichen Kompetenzen im Vordergrund, sondern einerseits sogenannte Soft Skills, wie erfolgreiches Kommunikationsverhalten, Networking oder Führungskompetenzen, andererseits aber stärker wissenschaftlich strategische Kompetenzen, wie Publikations- und Drittmittelstrategien.

Anteils der Frauen im Laufe der wissenschaftlichen Karriere diskutiert, die sich auf geschlechtsspezifische Unterschiede in den wissenschaftlichen Leistungsprofilen beziehen. So zeigen verschiedene Studien, dass zumindest in der Vergangenheit die Produktivität, gemessen an Publikationen, zwischen Männern und Frauen unterschiedlich ausfallen konnte. Im Hinblick auf Unterschiede bei der Produktivität der Geschlechter wurde sowohl für die USA (Long und Fox 1995; Zuckerman et al. 1991) als auch für Deutschland (Joas und Bochow 1987, 98ff., 142ff.) eine geringere Produktivität bei Frauen festgestellt. Erklärungsfaktoren sind familiäre Verpflichtungen, schlechtere strukturelle Positionen und Ausstattungsressourcen, aber auch mangelnde unterstützende Netzwerkeinbindungen (Fox 2005; Xie und Shauman 1998; Leahey 2007). Neuere Studien zeigen, dass sich die auf Publikationen bezogene Produktivität von Frauen und Männern fast nicht mehr unterscheidet und nur noch in wenigen Fächern eine leicht niedrigere Produktivität der Frauen vorhanden ist (vgl. die Diskussion in Engels et al. 2015, 195).

Als weiterer Faktor kommt hinzu, dass auch im Hinblick auf frühe Selektionsentscheidungen in der wissenschaftlichen Karriere Frauen scheinbar Nachteile haben. So ist bekannt, dass für den Eintritt in die wissenschaftliche Laufbahn an Hochschulen bzw. für den Beginn einer Promotion persönliche Kontakte zu einem Professor bzw. einer Professorin besonders in Deutschland relevant sind. Dies liegt, wie oben gezeigt (vgl. Kapitel 3.4.2), daran, dass die Promotionsphase in Deutschland nach wie vor eher unstrukturiert ist und häufig ein Professor oder eine Professorin allein entscheidet, ob er oder sie ein Promotionsthema annimmt bzw. eine Beschäftigung anbietet. Gleichzeitig gibt es Hinweise darauf, dass Männer häufiger von Professoren und Professorinnen aufgefordert werden, eine Promotion zu beginnen bzw. sich auf eine offene Stelle zu bewerben (Joas und Bochow 1987, 83ff.; Berning und Falk 2006, 47ff.;146 ff.).

Deutlich sollte sein, dass es hier keine einfachen Erklärungen und auch keine einfachen Rezepte gibt, was sich auch daran zeigt, dass trotz umfassender Frauenförderungsprogramme die bisherigen Erfolge durchaus überschaubar geblieben sind. Hierbei zeigt die Forschung, dass zumindest momentan insbesondere die lange Phase zwischen dem Studienabschluss und dem Erreichen einer Juniorprofessur bzw. dem Abschluss einer Habilitation besonders kritisch im Hinblick auf die Steigerung des Frauenanteils ist. Sobald die Hürde der Qualifikation für eine Vollprofessur von den Frauen genommen worden ist, haben sie allen vorhandenen Studien zufolge im Vergleich zu den Männern keine schlechteren Aussichten einen Ruf auf eine Professur zu erhalten (zum Beispiel Lutter und Schröder 2014; Jungbauer-Gans und Gross 2013; Plümper und Schimmelpfennig 2007).

Es scheint sogar Fächer zu geben, in denen die Wahrscheinlichkeit für einen Ruf für Frauen deutlich höher ist als für Männer. So weisen sowohl Jungbauer-Gans und Gross (2013) als auch Lutter und Schröder (2014) für die Soziologie nach, dass bei sonst gleichen Leistungen Frauen eher eine Chance haben, auf eine Professur berufen zu werden. Jungbauer-Gans und Gross (2013) führen dies darauf zurück, dass in der Soziologie in den letzten Jahrzehnten überproportional Lehrstühle mit einem Genderbezug geschaffen und diese Lehrstühle vor allem von Frauen besetzt wurden. Die Erklärung für die besseren Berufungschancen der Frauen würde hier also in unterschiedlichen wissenschaftlichen Spezialisierungsstrategien liegen. Allerdings weisen Lutter und Schröder (2014) nach, dass der Aufbau von Genderlehrstühlen nur einen Teil der besseren Berufungschancen der Frauen in der Soziologie erklärt. Wie sich die Berufungschancen der Frauen in anderen Fächern, insbesondere bei der Kontrolle der Produktivität und anderen relevanten Faktoren darstellen, ist allerdings bislang wenig systematisch untersucht worden.

Nach dem wir uns bisher vor allem mit dem Frauenanteil in der Wissenschaft in Deutschland insgesamt beschäftigt haben, wollen wir im Folgenden zudem eine Vergleichsperspektive auf zwei Ebenen einnehmen. Hierbei handelt es sich einerseits um eine nationale Vergleichsebene, die zwischen Hochschultypen und Fächern unterscheidet. Andererseits berücksichtigen wir die internationale Vergleichsebene, die die Frauenanteile in verschiedenen europäischen Ländern vergleicht. Wir konzentrieren uns hierbei jeweils auf den Endpunkt der wissenschaftlichen Karriere, d.h., wir vergleichen den Frauenanteil bei den Professuren.

Zunächst zur nationalen Vergleichsperspektive. Wichtig ist hier, dass der Anteil der Professorinnen sowohl hinsichtlich der unterschiedlichen Hochschultypen als auch der Fachrichtungen stark variiert. Aufgrund der oben beschriebenen unterschiedlichen Verteilung der Männer und Frauen auf die Hochschultypen und Studienfächer ist dies auch kaum überraschend.[111] Abbildung 33 zeigt zunächst den Anteil der Professorinnen in verschiedenen Hochschultypen.

---

[111] Es gibt auch erhebliche Unterschiede des Anteils weiblicher Professoren zwischen den Bundesländern. So liegt der Anteil 2013 zum Beispiel in Berlin bei 31 Prozent, in Hamburg bei 27 Prozent und in Niedersachsen bei 25 Prozent. In Bayern, Thüringen, Schleswig-Holstein und Mecklenburg-Vorpommern findet sich hingegen nur ein Anteil von 17 Prozent (Statistisches Bundesamt 2014b, eigene Berechnungen).

Abbildung 33:   *Anteil Professorinnen in verschiedenen Hochschultypen 2013*

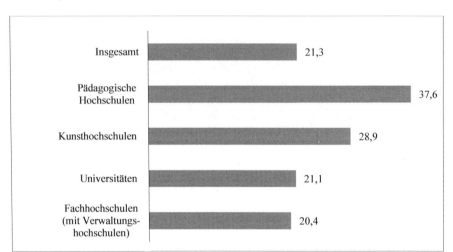

Angaben in Prozent; Quelle: Statistisches Bundesamt: Personal an Hochschulen 2013, eigene
Berechnungen, eigene Darstellung

Deutlich wird hierbei, dass der Anteil an Professorinnen insbesondere in den
Pädagogischen Hochschulen mit 37,6 Prozent deutlich höher liegt als in den
Universitäten und den Fachhochschulen. Allerdings ist auch für die Pädagogischen Hochschulen immer noch zu konstatieren, dass der Anteil der Frauen
gemessen an deren Anteil an den Studierenden auf eine unzureichende Integration hindeutet. Etwas überraschend ist hier allerdings, dass sich der seit Jahrzehnten höhere Anteil der weiblichen Studierenden an Universitäten im Vergleich zu
den Fachhochschulen (siehe Abbildung 28) kaum auf den Anteil der Professorinnen ausgewirkt hat. Vielmehr finden wir kaum Unterschiede zwischen
Universitäten und Fachhochschulen.

In Abbildung 34 wird zudem deutlich, dass nicht nur der Anteil der Professorinnen zwischen den Hochschultypen deutlich schwankt, sondern auch zwischen den Fächergruppen und einzelnen Fächern.

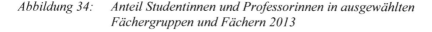

Abbildung 34:   *Anteil Studentinnen und Professorinnen in ausgewählten Fächergruppen und Fächern 2013*

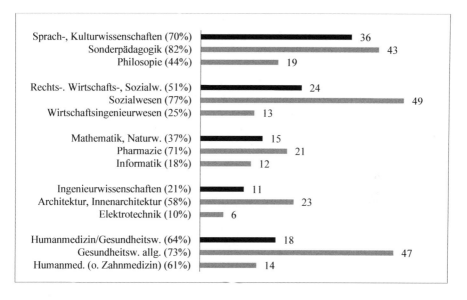

Angaben in Prozent; Zahlen in Klammern nach den Fächergruppen bzw. Fächern geben den Anteil an weiblichen Studierenden im Wintersemester 2012/2013 an; Quelle: Statistisches Bundesamt: Personal an Hochschulen 2013; Statistisches Bundesamt: Studierende an Hochschulen. Wintersemester 2012/2013, eigene Berechnungen, eigene Darstellung

Hierbei sind wiederum jeweils ausgewählte Fächergruppen dargestellt und die Fächer, in denen die Studentinnen jeweils den höchsten und niedrigsten Anteil in den Fächergruppen aufweisen (vgl. hierzu Abbildung 30). In Bezug auf die Fächergruppen finden wir den höchsten Anteil an Professorinnen mit 36 Prozent in den Sprach- und Kulturwissenschaften, während der Anteil in der Fächergruppe der Ingenieurwissenschaften mit 11 Prozent am niedrigsten ist. Wie bereits beim Anteil der Studentinnen finden wir allerdings auch beim Anteil der Professorinnen erhebliche Unterschiede bei den einzelnen Fächern einer Fächergruppe. So ist der Anteil der Professorinnen in dem Studienfach Sozialwesen mit 49 Prozent besonders hoch, während er in den Wirtschaftsingenieurwissenschaften mit Schwerpunkt Wirtschaft mit 13 Prozent deutlich niedriger liegt. Auch in den anderen Fächergruppen finden wir erhebliche Unterschiede zwischen den Fächern.

Interessant ist dabei die Frage, ob der Anteil der weiblichen Studierenden in Bezug auf die Fächergruppen und Fächer als Voraussageindikator für den Anteil der weiblichen Professoren geeignet ist. Der Anteil der weiblichen Studierenden im Wintersemester 2012/2013 ist auch jeweils in Klammern nach dem Namen der Fächergruppe bzw. dem Fach in Abbildung 34 aufgeführt. Ein solcher Vergleich ist insofern problematisch, weil der Anteil der aktuellen Professorinnen und der Anteil der aktuellen Studierenden nicht direkt verbunden sind. Vielmehr müsste man für eine direkte Verbindung einerseits die Studierendenanteile vor 15-30 Jahren mit den Professorinnenanteilen vergleichen bzw. die aktuellen Studierendenanteile mit den Professorinnenanteilen in 15 bis 30 Jahren. Für eine erste Annäherung des Verhältnisses zwischen Professorinnen und weiblichen Studierenden greifen wir dennoch auf diese vereinfachte Darstellung zurück.

Insgesamt zeigt sich dabei, dass ein hoher Anteil von weiblichen Studierenden in der Regel sowohl über die Fächergruppen als auch innerhalb der Fächergruppen mit einem höheren Anteil an weiblichen Professoren einhergeht. In Bezug auf Fächer gibt es hier allerdings zwei relativ offensichtliche Ausreißer: die Humanmedizin und die Pharmazie. Um dies zu verdeutlichen, kann der Anteil der Professorinnen durch den Anteil der Studierenden dividiert werden. Bei dieser Berechnung würde bei einer exakten Entsprechung der Anteile ein Wert von 1 erreicht. Je größer die Differenz zwischen dem Anteil der Professorinnen und den weiblichen Studierenden ist, umso stärker nähert sich dieser Wert der Null. Bei einer solchen Berechnung erhalten wir für die Humanmedizin den Wert 0,23, für die Gesundheitswissenschaften hingegen einen Wert von 0,64. Ein ähnliches Bild ergibt sich bei einem Vergleich der Werte zwischen den Pharmazie (0,30) und der Informatik (0,68). Dies deutet darauf hin, dass zum Beispiel bei den Karrierestrukturen in der Humanmedizin und der Pharmazie, wo die Differenz zwischen dem Anteil der weiblichen Studierenden und dem Anteil der weiblichen Professoren mit weitem Abstand am größten ist, größere Hürden für Frauen vorhanden sein könnten.

Andererseits wird auch deutlich, dass, obwohl die Anteile der Professorinnen insgesamt in der Informatik aber auch in der Elektrotechnik sehr niedrig sind, die Relation zwischen weiblichen Studierenden und weiblichen Professoren teilweise deutlich besser sind als im Vergleich zu Fächern, die einen sehr hohen Anteil an Professorinnen aufweisen (Informatik 0,68; Elektrotechnik 0,57; Sonderpädagogik 0,53; Architektur, Innenarchitektur 0,38). Ersichtlich wird dann erstens, dass die unterschiedlichen Anteile der Professorinnen teilweise auf die unterschiedlichen Studienfachentscheidungen der Männer und Frauen zurückgeführt werden können. Zweitens gibt es deutliche Hinweise darauf, dass fachinterne Karriere- und Arbeitsstrukturen sowie Fachkulturen einen erheblichen Einfluss auf den Anteil der weiblichen Professoren zu haben scheinen. Vergleichen wir noch kurz die Anteil der Professorinnen in Deutschland mit dem Anteil in anderen Ländern. Hierfür greifen wir auf Daten der EU zurück und betrachten die Anteile der Frauen an sogenannten Grade A-Positionen. Dies ist die „single highest grade/post at which research is normally conducted" (European Commission 2013, 87). Für Deutschland wird diese Kategorie durch die C4- bzw. W3-Professuren gebildet. Wir vergleichen also bei der folgenden internationalen Betrachtung nicht mehr den Anteil der Professorinnen insgesamt, sondern nur den Anteil der Professorinnen in der C4- bzw. W3-Kategorie. Aufgrund der sehr unterschiedlichen Strukturen des wissenschaftlichen Personals auf der Professorenebene in den einzelnen Ländern ist ein solcher Vergleich über die höchste Position am eindeutigsten, zumal die Kategorie der Grade B-Positionen für Deutschland nicht nur Professorinnen (C3 bzw. W2) umfasst, sondern auch Assistentinnen (vgl. European Commission 2013, 140).

Abbildung 35 macht zunächst darauf aufmerksam, dass im Vergleich zum Anteil der Frauen an der Gesamtbevölkerung keines der aufgeführten Länder einen entsprechenden Frauenanteil bei den höchsten wissenschaftlichen Positionen besitzt. Den höchsten Wert erreicht noch Rumänien mit 36 Prozent.[112] Alle anderen Länder weisen Frauenanteile von weniger als 27 Prozent auf. Im Jahre 2010 erreichte Deutschland einen Wert von 15 Prozent, was sogar deutlich unter dem Schnitt der EU-27 Länder (20 Prozent) liegt. Insgesamt ist also zu konstatieren, dass im Jahr 2010 kein europäisches Land eine auch nur annähernd vollständige Integration der Frauen vorweisen kann. Werden allerdings die Werte von 2010 mit denen von 2002 verglichen, wird auch deutlich, dass der Anteil der Frauen an den Grade A-Positionen in allen Ländern angestiegen ist. Deutschland hat so den Anteil der Frauen im Laufe von acht Jahren fast verdoppelt, die Schweiz hat ihn sogar mehr als verdoppelt.

---

[112] Dass gerade Rumänien den höchsten Wert in der EU erreicht, dürfte allerdings auch damit zusammenhängen, dass einerseits die Verdienstchancen und andererseits der Status einer wissenschaftlichen Tätigkeit als geringer einzuschätzen ist als zum Beispiel in Deutschland oder der Schweiz. Trifft dies zu, dann ist der Erfolg der Frauen eher auf eine „Flucht" der Männer aus der Wissenschaft zurückzuführen.

Abbildung 35:   *Anteil Professorinnen Grade A-Positionen in ausgewählten*
                 Ländern 2010 vs. 2002

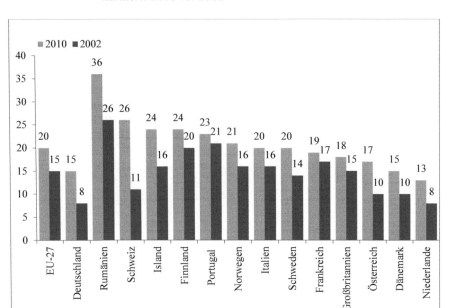

Angaben in Prozent; Quelle: European Commission (2013, 91), eigene Darstellung

Trotz der Entwicklungen kann aber konstatiert werden, dass scheinbar alle europäischen Hochschulsysteme erhebliche Probleme haben, den Frauenanteil in den Spitzenpositionen an den Hochschulen auch nur annäherungsweise an den Anteil der Frauen in der Gesamtbevölkerung anzugleichen. Hierbei zeigt sich auch für den EU-Raum, dass der Anteil der Frauen im Laufe der wissenschaftlichen Karriere bei jedem Schritt weiter abnimmt – die oben für Deutschland gezeigten generellen Sachverhalte finden sich also auch in anderen europäischen Ländern (European Commission 2013, 88). Auch die weiter oben für Deutschland beschriebenen Verteilungen im Hinblick auf die Fächer erweisen sich als stabil: Frauen besetzen in den Naturwissenschaften und Ingenieurwissenschaften deutlich weniger Grade A-Positionen als in den Sozial- und Geisteswissenschaften (European Commission 2013, 93).

Die Daten zu den Grade A-Positionen machen auch darauf aufmerksam, dass die Unterschiede zwischen den Ländern nicht auf die in Kapitel 3.4.2 kurz beschriebenen unterschiedlichen Karrieresysteme zurückzuführen sind. So liegt der Anteil der Frauen in den Habilitationssystemen der Schweiz und Deutschlands über dem Anteil der Niederlande mit einem Tenure-track-System. Der Anteil in der Schweiz ist zudem höher als in Großbritannien, welches ebenfalls ein Tenure-track-System aufweist. Auch wenn die Positionen unterhalb von Grade A zwischen den Ländern mit einem Habilitationssystem und einem Tenure-track-System verglichen werden, ergibt sich kein eindeutiges Bild (European Commission 2013, 90). Der internationale Vergleich weist deshalb zudem daraufhin, dass nicht nur spezifische Arbeits- und Karrierestrukturen der einzelnen Länder Effekte auf den Anteil der Frauen in den höchsten Positionen haben, sondern auch übergreifende Faktoren, die im Wissenschaftssystem über nationale Systeme hinweg wirksam sind. Hier ist zum Beispiel an die oben beschriebene Konstruktion der wissenschaftlichen Persönlichkeit zu denken.

3.4.4.1.3 Verwaltungspersonal

Wie in Kapitel 3.4.3 gezeigt, ist das administrative Hochschulmanagement eine qualitativ und quantitativ wichtige Personengruppe in Hochschulen. Fragen der sozialen Ungleichheit, wie wir sie in diesem Unterkapitel behandeln, sind deshalb auch hinsichtlich dieser Personengruppe von Interesse.

Der Forschungsstand ist hier sehr uneinheitlich: Während die soziale Herkunft bislang noch unerforscht ist, gibt es interessante Befunde zu geschlechtsspezifischen Differenzen. Dabei stellt sich vor allem die Frage, ob die zuvor für den Bereich des wissenschaftlichen Personals dargestellten Ergebnisse – zunehmende Inklusion von Frauen bei Fortbestehen sozialer Ungleichheiten auf der Ebene von Spitzenpositionen – auch für den Bereich des Verwaltungspersonals gelten. Stellt das administrative Hochschulmanagement einen alternativen Karrierepfad innerhalb von Hochschulen dar, der es Frauen in besonderer Weise ermöglicht, an die Spitze zu gelangen? Um dies zu beantworten, beschäftigen wir uns zunächst mit der Entwicklung des Verwaltungspersonals im höheren Dienst, das gegenüber dem einfachen, mittleren und gehobenen Dienst die höchste Laufbahngruppe in der öffentlichen Verwaltung darstellt. Hieran anschließend wird die administrative Spitzenposition „Kanzler/Kanzlerin" genauer untersucht.

Generell lässt sich zunächst feststellen, dass in den letzten Jahren ein überproportionales Wachstum des nicht-wissenschaftlichen Personals im höheren Dienst stattgefunden hat (vgl. hierzu auch Blümel et al. 2010b). So stieg zum Beispiel die Anzahl der hauptberuflich Beschäftigten im höheren Dienst im Bereich der Verwaltung (ohne medizinische Einrichtungen) von 4.007 im Jahr 2000 auf 10.488 im Jahr 2012. Wir sehen hier also mehr als eine Verdopplung innerhalb von 12 Jahren. Da, wie in Kapitel 3.4.3 dargestellt, die Anzahl der nicht-wissenschaftlichen Beschäftigten im gleichen Zeitraum aber nur moderat angestiegen ist, wird hier nochmals der bereits beschriebene veränderte Qualifikationshintergrund des nicht-wissenschaftlichen Personals an den Hochschulen deutlich.

Abbildung 36:   *Frauenanteil beim hauptberuflich nicht-wissenschaftlichen Personal im höheren Dienst von 2000 bis 2013 *

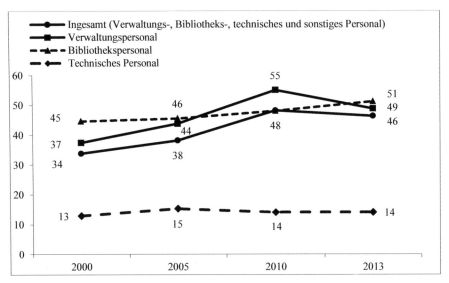

Angaben in Prozent; *ohne Fächergruppe Medizin und Zentrale Einrichtungen der Hochschulkliniken; Quelle: Verschiedene Jahrgänge von Statistisches Bundesamt: Personal an Hochschulen, eigene Berechnungen, eigene Darstellung

Von dieser Qualifikationsverschiebung haben dabei insbesondere die Frauen profitiert, was Abbildung 36 zeigt. So ist der Anteil der Frauen in der Gruppe der hauptberuflich nicht-wissenschaftlichen Beschäftigten im höheren Dienst von 2000 bis 2012 von 34 Prozent auf 46 Prozent angestiegen. Ähnliche Entwicklungen sind auch in den Unterkategorien des Verwaltungspersonals (37 vs. 49 Prozent) und des Bibliothekspersonals (45 vs. 51 Prozent) zu verzeichnen. Einzige Ausnahme bilden die Beschäftigen des höheren Dienstes in der Gruppe des technischen Personals. Hier bleibt der Anteil der Frauen im Zeitverlauf konstant niedrig und lag auch 2012 bei nur 14 Prozent. Im Hinblick auf den Aufstieg von Frauen in leitende Positionen des administrativen Hochschulmanagements lässt sich damit insgesamt dennoch eine deutliche Feminisierung aufzeigen. Hier finden wir also einen Abbau von sozialen Ungleichheiten zwischen Männern und Frauen.[113]

Dennoch sollten diese grundsätzlich positiven Befunde nicht überinterpretiert werden. Wie bereits in Kapitel 3.4.3 dargestellt, verfügen die administrativen Hochschulmanagerinnen und -manager in der Expertenorganisation „Hochschule" in Deutschland nur über sehr eingeschränkte Entscheidungsbefugnisse, und vor allem gegenüber der Professorenschaft ist der Status eher niedrig. Zugespitzt und bewusst nicht geschlechtsneutral ausgedrückt: Welcher statusbewusste Professor wird sich von einer Qualitätsmanagerin von der Notwendigkeit moderner Lehr-/Lernformen oder auch nur einer angemessenen Dokumentation von Forschungsleistungen überzeugen oder hierzu gar verpflichten lassen? Mit dieser Statusdifferenz korrespondiert eine eher als unterstützend-dienstleistend beschriebene Selbstwahrnehmung der im administrativen Hochschulmanagement Tätigen, und insbesondere Soft Skills wie Networking und Kommunikation werden als besonders relevant erachtet (vgl. zum Beispiel Kloke 2014, 221ff.). Hierin scheinen sich nicht unproblematische geschlechtsspezifische Muster und Stereotype auszudrücken, die die auf den ersten Blick ausgesprochen erfolgreiche Feminisierung höherer Verwaltungspositionen erheblich relativiert.

Betrachten wir noch die Entwicklung der Kanzlerposition an deutschen Hochschulen aus einer nach Männern und Frauen differenzierten Perspektive. Bei den Kanzlerinnen und Kanzlern lässt sich im Zeitraum von 1996 bis 2013 ein Anstieg des Anteils der Frauen von 10 Prozent auf 29 Prozent feststellen (Gemeinsame Wissenschaftskonferenz GWK 2014, 27). Damit ist der Anteil der Kanzlerinnen fast doppelt so hoch wie der Anteil der Präsidentinnen und Rektorinnen, da dieser 2013 bei lediglich 15 Prozent lag (Gemeinsame Wissenschaftskonferenz GWK 2014, 27).

Auf Basis von zwei Befragungen an Hochschulen aus den Jahren 2008 und 2015 können wir hierbei auch den Anteil der Kanzlerinnen in Bezug auf den Hochschultyp, die Trägerschaft und die Größe der Hochschulen betrachten (vgl. für die Befragung von 2008 Blümel et al. 2010a; für die Befragung 2015 Blümel und Hüther 2015).

---

[113] Auffallend ist zudem, dass die sehr hohen Anteile der Frauen bei den hauptberuflich Beschäftigten in den niedrigeren Dienstgruppen (einfacher bis gehobener Dienst) im Verwaltungs- und Bibliotheksbereich relativ konstant bleiben (Verwaltung 2000: 82 Prozent vs. 2012 84 Prozent; Bibliothek 2000: 78 Prozent vs. 2012 78 Prozent). Lediglich der Bereich des technischen Personals zeigt eine andere Tendenz, weil hier der Anteil der Frauen von 42 Prozent auf 34 Prozent absinkt. Auch dies spricht in Verbindung mit den erhöhten Anteilen der Frauen im höheren Dienst für eine deutliche Feminisierung des nicht-wissenschaftlichen Bereichs an den Hochschulen.

Abbildung 37 zeigt zunächst die Anteile der Kanzlerinnen in staatlichen Universitäten und Fachhochschulen bzw. in privaten Hochschulen (Universitäten und Fachhochschulen). Hierbei wird sichtbar, dass an den staatlichen Hochschulen der Anteil der Kanzlerinnen in den letzten Jahren sprunghaft angestiegen ist. Zudem ist aber auch anzumerken, dass der Anteil der Kanzlerinnen in den meist kleineren und reputationsschwächeren Fachhochschulen über dem Anteil der Kanzlerinnen an den staatlichen Universitäten liegt.

Abbildung 37:   Anteil Kanzlerinnnen nach Hochschultyp und Trägerschaft 2008 vs. 2015

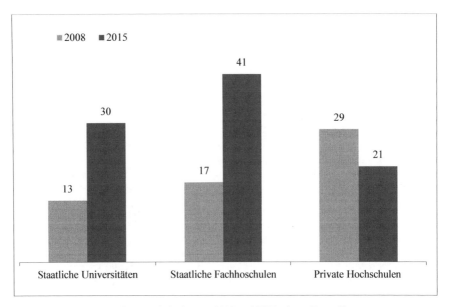

Angaben in Prozent; Quelle: Kanzlerbefragung 2008 und 2015, eigene Darstellung

Im Hinblick auf die privaten Hochschulen finden wir hingegen eine Abnahme des Anteils der Kanzlerinnen zwischen 2008 und 2015. Dies könnte auch daran liegen, dass bei den privaten Hochschulen seit 2008 eine deutlich stärkere Gründungsdynamik zu beobachten war. Die Zusammensetzung der Gruppe der privaten Hochschulen hat sich also im Gegensatz zu den staatlichen Hochschulen im Zeitraum zwischen 2008 und 2015 relativ stark verändert, was die Vergleichbarkeit der Daten einschränkt.[114]

Wird der Anteil der Kanzlerinnen in Bezug zur Größe der Hochschule (hier gemessen an der Anzahl der Studierenden) betrachtet, ergeben sich weitere interessante Einsichten (Abbildung 38).

Abbildung 38:   *Anteil Kanzlerinnnen nach Studierendenzahl der Hochschule 2008 vs. 2015*

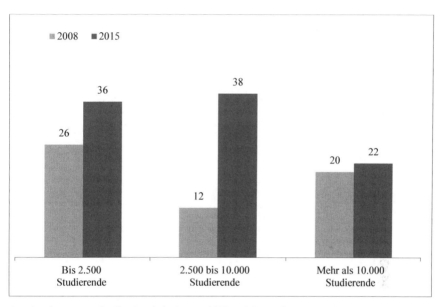

Angaben in Prozent; Quelle: Kanzlerbefragung 2008 und 2015, eigene Darstellung

Deutlich wird hier, dass der Anstieg des Anteils der Kanzlerinnen fast ausschließlich bei Hochschulen zu finden ist, die weniger als 10.000 Studierende aufweisen. Insbesondere der Anstieg bei den mittelgroßen Hochschulen (2.500 bis 10.000 Studierende) ist dabei von besonderer Bedeutung für den Anstieg des Anteils der Kanzlerinnen insgesamt. Hingegen ist der Anteil der Kanzlerinnen bei den großen Hochschulen seit 2008 kaum gestiegen.

---

[114] So hat sich die Anzahl der privaten Hochschulen (mit den kirchlichen Hochschulen) vom Wintersemester 2006/2007 von 115 auf 152 im Wintersemester 2013/2014 erhöht (vgl. BMBF 2014e).

Die Ergebnisse zeigen also recht deutlich, dass Fragen des organisationalen Status und der Größe der Hochschule eine Rolle bei der Besetzung der Kanzlerposition spielen. Dies zeigt sich an den geringeren Frauenanteilen bei den Kanzlern an Universitäten und den großen Hochschulen.

Die Ergebnisse dieses Abschnitts zusammenfassend kann folgendes festgehalten werden: Es besteht noch eine Lücke zwischen dem deutlichen Anstieg von Frauen im Bereich des hochqualifizierten Personals im administrativen Hochschulmanagement und der Spitzenposition in der Hochschulverwaltung. Insbesondere an großen staatlichen Universitäten ist die Funktion der Leitung der Hochschulverwaltung weitestgehend noch eine Domäne von Männern. Allerdings zeigt der Vergleich zwischen 2008 und 2015, dass die Frauen ihre Position insbesondere in den kleineren und mittelgroßen Hochschulen deutlich ausgebaut haben. Insofern wäre die Erwartung nicht unberechtigt, dass im Zeitverlauf diese Entwicklung auch in den großen Hochschulen eine Fortsetzung findet. Diese Erwartung kann dadurch begründet werden, dass die Feminisierung von statushohen Berufen typischerweise so erfolgt, dass die Spitzenposition in statushohen und/oder großen Organisationen im Zeitverlauf langsamer eingenommen wird als die Spitzenposition in statusniedrigeren und/oder kleineren Organisationen.

3.4.4.2 Soziale Herkunft

Auch die Chancengleichheit in Bezug auf die soziale Herkunft bildet einen wichtigen Gegenstandsbereich der Hochschulforschung. Allerdings finden sich hierzu im Gegensatz zur Situation der Frauen keine amtlichen Statistiken. Dies liegt daran, dass die soziale Herkunft nicht zu den von den Hochschulen erhobenen Strukturdaten zählt und deren Erfassung im Gegensatz zum Geschlecht auch mit weit höheren Unsicherheiten belastet wäre. Daraus ergibt sich, dass wir bei den folgenden Betrachtungen vor allem auf sozialwissenschaftliche Befragungsdaten zurückgreifen müssen. Neben den Rücklaufquoten und den damit verbundenen Problemen systematischer Ausfälle besteht dabei zusätzlich das Problem, dass die soziale Herkunft anhand unterschiedlicher Indikatoren gemessen bzw. ausgewiesen wird.

Die soziale Herkunft kann so zunächst anhand des Bildungs- und/oder Berufsstatus beider Eltern gemessen werden, wobei meist der höchste Bildungsstatus und/oder Berufsstatus eines Elternteils verwendet wird. Zum Teil wird die soziale Herkunft allerdings lediglich über den Bildungs- und/oder Berufsstatus des Vaters gemessen. Hinzu kommt, dass der Zeitpunkt der relevanten Messung zum Teil unterschiedlich ist. Da sowohl der Berufs- als auch der Bildungsstatus der Eltern sich im Zeitverlauf ändern können, wird in einigen Studien nach dem Status zum Zeitpunkt gefragt, als das Kind 15 Jahre alt war. Wie soziale Herkunft demnach gemessen wird, ist deshalb recht unterschiedlich. Hinzu kommt, dass die Studien zuweilen ihre Messungen verändern und damit langfristige Vergleiche problematisch werden (so zum Beispiel in der letzten Befragung der Sozialerhebung des Studierendenwerkes, vgl. Middendorff et al. 2013, 12f.)

Dies alles wirkt sich auch auf die folgende Darstellung aus, weil wir auf unterschiedliche Studien zurückgreifen müssen und im Gegensatz zu anderen Betrachtungen weniger aktuelles Datenmaterial zur Verfügung steht. Allerdings sind die Strukturen der Chancengleichheit in Bezug auf die soziale Herkunft relativ eindeutig, so dass insgesamt in allen Studien ähnliche Ergebnisse und Sachverhalte aufgezeigt werden. Wir werden auch hier zunächst auf die Chancengleichheit bei den Studierenden eingehen, um dann zu den Wissenschaftlerinnen und Wissenschaftlern zu kommen. Aufgrund einer mangelhaften Datenbasis verzichten wir allerdings darauf, die Chancengleichheit auch in Bezug auf die soziale Herkunft bei den Verwaltungsangestellten zu behandeln.

3.4.4.2.1 Studierende

Im Hinblick auf die Auswirkungen der sozialen Herkunft auf die Beteiligung an der Hochschulbildung ergeben sich im Gegensatz zum Geschlecht noch erhebliche Effekte bei den Studierenden. Abbildung 39 zeigt die Studienanfängerquoten für Kinder mit unterschiedlichem Berufsstatus des Vaters im Zeitvergleich bis 2007. Deutlich wird dabei, dass der Anteil der Arbeiterkinder, die ein Studium aufnehmen, deutlich unter dem Anteil der Kinder von Angestellten bzw. Beamten bleibt. Zwar zeigt sich im Zeitverlauf nahezu eine Verdopplung der Studienanfängerquote bei den Arbeiterkindern. Bei einer Betrachtung der Prozentzahldifferenz zeigt sich allerdings auch, dass bei den Arbeiterkindern im Zeitraum von 1982 bis 2007 eine Erhöhung um 8 Prozentpunkte einer Erhöhung um 21 Prozentpunkte bei den Beamtenkindern gegenübersteht. Ersichtlich wird hierbei auf jeden Fall, dass der berufliche Status des Vaters immer noch erhebliche Auswirkungen darauf hat, ob der Nachwuchs ein Studium aufnimmt oder nicht.

Abbildung 39:   *Studienanfängerquoten nach beruflichem Status des Vaters von 1982 bis 2007*

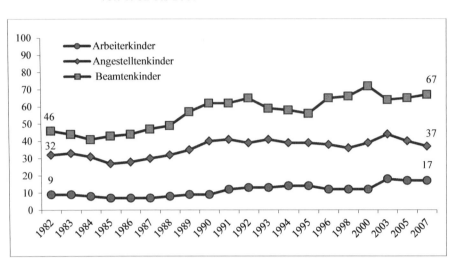

Angaben in Prozent; bis 2003 nur ehemaliges Bundesgebiet und Berlin West; Quelle: Werte bis 2005: GESIS-ZUMA; Werte für 2007: Isserstedt et al. (2010, 101), eigene Darstellung

Aber nicht nur die Frage, ob ein Studium aufgenommen wird, sondern auch, ob an einer Universität oder einer Fachhochschule ein Studium aufgenommen wird, ist von der sozialen Herkunft abhängig. Abbildung 40 zeigt den Anteil derjenigen an Universitäten bzw. Fachhochschulen, bei denen mindestens entweder der Vater oder die Mutter über einen Universitäts- bzw. Fachhochschulabschluss verfügt. Ersichtlich wird dann erstens, dass Studierende, in deren Elternhaus mindestens ein akademischer Abschluss vorhanden ist, viel häufiger an Universitäten studieren als an Fachhochschulen. So lag deren Anteil 2013 an den Universitäten bei 58 Prozent, hingegen bei den Fachhochschulen bei nur 37 Prozent. Zweitens scheinen wir es hier mit einem stabilen Effekt zu tun zu haben, weil in beiden Hochschultypen die Werte von 1995 auf 2013 um jeweils 7 Prozentpunkte steigen und damit die Relationen stabil bleiben.

Abbildung 40:   *Anteile Studierender mit mindestens einem akademischen*
                  Abschluss im Elternhaus an Universitäten und
                  Fachhochschulen von 1995 bis 2013

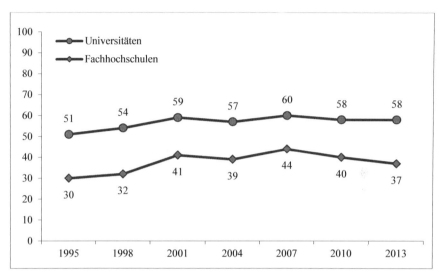

Angaben in Prozent; Quelle: Ramm et al. (2014, 58), eigene Darstellung

Die Unterschiede im Hinblick auf die Studienanfängerquoten, aber auch die Verteilung zwischen den Hochschultypen, entstehen dabei nicht hauptsächlich im Hochschulsystem selbst, sondern die soziale Selektion findet vielmehr vorgelagert im Schulsystem statt.

   Dies wird ersichtlich, wenn die Studienberechtigtenquote der Kinder von Eltern mit unterschiedlichem Bildungsstatus verglichen wird. So besitzen zum Beispiel 2008 nur etwa 35 Prozent der Kinder von Eltern mit maximal einem Hauptschulabschluss eine Studienberechtigung, während es bei Kindern von Eltern mit Hochschulreife fast 70 Prozent sind (vgl. Schindler 2012, 13f.). Hinzu kommt, dass die Art der Studienzugangsberechtigung sich in beiden Gruppen deutlich unterscheidet. Während bei den Kindern mit niedrigem Bildungsstatus der Eltern 2009 nur knapp über 10 Prozent die allgemeine Hochschulzugangsberechtigung erworben haben, sind dies bei den Kindern der Eltern mit hohem Bildungsstatus knapp über 50 Prozent. Hierbei ist bemerkenswert, dass die Verdoppelung der Hochschulzugangsberechtigung der Kinder aus bildungsfernen Elternhäusern zwischen 1976 und 2008 fast ausschließlich auf den Erwerb der Fachhochschulreife bzw. einer berufsbildenden allgemeinen Hochschulreife zurückzuführen ist (vgl. Schindler 2012, 13f.). Dieser Aspekt erklärt dann auch zum Teil die geringere Quote der bildungsfernen Schichten an den Universitäten – der Anteil derjenigen, die eine allgemeine Hochschulreife besitzen und damit die Regelvoraussetzung für ein Universitätsstudium aufweisen, ist geringer.

Auch wenn davon auszugehen ist, dass die soziale Selektion in Deutschland primär im Schulbereich vonstattengeht, gibt es allerdings auch eine Selektion beim Eintritt in das Hochschulsystem. So weist Schindler (2012, 19) auf niedrigere Studienübergangsquoten – also das Verhältnis zwischen denjenigen mit Studienberechtigung und denjenigen, die auch tatsächlich ein Studium aufnehmen – bei den bildungsfernen Schichten hin. Während von den Studienberechtigten, in deren Elternhaus maximal ein Hauptschulabschluss vorhanden war, im Jahre 1976 noch rund 80 Prozent ein Studium begannen, sind dies 2006 nur noch 50 Prozent. Auch die Studienübergangsquoten der bildungsnahen Schichten gehen zwar im Zeitverlauf zurück, aber der Rückgang ist deutlich geringer ausgeprägt (von ca. 90 Prozent in 1976 auf ca. 80 Prozent in 2006).

Der Zusammenhang zwischen sozialer Herkunft und Studienaufnahme wird auch anhand der Befragung der Studienberechtigten von 2012 durch das DZHW deutlich. So haben 80 Prozent der Kinder aus einem Elternhaus mit mindestens einem akademischen Abschluss ein halbes Jahr nach Erwerb der Studienberechtigung ein Studium aufgenommen bzw. planen, ein solches aufzunehmen. Hingegen liegt dieser Anteil bei Kindern aus einem Elternhaus ohne akademischen Abschluss bei 66 Prozent. Zwar verringert sich dieser Abstand von 14 Prozentpunkten auf 11 Prozentpunkte, wenn die maximale Studierquote – also die Quote derjenigen, die irgendwann planen ein Studium aufzunehmen – betrachtet wird, dennoch wird auch hier ersichtlich, dass Studienberechtigte aus bildungsfernen Elternhäusern häufiger kein Studium anstreben (Schneider und Franke 2014, 135). Angehörige bildungsferner Schichten lassen sich demnach häufiger vom Hochschulsystem „ablenken", d.h. sie nehmen vermehrt eine Ausbildung auf und studieren nicht. Anders formuliert:

> „In Deutschland besteht eine klar ausgeprägte dreigestufte Hierarchie zwischen Berufsbildung, Fachhochschulbildung und Universitätsbildung, bei der die besser situierten Herkunftsgruppen den je anspruchsvolleren und kostspieligeren, aber auch ertragreicheren Ausbildungsgang der jeweils weniger vorteilhaften Ausbildung vorziehen." (Müller et al. 2011, 320)

Im Hinblick auf die soziale Herkunft kann deshalb insgesamt konstatiert werden, dass die Bildungsexpansion zwar zur verbesserten Integration bildungsferner sozialer Schichten geführt hat, aber auch – zumindest bisher – „keinen umfassenden Abbau der sozialen Ungleichheiten von Bildungschancen" (Becker 2011, 95, Hervorhebung weggelassen) erbracht hat.

Wie kann man aber diese sozialen Selektionseffekte erklären? Theoretisch wird die geringere Beteiligung bildungsferner Schichten häufig durch primäre und sekundäre Effekte erklärt (Boudon 1974). Primäre Effekte sind schichtspezifische Unterschiede in Erfolgswahrscheinlichkeit und Leistung innerhalb des Bildungssystems. Hierbei wird davon ausgegangen, dass Kinder aus niedrigeren sozialen Schichten weniger erfolgreich sind, weil im Elternhaus bestimmte Fähigkeiten weniger gut vermittelt werden als in Elternhäusern, die einer höheren sozialen Schicht angehören. Zu diesen Fähigkeiten zählen kognitive, sprachliche und soziale Kompetenzen. Diese geringer ausgeprägten Fähigkeiten von Kindern bildungsferner Schichten führen dann zu einer schlechteren Performanz im Bildungssystem. Die primären Effekte wirken deshalb langfristig und erklären die unterschiedliche Performanz der sozialen Schichten im Bildungssystem.

Die sekundären Effekte sind hingegen kurzfristig und entstehen dadurch, dass die Bildungsentscheidungen der Eltern bzw. der jungen Erwachsenen mit dem sozialen Status zusammenhängen und somit die Angehörigen verschiedener gesellschaftlicher Schichten unterschiedliche Bildungsentscheidungen für ihre Kinder bzw. für sich selbst treffen. Diese Bildungsentscheidungen werden dann nicht nur aufgrund der Performanz getroffen, sondern hängen auch davon ab, wie die Kosten und der Nutzen der Bildung eingeschätzt werden. Sowohl in der Einschätzung der Bildungsrendite als auch der Kosten unterscheiden sich die sozialen Schichten aber erheblich, was dann zur Reproduktion sozialer Ungleichheiten führt (zum Beispiel Becker 2011, 112f.). Personen aus bildungsfernen Schichten unterschätzen eher den Nutzen und überschätzen eher die Kosten von Bildung. Hinzu kommt, dass die erwarteten Kosten für höhere Bildung in den unteren Schichten höher sind, weil sie eine größere Distanz zum System der höheren Bildung überwinden müssen. Diese sekundären Effekte führen dann auch bei gleicher Leistungsfähigkeit im Bildungssystem zu unterschiedlichen Bildungsentscheidungen in den sozialen Schichten. Die soziale Ungleichheit im Bildungssystem entsteht so aus den langfristigen primären und den kurzfristigen sekundären Effekten.

Hierbei ist davon auszugehen, dass im Bildungsverlauf der Einfluss der primären Effekte abnimmt und die sekundären Effekte zunehmen. Insbesondere bei der Frage, ob ein Hochschulstudium aufgenommen wird, ist dies als relevant anzusehen. Aufgrund der vorherigen Selektionen im Bildungssystem sind die primären Effekte der Schichtzughörigkeit relativ gering ausgeprägt, weil nur die besonders Leistungsstarken der bildungsfernen Schichten die bisherigen Selektionen „überlebt" haben. Hingegen sind die sekundären Effekte noch wirksam. So sind es insbesondere die wahrgenommenen hohen Kosten- und geringe Statuserhaltungsmotive, die erklären, warum Studienberechtigte aus niedrigeren sozialen Schichten auf ein Studium verzichten (Müller et al. 2011, 322).[115] Diese Effekte erklären gleichfalls, warum sich die unterschiedlichen Bildungsentscheidungen der sozialen Schichten auch beim Übergang vom Bachelor- zum Master-Studium wieder zeigen. So strebten von den Bachelor-Absolventen des Prüfungsjahrgangs 2009 aus einem Elternhaus mit mindestens einem akademischen Abschluss 66 Prozent einen Master-Abschluss an, aber nur 58 Prozent der Absolventen mit einem Elternhaus ohne akademischen Abschluss (Rehn et al. 2011, 162).[116] Auch bei der mit dem Bachelor-Master-System neu eingeführten weiteren Selektion zeigen sich demnach Effekte der sozialen Herkunft (Lörz et al. 2015). Es kann festgehalten werden, dass

> „für Personen aus akademischen Elternhäusern der direkte Zugang zum Studium ohne Berufsausbildung und die akademische Qualifizierung in einem Masterstudium ein selbstverständlicheres Bildungsziel [ist] als für Bachelorabsolvent(inn)en ohne akademischen Hintergrund" (Rehn et al. 2011, 171).

Die beschriebenen primären und sekundären Effekte dürften dabei – zumindest in modernen Gesellschaften – universell sein. Um zu erklären, warum dennoch andere Länder bessere Erfolge bei der Integration von sozial benachteiligten Bevölkerungsschichten erzielen, sind die Einflüsse des institutionellen Settings der jeweiligen Bildungssysteme zu beachten. In der Literatur wird insbesondere auf zwei institutionelle Settings in Deutschland hingewiesen, die eine bessere Integration bildungsferner Schichten erschweren (Müller und Pollak 2007). Zum einen spielt die frühe und häufige Selektion im Schulsystem eine erhebliche Rolle. Mit jeder Bildungsentscheidung werden die oben beschriebenen sekundären Effekte wirksam. Bis zum Eintritt in das Hochschulsystem gibt es in Deutschland mehrere mehr oder weniger deutliche bzw. bewusste Selektionsentscheidungen, die jeweils zu einem Dropout, also einem Verlassen des Systems, bildungsferner Kinder führen können. Hinzu kommt, dass die erste Selektion im internationalen Vergleich relativ früh erfolgt und eine wichtige Weichenstellung

---

[115] Zu Recht vermuten Becker und Hecken (2007, 113), dass die Einführung von Studiengebühren aufgrund antizipierter höherer Kosten die soziale Selektivität erhöht. Zudem vermuten wir, dass einer impliziten und expliziten Kostenkalkulation, die für Angehörige aller gesellschaftlichen Schichten gilt, unterschiedliche Risikoorientierungen zugrunde liegen: Angehörige höherer Schichten werden das Risiko „kostenpflichtiges Studium" vermutlich eher aufnehmen als Angehörige niedriger Schichten, auch wenn der zu erwartende „return on investment" eines Studiums, also die tatsächliche Kosten/Nutzen-Bilanz, statistisch betrachtet auch für Letztgenannte insgesamt positiv sein sollte.
[116] Zum Einfluss des höchsten beruflichen Abschlusses der Eltern auf die Wahrscheinlichkeit, nach dem Bachelor-Studium ein weiteres Studium aufzunehmen, vgl. Alesi et al. (2014, 83ff.).

für die weitere Bildungskarrieren darstellt. Gerade bei dieser Selektion dürften sowohl die primären als auch die sekundären Effekte besonders hoch sein. Der zweite institutionelle Faktor ist in dem dualen Ausbildungssystem in Deutschland zu sehen. So bildet eine Berufsausbildung eine Alternative zur Hochschulbildung, die in kürzerer Zeit, bei geringerem Risiko und niedrigeren Kosten eine Fachausbildung ermöglicht. Diese Alternative führt dann zur „Ablenkung" bildungsferner Schichten in Bezug auf den Erwerb der Studienberechtigung bzw. der Studienaufnahme (vgl. zum Beispiel Becker und Hecken 2008; Müller und Pollak 2007).[117]

Der eben vorgestellte Erklärungsansatz setzt insbesondere bei der Erklärung der sekundären Effekte voraus, dass Bildungsentscheidungen auf bewussten und zumindest subjektiv rationalen Entscheidungen basieren. Modelliert werden diese Entscheidungen in der Regel mithilfe der Rational-Choice-Theorie. Eine andere Erklärungsmöglichkeit, die sehr viel stärker auf eingeübte Handlungsmuster, inkorporierte Werte und Normen sowie Sinnstrukturen verweist, ist hingegen die Habitus-/Feldtheorie von Bourdieu (1982). Hier werden die unterschiedlichen Bildungsverläufe nicht als Resultat bewusster Entscheidungen angesehen, sondern als Resultat von mehr oder weniger unbewussten Werten, Normen, Einstellungen und Handlungsmustern, die während der Sozialisation eingeübt werden und die Grundlage des Habitus einer Person sind. Der Habitus ist nach Bourdieu dabei an die soziale Klasse[118] des Individuums gebunden oder anders, je nach sozialer Klassenzugehörigkeit unterscheidet sich der Habitus. Da das Streben nach höherer Bildung in unteren sozialen Klassen im Vergleich zu den höheren sozialen Klassen weniger ein selbstverständlicher Bestandteil des Habitus ist, sind es hier also die Werte, Normen, Einstellungen und Handlungsmuster, die zu unterschiedlichen, in der Regel nicht bewussten Bildungsentscheidungen führen.

So zeigen Ball et al. (2002) in ihrer eng an Bourdieu angelehnten Untersuchung zu hochschulbezogenen Bildungsentscheidungen in Großbritannien mit Hilfe qualitativer und quantitativer Daten, dass individuelle Entscheidungsprozesse so stark von überindividuellen Werten und Normen geprägt sind, dass man

---

[117] Hier zeigt sich zudem eine – noch weitgehend unausgeschöpfte – Nutzen- und Aufklärungsdimension von Absolventenstudien gerade für Angehörige niedriger sozialer Schichten, da, wie zuvor in Kapitel 3.4.1 dargestellt, zumindest für Deutschland konsistent belegt ist, dass sich ein Studium langfristig betrachtet lohnt und etwa das Risiko, von Arbeitslosigkeit betroffen zu sein, deutlicher niedriger liegt als bei Personengruppen, die kein Studium absolviert haben.

[118] Wie bereits in Kapitel 3.1 angemerkt, nutzt Bourdieu in seinen Erklärungen den Klassenbegriff, den wir an dieser Stelle auch übernehmen, während wir ansonsten eher den Begriff der Schicht verwenden.

kaum von bewussten Entscheidungen sprechen kann. Für das Gros der Mittelschichtangehörigen konstatieren sie: „The decision to go to university is a nondecision" (Ball et al. 2002, 57). Zudem werden neu gegründete und statusniedrige Hochschulen von diesem Personenkreis in aller Regel gar nicht erst in Erwägung gezogen. Komplementär hierzu gilt für Angehörige unterer Schichten, dass, sofern überhaupt ein Hochschulstudium aufgenommen wird, statushöhere Hochschulen innerhalb des Gesamtsystems nicht als Teil des zur Verfügung stehenden Entscheidungsraumes wahrgenommen werden.

Derartige Muster setzen sich im Studienverlauf fort. So werden im akademischen Feld vor allem die Werte, Normen, Einstellungen und Handlungsmuster der höheren sozialen Klassen als legitim angesehen. Dies führt dazu, dass die niedrigeren sozialen Klassen eine Anpassung ihres Habitus vollziehen müssen, um den habituellen Anforderungen des akademischen Feldes zu genügen.[119] Selbst wenn dies gelingt, verbleibt nach Bourdieu aber zumindest häufig das Gefühl einer Fremdheit mit den neuen habituellen Anforderungen, was dazu führen kann, dass das akademische Feld wieder verlassen wird bzw. kein weiteres Verbleiben nach dem ersten Abschluss angestrebt wird. Hier sind es demnach die größtenteils unbewussten habituellen Faktoren sowie trotz aller Anpassungsbemühungen das weiterhin bestehende Fremdheitsgefühl mit dem akademischen Habitus, die als Erklärung für die unterschiedliche Beteiligung von Personen aus verschiedenen sozialen Herkunftszusammenhängen genutzt werden.[120]

Zusammengefasst lässt sich im Hinblick auf die Studierenden sagen, dass verschiedene Effekte der sozialen Herkunft im Hochschulsystem vorhanden sind. Erstens finden sich Studierende aus niedrigeren sozialen Herkunftszusammenhängen eher an den reputationsschwächeren Fachhochschulen. Zweitens wirkt die soziale Herkunft auf die Studienfachwahl (zum Beispiel Middendorff et al. 2013, 97ff.). Um hier ein Beispiel zu nennen: Aus der Befragung zur 20. Sozialerhebung des Deutschen Studentenwerks ergibt sich, dass rund 4,8 Prozent aller Studierenden ein Fach aus dem Bereich Human-, Zahn-, Tiermedizin studieren.

---

[119] Damit ist die unter anderem von Tinto (1988) beschriebene Integration in die soziale und akademische Welt der Hochschulen (vgl. Kapitel 3.4.1.2) für Angehörige bildungsferner Schichten schwieriger.
[120] Auch wenn die Ansätze von Boudon und Bourdieu unumstritten die beiden wichtigsten soziologischen Ansätze zur Erklärung sozialer Ungleichheiten im Hochschulsystem sind, so sind einige der zugrunde gelegten Annahmen keineswegs unproblematisch: Boudons Analysen liegt ein Modell rationaler Wahl zugrunde, das wichtige soziologische und psychologische Einsichten in die Komplexität individueller Entscheidungsprozesse, auf die wir zuvor schon hingewiesen haben, außer Acht lässt. Bourdieus Ansatz ist insgesamt recht statisch und mit dem Fokus auf der Reproduktion sozialer Ungleichheiten nur begrenzt in der Lage, die Dynamik sozialen Wandels in modernen Gesellschaften, die in unserem Buch für den Hochschulbereich aufgezeigt wird, makrosoziologisch zu erfassen.

Bei den Studierenden mit einer niedrigen sozialen Herkunft, d.h. hier hat maximal ein Elternteil eine nichtakademische Ausbildung, tun dies aber nur 2,9 Prozent. Bei den Studierenden mit einer hohen Bildungsherkunft, d.h. hier, beide Elternteile haben einen Hochschulabschluss, studieren hingegen 8,8 Prozent ein Fach aus dem Bereich Human-, Zahn-, Tiermedizin (BMBF 2014j)[121]. Drittens führt die soziale Herkunft über geringere finanzielle Spielräume und die damit verbundene häufigere Nebenbeschäftigung wohl indirekt zu einem höheren Risiko des Studienabbruchs (Heublein und Wolter 2011, 223). Viertens scheiden Absolventen eines Bachelor-Abschlusses mit einer niedrigeren sozialen Herkunft häufiger aus dem Hochschulsystem aus und streben – zumindest direkt nach dem Bachelor-Abschluss – keinen weiterführenden Master-Abschluss an (Rehn et al. 2011, 162; Lörz et al. 2015). Im Hinblick auf die Integration von Studierenden mit niedrigerer sozialer Herkunft besteht demzufolge – um es einmal vorsichtig auszudrücken – durchaus Verbesserungspotential.

Wir haben in Kapitel 3.1.1 darauf hingewiesen, dass es unterschiedliche theoretische Vorhersagen in Bezug auf die Expansion der Hochschulsysteme und die Frage, ob diese zu einer größeren Chancengleichheit führt, gibt. Während die Modernisierungstheorien von einer verbesserten Chancengleichheit ausgehen, gehen die Konflikttheorien von einer weiterhin starken Reproduktion gesellschaftlicher Ungleichheiten auch in einem expandierten Hochschulsystem aus. Unsere Betrachtungen zur Chancengleichheit in Bezug auf die soziale Herkunft machen dabei deutlich, dass sich die Chancengleichheit in Bezug auf bildungsferne Schichten in den letzten Jahrzehnten zwar verbessert hat, aber nach wie vor starke Herkunftseffekte vorhanden sind. Die Annahme der Modernisierungstheorie ist also zumindest in Bezug auf die soziale Herkunft eher zurückzuweisen.

3.4.4.2.2 Wissenschaftliches Personal

Während bei den Studierenden die Datenlage zur sozialen Herkunft zwar Lücken aufweist, es aber dennoch möglich ist, sich einen grundsätzlichen Überblick zu verschaffen, verschärft sich das Datenproblem beim wissenschaftlichen Personal erheblich. Nur wenige Studien beschäftigen sich im Kern mit der sozialen Herkunft der Wissenschaftlerinnen und Wissenschaftler, wobei dann noch das Problem bestehen kann, dass die Datenqualität der Studien nicht unproblematisch ist. Häufiger finden sich hingegen Studien, die zwar die soziale Herkunft erheben, diese aber in das Zentrum des Interesses stellen, sondern sie vielmehr

---

[121] Hier wäre davon auszugehen, dass sowohl primäre (unterschiedlich gute Abiturnoten) als auch sekundäre (unterschiedliche Studienfachwahlentscheidungen) Effekte eine Rolle spielen.

als einen möglichen Einfluss für einen bestimmten Sachverhalt ansehen. Dies trifft zum Beispiel auf die Forschung zu, die sich mit der Frage beschäftigt, welche Wissenschaftlerinnen und Wissenschaftler auf eine Professur berufen werden (siehe Kapitel 3.4.2). Die insgesamt sehr unbefriedigende Datenlage wird zum Beispiel auch daran deutlich, dass in beiden Bundesberichten zum wissenschaftlichen Nachwuchs (BMBF 2008; Konsortium Bundesbericht Wissenschaftlicher Nachwuchs 2013), keinerlei Daten zur sozialen Herkunft vorhanden sind. Wenn es in diesen Berichten um Chancengerechtigkeit geht, wird immer nur auf die Geschlechtergleichheit abgehoben (zum Beispiel Konsortium Bundesbericht Wissenschaftlicher Nachwuchs 2013, 113f.,140ff., 195ff.) – nach dem „Pisa-Schock" (Fahrholz et al. 2002) und den damit einhergehenden Diskussionen um die Chancengerechtigkeit des deutschen Bildungssystems ein durchaus irritierender Sachverhalt.

Allerdings könnte auch eingewendet werden, dass die soziale Herkunft deswegen kaum Gegenstand von Untersuchungen ist, weil kaum noch Effekte der sozialen Herkunft zu erwarten sind, wenn die Hürde eines erfolgreichen Studienabschlusses genommen worden ist. Dies würde auch dem wissenschaftlichen Selbstverständnis entsprechen, welches auf Grundlage der von Merton (1973) beschriebenen Universalismus-Norm beinhaltet, dass nur die Leistung, nicht aber die soziale Herkunft über die weitere akademische Karriere von Wissenschaftlerinnen und Wissenschaftlern entscheidet.

Gegen die Annahme, dass es keine weiteren Effekte der sozialen Herkunft gibt, lassen sich aber gewichtige Argumente einbringen. Ein zentrales Gegenargument kennen wir schon: die sekundären Effekte, also der Einfluss der sozialen Herkunft auf die Bildungsentscheidungen. Gerade, wenn, wie in Deutschland, erstens nur ca. ein Drittel der begonnenen Promotionsvorhaben erfolgreich abgeschlossen wird (BMBF 2008, 47) und wenn zweitens die lange berufliche Unsicherheit des wissenschaftlichen Nachwuchses systemimmanent ist – und das schon seit sehr langer Zeit –, kann kaum davon ausgegangen werden, dass dies nicht zu unterschiedlichen Kosten-Nutzen-Abwägungen oder Entscheidungsheuristiken im Hinblick auf eine weitere wissenschaftliche Qualifikation bei Absolventen mit unterschiedlicher sozialer Herkunft führt.

Trifft dies zu, dann ergeben sich zwei relevante Effekte: Erstens sind Effekte bei der Promotion zu erwarten. Wie bereits beschrieben, wird eine Promotion nicht nur für die weitere wissenschaftliche Karriere benötigt, sondern eine Promotion bringt in aller Regel auch Vorteile auf dem außerwissenschaftlichen Arbeitsmarkt. Promovierte verdienen mehr, sind weniger häufig arbeitslos, haben eine erhöhte Wahrscheinlichkeit einer adäquaten Beschäftigung und erreichen eher Führungspositionen (vgl. Konsortium Bundesbericht Wissenschaftlicher Nachwuchs 2013, 282ff.; Jaksztat 2014; Flöther 2015).

Kommt es demnach zu einer sozialen Selektivität beim Zugang zur Promotion, dann stellt dies wiederum ein erhebliches Problem bei der Chancengleichheit dar. Zweitens sind Effekte beim wissenschaftlichen Personal zu erwarten. Wenn bereits bei der Promotion eine soziale Selektion stattfindet, dann verändert sich auch die Zusammensetzung des wissenschaftlichen Personals im Hinblick auf die soziale Herkunft. Finden sich darüber hinaus auch in den weiteren Stadien der wissenschaftlichen Karriere (Habilitation, Juniorprofessur, Berufung) solche Effekte, dann ist davon auszugehen, dass die deutsche Professorenschaft im Hinblick auf die soziale Herkunft relativ homogen sein müsste und sich vor allem aus Personen zusammensetzt, die einen bildungsnahen Herkunftszusammenhang aufweisen.

Wir werden im Folgenden auf Grundlage einiger ausgewählter Studien versuchen, diese Sachverhalte etwas zu erhellen. Beginnen wir mit den Promovierenden. Die soziale Herkunft der Promovierenden wurde eingehend von Lenger (2009, 2008) untersucht. Grundlage ist eine Befragung von 1.876 Promovierenden sowohl an Universitäten als auch außeruniversitären Forschungseinrichtungen sowie Promovierenden, die sich durch ein Stipendium einer politischen Stiftung finanzieren. Es ist davon auszugehen, dass die Studie grundsätzlich die soziale Herkunft der Promovierenden erfasst, zumindest dann, wenn die gewonnen Daten im Hinblick auf Geschlecht, Fachzugehörigkeit (mit Ausnahme der Medizin) und der Altersstruktur mit den tatsächlich erfolgten Promotionen abgeglichen werden.[122]

Abbildung 41 zeigt die Bildungsherkunft der Promovierenden auf Basis der Studie von Lenger insgesamt sowie für die Fachbereiche, in denen die Promotion angestrebt wird. Auffallend ist hierbei, dass 63 Prozent der Promovierenden insgesamt aus einem Elternhaus stammen, in dem mindestens ein Elternteil entweder promoviert hat oder aber über einen (Fach-)Hochschulabschluss verfügt. Hingegen liegt der Anteil der Promovierenden, deren Eltern höchstens über einen Hauptschulabschluss verfügen, bei nur 15 Prozent. Insgesamt zeigt sich damit, dass die soziale Zusammensetzung der Promovierenden in Deutschland stark von den bildungsnahen Schichten dominiert wird. Besonders deutlich wird dies auch daran, dass in der Bundesrepublik in der Bevölkerung ab 15 Jahren der Anteil der Promovierten 2006 bei 0,9 Prozent lag (Statistisches

---

[122] Kritisch wäre hier allerdings einzuwenden, dass die Gruppe der Promovierenden in ihrer Zusammensetzung nicht mit der Gruppe derjenigen, die tatsächlich ihre Promotion erfolgreich abschließen, gleichzusetzen ist, zumal – wie oben beschrieben – nur rund ein Drittel der Promotionsvorhaben erfolgreich abgeschlossen wird. Allerdings ist ein solcher Abgleich auch die einzige Möglichkeit einer Abschätzung der Güte der gewonnenen Daten, weil über die Zusammensetzung der Promovierenden ansonsten kaum verlässliche Daten vorhanden sind.

Bundesamt 2007, 7, 17, eigene Berechnung), der Anteil bei den Promovierenden mit mindestens einem Elternteil mit Promotion aber bei 16 Prozent. Das heißt, von den Kindern der rund 648.000 Personen mit einer Promotion in Deutschland rekrutieren sich nach der Studie von Lenger 16 Prozent aller Promovierenden in Deutschland.

Abbildung 41:   *Höchster Bildungsabschluss eines Elternteils der*
                    Promovierenden nach Promotionsbereichen 2006

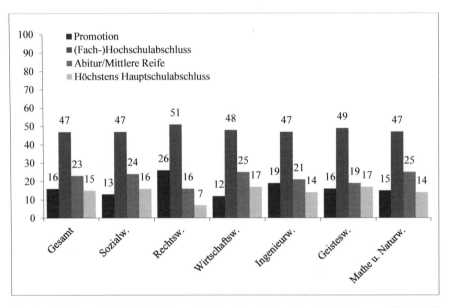

Angaben in Prozent; höchster Bildungsabschluss eines Elternteils; Quelle: Lenger (2009, 117), teilweise eigene Berechnungen, eigene Darstellung

Hinsichtlich der Fächerunterschiede wird zudem deutlich, dass die Dominanz der bildungsnahen Schichten in allen Fachrichtungen stabil ist, allerdings jeweils mehr oder weniger stark ausgeprägt ist. Während die Dominanz in den Sozial- und Wirtschaftswissenschaften mit jeweils 60 Prozent relativ gering ist, ist sie mit 77 Prozent in der Rechtswissenschaft besonders hoch.

Diese Daten zeigen zwar die hohe soziale Selektivität bei der Gruppe der Promovierenden, allerdings bleibt hier noch unklar, ob sich diese Zusammensetzung beim Übergang in die Promotionsphase verändert hat oder aber die soziale Zusammensetzung der Studierenden bzw. Absolventen widerspiegelt. Es stellt sich also die Frage, ob zusätzliche Effekte von sozialer Schließung beim Übergang in die Promotionsphase vorhanden sind. In Bezug auf die Untersuchung von Lenger kann dies zumindest bei einem Vergleich der Zusammensetzung der Studierenden 2003 nach der 17. Sozialerhebung des Deutschen Studentenwerks (Isserstedt et al. 2004, 126) mit der Zusammensetzung der Promovierenden 2006 bestätigt werden. Während der Anteil der Studierenden 2003, deren Eltern mindestens Abitur hatten, bei 55 Prozent lag, lag deren Anteil bei den Promovierenden 2006 bei 69 Prozent. Im Gegensatz dazu lag der Anteil der Studierenden aus einem Elternhaus ohne Abitur bei 45 Prozent, während der Anteil dieser Gruppe bei den Promovierenden bei lediglich 31 Prozent lag.

Dass sich die Anteile der sozialen Herkunftsgruppen zwischen den Studierenden und den Promovierenden auch über alle Fachbereiche zuungunsten der bildungsfernen Schichten verändern, wird auch durch eine Gegenüberstellung der Daten aus dem Konstanzer Studierendensurvey von 2010 und den Daten zu den Promovierenden aus dem Profile-Promovierendenpanel des iFQ von 2011 deutlich.

Abbildung 42:   Anteile Studierende und Promovierende mit mindestens einem Elternteil mit Universitätsabschluss

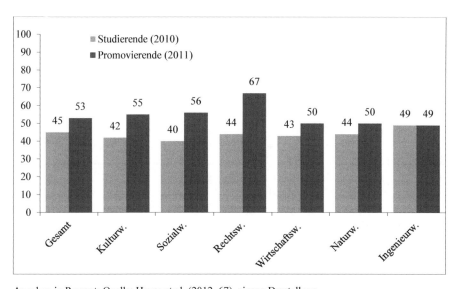

Angaben in Prozent; Quelle: Hauss et al. (2012, 67), eigene Darstellung

Auch hier wird in Abbildung 42 deutlich, dass sich die Zusammensetzung der Promovierenden von derjenigen der Studierenden im Hinblick auf die Bildungsabschlüsse der Eltern unterscheidet. Deutlich mehr Studierende aus einem bildungsnahen Elternhaus beginnen demnach eine Promotion. Dies gilt über alle Fächer hinweg, mit Ausnahme der Ingenieurwissenschaften.

Worauf diese Unterschiede in der Zusammensetzung zwischen Studierenden und Promovierenden zurückzuführen sind, untersucht Jaksztat (2014) anhand einer Befragung der Universitätsabsolventen von 2005 fünf Jahre nach dem Abschluss. Zunächst kann Jaksztat (2014) aufgrund dieser Absolventenbefragung wiederum zeigen, dass mit steigender sozialer Herkunft auch die Wahrscheinlichkeit zunimmt, eine Promotion zu beginnen. Die je nach Herkunftsgruppen unterschiedliche Promotionsneigung lässt sich dann auf verschiedene Effekte zurückführen:

Erstens darauf, dass sich die Studienfachwahl zwischen den Herkunftsgruppen unterscheidet und gleichzeitig die Häufigkeit einer Promotionsaufnahme zwischen den Studienfächern sehr unterschiedlich ist. Absolventen, deren Eltern beide über einen Hochschulabschluss verfügen, haben insgesamt häufiger Fächer gewählt, in denen eine ausgeprägte Promotionskultur herrscht (Mathematik/Informatik/Naturwissenschaften und Medizin), weshalb sie häufiger eine Promotion beginnen. Der Unterschied zwischen den Studierenden und den Promovierenden insgesamt erklärt sich also zum Teil durch unterschiedliche Studienfachentscheidungen – und damit durch eine Entscheidung, die weit vor der Promotionsaufnahme liegt.

Zweitens weisen Studierende mit einer höheren sozialen Herkunft bessere Examensnoten und bessere Abiturnoten auf. Da Studierende mit besseren Examens- und Abiturnoten eher eine Promotion beginnen, wirken sich auch diese Leistungsunterschiede auf die Zusammensetzung der Promovierenden aus.

Drittens sind die Studierenden mit einem höheren Bildungshintergrund in der Gruppe der Studierenden, die als studentische Hilfskraft oder Tutorin bzw. Tutor tätig sind, überrepräsentiert. Da diese Studierendengruppe häufiger eine Promotion aufnimmt, steigt hierdurch auch der Anteil der Promovierenden mit einem höheren Bildungshintergrund der Eltern.

Während die Studie von Jaksztat (2014) wichtige Erkenntnisse dazu liefert, warum sich die Zusammensetzung der Promovierenden und Studierenden insgesamt unterscheiden, bleibt allerdings eher offen, warum sich die Zusammensetzung auch in den einzelnen Fächern so stark verschiebt. Das hier neben den Noten auch andere Faktoren eine Rolle spielen, zeigt eine Studie von Bargel (2007). Dieser hat die Promotionsabsichten bei Studierenden ab dem 5. Fachsemester untersucht. Für unseren Zusammenhang besonders interessant ist dabei, dass die Promotionsabsicht bei den „Leistungseliten" – dies sind Studierende, deren Zwischenprüfungsergebnis zwischen 1,0 und 1,4 liegt – sich nach der Bildungsherkunft unterscheidet. So streben nur 25 Prozent der Studierenden, die aus der Arbeiterschaft stammen und zur Leistungselite gehören, eine Promotion an. Bei den Studierenden, die zur Leistungselite gehören und aus einem akademischen Elternhaus stammen, streben hingegen 44 Prozent eine Promotion an (Bargel 2007, 41). Das bedeutete dann, dass sich die Absichten zur Promotion trotz vergleichbar guter Leistungen zwischen den sozialen Herkunftsgruppen unterscheiden – eindeutig ein sekundärer Effekt der sozialen Herkunft.

Bisher fehlen belastbare Studien, die einerseits die von Jaksztat (2014) untersuchten Faktoren und andererseits die Kosten- und Nutzenabwägung bzw. Entscheidungsheuristiken, aber auch das Zutrauen, eine Promotion tatsächlich abzuschließen, in Bezug auf die soziale Herkunft betrachten. Das heißt, der Einfluss der sekundären Effekte, was Jaksztat (2014, 299) ebenfalls bemerkt, ist bisher weitestgehend ungeklärt. Wir können hier nur vermuten, dass hierin ein weiterer zentraler Erklärungsfaktor für die unterschiedliche soziale Zusammensetzung von Studierenden und Promovierenden auch innerhalb der Fächer zu sehen ist.

Dass die soziale Herkunft aber nicht nur in der Qualifikationsstufe der Promotion eine Rolle spielt, sondern auch in späteren Stadien der wissenschaftlichen Karriere Effekte hat, wird anhand der Studie von Jungbauer-Gans und Gross (2013) deutlich. Selbst bei einer Kontrolle der selbstberichteten Produktivität und dem Vorhandensein eines Mentors bzw. einer Mentorin findet sich in der Mathematik der Effekt, dass sich die Chance, auf eine Professur berufen zu werden, mit steigendem „occupational prestige of the parents" (Jungbauer-Gans und Gross 2013, 85) erhöht. Einen ähnlichen Effekt, nun aber stärker in Bezug auf die Anzahl der Ausbildungsjahre der Eltern, findet sich auch in der Rechtswissenschaft. Hingegen spielt die soziale Herkunft keine Rolle in Bezug auf die Berufungswahrscheinlichkeit der Habilitierten in der Soziologie. Zumindest für die Rechtswissenschaft steht dieser Zusammenhang auch in Einklang mit den bisherigen Betrachtungen. Schon bei der Betrachtung der Promovierenden sowie bei der Differenz in der Zusammensetzung von Studierenden und Promovierenden haben sich insbesondere in der Rechtswissenschaft erhebliche Effekte der sozialen Herkunft gezeigt. Halten wir fest, zumindest in einigen Fächern ist auch noch zu einem sehr späten Zeitpunkt der wissenschaftlichen Karriere ein Effekt der sozialen Herkunft vorhanden.

Zum Abschluss der Betrachtungen zur sozialen Herkunft des wissenschaftlichen Personals wenden wir uns nun den Professoren und Professorinnen zu. Auch hier gibt es kaum Studien zur sozialen Zusammensetzung. Eine Ausnahme bildet die Studie von Möller (2013), deren Ergebnisse im Folgenden kurz dargestellt werden sollen.[123]

Die Ergebnisse zeigen, dass die soziale Zusammensetzung der Professorenschaft hoch selektiv ist, wobei Möller die vier Kategorien der sozialen Herkunft aus der Sozialerhebung des Studierendenwerks nutzt (Isserstedt et al. 2010). Während die beiden mittleren Herkunftsgruppen 55 Prozent der Professoren und Professorinnen stellen, besitzen nur 11 Prozent eine niedrige soziale Herkunft (Arbeiter, Angestellte in ausführender Tätigkeit, Beamte des einfachen und mittleren Dienstes; jeweils kein Hochschulabschluss im Elternhaus). Die größte Gruppe mit 34 Prozent bilden diejenigen mit einer hohen sozialen Herkunft (Angestellte in gehobener Position und mit umfassenden Führungsaufgaben, Beamte des höheren Dienstes, mittlere und größere Selbstständige, freiberuflich Tätige mit mittleren Einkommen, aber Hochschulabschluss sowie freiberuflich Tätige mit höheren Einkommen mit und ohne Hochschulabschluss). Aufgrund der bisherigen Betrachtungen zur sozialen Selektivität beim Hochschulübergang und der Promotion ist dies nicht wirklich überraschend. Gleichfalls nicht überraschend ist zudem, dass die soziale Selektivität in den Rechts- und Lebenswissenschaften im Vergleich zu den Gesellschafts- und Geisteswissenschaften verstärkt auftritt.

Interessant ist auch, dass die Ergebnisse von Möller darauf hindeuten, dass der von Hartmann bereits 2002 geäußerte Befund einer – im Vergleich zu den 1970er Jahren – verstärkten Rekrutierung der Professoren und Professorinnen aus dem „Bürger- bzw. Großbürgertum" (Hartmann 2002, 112) sich fortgesetzt hat. Zudem zeigen die Daten von Möller (2013, 353), dass bei den Juniorprofessuren eine erhöhte soziale Selektivität vorhanden ist. So stammen 62 Prozent der Juniorprofessoren und -professorinnen aus der höchsten Herkunftskategorie, aber nur 7 Prozent aus der niedrigsten. Daraus kann geschlossen werden, dass dieses vorgezogene Auswahlverfahren insbesondere Personen mit einer hohen sozialen Herkunft bevorteilt. Dies könnte einerseits daran liegen, dass auch noch bei der Promotionsnote Unterschiede zwischen den Herkunftsgruppen bestehen, wahrscheinlicher aber daran, dass hier starke Effekte der besseren Passung der höheren Herkunftsgruppen zum professoralen Habitus in dieser Karrierephase auftreten. Oder anders, die Habitusunterschiede in den sozialen Herkunftsgruppen, und damit die Passung zum wissenschaftlichen Feld, treten hier noch stärker

---

[123] Basis der Studie bildet eine Online-Befragung von Professoren und Professorinnen in Nordrhein-Westfalen, wobei die Grundgesamtheit von 5.100 aufgrund einer Recherche auf den Internetseiten gebildet wurde. 1.340 Professoren und Professorinnen haben die Befragung beantwortet, was einer Rücklaufquote von 26 Prozent entspricht.

auf als einige Jahre später, weil den niedrigeren sozialen Herkunftsgruppen noch einige entscheidende Jahre der Sozialisation ins wissenschaftliche Feld fehlen.

Wir wollen unsere Betrachtungen zur sozialen Herkunft an dieser Stelle noch mit einer aus unserer Sicht hochrelevanten, aber bisher kaum verfolgten Forschungshypothese beenden: Wenn wir im Zeitverlauf eine soziale Schließung der Professur in Deutschland haben und wenn insbesondere bei der Juniorprofessur diese Schließung vorhanden ist, dann drängt sich die Frage auf, ob dies womöglich damit zusammenhängt, dass der Anteil der Frauen einerseits bei den Berufungen in den letzten Jahren gestiegen ist und anderseits bei den Juniorprofessuren besonders hoch ist. Aus der Forschung ist bekannt, dass Frauen auf Professuren häufiger eine höhere soziale Herkunft aufweisen als Männer, was auch von Möller (2013) gezeigt wird. Insofern könnten bei der sozialen Schließung der Professur die vielfältigen Förderprogramme eine Rolle spielen, die speziell für Wissenschaftlerinnen aufgelegt wurden. Die vollkommen wünschenswerte bessere Integration der Frauen in die Wissenschaft würde dann indirekt die ebenfalls wünschenswerte bessere Integration von Personen mit niedrigerer sozialer Herkunft beeinflussen. Um hier nicht falsch verstanden zu werden, dies spricht nicht gegen das Ziel einer verbesserten Integration von Frauen und diesbezügliche Förderprogramme, wohl aber für ein breiteres Verständnis von Chancengleichheit.

4 Die Grenzperspektive

Die dritte und letzte in diesem Buch behandelte Perspektive auf Hochschulen und Hochschulforschung besteht darin, einige wichtige angrenzende Forschungsfelder vorzustellen. Die drei von uns ausgewählten und als zentral angesehenen Forschungsfelder sind hierbei die Wissenschaftsforschung (4.1), die empirische Bildungsforschung (4.2) und die Innovationsforschung (4.3). Alle drei interdisziplinären Forschungsfelder werden jeweils zunächst beschrieben, wobei einerseits gezeigt wird, welche Rolle Hochschulen in den Feldern spielen und andererseits, welche Verbindungen zur Hochschulforschung vorhanden sind. Dies erlaubt zweierlei: Erstens werden wir so für jedes der drei Forschungsfelder Hinweise darauf geben, welche inhaltlichen Perspektiven sich durch eine intensivere Zusammenarbeit des jeweiligen Forschungsfeldes mit der Hochschulforschung für die Analyse des Gegenstandes „Hochschule" ergeben können. Zweitens, nun auf die Hochschulforschung bezogen, werden wir die Beschreibung der theoretischen Grundlagen, des methodischen Vorgehens sowie der institutionellen Struktur des jeweiligen Feldes nutzen, um Möglichkeiten der Weiterentwicklung der Hochschulforschung zu diskutieren.

4.1 Wissenschaftsforschung

Die Hochschulforschung und die Wissenschaftsforschung weisen inhaltlich eine sehr große Schnittmenge auf, da beide den Zusammenhang von Wissen und Gesellschaft untersuchen. Konkret geht es dabei um zertifiziertes Wissen, das vor allem im Rahmen der universitären Forschung und Lehre erzeugt und vermittelt wird.[124] Die Überschneidung zeigt sich auch daran, dass wir in früheren Kapiteln dieses Buches Ergebnisse der Wissenschaftsforschung genutzt haben, ohne dies jeweils auszuweisen. Woran liegt es nun, dass es sich um zwei weitgehend voneinander getrennte Scientific Communities handelt, die unserer

---

[124] Aufmerksame Leserinnen und Leser werden bemerkt haben, dass wir hier von universitärer Forschung und Lehre sprechen, nicht von Forschung und Lehre an Hochschulen. Dies ist darin begründet, dass die Wissenschaftsforschung Hochschulen ohne explizite Forschungsfunktion – wie dies traditionell für die Fachhochschulen in Deutschland gilt – nicht eigens in den Blick nimmt. Aufgrund des „academic drift", der zur Verstärkung der Forschung an zumindest einem Teil der Fachhochschulen und ähnlichen Einrichtungen in anderen Ländern führt, sind hier aber interessante Veränderungen zu beobachten, die es auch im Rahmen der Wissenschaftsforschung zu berücksichtigen gilt.

Meinung nach verstärkt miteinander kommunizieren und voneinander lernen sollten?

Es wäre sicherlich zu kurz gegriffen, würde man die Wissenschaftsforschung auf die Untersuchung der Forschungsfunktion, die Hochschulforschung auf die Untersuchung der Lehrfunktion reduzieren. Gerade angesichts der – zumindest idealtypischen – Verbindung beider Funktionen in einer Organisationsform, der Universität, und einer Rolle, der des Professors bzw. der Professorin, lässt sich hieraus nicht die Herausbildung unterschiedlicher Scientific Communities begründen. Aber auch andere thematische Bereiche, die in diesem Buch eine wichtige Rolle spielen, wie die Governance und Organisation von Universitäten sowie deren Einbettung in übergreifende Innovationssysteme (vgl. Kapitel 4.3), werden zu Recht von beiden Scientific Communities behandelt.

Im Folgenden wird zunächst kurz erörtert, warum es überhaupt zur Ausdifferenzierung so unterschiedlicher Scientific Communities kam. Danach werden wesentliche Fragestellungen und Ergebnisse der Wissenschaftsforschung dargestellt. Vor diesem Hintergrund soll dann gezeigt werden, wie sich diese Fragestellungen und Ergebnisse zur Weiterentwicklung der Hochschulforschung nutzen lassen.[125]

Unsere Vermutung ist, dass für das Entstehen unterschiedlicher Scientific Communities historisch unterschiedliche Institutionalisierungsprozesse verantwortlich sind, in denen vor allem die Nähe zu unterschiedlichen Nachbardisziplinen sowie der unterschiedliche Anwendungsbezug eine entscheidende Rolle gespielt haben. Historisch betrachtet wurden Fragen der Wissenschaftsforschung im Rahmen klassischer akademischer Teildisziplinen erörtert, insbesondere der Wissenschaftsphilosophie und der Wissenschaftsgeschichte, wobei der letztgenannte Bereich sehr häufig und prominent von Personen vertreten wurde, die einen disziplinären Hintergrund in den Naturwissenschaften aufwiesen. Später wurden die disziplinären Grundlagen der Wissenschaftsforschung um die Soziologie erweitert.[126]

Der wissenschaftliche Status der Wissenschaftsforschung war in der Frühphase sehr hoch, da es sich um ein klassisches akademisches Feld handelte,

---

[125] Selbstverständlich sollten diese Lernprozesse wechselseitig sein. Für die umgekehrte Richtung, also die Frage, welche Lernchancen sich für die Wissenschaftsforschung ergeben, wenn sie sich stärker auf die Hochschulforschung bezieht, vgl. Krücken (2012).
[126] Noch später kam die Wissenschaftsökonomie hinzu. Vgl. hierzu die Sammlung klassischer und neuerer Texte in Mirowski und Sent (2002) sowie die neuere Monographie von Stephan (2012). Ökonomische Beiträge im interdisziplinären Feld der Wissenschaftsforschung haben in den letzten Jahren an Bedeutung gewonnen, insbesondere in Verbindung mit anderen disziplinär fundierten Ansätzen, etwa der Wissenschaftsgeschichte und -soziologie.

in dem sich hoch renommierte Wissenschaftler aus unterschiedlichen Bereichen bewegten und zur Selbstaufklärung der Wissenschaft insgesamt beitrugen. Besonders prominente Vertreter waren der Physiker und Kristallograph John Desmond Bernal, der physikalische Chemiker Michael Polanyi sowie der Biochemiker Joseph Needham, die sich allesamt mit wissenschafts-philosophischen, -historischen, -soziologischen und nicht zuletzt -politischen Fragen beschäftigten und dabei – insbesondere zur Frage „Steuerung vs. Freiheit der Wissenschaft" – zu durchaus kontroversen Einschätzungen gelangten.

Dieses Bild hat sich in den letzten Jahren durch die Expansion und weitere Öffnung der Wissenschaftsforschung gewandelt. Es handelt sich aber nach wie vor um ein akademisches Forschungsgebiet mit vergleichsweise hohem Status, das klassische akademische Orientierungen und neuere intellektuelle Strömungen gleichermaßen einschließt.

Für die Hochschulforschung stellen sich Herkunft und Gegenwart anders dar. Die Hochschulforschung als eigenständiges Forschungsfeld entstand erst im Zuge der Hochschulexpansion in den späten 1960er und frühen 1970er Jahren. Durch diesen historischen Entstehungskontext war sie von Beginn an „durch Nähe zur praktischen Entscheidung gekennzeichnet" (Teichler 1994, 169). Es ging ebenso darum, die mit der Expansion verbundenen Probleme der „Massenuniversität" zu bewältigen wie die Umsetzung neuer Reformideen, insbesondere im didaktischen Bereich, zu begleiten.

Folglich wurde die Hochschulforschung zumeist entweder an pädagogischen Fakultäten oder als quer zu den Fakultäten stehende wissenschaftliche Einheit an Universitäten etabliert, die den Fachdisziplinen, Universitätsleitungen und -verwaltungen sowie Hochschulpolitikern konkrete Hilfestellungen geben sollte. Insbesondere in den USA, wo die institutionelle Autonomie der Hochschulen schon früh recht weit vorangeschritten war, entwickelte sich ein eigenständiger Bereich des „Institutional Research", d.h. eine auf die Analyse und Weiterentwicklung der jeweiligen Hochschulorganisation gerichtete Hochschulforschung.

Eine zweite Welle der Hochschulforschung, die zur weiteren Expansion sowie inhaltlichen Neuausrichtung des Forschungsfeldes führte, entstand in den 1990er Jahren im Zuge hochschulpolitischer Reformen, die in diesem Buch, insbesondere in den Kapiteln zu Governance und Organisation, ausführlich nachgezeichnet wurden. Diese Reformen wurden und werden sehr kontrovers diskutiert.

An beiden großen und durch die Hochschulpolitik induzierten Wellen der Hochschulforschung war die Soziologie maßgeblich beteiligt. Allerdings traten andere Disziplinen hinzu. War in den 1970er Jahren vor allem die Pädagogik und die damit verbundene Didaktik von besonderer Relevanz, gewannen die Politik-

und Wirtschaftswissenschaften in der zweiten großen Expansionsphase an Bedeutung für die Hochschulforschung.

Von diesen – etwas schematisch dargestellten – Ursprüngen haben sich beide Forschungsfelder in vielerlei Hinsicht mittlerweile entfernt, und gerade in thematischer Hinsicht bestehen zahlreiche Gemeinsamkeiten. Dennoch prägen die Ausgangsbedingungen die weitere Entwicklung, und es lassen sich Pfadabhängigkeiten beobachten, die der Annäherung von Wissenschafts- und Hochschulforschung Grenzen setzen.

Die Bedeutung philosophischer, historischer und soziologischer Kerndisziplinen in der Wissenschaftsforschung zeigt sich in ihren grundlegenden Ansätzen. Frühe erkenntnis- und wissenschaftstheoretische Arbeiten kreisten insbesondere um die Möglichkeiten und Grenzen wissenschaftlicher Erkenntnis sowie um die Frage, wie sich die wissenschaftliche Methode begründen lässt. Ein zentrales Beispiel hierfür ist „Die Logik der Forschung" von Popper (1934), in dem er das Prinzip des Falsifikationismus entwickelt, also das Erfordernis, aus Theorien ableitbare und falsifizierbare, d.h. widerlegbare Hypothesen zu generieren. Hierin besteht Popper zufolge das zentrale Charakteristikum empirischer Wissenschaften und des Wissenschaftsprozesses insgesamt, der sich über Mutmaßungen und Widerlegungen kontinuierlich weiterentwickelt.

Die Arbeit von Thomas P. Kuhn zur „Struktur wissenschaftlicher Revolutionen" stellt ein Paradebeispiel für die wissenschaftshistorische Fundierung der Wissenschaftsforschung dar (Kuhn 1962). Als promovierter Physiker entwickelt Kuhn ein mit verschiedenen wissenschaftshistorischen Beispielen unterlegtes Phasenmodell des (natur-)wissenschaftlichen Wandels. Dieses Modell beginnt mit einer vorparadigmatischen Phase, die von einem wissenschaftlichen Paradigma abgelöst wird. Im Rahmen des Paradigmas wird normale Wissenschaft betrieben, bis das Paradigma durch das Auftauchen von Anomalien in eine Krise gerät, die zu einer wissenschaftlichen Revolution führt, in der das alte Paradigma durch ein neues abgelöst wird. Dieser zyklische Prozess wiederholt sich, da auch das neue Paradigma früher oder später auf Anomalien stößt, die einen erneuten Paradigmenwechsel wahrscheinlich werden lassen.

Ein drittes Beispiel ist die von Robert K. Merton begründete Wissenschaftssoziologie (Merton 1973). Mertons Erkenntnisinteresse galt den kulturellen und strukturellen Voraussetzungen wissenschaftlichen Wissens. Im Rahmen des seinerzeit dominanten strukturfunktionalistischen Ansatzes in der Soziologie fragten Merton und eine Vielzahl an Schülerinnen und Schülern danach, welche sozialen Strukturen, Normen und Werte erforderlich sind, um die gesellschaftliche Funktion der Erzeugung objektiven Wissens und ein darauf bezogenes Sozialsystem „Wissenschaft" zu ermöglichen. Dabei verknüpft Merton unterschiedliche Analyseebenen soziologisch miteinander: erstens die Ebene der die

Wissenschaft umgebenden Gesellschaft, die hohe Freiheiten zulassen und Fortschrittserwartungen hegen muss; zweitens die Wissenschaft als institutionelles System, das durch sich wechselseitig verstärkende Normen abgestützt wird; drittens die Motivationsgrundlagen der individuellen Wissenschaftlerinnen und Wissenschaftler, die sich gleichermaßen an intrinsischem Erkenntnisinteresse und wissenschaftlicher Reputation orientieren.

Ebenso wie die Wissenschaftsphilosophie und -geschichte war die Wissenschaftssoziologie in dieser Phase vor allem auf die Naturwissenschaften („science") bezogen, während die Geisteswissenschaften („humanities") nicht im Zentrum des Interesses standen.

Wichtig ist, dass all diese Ansätze trotz ihrer für die Entwicklung der Wissenschaftsforschung überragenden Bedeutung von Beginn an kontrovers diskutiert wurden. Die Kritik des Falsifikationsprinzips, die Kritik an Kuhns Modell des Paradigmenwechsels und schließlich die Kritik an Mertons strukturfunktionalistischer Wissenschaftssoziologie wurden in hunderten von Aufsätzen und Büchern auf wissenschaftlich hohem Niveau ausformuliert (vgl. zum Beispiel Lakatos 1978; Barnes und Edge 1982). Wie wir später sehen werden, stellt diese Form der institutionalisierten Selbstkritik innerhalb eines Forschungsfeldes eine aus unserer Sicht zentrale Stärke der Wissenschaftsforschung dar, die wir uns auch in der Hochschulforschung verstärkt wünschen.

Im weiteren Verlauf der Wissenschaftsforschung entstanden neue Ansätze und damit auch weitere inhaltliche Kontroversen, die sich insbesondere an der Frage nach dem Stellenwert sozialkonstruktivistischer Ansätze zur Erklärung des wissenschaftlichen Gehalts wissenschaftlichen Wissens entzündete. Während der mit Merton begründete institutionalistische Ansatz sich gegenüber den Wahrheitsansprüchen der vermeintlich harten, auf objektiver Naturerkenntnis basierenden Naturwissenschaften agnostisch verhielt, stellte die sogenannte „neue Wissenschaftssoziologie" genau diese Trennung zwischen der Sozialstruktur der Wissenschaft und dem wissenschaftlichen Wissen selbst in Frage. Der Grundgedanke der Wissenssoziologie, der darin besteht, menschliches Denken und Wissen als sozial geprägt zu verstehen, wurde hiermit auf mathematisches und naturwissenschaftliches Wissen angewandt. Einer der Gründerväter der Wissenssoziologie, der Philosoph und Soziologe Karl Mannheim, ging davon aus, dass „man der Aussage (…) 2 mal 2 = 4 nicht ansehen kann, durch wen und wann und wo sie so formuliert wurde" (Mannheim 1969, 234). Demgegenüber wurde von Vertretern der „neuen Wissenschaftssoziologie" versucht zu zeigen, dass auch mathematisches Wissen sozialen Einflüssen unterworfen ist (vgl. Bloor 1976).

Im Rahmen der „neuen Wissenschaftssoziologie" spielte vor allem der sogenannte Laborstudien-Ansatz, der sich auf die sozialwissenschaftliche Analyse der alltäglichen Praktiken im naturwissenschaftlichen Labor konzentrierte, eine sehr wichtige Rolle. Diese Praktiken wurden eingehend beobachtet, aufgezeichnet und ausgewertet. Vor allem die 1979 erschienene Studie von Latour und Woolgar (1979) und die kurze Zeit später erschienene Studie von Knorr-Cetina (1981) sind Pionierarbeiten, denen zahlreiche andere Untersuchungen folgten. Die Laborstudien waren empirisch interessant und wichtig, da mit der ethnographischen Beobachtung der Praktiken in naturwissenschaftlichen Laboratorien ein bis dahin unerforschter Gegenstand für die sozialwissenschaftliche Wissenschaftsforschung erschlossen wurde. Zudem wurde ihr Methodenarsenal, das vor allem aus Textanalysen und Befragungen von Wissenschaftlerinnen und Wissenschaftlern bestand, um Methoden der direkten Beobachtung erweitert. Von besonderer Bedeutung war jedoch die darüber hinausgehende Behauptung, dass man solchermaßen nicht nur die sozialen Praktiken im Labor und die dort stattfindenden Macht- und Aushandlungsprozesse aufzeigen könne, sondern auch die soziale Konstruktion des wissenschaftlichen Wissens selbst.

Die sozialkonstruktivistische Ausdehnung des Geltungsanspruchs der Laborstudien und anderer Ansätze der „neuen Wissenschaftssoziologie" blieb nicht unwidersprochen. Vor allem von Seiten der traditionellen Wissenschaftsphilosophie und -soziologie, die einen kategorialen Unterschied zwischen dem wissenschaftlichen Wissen selbst und den sozialen Bedingungen seiner Erkenntnis machten, wurde die „neue Wissenschaftssoziologie" kritisiert (vgl. Bunge 1991, 1992; Gieryn 1982). Hieraus entwickelte sich eine lang anhaltende Kontroverse, in deren Verlauf sich auch Naturwissenschaftler einschalteten, die zum Teil vehement die Position einer objektiven Naturerkenntnis verteidigten und sich gegen die sozialkonstruktivistische Programmatik aussprachen. Diese Kontroverse prägte die 1980er und 1990er Jahre.[127]

Gegenwärtig stellt sich das Feld der Wissenschaftsforschung in theoretischer Hinsicht sehr viel unbestimmter und thematisch wesentlich fragmentierter dar als zu Zeiten der zuvor beschriebenen Kontroversen. So konzentrieren sich die Theoriekapitel des „Handbook of Science and Technology Studies", „on problems (…) rather than on competing schools and systems of ideas", und die empirischen Themen werden „with theoretical eclecticism" behandelt (Hackett et

---

[127] Diese kulminierte in den sogenannten „science wars", in denen naturwissenschaftliche Autoren zahlreiche, unter dem Label „Postmoderne" zusammengefasste Autoren, zu denen auch verschiedene Vertreterinnen und Vertreter der Wissenschaftsforschung gezählt wurden, heftig angriffen und ihnen ein mangelndes Wissenschaftsverständnis vorwarfen. Dieser Streit entzündete sich auch an der unklaren Verwendung des Begriffs „soziale Konstruktion" auf beiden Seiten. Zu der dringend erforderlichen Präzisierung vgl. Hacking (1999), der ganz unterschiedliche und zum Teil inkompatible Begriffsdefinitionen voneinander unterscheidet.

al. 2008, 3). Ähnlich argumentieren Maasen et al. (2012) für den Teilbereich der Wissenschaftssoziologie. In ihrem knapp 500-seitigen Handbuch wird einleitend „jedwede Erwartung an ein lineares, gar homogenisierbares Narrativ in Sachen Wissenschaftssoziologie" (Maasen et al. 2012, 11) zurückgewiesen.

Momentan lassen sich vor allem drei Forschungsschwerpunkte voneinander unterscheiden, die allesamt auch für die sozialwissenschaftliche Hochschulforschung von Interesse sind. Ebenso werden in allen drei Schwerpunkten die breitere Einbettung der Wissenschaft in die Gesellschaft sowie die daraus resultierenden Veränderungen der Wissenschaft thematisiert.

Erstens verschwimmen die Grenzen zwischen sozialwissenschaftlicher Wissenschafts- und Technikforschung. Im Englischsprachigen hat sich der Begriff „Technoscience" bereits eingebürgert, im Deutschen spricht man noch selten von Technowissenschaft. Damit werden klassische Annahmen zur Unterscheidbarkeit von Wissenschaft und Technik zurückgewiesen, insbesondere die zwischen zweckfreier Grundlagenforschung und technischer Anwendung sowie die damit korrespondierende Orientierung an Wahrheit oder Nützlichkeit. Vor allem der bereits erwähnte Bruno Latour sowie Michel Callon haben sich hier mit der Entwicklung der Actor-Network-Theory (ANT) hervorgetan (Latour 1987, 1996; Callon et al. 1986). Sie beschreiben in verschiedenen Fallstudien, wie wissenschaftliche Erkenntnisansprüche und technische Artefakte in aus unterschiedlichen Akteuren zusammengesetzten Netzwerken entstehen und durchgesetzt werden.

Dabei verschwimmen nicht nur die Grenzen zwischen Wissenschaft und Technik, sondern auch andere Grenzziehungen, wie die zwischen Natur und Technik einerseits sowie die zwischen diesen beiden und der Gesellschaft andererseits, werden nachhaltig in Frage gestellt. Auch wenn vieles wie Science Fiction klingt und gerade aus soziologischer Sicht die Unterscheidung zwischen handelnden Akteuren, die in Sinn prozessierende soziale Systeme eingebunden sind, technischen Artefakten und natürlicher Umwelt nur schwer auflösbar erscheint, so liefert diese neuartige Beschreibungsform zahlreiche Anregungen für die Weiterentwicklung der Wissenschaftsforschung, aber auch der Hochschulforschung. Selbst wenn man der Auflösung klassischer Unterscheidungen und Kategorien nicht zustimmt, so stellt sich zumindest die Frage, wie man die rapide Technikentwicklung in Wissenschaft und Hochschule, die sich keineswegs nur auf die Lehre bezieht, sondern in ebensolchem Maße auch die Forschung verändert, theoretisch erfassen und empirisch verstärkt in den Blick nehmen kann.

Zweitens werden die Außenbezüge der Wissenschaft im Hinblick auf Wirtschaft, Politik und Öffentlichkeit eingehend behandelt (Weingart 2001). Da wir die Bezüge zur Wirtschaft in diesem Buch in Kapitel 4.3 „Innovationsforschung" diskutieren werden, beschränkt sich die knappe Darstellung an dieser Stelle auf Politik und Massenmedien. Im Hinblick auf das Verhältnis von Wissenschaft und Politik gilt, dass hohe wechselseitige Abhängigkeiten bestehen (vgl. dazu auch Kapitel 2.1 und Kapitel 3.2). Einerseits sind die Hochschulen und auch die an Hochschulen durchgeführte wissenschaftliche Forschung stark von politischen Entscheidungen und staatlichen Ressourcen abhängig. Andererseits ist der Staat auch in besonderer Weise auf die Hochschulen angewiesen, sei es über die an Hochschulen ausgebildeten Personen, die im Staatsdienst beschäftigt werden (Lehrerinnen, Verwaltungsbeamte, Richterinnen etc.), sei es über die wissenschaftliche Forschung und die damit verbundene Expertise.

Im Hinblick auf die Nutzung wissenschaftlicher Expertise in der Politik hat die Wissenschaftsforschung gezeigt, dass die Nutzung von gleichermaßen gestiegenen Informations- und Legitimationsbedarfen geprägt ist. Zugleich werden lineare Modelle im Verhältnis beider Systeme zurückgewiesen: Weder steuert die Wissenschaft die Politik, noch stellt sich das Verhältnis umgekehrt dar. Vielmehr sind komplexe Interaktionen zwischen Wissenschaft und Politik beobachtbar, in denen wissenschaftliches Wissen und politische Erwartungen in den jeweils anderen Handlungskontext übersetzt werden. Dieses Verhältnis ist keineswegs konfliktfrei, da wissenschaftliches Wissen ergebnisoffen, hypothetisch und in aller Regel langfristig angelegt ist, während politische Entscheidungen ein hohes Maß an nach außen darstellbarer Sicherheit benötigen und kurzfristig getroffen werden müssen. Trotz dieser offensichtlichen Gegensätze steigt die wissenschaftliche Politikberatung, die sich in ganz unterschiedlichen Formen wie zum Beispiel Enquete-Kommissionen, Beiräten und Expertenanhörungen manifestiert, kontinuierlich an.

Zugleich nehmen die Interaktionen zwischen Wissenschaft und Öffentlichkeit zu, wie die Wissenschaftsforschung ebenfalls zeigt. Dies belegt, wie unpassend die Metapher des wissenschaftlichen Elfenbeinturms ist. Bereits in den 1980er Jahren wandten sich Wissenschaftlerinnen und Wissenschaftler verstärkt an die Öffentlichkeit, um Akzeptanzproblemen in Bezug auf riskante Forschungs- und Technologieentwicklungen, wie insbesondere der Kernenergie und der Genforschung und -technik, zu begegnen (Krohn und Krücken 1993). Aktuell dominiert vor allem das aktive Werben um Studierende in den MINT-Fächern, das sich in Schülerlaboren, Tagen der offenen Tür, Girls' Days etc. niederschlägt. Derartige Entwicklungen werden von der Wissenschaftsforschung empirisch begleitet und theoretisch reflektiert.

Hinzu kommt eine verstärkte Auseinandersetzung mit dem Verhältnis von Wissenschaft und Massenmedien. Dabei wird deutlich herausgearbeitet, dass Prominenz in den Massenmedien und Reputation in der Wissenschaft zum Teil deutlich auseinanderfallen. Massenmedial erfolgreiche Wissenschaftlerinnen und

Wissenschaftler sind nicht unbedingt wissenschaftlich besonders erfolgreich und umgekehrt.[128] Zudem zeigen Studien der Wissenschaftsforschung sehr deutlich, dass die Massenmedien keineswegs eine unproblematische Diffusions- und Übersetzungsinstanz für wissenschaftliches Wissen sind, sondern nach ihren eigenen Selektionskriterien – Medienwissenschaftler sprechen hier von Nachrichtenwerten (vgl. Schulz 1976; Kepplinger 1998) – operieren.

Diese Arbeiten der Wissenschaftsforschung können für die Hochschulforschung genutzt werden, um ihr Verhältnis zu Hochschulpolitik, Öffentlichkeit und Massenmedien stärker zu reflektieren. Wie wissenschaftssoziologische Analysen gezeigt haben, muss man hier von spezifischen Übersetzungsregeln, Brüchen und Kommunikationsschranken ausgehen, die in der Logik unterschiedlicher gesellschaftlicher Systeme begründet sind. Dies für das Forschungsgebiet „Hochschulen" so systematisch und theoretisch versiert aufzuarbeiten, wie das die Wissenschaftsforschung zum Beispiel für die Klimaforschung getan hat (Weingart et al. 2002), wäre eine spannende Herausforderung von erheblichem Nutzen für die Hochschulforschung.

Drittens gibt es seit den 1990er Jahren umfassende Analysen zum Wandel des Wissenschaftssystems. Von besonderer Bedeutung ist hier die These des Entstehens eines gänzlich neuen Modus der Wissensproduktion, der vom traditionellen Modus grundverschieden sei. Diese These wurde von einem international renommierten Team der Wissenschaftsforschung, das sich aus sechs Autoren aus drei Kontinenten zusammensetzt, in einer kleinen, aber sehr wirkungsvollen Monographie vertreten (Gibbons et al. 1994). Konkret benennen die Autoren fünf grundlegende Veränderungen, die den gegenwärtig stattfindenden Wandel der Wissenschaft charakterisieren. An die Stelle der Universität als zentralem Ort der Wissensproduktion treten erstens vielfältige und in sich sehr heterogene Erzeugungskontexte (Industrielaboratorien, Think Tanks, Beratungsfirmen etc.). Die wissenschaftliche Forschung orientiert sich zweitens zunehmend an Nützlichkeitskriterien, die der permanenten Aushandlung zwischen wissenschaftlichen und nicht-wissenschaftlichen Akteuren unterliegen. Damit schwindet drittens die Rolle wissenschaftlicher Disziplinen; an ihre Stelle treten

---

[128] Dies zeigt zum Beispiel das Ranking der einflussreichsten Ökonomen durch die Frankfurter Allgemeinen Zeitung (FAZ) für 2014. In diesem Ranking werden die Häufigkeit der Zitate und Nennungen in den Massenmedien, der politische Einfluss (über eine Befragung von Abgeordneten und hohen Ministerialbeamten) und die Häufigkeit der Zitationen in wissenschaftlichen Arbeiten erhoben (FAZ.NET 2014b). Als Resultat des Rankings hält die FAZ fest: „Spitzenforscher sind in Politik und Öffentlichkeit nicht besonders präsent." (FAZ.NET 2014a) Häufig fallen demnach wissenschaftliche Reputation (gemessen an Zitationen) und massenmedialer bzw. politischer Einfluss deutlich auseinander.

zeitlich begrenzte, transdisziplinäre Forschungshybride. Viertens reichen wissenschaftsinterne Qualitätskontrollen und -kriterien nicht mehr aus und werden um solche ergänzt, die aus den gesellschaftlichen Anwendungskontexten erwachsen. Auch lassen sich fünftens die Wertbezüge des Forschungshandelns nicht mehr ausklammern, sondern werden bereits frühzeitig im Forschungsprozess reflektiert und führen zur Steigerung der gesellschaftlichen Verantwortlichkeit der Forscherinnen und Forscher.

Diese These eines neuen Modus der Wissenschaft („Modus 2"), der den traditionellen Modus („Modus 1") ersetzt, hat zu einer Vielzahl an Kritiken und Erwiderungen geführt, die allesamt den theoretischen, empirischen und normativen Gehalt der Analyse von Gibbons et al. (1994) in Frage stellen (Hicks und Katz 1996; Shinn 2002; Weingart 2001, Kap.1 und 8). Auch wenn unserer Einschätzung nach Einzelphänomene scharf beobachtet werden, so ist es fraglich, ob sie sich so zu einer umfassenden Wandlungsthese der Wissenschaft verdichten lassen, wie dies die Autoren tun. So sollte man die aktuelle Bedeutung von Universitäten und wissenschaftlichen Disziplinen im Prozess der Wissensproduktion nicht unterschätzen, den Einfluss externer „stakeholder" und ethischer Erwägungen nicht überschätzen. Dennoch sind derartig grundlegende und ambitionierte Ansätze sowohl für die Wissenschaftsforschung als auch für die Hochschulforschung von Bedeutung, denn sie erzeugen Diskussionen, die sich an die gesamte Scientific Community richten und so einen Rahmen aufspannen, in dem unterschiedliche, sonst nur lose gekoppelte Forschungsfragen und -bereiche kohärent diskutiert werden können. Gerade solche übergreifenden Rahmungen sind für den Erkenntnisfortschritt in einem Feld wichtig.

Methodisch war der Großteil der Wissenschaftsforschung zunächst in erster Linie qualitativ orientiert, wobei aufgrund der zu Beginn beschriebenen Ursprünge die historische Rekonstruktion und philosophische – und dies bedeutet verstärkt auch normative – Reflexion einen höheren Stellenwert haben als in der Hochschulforschung. Sehr viele Arbeiten sind als qualitative Fallstudien konzipiert. Zudem hat sich während der letzten Jahre das Feld der quantitativen Wissenschaftsforschung erheblich weiterentwickelt. Hier hat insbesondere die Methode der Bibliometrie, der quantitativen Vermessung von wissenschaftlichen Publikationen, eine erhebliche Bedeutung (Hornbostel 1997, 237ff.). Mit ihrer Hilfe lassen sich zum einen neue, spannende und zum Teil klassische Fragen der sozialwissenschaftlichen Wissenschaftsforschung, etwa zu Forschungsnetzwerken oder zur Entwicklung von Forschungsfeldern, adressieren. Zum anderen werden bibliometrische Verfahren auch verstärkt zu Evaluationszwecken eingesetzt, wenn es zum Beispiel darum geht, den Publikations-Output von Fakultäten oder Universitäten zu vermessen und darauf basierende wissenschaftspolitische Empfehlungen oder Rankings zu erstellen (vgl. zum Beispiel Welpe et al. 2015).

Vor dem Hintergrund dieses kurzen Abrisses möchten wir abschließend kurz erläutern, inwiefern die Hochschulforschung – über das zuvor Gesagte hinaus – von einer intensiveren Auseinandersetzung mit der Wissenschaftsforschung profitieren kann. Hier sehen wir im Wesentlichen zwei Ansatzpunkte:

Erstens stellt die Wissenschaftsforschung ein Feld dar, in dem die Entwicklung, Anwendung und Reflexion von Theorien und Methoden immer einen erheblichen Stellenwert besaß. Hieraus resultieren eigenständige Ansätze wie die Actor-Network-Theory (ANT), die mittlerweile auch von der soziologischen Theorie rezipiert wird, sowie eigenständige Methoden wie die Bibliometrie, die mittlerweile auch jenseits der Wissenschaftsforschung breite Aufmerksamkeit findet.

Dabei verlief die Theorie- und Methodenentwicklung bislang keineswegs konsensuell und harmonisch. Im Gegenteil: Kritik ist von Beginn an Teil des Prozesses, sei es in den frühen Auseinandersetzungen um die Ansätze von Popper, Kuhn und Merton, sei es in der Kontroverse um den Sozialkonstruktivismus in der Wissenschaftsforschung, sei es in der Debatte um neue Formen der Wissensproduktion. Ebenso wird auch die Verwendung der Bibliometrie zu Evaluationszwecken alles andere als unkritisch gesehen und methodisch sowie wissenschaftspolitisch angezweifelt. Derartige Kontroversen finden sich in der Hochschulforschung selten und werden eher sporadisch geführt. Dabei gäbe es genügend Themen – zum Beispiel die Ursachen und Folgen der Hochschulexpansion oder die transintentionalen Effekte der Hochschulreformen, aber auch die unseren Forschungen zugrunde liegenden erkenntnis- und wissenschaftstheoretischen Vorstellungen – die es im Rahmen langfristiger und forschungsbasierter Kontroversen zu erörtern gäbe. Gegenwärtig, so scheint es, finden Kontroversen zu Themen der Hochschulforschung eher im Rahmen der Hochschulpolitik und der an Hochschulthemen interessierten Massenmedien statt, die zu Zuspitzungen führen, die einer ernsthaften akademischen Debatte entgegenstehen.

Zweitens ist die Diskussion um neue Formen der Wissensproduktion aus unserer Sicht gut zur Selbstreflexion der Hochschulforschung geeignet. Die von Gibbons et al. (1994) hervorgehobenen Charakteristika des „Modus 2" der Wissenschaft treffen in verschiedener Hinsicht auf die Hochschulforschung zu, allerdings, ohne dass es eine „Modus 1"-Vergangenheit gegeben hätte: Die Hochschulforschung wird nicht nur im Rahmen der Universität, sondern in sehr unterschiedlichen Erzeugungskontexten (hier vor allem staatliche oder staatsnahe Institute) betrieben; ihre Forschungsthemen sind stark an Nützlichkeitskriterien ausgerichtet, deren Definition in hybriden Foren von wissenschaftlichen und nicht-wissenschaftlichen (hier wiederum vor allem politischen) Akteuren festgelegt wird; zeitlich begrenzte, transdisziplinäre und projektorientierte Forschungshybride stellen eine übliche Organisationsform dar; Qualitätskontrollen und -kriterien werden nicht nur wissenschaftsintern festgelegt, sondern auch unter Berücksichtigung gesellschaftlicher Anwendungskontexte, wiederum insbesondere der Politik; und schließlich werden auch normative Fragen (wie insbesondere Chancengleichheit) weitaus weniger ausgeklammert als dies in anderen Forschungsbereichen der Fall ist.

Diese Charakteristika prägen auch die mittlerweile gut ein Dutzend internationale Zeitschriften im Bereich der Hochschulforschung, in denen zumindest zum Teil – anders als in den wichtigsten Organen der Wissenschaftsforschung – Wissenschaftler und Praktiker gleichermaßen und zum Teil auch gemeinsam publizieren. Auch wenn diese Darstellung sicherlich zugespitzt ist und keineswegs die Hochschulforschung zur Gänze abbildet, so bedingen die solchermaßen skizzierten Charakteristika der Wissensproduktion in der Hochschulforschung aus unserer Sicht doch die Möglichkeiten und Herausforderungen der Entwicklung unseres Forschungsfeldes. Diese These wäre allerdings – ganz im Sinne dessen, was in diesem Kapitel für die Wissenschaftsforschung als beispielhaft und positiv herausgestellt wurde – durchaus kontrovers zu diskutieren.

4.2 Empirische Bildungsforschung[129]

In der folgenden Darstellung der empirischen Bildungsforschung geht es uns vor allem darum, aus der Beschreibung des Forschungsfeldes potentielle Weiterentwicklungsmöglichkeiten für die Hochschulforschung aufzuzeigen. Aus unserer Sicht sind dabei die Voraussetzungen und Strukturen besonders interessant, die dazu geführt haben, dass die empirische Bildungsforschung in den letzten Jahren sehr erfolgreich bei der Institutionalisierung als Forschungsfeld im Hochschulbereich und in der außeruniversitären Forschung war und dass sie zugleich in der wissenschaftlichen und öffentlichen Wahrnehmung als Feld mit hoher Reputation angesehen wird.

Da wir in methodischer Hinsicht grundsätzlich das größte Entwicklungspotential der Hochschulforschung in „mixed methods"-Forschungsdesigns sehen, in denen im Idealfall avancierte qualitative und quantitative Methoden aufeinander abgestimmt und integriert werden, kann die Hochschulforschung – so viel sei hier bereits vorweggenommen – von der enormen Bandbreite der quantitativen Methodik in der empirischen Bildungsforschung lernen. In dieser starken quantitativ-empirischen Orientierung sowie den hierzu komplementären Forschungsstrukturen sehen wir auch die zentralen Voraussetzungen für den Erfolg der empirischen Bildungsforschung. Bevor wir uns damit beschäftigen, müssen wir aber zunächst klären, was empirische Bildungsforschung ist und in welchem Verhältnis sie zur Hochschulforschung steht.

Die empirische Bildungsforschung beschäftigt sich aus einer vor allem quantitativ-empirischen Perspektive mit allen Lebensbereichen, „in denen Bildungsprozesse stattfinden" (Ditton und Reinders 2011, 69). Hierbei findet sich ein deutlicher Schwerpunkt auf Bildungsprozessen, die in organisierten sozialen Zusammenhängen wie Kindergärten, Schulen oder Hochschulen stattfinden.

---

[129] Wir beziehen uns hier ausschließlich auf momentan dominierende empirisch-quantitative Untersuchungen im Bildungsbereich, die gemeinhin als empirische Bildungsforschung bezeichnet werden. Dass hiermit nicht nur ein sehr erfolgreiches Forschungsprogramm, sondern auch ein ebenso erfolgreicher Labelling-Prozess verbunden ist, der u.a. die historische Bildungsforschung nicht als Teil der empirischen Bildungsforschung versteht, macht Tenorth deutlich: „Empirische Bildungsforschung gibt es nicht erst, seit wir alle – besorgt oder zustimmend – PISA-Daten rezipieren, auch nicht erst mit TIMSS oder IEA, sondern – je nach dem Begriff der Forschung – bereits seit mehr als 200 Jahren, wenn auch in unterschiedlicher Gestalt und Nähe zur aktuellen empirischen Bildungsforschung" (Tenorth 2010, 7).

Drei thematische Schwerpunkte der empirischen Bildungsforschung lassen sich analytisch unterscheiden.

1. Lernforschung: In diesem Themenbereich steht der Prozess des Lernens im Vordergrund. So wird zum Beispiel untersucht, wie Wissen erworben wird, welche Methoden der Wissensvermittlung für bestimmte Inhalte geeignet sind, welchen Einfluss außerschulische Faktoren (wie zum Beispiel Familien) auf den Wissenserwerb haben, wie Lernmotivation und selbstreguliertes Lernen stimuliert werden können, wie sich Kompetenzen entwickeln, aber auch, wie Kompetenzen überhaupt gemessen werden können (vgl. zum Beispiel die Artikel in Reinders et al. 2011, 15ff.; Wild und Möller 2015, 3ff.).

2. Lehrforschung: In der Lehrforschung stehen einerseits der Einfluss der Lehrperson und andererseits der Einfluss der Lehrsituation auf den Lernerfolg im Fokus der Untersuchung. Untersucht wird zum Beispiel, welche Merkmale ein erfolgreicher Unterricht aufweist, welchen Einfluss Merkmale der Lehrperson auf den Lernerfolg haben, wie Lehrpersonen eine Klasse „führen" können, um den Lernerfolg der Schüler zu verbessern, und welche Effekte durch verschiedene Lehrmethoden und -medien entstehen (vgl. zum Beispiel die Artikel in Reinders et al. 2011, 15ff.; Wild und Möller 2015, 69ff.).

3. Soziale Ungleichheit: Das dritte große thematische Feld beschäftigt sich mit der Produktion und Reproduktion von Bildungsungleichheiten in Bezug auf verschiedene Bevölkerungsgruppen oder -schichten (zum Beispiel Frauen, Migranten, bildungsferne Schichten). Zunächst wird hier untersucht, welche Bildungsungleichheiten vorhanden bzw. wie groß diese sind. Bildungsungleichheiten können sich dabei durch unterschiedliche Bildungsbeteiligung ausdrücken, neuerdings wird Bildungsungleichheit aber auch an unterschiedlich ausgeprägtem Kompetenzerwerb gemessen. Auf dieser Grundlage werden dann die Ursachen für die soziale Ungleichheit untersucht und Interventionsmöglichkeiten diskutiert (vgl. zum Beispiel die Artikel in Reinders et al. 2011, 163ff.; Becker und Lauterbach 2010).

Die Beschreibungen dieser drei thematischen Schwerpunkte zeigen, dass es erhebliche Überschneidungen zwischen bestimmten Bereichen der Hochschulforschung und der empirischen Bildungsforschung gibt. So sind die Lehr- und Lernprozesse an Hochschulen traditionell Gegenstand der Hochschulpädagogik und der Hochschuldidaktik. Das Ausmaß und die Ursachen für die Beteiligung verschiedener Gruppen und Schichten in der Hochschulbildung ist ebenfalls ein wichtiges Untersuchungsfeld der Hochschulforschung, hier vor allem der soziologischen Ungleichheitsforschung, und wurde auch von uns eingehend betrachtet (vgl. Kapitel 3.4.4).

Trotz dieser eindeutigen Überschneidung sind allerdings die beiden Forschungsfelder der Hochschulforschung und der empirischen Bildungsforschung weitestgehend unverbunden. Das liegt erstens daran, dass die empirische Bildungsforschung zwar grundsätzlich den Anspruch erhebt, alle Bildungszusammenhänge zu erforschen, sich faktisch allerdings stark auf schulische Bildungsprozesse konzentriert (zum Beispiel Gräsel 2011, 24). Diese faktische Konzentration führt dann dazu, dass die Hochschulforschung und die empirische Bildungsforschung zumindest bisher nur wenig Berührungspunkte in Bezug auf ihre Forschungsobjekte aufweisen. Zweitens ist zu berücksichtigen, dass die empirische Bildungsforschung in den letzten ca. 15 Jahren einen erheblichen Bedeutungsgewinn verzeichnen und sich erst seitdem als eigenständiges Forschungsfeld etablieren konnte (Aljets 2015). Es ist also abzuwarten, ob die momentane Unverbundenheit auch zukünftig erhalten bleiben wird.

Diese Frage stellt sich auch deshalb, weil bei einem Vergleich der beiden Forschungsfelder zentrale gemeinsame Forschungsorientierungen vorhanden sind. So ist auch die empirische Bildungsforschung ein interdisziplinäres Forschungsfeld. Als Kerndisziplinen werden hier die Erziehungswissenschaften, die pädagogische Psychologie, die Soziologie und zuweilen die Wirtschaftswissenschaften genannt (zum Beispiel Gräsel 2011, 25). Zudem hat auch die empirische Bildungsforschung einen starken Bezug zur Praxis. Zielsetzung ist nicht nur die Analyse der Bildungsprozesse, sondern auch die Generierung von Wissen, um Bildungsprozesse zu verbessern. Und schließlich finden wir auch in der empirischen Bildungsforschung häufig international vergleichende Forschung, die letztlich zum Ziel hat, aus den Strukturen und Erfahrungen von Bildungsprozessen in anderen nationalen Settings zu lernen. Hochschulforschung und empirische Bildungsforschung teilen also drei wichtige Forschungsorientierungen: Interdisziplinarität, Praxisbezug, internationale Vergleiche.

Kommen wir nun zu den Faktoren und Strukturen, die den „Aufstieg der empirischen Bildungsforschung" (Aljets 2015) begünstigt haben und von denen man im Hinblick auf die Weiterentwicklung der Hochschulforschung lernen kann.

Einen ersten großen Aufschwung erlebte die empirische Bildungsforschung bereits in den 1960er und 1970er Jahren, nicht zuletzt, weil Bildungsfragen eine hohe gesellschaftliche Relevanz besaßen. Die in den 1960er Jahren beginnende und zum Teil kontrovers geführte Diskussion um Investitionen in die Bildung und den Abbau von Bildungsungleichheiten (zum Beispiel Picht 1964; Dahrendorf 1965) führte 1965 zur Etablierung des „Deutschen Bildungsrates", der „eine Vielzahl von Studien und Gutachten" (Ditton 2011, 29) beauftragte, deren Themen auch in der aktuellen empirischen Bildungsforschung von hoher Relevanz sind (Ditton 2011). In diesen Zeitraum fallen zum Beispiel auch die Gründung des Max-Planck-Instituts für Bildungsforschung in Berlin (1963) sowie die des Instituts für die Pädagogik der Naturwissenschaften (1966) (Zlatkin-Troitschanskaia und Gräsel 2011, 10; zur Entwicklung des außeruniversitären Sektors siehe Aljets 2015, 35ff.). Allerdings gelang der empirischen Bildungsforschung damals keine umfassende Institutionalisierung als Forschungsfeld. Vielmehr ist festzustellen, dass die empirische Bildungsforschung „Ende der 1980er Jahre kaum mehr als eine marginale Nische in den Erziehungswissenschaften" (Aljets 2015, 23) darstellte. Es gab kaum Professuren für empirische Bildungsforschung, und auch die außeruniversitären Institute, die sich mit Bildungsforschung beschäftigten, mussten um ihr Überleben kämpfen (Zlatkin-Troitschanskaia und Gräsel 2011, 10; Aljets 2015, 25ff.).

Dies lag auch daran, dass die „realistische Wende" (Roth 1962) der Bildungsforschung sich in den 1970er und 1980er Jahren nicht durchsetzen konnte. Diese Wende hätte darin bestanden, die tatsächlichen Gegebenheiten in Bildungszusammenhängen zu untersuchen und nicht die normativ wünschenswerten Zustände in den Mittelpunkt zu rücken. Da diese Wende unterblieb, wurde die Bildungsforschung bis in die 1990er Jahre in weiten Teilen „als primär geisteswissenschaftlich und normativ ausgerichtete Disziplin" (Buchhaas-Birkholz 2009, 27) angesehen. Die geringe Institutionalisierung lag allerdings nicht zuletzt auch daran, dass in Deutschland bis weit in die 1990er Jahre kaum eine „wissensbasierte Systemsteuerung" (Buchhaas-Birkholz 2009, 28) im Bildungsbereich vorhanden war, also auf der politisch-administrativen Ebene auch kein Bedarf an einer kritischen und empirisch orientierten Bildungsforschung bestand.

Vor diesem Hintergrund ist die seit einigen Jahren zu verzeichnende Erfolgsstory der empirischen Bildungsforschung zunächst überraschend. Der Erfolg zeigt sich zum Beispiel daran, dass sich die Lehrstühle für empirische Bildungsforschung in den Erziehungswissenschaften von 27 im Jahr 2005 auf 75 im Jahr 2012 erhöht haben. Da die Anzahl der gesamten Professuren in den Erziehungswissenschaften in diesem Zeitraum nahezu konstant blieb, konnte die empirische Bildungsforschung ihren Anteil an allen erziehungswissenschaftlichen Professuren dann auch von 3,1 auf 8,6 Prozent erhöhen (Aljets 2015, 34).

Eine zentrale Vorbedingung für den aktuellen Erfolg der empirischen Bildungsforschung ist in der hohen massenmedialen und gesellschaftlichen Resonanz auf die internationalen Schulvergleichsstudien zu sehen. Insbesondere der „PISA-Schock" (zum Beispiel Fahrholz et al. 2002; Loeber und Scholz 2003;

Schwager 2005) war ein wichtiger Katalysator für den Aufschwung der empirischen Bildungsforschung. Die PISA-Studie[130] zeigte, dass im internationalen Vergleich deutsche Schülerinnen und Schüler im Hinblick auf den Kompetenzerwerb relativ schlecht abschnitten. Zudem zeigte sie, dass die soziale Selektivität in Deutschland besonders hoch ist (Baumert et al. 2001; Deutsches PISA-Konsortium 2001).

Zumindest die Ergebnisse zur sozialen Selektivität sind dabei aus einer wissenschaftlichen Perspektive im Jahr 2000 keineswegs überraschend und waren schon länger bekannt (zum Beispiel Brake 2003). Was sich aber um das Jahr 2000 massiv veränderte, ist, dass die Massenmedien das Thema intensiv aufgriffen und hierdurch in der deutschen Öffentlichkeit eine breite Diskussion über die Qualität und die soziale Selektivität des deutschen Bildungssystems stattfand. Über die Massenmedien wurden demnach die bereits länger vorliegenden Ergebnisse der Bildungsforschung transportiert, und die Politik musste diese Diskussion aufgreifen. Durch diese Diskussion wurde der Mythos der Chancengleichheit nachhaltig zerstört, der seit den 1970er Jahren gepflegt wurde (Geißler 2004).

Um das Jahr 2000 fand sich also eine ähnlich günstige Situation für die empirische Bildungsforschung wie in den 1960er und 1970er Jahren, wobei der Unterschied aus heutiger Sicht darin bestand, dass die Situation um das Jahr 2000 genutzt werden konnte, um eine umfassende Institutionalisierung des Forschungsfeldes vorzunehmen. Was unterscheidet also die Situation in den 1960er und 1970er Jahren von der Situation um das Jahr 2000 und worin bestehen die Gemeinsamkeiten?

Ähnlich einzuschätzen ist zunächst, dass es ab dem Jahr 2000 aufgrund der breiten Diskussion um die Ursachen für das schlechte Abschneiden und den engen Zusammenhang zwischen Bildungserfolg und sozialer Herkunft zumindest auf der diskursiven Ebene[131] wieder eine größere Offenheit der Bildungspolitik gegenüber den Ergebnissen der empirischen Bildungsforschung gab (Buchhaas-

---

[130] PISA steht für „Programme for International Student Assessment" und ist eine internationale Vergleichsstudie bei 15-jährigen Schülern, wobei Kompetenzen in den Bereichen Mathematik, Naturwissenschaften und Lesefähigkeit erhoben werden. Die Studie wird seit 2000 alle drei Jahre durchgeführt.

[131] Ob diese Offenheit auch in Bezug auf die tatsächliche Handlungspraxis der Politik vorhanden ist, ist deutlich umstrittener. Ähnlich wie für die Hochschulforschung ist auch für die empirische Bildungsforschung eine deutliche Lücke zwischen dem wissenschaftlich fundierten Wissenszuwachs und der Umsetzung in praktische Bildungspolitik zu konstatieren. Dies liegt nicht zuletzt daran, dass das wissenschaftliche System und das politische System funktional getrennt sind und jeweils nach ihrer eigenen Logik operieren. Hieraus resultieren Grenzen der wissenschaftlichen Politikberatung, wie sie u.a. von der Wissenschaftsforschung eingehend behandelt werden (vgl. Kapitel 4.1).

Birkholz 2009). Weiterhin kam es in beiden Phasen zu einer massiven Förderung der empirischen Bildungsforschung durch die Politik. Wurde diese in den 1960er und 1970er Jahren durch die Einrichtung des „Deutschen Bildungsrates" verwirklicht, wurde ab 2000 nicht nur das NEPS[132] maßgeblich durch das BMBF gefördert, sondern mit der „Förderinitiative Technologiebasiertes Testen" und dem „Rahmenprogramm zur Förderung der empirischen Bildungsforschung" wurden auch weitere große Programme für die empirische Bildungsforschung initiiert (Buchhaas-Birkholz 2009, 31f.; Gräsel 2011, 21).

Ein zentraler Unterschied zwischen den 1960er und 1970er Jahren und dem Zeitraum um das Jahr 2000 ist, dass nicht nur die Bildungspolitik, sondern auch die DFG massiv in die Förderung der empirischen Bildungsforschung einstieg. So wurde bereits 2001 durch die DFG eine Förderinitiative „Empirische Bildungsforschung" aufgelegt. Zudem gab es in den letzten 15 Jahren mehrere DFG-Schwerpunktprogramme („Bildung als lebenslanger Prozess", „Kompetenzmodelle zur Erfassung individueller Lernergebnisse und zur Bilanzierung von Bildungsprozessen" und „Bildungsqualität von Schulen"), mehrere DFG-Forschergruppen (zum Beispiel „Analyse und Förderung effektiver Lehr-Lernprozesse" oder „Naturwissenschaftlicher Unterricht") sowie eine relativ hohe Anzahl von DFG-Einzelförderungen (vgl. hierzu auch Gräsel 2011, 23). Insbesondere die Erfolge bei der Etablierung von koordinierten DFG-Programmen sind als wichtige Bausteine in der Entwicklung des Forschungsfeldes zu sehen.

Diese Beispiele deuten auf die besondere Bedeutung DFG-geförderter Forschung für die methodische Weiterentwicklung eines interdisziplinären Forschungsfeldes hin. Der insbesondere im Vergleich zur empirischen Bildungsforschung deutlich geringere Anteil an DFG-Drittmitteln ist im Hinblick auf die Weiterentwicklung der Hochschulforschung nicht unproblematisch, weil solchermaßen der Schwerpunkt primär auf dem Generieren von Praxis- und Gestaltungswissen liegt, während die Grundlagenforschung nicht im selben Maße voranschreitet.

Neben einer Reihe anderer Faktoren sehen wir als einen entscheidenden Faktor für die erfolgreiche Institutionalisierung als Forschungsfeld und insbesondere auch die damit verbundenen Erfolge bei der Einwerbung von DFG-Mitteln, dass die empirische Bildungsforschung um das Jahr 2000 verstärkt

---

[132] NEPS steht für „National Educational Panel Study" oder „Nationales Bildungspanel". Untersucht werden hier in einem Paneldesign Kompetenzentwicklungen, Bildungsprozesse, Bildungsentscheidungen und Bildungsrendite „in formalen, nicht-formalen und informellen Kontexten über die gesamte Lebensspanne" (NEPS 2015).

avancierte quantitative Methoden einsetzte und weiterentwickelte. Diese Orientierung wird auch daran deutlich, dass in einer Reihe von Einführungstexten zur empirischen Bildungsforschung die Beachtung von „anspruchsvollen methodischen Standards" (Prenzel 2006, 76) als ein wichtiges Merkmal der empirischen Bildungsforschung hervorgehoben wird (siehe zum Beispiel auch Fend 1990; Zlatkin-Troitschanskaia und Gräsel 2011, 13).

An dieser Stelle sehen wir Chancen für die Hochschulforschung vom erfolgreichen Institutionalisierungsprozess der empirischen Bildungsforschung zu lernen: Erstens spielt die Diskussion um den Stand und die Weiterentwicklung der quantitativen Methodik in den einschlägigen Betrachtungen zur Standortbestimmung der Hochschulforschung kaum eine Rolle. Zweitens werden in vielen quantitativ ausgerichteten Studien vor allem deskriptive Auswertungsverfahren verwendet, neuere Entwicklungen der Auswertungsverfahren aber, zumindest im Vergleich mit der empirischen Bildungsforschung, deutlich seltener berücksichtigt.

Dies rückt die Frage in den Mittelpunkt, welche Faktoren für die starke Orientierung an avancierten quantitativen Methoden in der empirischen Bildungsforschung, die ihre gelungene Institutionalisierung maßgeblich begünstigt hat, verantwortlich sind. Zudem stellt sich die Frage, welche Schlüsse daraus für die Weiterentwicklung der Hochschulforschung gezogen werden können.

Ein wichtiger Aspekt der Orientierung an avancierten quantitativen Methoden in der empirischen Bildungsforschung ist aus unserer Sicht die stärkere Integration der pädagogischen Psychologie. Zwar gibt es hier, insbesondere aus den Erziehungswissenschaften, auch kritische Stimmen, die davon ausgehen, dass der Psychologie eine „feindliche Übernahme" der empirischen Bildungsforschung gelungen sei (vgl. Aljets 2015, 42), die Frage ist dann aber, wieso eine solche Möglichkeit überhaupt bestand.

Erstens bietet die Psychologie eine im Vergleich zu anderen Fächern umfassendere empirisch-quantitative Ausbildung. Zweitens gibt es in der Psychologie eine lange Tradition, Messinstrumente im Hinblick auf Reliabilität und Validität kontinuierlich weiterzuentwickeln. Drittens spielt in der Psychologie ein breites Methodenarsenal – von Experimenten bis zu Befragungen – eine wichtige Rolle. Die breite Verankerung methodisch-quantitativer Zusammenhänge und ihre kontinuierliche Weiterentwicklung in der Fachkultur der Psychologie werden demnach durch die pädagogische Psychologie in das interdisziplinäre Forschungsfeld der empirischen Bildungsforschung transportiert. Eine vergleichbare Stellung der Psychologie in der Hochschulforschung ist hingegen nicht vorhanden. Eine Möglichkeit der Weiterentwicklung der Hochschulforschung könnte also darin bestehen, zumindest bei großangelegten quantitativen Studien systematischer als bisher auf das Know-how der Psychologie zurückzugreifen.

Die stärkere methodische Ausrichtung der empirischen Bildungsforschung wird unserer Meinung nach auch dadurch verstärkt, dass sie mit Bildungsungleichheiten ein soziologisches Themenfeld integriert, das dem soziologischen Teilbereich der Sozialstrukturanalyse zuzuordnen ist. Dieser Teilbereich der Soziologie hat, im Gegensatz zu anderen Teilbereichen der Soziologie, eine deutlich stärkere empirisch-quantitative Orientierung. Das interdisziplinäre Forschungsfeld der empirischen Bildungsforschung umfasst damit – nicht nur, aber vor allem – empirisch quantitativ orientierte Soziologinnen und Soziologen.

Eine solche Kohärenz der Soziologinnen und Soziologen, die sich mit Hochschulforschung beschäftigen, ist hingegen nicht vorhanden. Diese Offenheit erlaubt die soziologische Behandlung von Fragestellungen, die weit über das Themenfeld von sozialen Ungleichheiten im Hochschulsystem hinausgehen. Hierin sehen wir einen großen Vorteil der Hochschulforschung – wie wir auch in einzelnen Kapiteln dieses Buches aufzuzeigen versuchen. Dennoch würde es sich anbieten, methodische Diskussionen und Weiterentwicklungen, wie sie innerhalb der quantitativ ausgerichteten Soziologie stattfinden, noch stärker als bislang in die Hochschulforschung zu integrieren.

Auch die vielen großangelegten internationalen und nationalen Studien (zum Beispiel PISA, IGLU[133], TIMSS[134], NEPS) der empirischen Bildungsforschung sind als ein Faktor für die starke Verankerung avancierter quantitativer Methoden in der empirischen Bildungsforschung anzusehen. Zunächst dadurch, dass im Rahmen dieser Studien eine Konzentration methodischer Kompetenzen in den Projekten erfolgt und damit auch der Austausch zwischen methodisch Interessierten verstärkt wird. Hinzu kommt, dass die Studien und deren Erhebungsinstrumente international bestehen müssen und schon aus diesem Grund ein hoher Aufwand in Bezug auf Validität und Reliabilität betrieben wird bzw. werden muss.

Solche großangelegten Studien sind in der Hochschulforschung – insbesondere auch in Bezug auf die gewährten Mittel – allerdings nicht vorhanden. Zwar finden sich auch hier immer wieder international vergleichende Studien, im Hinblick auf die Messinstrumente und die Qualität der Daten erreichen diese

---

[133] IGLU steht für „Internationale Grundschul-Lese-Untersuchung" (im internationalen Kontext ist die Abkürzung PIRLS – was für „Progress in International Reading Literacy Study" steht – geläufiger). Die IGLU-Studie vergleicht international das Leseverständnis von Schülern in der vierten Jahrgangsstufe – in Deutschland also in der letzten Klassenstufe der Grundschule.

[134] TIMSS steht für „Trends in International Mathematics and Science Study" und ist eine internationale Vergleichsstudie für Mathematik und Naturwissenschaften in verschiedenen Bildungsstufen (Grundschule bis Sekundarstufe II).

aber, auch aufgrund deutlich schlechterer finanzieller und struktureller Ausstattung, nicht das Niveau der großen Studien wie PISA, IGLU oder NEPS. In Bezug auf die deutlich avancierteren Auswertungsstrategien und -methoden kommt bei der empirischen Bildungsforschung noch ein weiterer zentraler Punkt hinzu: die rasche Veröffentlichung von „Scientific Use Files", also Datensätzen, die grundsätzlich für alle Forschenden frei zugänglich sind. Diese Veröffentlichungen führen zum Wettbewerb im Hinblick auf Auswertungsstrategien und -methoden unter den Wissenschaftlerinnen und Wissenschaftlern. Ein Effekt von Wettbewerb ist – wie wir bereits mehrfach beschrieben haben –, dass Innovationen begünstigt werden, in diesem Fall, weil eine Vielzahl von Wissenschaftlerinnen und Wissenschaftlern auf Grundlage der gleichen Daten um Publikationschancen konkurriert. Während also bei einem Verzicht auf die Publikation von Scientific Use Files der reine Besitz der Daten die Publikationschancen erhöht, entfällt dieser Vorteil durch die Publikation von Scientific Use Files in der empirischen Bildungsforschung.[135] Auch deshalb finden wir in der empirischen Bildungsforschung eine stärkere Berücksichtigung neuer Auswertungsmethoden, weil hierdurch angestrebt wird, sich Vorteile im Publikationswettbewerb zu sichern.

In der Hochschulforschung gibt es hingegen einen solchen Wettbewerb bisher noch nicht, weil kaum bzw. nicht systematisch Scientific Use Files erstellt werden. Allerdings gibt es von verschiedenen Seiten Bestrebungen, dies zu ändern. Die Hoffnung wäre dann, dass hierdurch ein Wettbewerb im Hinblick auf Auswertungsstrategien und -methoden in Gang gesetzt wird, der als äußerst vorteilhaft für die Weiterentwicklung der quantitativ ausgerichteten Hochschulforschung anzusehen wäre.

Ein zentraler Faktor dafür, dass die Hochschulforschung in diesem Wettbewerb bestehen kann, ist allerdings auch, dass es zu einer verbesserten Institutionalisierung der Nachwuchsausbildung kommt. Auch der Aufbau von einigen strukturierten Promotionsprogrammen in der empirischen Bildungsforschung ist durchaus als ein wichtiger Baustein der stärkeren methodischen Orientierung anzusehen.[136]

---

[135] Hinzu kommt natürlich, dass eine Kontrolle von publizierten Ergebnissen viel besser möglich ist, weil die Daten auch dazu genutzt werden können, um Ergebnisse nachzurechnen. Es geht hier also auch um Reproduzierbarkeit von Forschungsergebnissen und damit um eine zentrale Qualitätskontrolle in der Wissenschaft.

[136] So wurden zum Beispiel seit 2004 alleine drei DFG-Graduiertenkollegs finanziert („Unterrichtsprozesse", „Naturwissenschaftlicher Unterricht" und „Passungsverhältnisse schulischen Lernens: Verstehen und Optimieren").

Wie kritisch man zu strukturierten Promotionsprogrammen auch stehen mag, diese haben im Hinblick auf eine konsistente und an hohen Standards orientierte Ausbildung in Bezug auf Forschungs- und Auswertungsstrategien unbestreitbare Vorteile. Während in der Hochschulforschung nämlich das „Meister-Schüler-Modell" vorherrscht und es damit letztlich dem Zufall überlassen bleibt, ob der Meister erstens selbst über avancierte methodische Kompetenzen verfügt und/oder zweitens darauf achtet, dass solche Kompetenzen aufgebaut werden, sind diese Zufälligkeiten bei einem strukturierten Promotionsprogramm weitgehend ausgeschaltet. Hinzu kommt natürlich, dass durch die Konzentration des Nachwuchses in strukturierten Programmen auch der methodische Austausch immens gefördert wird.

Wie bereits zu Beginn erwähnt, sehen wir eine zentrale Perspektive der Hochschulforschung in „mixed methods"-Forschungsdesigns, in denen unterschiedliche, jedoch gleichermaßen avancierte qualitative und quantitative Methoden zum Tragen kommen. Der hierfür erforderliche Aufbau und Austausch von Kompetenzen kann insbesondere in strukturierten Programmen gedeihen. All dies soll selbstverständlich nicht bedeuten, dass nun der gesamte Hochschulforschungsnachwuchs in strukturierten Promotionsprogrammen ausgebildet werden sollte, allerdings wäre es durchaus sinnvoll, zumindest solche Alternativmöglichkeiten in den nächsten Jahren aufzubauen.

4.3 Innovationsforschung

Innovationsforschung und Hochschulforschung stellen zwei separate For-
schungsgemeinschaften dar, die auf den ersten Blick nur wenige Überschneidungen aufweisen. Richtet sich die Hochschulforschung auf Lehr- und Forschungs-
prozesse an Hochschulen sowie damit zusammenhängenden Fragen der System-
und Organisationsentwicklung, liegt der Fokus der Innovationsforschung auf den
Rahmenbedingungen der Erzeugung technischer Innovationen in Wirtschaft und
Gesellschaft.[137]

Gemeinsam ist beiden Bereichen der hohe Grad an Interdisziplinarität. Aber
auch hier bestehen bei näherer Betrachtung erhebliche Unterschiede. Einer breit
angelegten Befragung unter mehr als eintausend Innovationsforschern zufolge
hat mehr als die Hälfte einen fachlichen Hintergrund in den Wirtschaftswissenschaften, mit deutlichem Abstand gefolgt von den Ingenieur- und Naturwissenschaften, der Geographie und der Soziologie (Fagerberg und Verspagen 2009,
223). Im Vergleich zur Hochschulforschung ist die Soziologie also von geringe-
rer Bedeutung, und Disziplinen wie die Pädagogik oder die Psychologie spielen
– mit Ausnahme des in den letzten Jahren boomenden Bereichs der „entrepreneurship education", der allerdings nicht zum engeren Bereich der Innovationsforschung gehört – faktisch keine Rolle. Dennoch halten wir ein engeres Zu-
sammenrücken von Hochschul- und Innovationsforschung für sehr wichtig, denn
Hochschulen sind von zentraler Bedeutung in gesellschaftlichen Innovationsprozessen, und aus der zunehmend engen Kopplung von Hochschulen und Anwendungskontexten sowie technischen und sozialen Innovationen resultieren wesentliche Herausforderungen, die engere Kooperationen zwischen beiden Forschungsfeldern erforderlich machen.

Ausgangspunkt der mittlerweile weit verzweigten Innovationsforschung
sind die bahnbrechenden Arbeiten des österreichischen Wirtschaftswissenschaft-
lers Joseph A. Schumpeter. Beginnend mit seinem zuerst 1911 veröffentlichten
Buch „Theorie der wirtschaftlichen Entwicklung" wird hier sowie in anschließenden Arbeiten die Relevanz der technologischen Entwicklung für die Wirtschaft und die damit einhergehende Bedeutung von Innovationen hervorgehoben
(Schumpeter 1911). Unternehmen und die Rolle des Unternehmers sind ihm
zufolge die zentrale Variable im Innovationgeschehen: „Für Handlungen, die in
der Durchführung von Innovationen bestehen, behalten wir uns den Ausdruck
‚Unternehmung' vor; die Personen, die sie durchführen, nennen wir Unterneh-

---

[137] Eine gute sozialwissenschaftliche Einführung in die Innovationsforschung stellt Braun-Thürmann
(2005) dar. Eine historische Rekonstruktion und die Benennung zukünftiger Perspektiven des Feldes
aus Sicht zentraler Akteure liefern die Beiträge in Fagerberg et al. (2013).

mer" (Schumpeter 1961, 110).[138] Dennoch nimmt er in seinen Arbeiten einen breiten Fokus ein, in dem nicht nur die Organisation des Unternehmens und die Rolle des Unternehmers von Bedeutung sind, sondern auch individuell-motivationale Faktoren sowie gesellschaftliche Rahmenbedingungen und Folgewirkungen.

Aus Sicht der Hochschulforschung würde man zudem die historisch wie gegenwärtig überaus wichtige Rolle des Hochschulsektors in Innovationsprozessen ergänzen. Historische Analysen zeigen, dass das Entstehen wissensbasierter Industrien in Deutschland am Ende des 19. Jahrhunderts nur mit Hilfe des entsprechenden Input von Seiten der Universitäten und darauf basierenden Vernetzungen mit Unternehmen erklärbar ist (Meyer-Thurow 1982; Szöllösi-Janze 2004; Keck 1993, 125ff.). Während heutzutage viel von der Ökonomisierung der Wissenschaft die Rede ist, ging es historisch betrachtet zunächst um die Verwissenschaftlichung der Ökonomie. Werner von Siemens proklamierte 1886 das „Naturwissenschaftliche Zeitalter" (zit. nach Szöllösi-Janze 2004, 288) und setzte sich persönlich für die Wissenschafts- und Hochschulförderung ein. Vor allem Unternehmen der Chemie-, Pharma- und Elektroindustrie profitierten erheblich von wissenschaftlichen Durchbrüchen, die in den Forschungsuniversitäten dieser Zeit erzielt wurden. Auch waren Universitäten als Lehreinrichtungen von besonderer Bedeutung für das Entstehen wissensbasierter Industrien. So war bei den zwischen 1863 und 1865 gegründeten Unternehmen Bayer, HOECHST und BASF zwischen 1880 und 1912 ein dramatischer Anstieg an dort beschäftigten Chemikern zu verzeichnen, bei Bayer innerhalb dieses Zeitraums zum Beispiel von 14 auf über 320 (Szöllösi-Janze 2004, 289). Ähnliche Entwicklungen lassen sich auch für andere wirtschaftlich entwickelte europäische Staaten und die USA nachzeichnen (vgl. hierzu die Beiträge in Nelson 1993).

Für das im Hinblick auf die Erzeugung technischer Innovationen so zentrale Verhältnis von Universitäten und Wirtschaft war zudem eine soziale Innovationen relevant: die Forschungsuniversität. Die Gründung der Berliner Universität 1810 durch Wilhelm von Humboldt stellt hierbei einen wichtigen Meilenstein dar. An Stelle der zur damaligen Zeit üblichen Trennung von Forschung und Lehre in Akademien und Universitäten wurde durch von Humboldt ein historisch folgenreiches Universitätsmodell begründet, das auf der Einheit von Forschung und Lehre im Rahmen einer Organisation basierte. Zwar werden gerade in Deutschland die von Humboldtschen Leitideen des Lehrens, Lernens und

---

[138] Diese Aussage ist allerdings dahingehend zu präzisieren, dass der Unternehmer im Schumpeterschen Sinne derjenige ist, der neue Kombinationen („Innovationen") sucht und umsetzt; diese Rolle muss nicht zwangsläufig mit der des Eigentümers zusammenfallen.

Forschens in „Einsamkeit und Freiheit", die dem Modell der deutschen Universität zugrunde liegen, immer wieder als praxisferne Elfenbeinturm-Ideologie kritisiert. Man sollte dabei jedoch nicht vergessen, dass mit von Humboldt das später von vielen anderen Staaten, unter anderem den USA, kopierte Modell der Forschungsuniversität begründet wurde (vgl. Kapitel 2.1.3).

Die Forschungsuniversität war nicht nur für die Naturwissenschaften maßgeblich. Sie strahlte auch auf die Ingenieursausbildung aus. Die Aufwertung der Polytechnischen Schulen zu Technischen Hochschulen, die im letzten Drittel des 19. Jahrhunderts den Universitäten gleichgestellt wurden, indem sie ebenfalls das Promotionsrecht erhielten, ermöglichte ein wissenschaftliches, stark auf mathematisch-physikalischen Grundlagen basierendes Ingenieurstudium. Während, zugespitzt formuliert, im von Humboldtschen Modell die Universitäten Absolventen für den Staatsdienst ausbilden, stellt die Entfaltung der Forschungsuniversität in den Natur- und Ingenieurwissenschaften die Grundlage enger Beziehungen zum Wirtschaftssektor, insbesondere zu den entstehenden wissensbasierten Industrien, dar. Damit wurden die Grundlagen für enge Universitäts-Wirtschafts-Beziehungen gelegt, die seit dem letzten Drittel des 19. Jahrhunderts bis zum 1. Weltkrieg die weltwirtschaftliche Vormachtstellung der deutschen Industrie in den entsprechenden Branchen begründeten.

In der Folge wurde der Beitrag der Universitäten, insbesondere ihrer Forschungskapazitäten, für die Erzeugung technischer Innovationen systematischer in den Blick genommen. Drei wesentliche und aufeinander aufbauende Forschungsstränge werden von uns kurz skizziert, die thematisch die zu Beginn dieses Unterkapitels benannte Perspektive einer engeren Verbindung von Hochschul- und Innovationsforschung begründen: das lineare Innovationsmodell, das den Prozesscharakter der Produktion und Nutzung von Wissen betont, das Konzept nationaler Innovationssysteme, das vor allem die unterschiedlichen Akteure und Rahmenbedingungen in den Blick nimmt, sowie Arbeiten zur unternehmerischen Hochschule, die von hoher Aktualität sind und eine nicht unumstrittene Neubestimmung der Aufgabe von Hochschulen in Innovationsprozessen und -systemen vornehmen. Abschließend stellen wir eine noch wenig explorierte Forschungsperspektive dar, die aus der engeren Verbindung beider interdisziplinärer Forschungsgebiete resultiert.

Zunächst zur Rolle von Universitäten in Innovationsmodellen. Im Hinblick auf die Erzeugung technischer Innovationen werden in der Innovationsforschung und -politik seit den 1950er Jahren Universitäten ausführlich behandelt. Derartige Diskussionen und Innovationspolitiken begannen in den USA; sie sind jedoch seit den 1970er Jahren auch in Europa und, vermittelt über die OECD, die Weltbank und andere internationale Organisationen, in anderen Kontinenten von Bedeutung. Dabei standen zunächst insbesondere die Forschungskapazitäten von

Universitäten im Vordergrund. Im Rahmen des sogenannten linearen Innovationsmodells war es die Aufgabe von Universitäten, insbesondere in den Naturwissenschaften Grundlagenforschung zu betreiben (Bush 1945; Godin 2006). Diese stellt eine unverzichtbare Grundlage für die weiteren Phasen des linearen Innovationsmodells dar, die aus der angewandten Forschung, die ebenfalls in Universitäten sowie auch in Unternehmen betrieben wird, der in Unternehmen stattfindenden Entwicklung und schließlich der ebenfalls dort betriebenen Umsetzung in Produkt- und Prozessinnovationen bestehen.[139] Erst wenn am Ende aus dieser langen Entwicklungskette wirtschaftlich verwertbare Produkte und Prozesse resultieren, kann man von einer Innovation sprechen; wissenschaftliche Entdeckungen und darauf basierende Erfindungen sind eine wichtige Grundlage, nicht jedoch mit der Innovation selbst zu verwechseln.

Universitäten sind in diesem Modell also Kerninstitutionen des Wissenschaftssystems, die mit den Kerninstitutionen des Wirtschaftssystems, den Unternehmen, zumeist nur indirekt und durch verschiedene Phasen vermittelt sind. Das aktive Herstellen von Wirtschaftskontakten sowie eigene unternehmerische Aktivitäten von Seiten der Universitäten und der in ihnen Tätigen sind – im Gegensatz zum späteren Modell der unternehmerischen Universität – hier noch nicht vorgesehen. Auch die Qualität des in den Universitäten erzeugten Wissens unterscheidet sich von dem stärker auf die technisch-industrielle Umsetzung abzielenden Wissen in Unternehmen. Ersteres ist inhärent unsicher und kann im Gegensatz zu letzterem weder geplant noch gemanagt werden

Einem bahnbrechenden Aufsatz von Nelson (1959) zufolge führen diese Eigenschaften dazu, dass Unternehmen zu wenig in die Grundlagenforschung investieren. Aus volkswirtschaftlicher Sicht muss die Grundlagenforschung also öffentlich finanziert und an nicht gewinnorientierten Einrichtungen wie Universitäten durchgeführt werden, um gewinnorientierten Unternehmen eine notwendige Wissensbasis für die Erzeugung technischer Innovationen zu verschaffen. Dieses Argument zugunsten der universitären Grundlagenforschung wurde in anschließenden Untersuchungen bestätigt.

Insbesondere Mansfield (1991) hat in langfristig angelegten Untersuchungen gezeigt, dass in ganz unterschiedlichen Industriebranchen die universitäre Grundlagenforschung eine notwendige Bedingung für technisch-industrielle Innovationen darstellt und diesen auf vielfältige Art und Weise vorausgeht. Das

---

[139] Zudem sind Organisationen der außeruniversitären öffentlichen Forschung zu berücksichtigen, in Deutschland etwa die der Grundlagenforschung zuzuordnenden Institute der Max-Planck-Gesellschaft oder die Institute der Fraunhofer-Gesellschaft, in denen primär angewandte Forschung betrieben wird.

lineare Innovationsmodell und die besondere Rolle der universitären, öffentlich finanzierten Grundlagenforschung als ihr Ausgangspunkt werden seit den 1980er Jahren mit zunehmender Skepsis behandelt, denn gerade angesichts der immer kostenintensiveren Grundlagenforschung wurde ihr wirtschaftlicher Nutzen verstärkt in Frage gestellt. Analytisch gewannen zudem nicht-lineare Modelle, die im Gegensatz zum linearen Innovationsmodell Brüche, Überlappungen und Rückkopplungen zwischen den einzelnen Phasen vorsehen, an Bedeutung (Braun-Thürmann 2005, 51ff.). Zugleich wurde der Fokus der auf Universitäten bezogenen Innovationsforschung ausgeweitet, indem man einerseits das Gesamtsystem aller zur Erzeugung technischer Innovationen relevanter Variablen und ihrer Verknüpfung in den Blick nimmt, andererseits von den Universitäten selbst eine aktive Vernetzung mit der Wirtschaft erwartet wird.

Der Fokus auf das Gesamtsystem wird insbesondere im Konzept nationaler Innovationssysteme geleistet, das die jeweiligen Besonderheiten unterschiedlicher nationaler Systeme in vergleichender Perspektive zu erfassen versucht (vgl. Nelson 1993; Lundvall 2010). Galt im linearen Innovationssystem das Verhältnis zwischen universitären Forschungs- und wirtschaftlichen Entwicklungsprozessen als zentral, so werden hier deutlich mehr Einzelvariablen und deren Interdependenzen angenommen. Nationale Innovationssysteme werden auch durch politische und rechtliche Rahmenbedingungen, allgemein-gesellschaftliche Wertvorstellungen sowie das Bildungs- und Ausbildungssystem geprägt. Zudem werden die Wirtschaftsstrukturen und das Finanzsystem sehr viel differenzierter betrachtet als im linearen Innovationsmodell, indem stärker nach Branchen sowie öffentlicher und privater Finanzierung von vormarktlichen Phasen des Innovationsprozesses unterschieden wird. Der Blick auf das Gesamtsystem bedeutet auch einen deutlich erweiterten Blick auf die Ansatzpunkte staatlicher Aktivitäten, die nicht mehr nur als Förderung der Grundlagenforschung verstanden werden, sondern auch im Hinblick auf die Setzung rechtlicher Rahmenbedingungen (von der Regulierung intellektueller Eigentumsrechte über die Integration ausländischer Fachkräfte bis zur Steuerpolitik), die Umsetzung gesamtgesellschaftlich innovationsfördernder Maßnahmen sowie die Bildungspolitik.[140]

Gerade am Beispiel der Bildungspolitik zeigt sich zudem, dass mit dem Fokus auf das Gesamtsystem der Erzeugung technischer Innovationen der Hochschulbereich insgesamt deutlich an Bedeutung gewonnen hat – und damit auch der Teil der Hochschulforschung, der sich mit Innovationsprozessen beschäftigt.

---

[140] Vgl. hierzu auch die jährlich erscheinenden Gutachten zu Forschung, Innovation und technologischer Leistungsfähigkeit der Expertenkommission Forschung und Innovation (EFI). Diese Gutachten sind online zu finden unter: http://www.e-fi.de/gutachten.html?&L=0.

Indem Hochschulabsolventen auf vielfältige Art und Weise in den Fokus rücken, werden unterschiedliche Studierenden- und Hochschultypen sowie deren Verbindungen zur wirtschaftlichen, aber auch schulischen Umwelt beleuchtet. Neben der nach wie vor wichtigen Rolle der universitären Forschung stellen zum Beispiel auch Absolventen und Fachhochschulen als Knotenpunkte in Innovationssystemen sowie das in Deutschland wichtige Berufsbildungssystem und seine Verbindungen zum Hochschulbereich wichtige Ansatzpunkte an der Schnittstelle von Innovations- und Hochschulforschung dar. Hierbei spielt zudem die regionale Ebene – gefasst im Konzept regionaler Innovationssysteme (Braczyk et al. 1998) – eine zunehmende Rolle.[141]

Für die Zukunftsfähigkeit wirtschaftlich hoch entwickelter und auf der kontinuierlichen Erzeugung von technischen Innovationen basierender Gesellschaftssysteme ist die international vergleichende Beschäftigung mit nationalen Innovationssystemen von hoher Bedeutung. Dennoch sollte man die direkten Implikationen für die Innovationspolitik nicht zu hoch veranschlagen. Staatliche Aktivitäten sind in nationalen Innovationssystemen nur eine Variable unter anderen, und politische Steuerungsversuche des Innovationsgeschehens müssen sich unter diesen Bedingungen auf transintentionale und nicht ex ante kontrollierbare Folgewirkungen einstellen.[142]

Forschungen zeigen zudem, dass es keinen auf andere Länder übertragbaren „one best way" in Bezug auf die Erzeugung von Innovationen gibt. Dies ist allein darin begründet, dass die Bewertung der Stärken und Schwächen nationaler Innovationssysteme im Zeitverlauf variabel ist. Galten die engen Verbindungen zwischen Staat, Arbeitgebern und Gewerkschaften in Deutschland bis in die 1980er Jahre hinein als richtungsweisend für andere Innovationssysteme, so wurde genau hierin ab den 1990er Jahren eine zentrale Ursache für die mangelnde Flexibilität und zu hohe Trägheit des deutschen Innovationssystems identifiziert. Darüber hinaus ändern sich die Bewertungen nicht nur im Zeitverlauf, sondern unterschiedliche Bewertungen finden sich auch zum selben Zeitpunkt. So unumstritten die Bedeutung des in Deutschland traditionell starken Systems der Berufsbildung für das nationale Innovationssystem ist, so umstritten ist seit vielen Jahren seine Bewertung, da man hierin entweder ein gelungenes Modell der Fachkräftequalifikation oder die problematische Hauptursache der im Vergleich zu anderen Ländern eher geringen Akademisierungsquote sieht. Die

---

[141] Zur Bedeutung der regionalen Ebene im Hinblick auf die Verwertung wissenschaftlichen Wissens vgl. zum Beispiel Bünstorf und Schacht (2013).
[142] Hierin besteht eine deutliche Parallele zur Soziologie politischer Reformmaßnahmen im Hochschulsystem, die durch zahlreiche Interdependenzen und transintentionale Folgewirkungen geprägt sind (Krücken 2014).

aus dem Konzept nationaler Innovationssysteme resultierenden politischen Gestaltungsansprüche sind zwar nicht so eindeutig, wie auf den ersten Blick von vielen erhofft. Aufgrund der besonderen und vielschichtigen Bedeutung von Hochschulen in nationalen Innovationssystemen stellt dieser Ansatz jedoch eine fruchtbare Perspektive der Zusammenführung von Hochschul- und Innovationsforschung dar.

Ein dritter und zeitlich nach der Beschäftigung mit der Rolle von Hochschulen in Innovationsmodellen und -systemen einsetzender Forschungsstrang ist unter den Stichworten „Entrepreneurial University", „die unternehmerische Hochschule" oder „dritte akademische Mission" („third mission") zu fassen. Ebenso wie hinsichtlich der beiden zuvor genannten Forschungsstränge ist die wissenschaftliche Beschäftigung mit der „unternehmerischen Hochschule" maßgeblich durch den politischen Wunsch sowie entsprechende Programme und Initiativen geprägt, Hochschulen verstärkt direkt für die wirtschaftliche Entwicklung nutzbar zu machen.[143] Dabei geht es im Unterschied zum linearen Innovationsmodell darum, dass Hochschulen und die in ihnen Tätigen aktiv werden, um Wirtschaftskontakte zu etablieren und selbst unternehmerisch tätig zu werden.

Ähnliches gilt hinsichtlich der dritten akademischen Mission. Zunächst ist festzuhalten, dass die Verbindung zwischen den beiden traditionellen Hochschulmissionen, Lehre und Forschung, zur gesellschaftlichen Umwelt eher indirekter Natur sind. Aufgrund zeitlicher Verzögerungen zwischen den universitären Kernprozessen – Lehre und Forschung – und ihrer außeruniversitären Nutzung sowie weiterer Unsicherheiten weiß man weder, ob Studiengänge tatsächlich auf die Bedürfnisse des Arbeitsmarktes bezogen sind, noch ob die Ergebnisse der Grundlagenforschung sich in technische Innovationen umsetzen lassen. Unter dem Stichwort „dritte akademische Mission" geht es im Unterschied zu den traditionellen Missionen nun um den direkten Transfer von Wissen und Technologien, die in Hochschulen erzeugt wurden, in Wirtschaftsunternehmen, mit dem Ziel, technische Innovationen hervorzubringen. Darüber hinaus sind aber auch durch Hochschulen angestoßene soziale Innovationsprozesse sowie der Transfer und die Zusammenarbeit mit anderen gesellschaftlichen Akteuren, insbesondere aus Staat und Zivilgesellschaft, von Bedeutung.

---

[143] Dies gilt zudem auch für das sogenannte „Triple Helix"-Konzept von Etzkowitz und Leydesdorff (2000), welches sowohl in der Innovations- als auch in der Wissenschaftsforschung eine wichtige Rolle spielt. Dieses Konzept nimmt analog zum Strickleiter-Modell der DNA die Notwendigkeit enger Verschränkungen der Einzelstränge „Hochschulen", „Staat" und „Unternehmen" an. Der Fokus ist hier weniger auf einzelne Hochschulen und deren Umweltbeziehungen gerichtet, sondern vor allem auf die regionale und nationale Ebene, so dass hier deutliche Parallelen zum Konzept der Innovationssysteme bestehen.

Ebenso wie bei der Frage nach der Rolle von Hochschulen in Phasenmodellen des Innovationsprozesses sowie der daran anschließenden Fokussierung auf nationale Innovationssysteme hat sich hier mittlerweile ein globales Diskursfeld herausgebildet, bei dem die Grenzen zwischen Wissenschaft und Politik häufig verschwimmen, und ebenso wie im globalen Diskursfeld „Hochschul-Exzellenz" werden vor allem US-amerikanische Einrichtungen als besonders instruktive und nachahmenswerte Beispiele diskutiert. Das vermutlich am häufigsten zitierte Beispiel sind die engen Beziehungen zwischen der kalifornischen Stanford University und dem sie umgebenden Silicon Valley. Besonders hervorgehoben werden hier Universitätsausgründungen, die von Hewlett-Packard bis zu Google reichen, sowie die netzwerkartigen Beziehungen im Silicon Valley, die vor allem auf dem raschen Transfer von Wissen und Personen zwischen unterschiedlichen institutionellen Sektoren – Universität, Firmen, Risikokapitalfirmen – basieren (Castilla et al. 2000; Saxenian 1996; Padgett und Powell 2012, Kap. 17).[144]

Die sozialwissenschaftliche Beschäftigung mit diesem besonders erfolgreichen Modell direkter Universitäts-Wirtschaftsbeziehungen macht dreierlei deutlich:

Erstens unterliegt ihre Entstehung und Entwicklung einer Vielzahl historisch kontingenter Faktoren und Pfadabhängigkeiten, die einem Transfer der Erfahrungen deutliche Grenzen setzt (vgl. Casper 2007).

Zweitens sind die Folgen der dritten Mission für die Hochschulen höchst umstritten, insbesondere sofern sie sich auf eine Intensivierung der Wirtschaftskontakte beziehen. Während Befürworter hier vor allem Vorteile für die Hochschulen sehen, überwiegen Kritikern zufolge vor allem die Nachteile (zur Diskussion siehe zum Beispiel das Sonderheft von „Science and Public Policy" aus dem Jahr 1998: Leydesdorff und Etzkowitz 1998; sowie Radder 2010). Die Kernfrage, die sich der Hochschul- und Innovationsforschung gleichermaßen stellt, lautet: Wie kann man die dritte Mission ernst nehmen, ohne Lehre, Forschung und Organisation zu korrumpieren?

Drittens zeigt sich gerade am Beispiel von Silicon Valley-Unternehmen wie Google, Facebook oder Apple, dass hier nicht nur technische Neuerungen in bislang unbekannten Ausmaßen entstehen, sondern auch soziale Neuerungen, die diesen nicht nachstehen. Die gesellschaftlichen Umwälzungen in der Kommuni-

---

[144] Die Erforschung derartiger Innovationsnetzwerke, die sich aus Personen und Organisationen ganz unterschiedlicher institutioneller Sektoren zusammensetzen, stellt ebenfalls eine wichtige Perspektive der Zusammenführung von Hochschul- und Innovationsforschung dar. Innovationsnetzwerke stehen gegenwärtig im Fokus zahlreicher Forschungen, nicht zuletzt, weil sie im Gegensatz zum Ansatz nationaler Innovationssysteme weniger statisch wirken, fallspezifischere Analysen erlauben und sich zudem mit avancierten Methoden der sozialwissenschaftlichen Netzwerkanalyse untersuchen lassen.

kation, die wir gegenwärtig beobachten können, sind auch das Resultat enger Universitäts-Wirtschaftsbeziehungen, so dass deutlich wird, wie eng gegenwärtig technische und soziale Innovationen miteinander verbunden sind und welche zum Teil weitreichenden gesellschaftlichen Folgen der vermeintliche Elfenbeinturm „Universität" haben kann.

Die Fortführung und Vertiefung der Beschäftigung mit den drei hier nur grob skizzierten Forschungssträngen, in denen zunächst die Rolle von Hochschulen in übergreifenden Innovationsmodellen und -systemen behandelt wurde, um später die Hochschule selbst als unternehmerisch handelnden Akteur zu konzeptualisieren, liefert eine Fülle an Anregungen für den noch zu seltenen Austausch zwischen Hochschul- und Innovationsforschung.

Abschließend möchten wir stichwortartig eine darüber hinausgehende Perspektive benennen: die gemeinsame Erforschung des Zusammenhangs von technischen und sozialen Innovationen innerhalb von Hochschulen.

Bisher wurde die Notwendigkeit engerer Bezüge zwischen Hochschul- und Innovationsforschung vor allem im Hinblick auf Bedeutung des Hochschulsektors für die gesellschaftliche Erzeugung und Nutzung technische Innovationen thematisiert. Das Beispiel der Gründung der Berliner Universität 1810 sowie die gesellschaftlichen Umwälzungen, die durch Internet-Firmen entstehen, machen jedoch deutlich, dass ein enger Zusammenhang zwischen sozialen und technischen Innovationen besteht. Hier sehen wir gegenwärtig spannende und in ihrer Reichweite noch kaum abschätzbare Entwicklungen. Während Klassiker wie Adam Smith, Karl Marx und Joseph A. Schumpeter immer davon ausgingen, dass technologische Revolutionen eng mit gesellschaftlichen Transformationsprozessen einhergehen, gerät dieser Zusammenhang heutzutage leicht aus dem Blick. Mit Bezug auf den Hochschulsektor kann man an der Schnittstelle von Hochschul- und Innovationsforschung jedoch konstatieren, dass traditionelle und zum Teil über Jahrhunderte eingespielte Handlungsroutinen in Forschung, Lehre und Organisation in erheblichem Maße auch durch technische Innovationen verändert werden und neue Formen der Sozialorganisation entstehen.

Insbesondere die zunehmende Digitalisierung ist hier von Bedeutung. In Bezug auf die Forschung stellt sich zum Beispiel die Frage, welche Auswirkungen diese auf traditionelle Formen der Förderung, Bewertung und Veröffentlichung wissenschaftlicher Forschung hat. In der Lehre wird durch MOOCs („Massive Open Online Courses") und andere digitale Lehrangebote die seit der Gründung der Universität Bologna konstitutive Interaktion zwischen Lehrenden und Studierenden im Hörsaal, Seminarraum oder privaten Räumen durch technisch vermittelte Kommunikation ersetzt oder zumindest ergänzt. Ebenso verändern digitale Strukturen der Wissensarchivierung die Rolle von Bibliotheken, den historisch zentralen Orten der Archivierung, und die technische Vernetzung unterschiedlicher Prozesse und Leistungsdaten innerhalb der Hochschulorganisation mag die traditionell lose Kopplung hochschulinterner Strukturen und Prozesse womöglich nachhaltiger infrage stellen als die zahlreichen Reformbemühungen in Bezug auf die Governance und Organisation von Hochschulen. Vieles von dem, was unter dem Stichwort „Digitalisierung" diskutiert wird, mag heute noch wie Science Fiction klingen, und die langfristigen Auswirkungen sind höchst ungewiss. Dennoch hat die jahrhundertelange Hochschulgeschichte gezeigt, dass wir es hier mit einer erstaunlich zähen Institution und Organisationsform zu tun haben, die ganz unterschiedliche soziale und technische Umwälzungen nicht nur überlebt, sondern auch in erheblichem Maße geprägt hat.

Literatur

Alesi, Bettina; Neumeyer, Sebastian; Flöther, Choni 2014: Studium und Beruf in Nordrhein-Westfalen. Analysen der Befragung von Hochschulabsolventinnen und -absolventen des Abschlussjahrgangs 2011. Kassel: INCHER-Kassel.

Aljets, Enno 2015: Der Aufstieg der Empirischen Bildungsforschung. Wiesbaden: VS Verlag.

Allen, Jim; van der Velden, Rolf (Hg.) 2011: The Flexible Professional in the Knowledge Society. New Challenges for Higher Education. Dordrecht: Springer.

Allison, Paul D.; Long, J. Scott 1987: Interuniversity Mobility of Academic Scientists. In: American Sociological Review, 52 (5), 643-652.

Allison, Paul D.; Long, J. Scott 1990: Departmental Effects on Scientific Productivity. In: American Sociological Review, 55 (4), 469-478.

ALR 1794: Allgemeines Landrecht für die Preußischen Staaten http://ra.smixx.de/Links-F-R/PrALR/pralr.html (22.06.2015).

Altbach, Philip G. 1991: University Reform. In: *Altbach, Philip G.* (Hg.): International Higher Education. An Encyclopedia. New York, London: Garland Publishing, 261-274.

Altbach, Philip G. 2004: The Costs and Benefits of World-Class Universities. In: Academe 90 (1), 20-23.

Amaral, Alberto; Meek, Lynn V.; Larsen, Ingvild M. (Hg.) 2003: The Higher Education Managerial Revolution? Dordrecht: Kluwer Academic Publishers.

Apelt, Maja; Tacke, Veronika (Hg.) 2012: Handbuch Organisationstypen. Wiesbaden: Springer VS.

Arrow, Kenneth J. 1973: Higher Education as a Filter. In: Journal of Public Economics, 2 (3), 193-216.

Ash, Mitchell G. 1999: Zum Abschluss: Bedeutet Abschied vom Mythos Humboldt eine "Amerikanisierung" der deutschen Universität? In: *Ash, Mitchell G.* (Hg.): Mythos Humboldt. Vergangenheit und Zukunft der deutschen Universitäten. Wien: Böhlau Verlag, 253-265.

ASTA Uni Bremen 2011: 10,7 Prozent Wahlbeteiligung bei Wahlen zum Akademischen Senat. http://www.asta.uni-bremen.de/en/107-wahlbeteiligung-bei-wahlen-zum-akademischen-senat/ (07.06.2014).

Autorengruppe Bildungsberichterstattung 2014: Bildung in Deutschland 2014. Ein indikatorengestützter Bericht mit einer Analyse zur Bildung von Menschen mit Behinderungen. Bielefeld: Bertelsmann.

Babyesiza, Akiiki 2015: University Governance in (Post-)Conflict Southern Sudan 2005-2011: The Nexus of Islamism, New Public Management and Neopatrimonialism. Wiesbaden: VS Verlag.

Bahrdt, Hans P. 1966: Die Organisation der Forschung. Historischer Wandel der Arbeitsteilung der Wissenschaft. In: *Krauch, Helmut; Kunz, Werner; Rittel, Horst* (Hg.): Forschungsplanung. Eine Studie über Ziele und Strukturen amerikanischer Forschungsinstitute. München: Oldenbourg, 26-39.

Baker, David P.; Lenhardt, Gero 2008: The Institutional Crisis of the German Research University. In: Higher Education Policy, 21 (1), 49-64.

Ball, Stephen J.; Davies, Jackie; David, Miriam; Reay, Diane 2002: "Classification" and "Judgement": Social Class and the "Cognitive Structure" of Choice of Higher Education. In: British Journal of Sociology of Education, 23 (1), 51-72.

Bargel, Tino 2003: Neigung zum Studienabbruch: Umfang und Gründe. Konstanz: Arbeitsgruppe Hochschulforschung.

Bargel, Tino 2007: Soziale Ungleichheit im Hochschulwesen. Barrieren für Bildungsaufsteiger. Konstanz: Arbeitsgruppe Hochschulforschung.

Barnard, Chester I. 1938: The Functions of the Executive. Cambridge, MA: Harvard University Press.

Barnes, Barry; Edge, David (Hg.) 1982: Science in Context: Readings in the Sociology of Science. Cambridge, MA: MIT Press.

Barnett, William P. 2008: The Red Queen among Organizations: How Competitiveness Evolves. Princeton, NJ: Princeton University Press.

Bartz, Olaf 2005: Bundesrepublikanische Universitätsleitbilder. Blüte und Zerfall des Humboldtianismus. In: die hochschule, 14 (2), 99-113.

Bauman, Zygmunt 2000: Liquid Modernity. Cambridge: Polity Press.

Baumert, Jürgen; Artelt, Cordula; Klieme, Eckhard; Neubrand, Michael; Prenzel, Manfred; Schiefele, Ulrich; Schneider, Wolfgang; Schürmer, Gundel; Stanat, Petra; Tillmann, Klaus-Jürgen; Weiß, Manfred 2001: PISA 2000: Zusammenfassung zentraler Befunde. Berlin: Max-Planck-Institut für Bildungsforschung.

Bayer, Christian R. 2004: Hochschul-Ranking. Vorschlag eines ganzheitlichen Ranking-Verfahrens. Berlin: Duncker & Humblot.

Bean, John; Metzner, Barbara S. 1985: A Conceptual Model of Nontraditional Undergraduate Student Attrition. In: Review of Educational Research, 55 (4), 485-540.

Bean, John; Eaton, Shevawn B. 2001: The Psychology Underlying Successful Retention Practices. In: Journal of College Student Retention, 3 (1), 73-89.

Beaufaÿs, Sandra 2003: Wie werden Wissenschaftler gemacht? Beobachtungen zur wechselseitigen Konstitution von Geschlecht und Wissenschaft. Bielefeld: transcript.

Beaufaÿs, Sandra; Engels, Anita; Kahlert, Heike 2012a: Einleitung: Einfach Spitze? In: *Beaufaÿs, Sandra; Engels, Anita; Kahlert, Heike* (Hg.): Einfach Spitze? Neue Geschlechterperspektiven auf Karrieren in der Wissenschaft. Frankfurt/M., New York: Campus, 7-23.

Beaufaÿs, Sandra; Engels, Anita; Kahlert, Heike (Hg.) 2012b: Einfach Spitze? Neue Geschlechterperspektiven auf Karrieren in der Wissenschaft. Frankfurt/M., New York: Campus.

Becher, Tony; Trowler, Paul R. 2001: Academic Tribes and Territories: Intellectual Enquiry and the Culture of Disciplines. Philadelphia, PA: Open University Press.

Beck, Ulrich 2008: Die Neuvermessung der Ungleichheit unter den Menschen: Soziologische Aufklärung im 21. Jahrhundert. Frankfurt/M.: Suhrkamp.

Becker, Carl H. 1919: Gedanken zur Hochschulreform. Leipzig: Verlag von Quelle & Mayer.

Becker, Fred G.; Tadsen, Wögen; Wild, Elke; Stegmüller, Ralph 2012: Zur Professionalität von Hochschulleitungen im Hochschulmanagement: Organisationstheoretische Erklärungsversuche zu einer Interviewserie. In: *Wilkesmann, Uwe; Schmid, Christian J.* (Hg.): Hochschule als Organisation. Wiesbaden: VS Verlag, 191-205.

Becker, Gary S. 1993: Human Capital: A Theoretical and Empirical Analysis, with Special Reference to Education. Chicago: University of Chicago Press.

Becker, Rolf 2011: Entstehung und Reproduktion dauerhafter Bildungsungleichheiten. In: *Becker, Rolf* (Hg.): Lehrbuch der Bildungssoziologie. Wiesbaden: VS Verlag, 87-138.

Becker, Rolf; Hecken, Anna E. 2007: Studium oder Berufsausbildung? Eine empirische Überprüfung der Modelle zur Erklärung von Bildungsentscheidungen von Esser sowie von Breen und Goldthorpe. In: Zeitschrift für Soziologie, 36 (2), 100-117.

Becker, Rolf; Hecken, Anna E. 2008: Warum werden Arbeiterkinder vom Studium an Universitäten abgelenkt? Eine empirische Überprüfung der "Ablenkungsthese" von Müller und Pollak (2007) und ihrer Erweiterung durch Hillmert und Jacob (2003). In: Kölner Zeitschrift für Soziologie und Sozialpsychologie, 60 (1), 3-29.

Becker, Rolf; Lauterbach, Wolfgang 2010: Bildung als Privileg. 4., aktualisierte Auflage. Wiesbaden: VS Verlag.

Bell, Daniel 1973: The Coming of Post Industrial Society: A Venture in Social Forecasting. New York: Basic Books.

Ben-David, Joseph 1971: The Scientist's Role in Society. A Comparative Study. Englewood Cliffs, NJ: Prentice-Hall.

Ben-David, Joseph 1991: Scientific Growth. Essays on the Social Organization and Ethos of Science. Berkeley, CA: University of California Press.

Berger, Johannes 1996: Was behauptet die Modernisierungstheorie wirklich - und was wird ihr bloß unterstellt? In: Leviathan, 24 (1), 45-62.

Berning, Ewald; Falk, Susanne 2006: Promovieren an den Universitäten in Bayern. Praxis - Modelle - Perspektiven. München: IHF.

Beyer, Jürgen 2006: Pfadabhängigkeit. Über institutionelle Kontinuität, anfällige Stabilität und fundamentalen Wandel. Frankfurt/M., New York: Campus.

Beyme, Klaus von 1979: Die großen Regierungserklärungen der deutschen Bundeskanzler von Adenauer bis Schmidt. München, Wien: Hanser.

Bieletzki, Nadja 2012: "Möglichst keine Konflikte in der Universität". Qualitative Studien zu Reformprojekten aus der Sicht von Universitätspräsidenten. In: *Wilkesmann, Uwe; Schmid, Christian J.* (Hg.): Hochschule als Organisation. Wiesbaden: VS Verlag, 155-164.

Biggeri, Luigi; Bini, Matilde; Grilli, Leonardo 2001: The Transition from University to Work: A Multilevel Approach to the Analysis of the Time to Obtain the First Job. In: Journal of the Royal Statistical Society: Series A (Statistics in Society), 164 (2), 293-305.

Bittman, Michael; Wajcman, Judy 2000: The Rush Hour: The Character of Leisure Time and Gender Equity. In: Social Forces, 79 (1), 165-189.

Bleiklie, Ivar; Michelsen, Svein 2013: Comparing HE Policies in Europe. In: Higher Education, 65 (1), 113-133.

Blickenstaff, Jacob C. 2005: Women and Science Careers: Leaky Pipeline or Gender Filter? In: Gender and Education, 17 (4), 369-386.

Bloch, Roland; Kreckel, Reinhard; Mitterle, Alexander; Stock, Manfred 2014a: Stratifikationen im Bereich der Hochschulbildung in Deutschland. In: Zeitschrift für Erziehungswissenschaft, 17 (3), 243-261.

Bloch, Roland; Lathan, Monique; Mitterle, Alexander; Trümpler, Doreen; Würmann, Carsten 2014b: Wer lehrt warum? Strukturen und Akteure akademischer Lehre an deutschen Hochschulen. Leipzig: Akademische Verlagsanstalt.

Bloor, David 1976: Knowledge and Social Imagery. Chicago: University of Chicago Press.

Blümel, Albrecht 2015: Von der Hochschulverwaltung zum Hochschulmanagement: Wandel der Hochschulorganisation am Beispiel der Verwaltungsleitung. Wiesbaden: VS Verlag.

Blümel, Albrecht; Hüther, Otto 2015: Verwaltungsleitung an deutschen Hochschulen. Deskriptive Zusammenfassung der in 2015 stattgefundenen Befragung der Kanzlerinnen und Kanzler an deutschen Hochschulen. INCHER Working Paper 3. Kassel: INCHER-Kassel.

Blümel, Albrecht; Kloke, Katharina; Krücken, Georg 2010a: Hochschulkanzler in Deutschland: Ergebnisse einer hochschulübergreifenden Befragung. Speyer: Deutsches Forschungsinstitut für öffentliche Verwaltung Speyer.

Blümel, Albrecht; Kloke, Katharina; Krücken, Georg; Netz, Nicolai 2010b: Restrukturierung statt Expansion. Entwicklungen im Bereich des nicht-wissenschaftlichen Personals an deutschen Hochschulen. In: die hochschule, 19 (2), 154-171.

Blüthmann, Irmela; Lepa, Steffen; Thiel, Felicitas 2008: Studienabbruch und -wechsel in den neuen Bachelorstudiengängen. Untersuchung und Analyse von Abbruchgründen. In: Zeitschrift für Erziehungswissenschaft, 11 (3), 406-429.

Blüthmann, Irmela; Thiel, Felicitas; Wolfgramm, Christine 2011: Abbruchtendenzen in den Bachelorstudiengängen. Individuelle Schwierigkeiten oder mangelhafte Studienbedingungen? In: die hochschule, 20 (1), 110-126.

Blüthmann, Irmela; Lepa, Steffen; Thiel, Felicitas 2012: Überfordert, Enttäuscht, Verwählt oder Strategisch? Eine Typologie vorzeitig exmatrikulierter Bachelorstudierender. In: Zeitschrift für Pädagogik, 58 (1), 89-108.

BMBF 2008: Bundesbericht zur Förderung des wissenschaftlichen Nachwuchses. Berlin: BMBF.

BMBF 2011: Bildung auf einen Blick 2011. Methodische Informationen zum internationalen Vergleich. www.bmbf.de/pubRD/Bildung_auf_einen_Blick_2011_int_Vergleich.pdf (26.11.2014).

BMBF 2014a: Datenportal. Relative Anteile öffentlicher und privater Ausgaben für Bildungseinrichtungen nach Bildungsbereichen und Staaten. http://www.datenportal.bmbf.de/portal/Tabelle-2.1.6.html (17.06.2015).

BMBF 2014b: Datenportal. Ausgaben von Bildungseinrichtungen je Schüler/-in und Studierende/-n nach Staaten und Bildungsbereichen in US-Dollar in umgerechneter Kaufkraftparität. http://www.datenportal.bmbf.de/portal/Tabelle-2.1.7.html (17.06.2015).

BMBF 2014c: Datenportal. Anteil der Studienberechtigten an der altersspezifischen Bevölkerung (Studienberechtigtenquote) nach Art der Hochschulreife http://www.datenportal.bmbf.de/portal/Tabelle-2.5.85.html (17.06.2015).

BMBF 2014d: Datenportal. Ausgaben für Bildungseinrichtungen im Verhältnis zum Bruttoinlandsprodukt nach Bildungsbereichen und Staaten. http://www.datenportal.bmbf.de/portal/Tabelle-2.1.12.html (17.06.2015).

BMBF 2014e: Datenportal. Hochschulen nach Hochschularten und Ländern. http://www.datenportal.bmbf.de/portal/Tabelle-2.5.1.html (17.06.2015).

BMBF 2014f: Datenportal. Studienanfänger/-innen im 1. Hochschulsemester und Studienanfängerquoten nach Geschlecht und Land des Erwerbs der Hochschulzugangsberechtigung. http://www.datenportal.bmbf.de/portal/Tabelle-2.5.73.xls (17.06.2015).

BMBF 2014g: Datenportal. Hochschulabsolventinnen und -absolventen nach Prüfungsgruppen. http://www.datenportal.bmbf.de/portal/Tabelle-2.5.43.html (17.06.2015).

BMBF 2014h: Datenportal. Hochschulabsolventinnen nach Prüfungsgruppen. http://www.datenportal.bmbf.de/portal/Tabelle-2.5.44.html (17.06.2015).

BMBF 2014i: Datenportal. Weibliche Studierende insgesamt und weibliche deutsche Studierende nach Hochschularten. http://www.datenportal.bmbf.de/portal/Tabelle-2.5.24.html (17.06.2015).

BMBF 2014j: Die wirtschaftliche und soziale Lage der Studierenden in Deutschland 2012. Sonderauszählung Bundesrepublik Deutschland. Bonn: BMBF.

BMBF 2014k: Datenportal. Studierende insgesamt und deutsche Studierende nach Hochschularten. http://www.datenportal.bmbf.de/portal/Tabelle-2.5.23.html (17.06.2015).

Bode, Ingo 2010: Der Zweck heil(ig)t die Mittel? Ökonomisierung und Organisationsdynamik im Krankenhaussektor. In: *Endreß, Martin; Matys, Thomas* (Hg.): Die Ökonomie der Organisation - die Organisation der Ökonomie. Wiesbaden: VS Verlag, 63-92.

Bogumil, Jörg; Heinze, Rolf G.; Grohs, Stephan; Gerber, Sascha 2007a: Hochschulräte als neues Steuerungsinstrument? Eine empirische Analyse der Mitglieder und Aufgabenbereiche. Abschlussbericht der Kurzstudie. Dortmund: Hans-Böckler-Stiftung.

Bogumil, Jörg; Grohs, Stephan; Kuhlmann, Sabine; Ohm, Anna K. 2007b: Zehn Jahre Neues Steuerungsmodell. Berlin: Edition Sigma.

Bogumil, Jörg; Burgi, Martin; Heinze, Rolf G.; Gerber, Sascha; Gräf, Ilse-Dore; Jochheim, Linda; Schickentanz, Maren; Wannöffel, Manfred 2013: Modernisierung der Universitäten. Umsetzungsstand und Wirkungen neuer Steuerungsinstrumente. Berlin: Edition Sigma.

Böhme, Gernot; Stehr, Nico 1986: The Knowledge Society: The Growing Impact of Scientific Knowledge on Social Relations. Dordrecht: D. Reidel Publishing Company.

Boll, Christina; Leppin, Julian S. 2013: Unterwertige Beschäftigung von Akademikerinnen und Akademikern: Umfang, Ursachen, Einkommenseffekte und Beitrag zur geschlechtsspezifischen Lohnlücke. HWWI Policy Paper, No. 75. Hamburg: HWWI.

Boll, Christina; Leppin, Julian S.; Schömann, Klaus 2014: Who is Overeducated and Why? Probit and Dynamic Mixed Multinomial Logit Analyses of Vertical Mismatch in East and West Germany. SOEPpapers on Multidisciplinary Panel Data Research, No. 661. Berlin: SOEP.

Bologna Declaration 1999: Bologna Declaration. https://www.bmbf.de/pubRD/bologna_deu.pdf (17.06.2015).

Bonjour, Edgar 1971: Die Universität Basel: Von den Anfängen bis zur Gegenwart, 1460-1960. Basel: Helbing & Lichtenhahn.

Bosbach, Eva 2009: Von Bologna nach Boston? Perspektiven und Reformansätze in der Doktorandenausbildung anhand eines Vergleichs zwischen Deutschland und den USA. Leipzig: Akademische Verlagsanstalt.

Boudon, Raymond 1974: Education, Opportunity, and Social Inequality: Changing Prospects in Western Society. New York: Wiley.

Bourdieu, Pierre 1982: Die feinen Unterschiede: Kritik der gesellschaftlichen Urteilskraft. Frankfurt/M.: Suhrkamp.

Bourdieu, Pierre 1992: Homo academicus. Frankfurt/M.: Suhrkamp.

Bourdieu, Pierre; Passeron, Jean-Claude 1971: Die Illusion der Chancengleichheit. Stuttgart: Klett.

Boyer, Ernest L.; Altbach, Philip G.; Whitelaw, Mary J. 1994: The Academic Profession: An International Perspective. A Special Report. Princeton, NJ: Carnegie Foundation for the Advancement of Teaching.

Bracher, Karl D. 1979: Die deutsche Diktatur: Entstehung, Struktur, Folgen des Nationalsozialismus. Frankfurt/M.: Ullstein.

Braczyk, Hans-Joachim; Cooke, Philip; Heidenreich, Martin (Hg.) 1998: Regional Innovation Systems: The Role of Governances in a Globalized World. London: UCL Press.

Brake, Anna 2003: Worüber sprechen wir, wenn von PISA die Rede ist? In: Zeitschrift für Soziologie der Erziehung und Sozialisation, 23 (1), 24-39.

Braun-Thürmann, Holger 2005: Innovation. Bielefeld: transcript.

Braun, Dietmar 2001: Regulierungsmodelle und Machtstrukturen an Universitäten. In: *Stölting, Erhard; Schimank, Uwe* (Hg.): Die Krise der Universitäten. Wiesbaden: Westdeutscher Verlag, 243-262.

Braun, Dietmar; Merrien, François-Xavier (Hg.) 1999a: Towards a New Model of Governance for Universities? A Comparative View. London, Philadelphia, PA: Jessica Kingsley Publishers.

Braun, Dietmar; Merrien, François-Xavier 1999b: Governance of Universities and Modernisation of the State: Analytical Aspects. In: *Braun, Dietmar; Merrien, François-Xavier* (Hg.): Towards a New Model of Governance for Universities? A Comparative View. London, Philadelphia, PA: Jessica Kingsley Publishers, 9-33.

Braun, Dietmar; Benninghoff, Martin; Ramuz, Raphaël; Gorga, Adriana 2014: Interdependency Management in Universities: A Case Study. In: Studies in Higher Education, (ahead-of-print), 1-15.

Braun, Edith; Hannover, Bettina 2012: Editorial. In: Zeitschrift für Erziehungswissenschaft, 15 (2), 209-212.

Braxton, John M.; Shaw Sullivan, Anna V.; Johnson, Robert M. 1997: Appraising Tinto's Theory of College Student Departure. In: *Smart, John C.* (Hg.): Higher Education: Handbook of Theory and Research. New York: Agathon Press, 107-164.

Breisig, Thomas; Kahl, Hans-Joachim 2000: Personalentwicklung an Hochschulen. In: *Hanft, Anke* (Hg.): Hochschulen managen? Zur Reformierbarkeit der Hochschulen nach Managementprinzipien. Neuwied: Luchterhand, 213-232.

Brennan, John 2004: The Social Role of the Contemporary University: Contradictions, Boundaries and Change. In: *Center for Higher Education Research and Information* (Hg.): Ten Years On. Changing Education in a Changing World. Buckingham: The Open University, 22-26.

Brennan, John; Williams, Ruth; Woodley, Alan 2005: Alumni Studies in the United Kingdom. In: New Directions for Institutional Research, 2005 (126), 83-94.

Bröckling, Ulrich 2007: Das unternehmerische Selbst: Soziologie einer Subjektivierungsform. Frankfurt/M.: Suhrkamp.

Brown, Roger; Carasso, Helen 2013: Everything for Sale? The Marketisation of UK Higher Education. New York: Routledge.

Brunsson, Nils 1989: The Organization of Hypocrisy. Talk, Decisions and Actions in Organizations. Chichester, New York: John Wiley.

Brunsson, Nils; Sahlin-Andersson, Kerstin 2000: Constructing Organizations: The Example of Public Sector Reform. In: Organization Studies, 21 (4), 721-746.

Büchel, Felix 1996: Der hohe Anteil an unterwertig Beschäftigten bei jüngeren Akademikern: Karrierezeitpunkt- oder Strukturwandel-Effekt. In: Mitteilungen aus der Arbeitsmarkt- und Berufsforschung, 29 (2), 279-294.

Buchhaas-Birkholz, Dorothee 2009: Die "empirische Wende" in der Bildungspolitik und in der Bildungsforschung. Zum Paradigmenwechsel des BMBF im Bereich der Forschungsförderung. In: Erziehungswissenschaft, 20 (39), 27-33.

Budde, Gunilla-Friederike 2002: Geglückte Eroberung? Frauen an Universitäten des 20. Jahrhunderts - Ein Forschungsüberblick. In: Feministische Studien, 20 (1), 98-111.

Bülow-Schramm, Margret 2008: Hochschule als Lebenwelt für Studierende: Ein Ziel des New Public Management? In: *Zimmermann, Karin; Kamphans, Marion; Metz-Göckel, Sigrid* (Hg.): Perspektiven der Hochschulforschung. Wiesbaden: VS Verlag, 231-250.

Bundesbesoldungsgesetz 2006: Bundesbesoldungsgesetz in der Fassung der Bekanntmachung vom 6. August 2002 (BGBl. I S. 3020), zuletzt geändert durch Artikel 4 Abs. 1 des Gesetzes vom 17. Dezember 2006 (BGBl. I S. 3171).

Bunge, Mario 1991: A Critical Examination of the New Sociology of Science. Part 1. In: Philosophy of the Social Sciences, 21 (4), 524-560.

Bunge, Mario 1992: A Critical Examination of the New Sociology of Science. Part 2. In: Philosophy of the Social Sciences, 22 (1), 46-76.

Bünstorf, Guido; Schacht, Alexander 2013: We Need to Talk - or Do We? Geographic Distance and the Commercialization of Technologies of Public Research. In: Research Policy, 42 (2), 465-480.

Burkhardt, Anke; Schomburg, Harald; Teichler, Ulrich 2000: Hochschulstudium und Beruf. Ergebnisse von Absolventenstudien. Bonn: BMBF.

Burnes, Bernard; Wend, Petra; By, Rune T. 2014: The Changing Face of English Universities: Reinventing Collegiality for the Twenty-First Century. In: Studies in Higher Education, 39 (6), 905-926.

Bush, Vannevar 1945: Science: The Endless Frontier. In: Transactions of the Kansas Academy of Science, 48 (3), 231-264.

Butler, Linda 2003: Explaining Australia's Increased Share of ISI Publications - The Effects of a Funding Formula Based on Publication Counts. In: Research Policy, 32 (1), 143-155.

BVerfG 1973: 1 BvR 424/71; 1 BvR 325/72 vom 29.05.1973.

BVerfG 2004: 2 BvF 2/02 vom 27.07.2004.

BVerfG 2012: 2 BvL 4/10 vom 14.02.2012.

Callon, Michel; Law, John; Rip, Arie (Hg.) 1986: Mapping the Dynamics of Science and Technology. London: Macmillan.

Campbell, Robert; Siegel, Barry N. 1967: The Demand for Higher Education in the United States, 1919-1964. In: The American Economic Review, 57 (3), 482-494.

Capano, Giliberto; Regini, Marino 2014: Governance Reforms and Organizational Dilemmas in European Universities. In: Comparative Education Review, 58 (1), 73-103.

Caplow, Theodore; McGee, Reece J. 1958: The Academic Marketplace. New York: Basic Books.

Carnegie Foundation 2010: Summary Tables. Basic Classification. Distribution of Institutions and Enrollments by Classification Category. http://classifications.carnegiefoundation.org/summary/basic.php (14.06.2014).

Casper, Steven 2007: Creating Silicon Valley in Europe: Public Policy Towards New Technology Industries. Oxford: Oxford University Press.

Castells, Manuel 2011: The Rise of the Network Society: The Information Age: Economy, Society, and Culture. Chichester, West Sussex: John Wiley.

Castilla, Emilio J.; Hwang, Hokyu; Granovetter, Ellen; Granovetter, Mark 2000: Social Networks in Silicon Valley. In: *Chong-Moon, Lee; Miller, William F.; Hancock, Marguerite G.; Rowen, Henry S.* (Hg.): The Silicon Valley Edge: A Habitat for Innovation and Entrepreneurship. Stanford, CA: Stanford University Press, 218-247.

Chen, Rong 2012: Institutional Characteristics and College Student Dropout Risks: A Multilevel Event History Analysis. In: Research in Higher Education, 53 (5), 487-505.

Christensen, Tom; Lægreid, Per (Hg.) 2002: New Public Management. The Transformation of Ideas and Practice. Aldershot: Ashgate.

Clark, Burton R. 1983: The Higher Education System. Academic Organization in Cross-National Perspective. Berkeley, CA: University of California Press.

Clark, Burton R. (Hg.) 1987: The Academic Profession. National, Disciplinary and Institutional Settings. Berkeley, CA: University of California Press.

Cobb, J. Adam; Davis, Gerald F. 2010: Resource Dependence Theory: Past and Future. In: *Bird Schoonhoven, Claudia; Dobbin, Frank* (Hg.): Stanford's Organization Theory Renaissance, 1970-2000. Bingley, UK: Emerald, 21-42.

Cobban, Alan B. 1992: Universities - 1100-1500. In: *Clark, Burton R.; Neave, Guy* (Hg.): Encyclopedia of Higher Education. Analytical Perspectives. Oxford: Pergamon, 1245-1251.

Cohen, Michael D.; March, James G.; Olsen, Johan P. 1972: A Garbage Can Model of Organizational Choice. In: Administrative Science Quarterly, 17 (1), 1-25.

Cole, Jonathan R.; Cole, Stephen 1973: Social Stratification in Science. Chicago: University of Chicago Press.

Coleman, James S. 1968: The Concept of Equality of Educational Opportunity. In: Harvard Educational Review, 38 (1), 7-22.

Coleman, James S. 1973: Power and the Structure of Society. New York: Norton.

Coleman, James S. 2000: Foundations of Social Theory. Cambridge, MA: Harvard University Press.

Collins, Randall 1979: The Credential Society. An Historical Sociology of Education and Stratification. New York: Wiley.

Collins, Randall 2010: Konflikttheorie. Ausgewählte Schriften. Wiesbaden: VS Verlag.

Connelly, John 2000: Captive University: The Sovietization of East German, Czech, and Polish Higher Education, 1945-1956. Chapel Hill, NC University of North Carolina Press.

Coser, Lewis A. 1956: The Functions of Social Conflict. London: Routledge & Kegan.

Crane, Diana 1970: The Academic Marketplace Revisited: A Study of Faculty Mobility Using the Cartter Ratings. In: American Journal of Sociology, 75 (6), 953-964.

Cyert, Richard M.; March, James G. 1963: A Behavioral Theory of the Firm. Englewood Cliffs, NJ: Prentice-Hall.

Dahrendorf, Ralf 1957: Soziale Klassen und Klassenkonflikt in der industriellen Gesellschaft. Stuttgart: Ferdinand Enke.

Dahrendorf, Ralf 1965: Bildung ist Bürgerrecht, Plädoyer für eine aktive Bildungspolitik. Hamburg: Nannen-Verlag.

Daniel, Hans-Dieter 1998: Beiträge der empirischen Hochschulforschung zur Evaluierung von Forschung und Lehre. In: *Teichler, Ulrich; Enders, Jürgen; Daniel, Hans-Dieter* (Hg.): Brennpunkt Hochschule: Neuere Analysen zu Hochschule, Beruf und Gesellschaft. Frankfurt/M., New York: Campus, 11-53.

Davis, Gerald F. 2006: Mechanisms and the Theory of Organizations. In: Journal of Management Inquiry, 15 (2), 114-118.

Dawson, John; Findlay, Anne; Sparks, Leigh 2004: The UK Research Assessment Exercise (RAE) 2001 and Retail Research Output. In: The International Review of Retail, Distribution and Consumer Research, 14 (4), 479-491.

Daxner, Michael 1996: Ist die Uni noch zu retten? Zehn Vorschläge und eine Vision. Reinbek: Rowohlt.

Daxner, Michael 2000: Jenseits des Marktes. Überlegungen zur Universität der Zukunft. In: *Laske, Stephan; Scheytt, Tobias; Meister-Scheytt, Claudia; Scharmer, Claus O.* (Hg.): Universität im 21. Jahrhundert. Zur Interdependenz von Begriff und Organisation der Wissenschaft. München: Rainer Hampp, 223-237.

de Boer, Harry; Huisman, Jeroen 1999: The New Public Management in Dutch Universities. In: *Braun, Dietmar; Merrien, François-Xavier* (Hg.): Towards a New Model of Governance for Universities? A Comparative View. London, Philadelphia, PA: Jessica Kingsley Publishers, 100-118.

de Boer, Harry; Leisyte, Liudvika; Enders, Jürgen 2006: The Netherlands - "Steering from a Distance". In: *Kehm, Barbara M.; Lanzendorf, Ute* (Hg.): Reforming University Governance. Changing Conditions for Research in Four European Countries. Bonn: Lemmens, 59-96.

de Boer, Harry; Enders, Jürgen; Leisyte, Liudvika 2007a: Public Sector Reform in Dutch Higher Education: The Organizational Transformation of the University. In: Public Administration, 85 (1), 27-46.

de Boer, Harry; Enders, Jürgen; Schimank, Uwe 2007b: On the Way towards New Public Management? The Governance of University Systems in England, the Netherlands, Austria, and Germany. In: *Jansen, Dorothea* (Hg.): New Forms of Governance in Research Organizations. Disciplinary Approaches, Interfaces and Integration. Dordrecht: Springer, 137-152.

Deem, Rosemary; Mok, Ka Ho; Lucas, Lisa 2008: Transforming Higher Education in Whose Image? Exploring the Concept of the "World-Class" University in Europe and Asia. In: Higher Education Policy, 21 (1), 83-97.

Detmer, Hubert 2003: Leistungsbesoldung für Professoren. In: *Anderbrügge, Klaus; Epping, Volker; Löwer, Wolfgang* (Hg.): Dienst an der Hochschule. Festschrift für Dieter Leuze zum 70. Geburtstag. Berlin: Duncker & Humblot, 141-172.

Detmer, Hubert 2004: Das Recht der Universitätsprofessoren. In: *Hartmer, Michael; Detmer, Hubert* (Hg.): Hochschulrecht. Ein Handbuch für die Praxis. Heidelberg: Verlagsgruppe Hüthig-Jehle-Rehm, 46-123.

Deutscher Bundestag 2001: Drucksache 14/6853. Gesetzentwurf der Bundesregierung. Entwurf eines Fünften Gesetzes zur Änderung des Hochschulrahmengesetzes und anderer Vorschriften (5. HRGÄndG). Berlin: Deutscher Bundestag.

Deutscher Hochschulverband 2013: Grundgehälter und Besoldungsanpassungen. http://www.hochschulverband.de/cms1/fileadmin/redaktion/download/pdf/besoldungstabellen/ Grundgehaelter_W.pdf (16.08.2014).

Deutsches PISA-Konsortium 2001: PISA 2000. Basiskompetenzen von Schülerinnen und Schülern im internationalen Vergleich. Opladen: Leske + Budrich.

DFG 2012: Deutsche Forschungsgemeinschaft Jahresbericht 2011. Aufgaben und Ergebnisse. Bonn: DFG.

DFG 2014a: Pressemitteilung Nr. 29 | 3. Juli 2014. DFG-Jahrespressekonferenz mit dringendem Appell an Politik: Rasches gemeinsames Handeln für die Wissenschaft. http://www.dfg.de/service/presse/pressemitteilungen/2014/pressemitteilung_nr_29/index.html (16.06.2015).

DFG 2014b: Erfolgsquoten. http://dfg.de/dfg_profil/foerderatlas_evaluation_ statistik/statistik/erfolgsquoten/index.html (23.12.2014).

Diefenbach, Heike 2009: Der Bildungserfolg von Schülern mit Migrationshintergrund im Vergleich zu Schülern ohne Migrationshintergrund. In: *Becker, Rolf* (Hg.): Lehrbuch der Bildungssoziologie. Wiesbaden: VS Verlag, 433-457.

DiMaggio, Paul J.; Powell, Walter W. 1983: The Iron Cage Revisited: Institutional Isomorphism and the Collective Rationality in Organizational Fields. In: American Sociological Review, 48 (2), 147-160.

Ditton, Hartmut 2011: Entwicklungslinien der Bildungsforschung. In: *Reinders, Heinz; Ditton, Hartmut; Gräsel, Cornelia; Gniewosz, Burkhard* (Hg.): Empirische Bildungsforschung. Wiesbaden: VS Verlag, 29-42.

Ditton, Hartmut; Reinders, Heinz 2011: Überblick Felder der Bildungsforschung. In: *Reinders, Heinz; Ditton, Hartmut; Gräsel, Cornelia; Gniewosz, Burkhard* (Hg.): Empirische Bildungsforschung. Wiesbaden: VS Verlag, 69-74.

Dobbins, Michael; Knill, Christoph 2009: Higher Education Policies in Central and Eastern Europe: Convergence towards a Common Model? In: Governance, 22 (3), 397-430.

Dobbins, Michael; Leisyte, Liudvika 2013: Analysing the Transformation of Higher Education Governance in Bulgaria and Lithuania. In: Public Management Review, 16 (7), 987-1010.

Dobbins, Michael; Knill, Christoph 2014: Higher Education Governance and Policy Change in Western Europe: International Challenges to Historical Institutions. Basingstoke, New York: Palgrave Macmillan.

Dohmen, Dieter 2014: Entwicklung der Betreuungsrelationen an den Hochschulen in Deutschland 2003 bis 2012. Berlin: Forschungsinstitut für Bildungs- und Sozialökonomie (FiBS).

Douglas, Mary 1992: Risk and Blame. New York: Routledge.

Douglass, John A. 2012: The Rise of the For-Profit Sector in US Higher Education and the Brazilian Effect. In: European Journal of Education, 47 (2), 242-259.

Durkheim, Emile 1973: Der Selbstmord. Neuwied: Luchterhand.

Dutch Ministry of Education, Culture and Science 2014: Key Figures 2009-2013. Education, Culture and Science. Amsterdam: Dutch Ministry of Education, Culture and Science.

Ebcinoglu, Fatma 2006: Die Einführung allgemeiner Studiengebühren in Deutschland. Hannover: HIS.

Ellwein, Thomas 1992: Die deutsche Universität. Vom Mittelalter bis zur Gegenwart. Frankfurt/M.: Hain.

Enders, Jürgen 1996: Die wissenschaftlichen Mitarbeiter: Ausbildung, Beschäftigung und Karriere der Nachwuchswissenschaftler und Mittelbauangehörigen an den Universitäten. Frankfurt/M., New York: Campus.

Enders, Jürgen 2000: Academic Staff in the European Union. In: *Enders, Jürgen* (Hg.): Employment and Working Conditions of Academic Staff in Europe. Frankfurt/M.: German Trade Union for Education & Science, 29-53.

Enders, Jürgen 2005: Brauchen die Universitäten in Deutschland ein neues Paradigma der Nachwuchsausbildung? In: Beiträge zur Hochschulforschung, 27 (1), 34-46.

Enders, Jürgen 2008: Professor werden ist sehr schwer, Professor sein dann gar nicht mehr? Ein Beitrag zur Personalstrukturreform an den Hochschulen. In: *Matthies, Hildegard; Simon, Dagmar* (Hg.): Wissenschaft unter Beobachtung. Effekte und Defekte von Evaluationen. Wiesbaden: VS Verlag, 83-99.

Enders, Jürgen 2010: Hochschulen und Fachhochschulen. In: *Simon, Dagmar; Knie, Andreas; Hornbostel, Stefan* (Hg.): Handbuch Wissenschaftspolitik. Wiesbaden: VS Verlag, 443-456.

Enders, Jürgen; Teichler, Ulrich (Hg.) 1995: Der Hochschullehrerberuf. Aktuelle Studien und ihre hochschulpolitische Diskussion. Neuwied: Luchterhand.

Enders, Jürgen; Bornmann, Lutz 2001: Karriere mit Doktortitel? Ausbildung, Berufsverlauf und Berufserfolg von Promovierten. Frankfurt/M., New York: Campus.

Enders, Jürgen; Kaulisch, Marc 2005: Vom Homo Academicus zum Homo Oeconomicus? Die doppelte Kontextualisierung der Forschung und ihre (möglichen) Folgen für die Wissenschaft als Beruf. In: *Pfadenhauer, Michaela* (Hg.): Professionelles Handeln. Wiesbaden: VS Verlag, 207-220.

Enders, Jürgen; Westerheijden, Don F. 2014: The Dutch Way of New Public Management: A Critical Perspective on Quality Assurance in Higher Education. In: Policy and Society, 33 (3), 189-198.

Enders, Jürgen; de Boer, Harry; Weyer, Elke 2013: Regulatory Autonomy and Performance: The Reform of Higher Education Revisited. In: Higher Education, 65 (1), 5-23.

Engel, Uwe; Krekeler, Gaby 2001: Studienqualität. Über studentische Bewertungen und Rankings von Studienfächern einer Universität. In: *Engel, Uwe* (Hg.): Hochschulranking. Zur Qualitätsbewertung von Studium und Lehre. Frankfurt/M., New York: Campus, 121-176.

Engels, Anita 2009: Die soziale Konstitution von Märkten. In: *Beckert, Jens; Deutschmann, Christoph* (Hg.): Wirtschaftssoziologie. Sonderheft Kölner Zeitschrift für Soziologie und Sozialpsychologie. Wiesbaden: VS Verlag, 67-86.

Engels, Anita; Beaufaÿs, Sandra; Kegen, Nadine; Zuber, Stephanie 2015: Bestenauswahl und Ungleichheit. Eine soziologische Studie zu Wissenschaftlerinnen und Wissenschaftlern in der Exzellenzinitiative. Frankfurt/M., New York: Campus.

Engels, Maria 2004: Eine Annäherung an die Universität aus organisationstheoretischer Sicht. In: die hochschule, 13 (1), 12-29.

Engler, Steffani 1993: Fachkultur, Geschlecht und soziale Reproduktion. Eine Untersuchung über Studentinnen und Studenten der Erziehungswissenschaft, Rechtswissenschaft, Elektrotechnik und des Maschinenbaus. Weinheim: Deutscher Studien Verlag.

Engler, Steffani 2001: "In Einsamkeit und Freiheit?" Zur Konstruktion der wissenschaftlichen Persönlichkeit auf dem Weg zur Professur. Konstanz: UVK Verlagsgesellschaft.

Engler, Steffani 2014: Studentische Lebensstile und Geschlecht. In: *Bremer, Helmut; Lange-Vester, Andrea* (Hg.): Soziale Milieus und Wandel der Sozialstruktur. Wiesbaden: VS Verlag, 173-189.

Etzkowitz, Henry; Leydesdorff, Loet 2000: The Dynamics of Innovation: From National Systems and "Mode 2" to a Triple Helix of University - Industry - Government Relations. In: Research Policy, 29 (2), 109-123.

European Commission 2013: She Figures 2012. Gender in Research and Innovation. Statistics and Indicators. Luxembourg: Publications Office of the European Union.

Fagerberg, Jan; Verspagen, Bart 2009: Innovation Studies - The Emerging Structure of a New Scientific Field. In: Research Policy, 38 (2), 218-233.

Fagerberg, Jan; Martin, Ben R.; Andersen, Esben S. (Hg.) 2013: Innovation Studies: Evolution and Future Challenges. Oxford: Oxford University Press.

Fahrholz, Bernd; Gabriel, Sigmar; Müller, Peter (Hg.) 2002: Nach dem Pisa-Schock: Plädoyers für eine Bildungsreform. Hamburg: Hoffmann und Campe.

Falk, Susanne 2007: Absolventenforschung für Hochschulen und Bildungspolitik: Konzeption und Ziele des "Bayerischen Absolventenpanels". In: Beiträge zur Hochschulforschung, 29 (1), 6-33.

Falk, Susanne; Reimer, Maike 2007: Verschiedene Fächer, verschiedene Übergänge: der Berufseinstieg und "frühe" Berufserfolg bayerischer Hochschulabsolventen. In: Beiträge zur Hochschulforschung, 29 (1), 34-70.

Falk, Susanne; Huyer-May, Bernadette 2011: Erfolgreich im Beruf. Bayerische Hochschulabsolventen fünf Jahre nach dem Studium. München: IHF.

Falk, Susanne; Reimer, Maike; Sarcletti, Andreas 2009: Studienqualität, Kompetenzen und Berufseinstieg in Bayern: Der Absolventenjahrgang 2004. München: IHF.

Fayol, Henri 1918: Administration Industrielle et Générale; Prévoyance, Organisation, Commandement, Coordination, Controle. Paris: H. Dunod et E. Pinat.

FAZ.NET 2014a: Ökonomenranking 2014. Auf diese Wirtschaftsforscher hört das Land http://www.faz.net/aktuell/wirtschaft/wirtschaftswissen/f-a-z-oekonomenranking-2014-hans-werner-sinn-gewinnt-13134115-p2.html (16.06.2015).

FAZ.NET 2014b: Die einflussreichsten Ökonomen im Gesamt-Ranking http://www.faz.net/aktuell/wirtschaft/wirtschaftswissen/f-a-z-oekonomenranking-gesamt-2014-13136154.html (16.06.2015).

Federkeil, Gero; Buch, Florian 2007: Fünf Jahre Juniorprofessur - Zweite CHE-Befragung zum Stand der Einführung. Gütersloh: CHE.

Fehse, Stefanie; Kerst, Christian 2007: Arbeiten unter Wert? Vertikal und horizontal inadäquate Beschäftigung von Hochschulabsolventen der Abschlussjahrgänge 1997 und 2001. In: Beiträge zur Hochschulforschung, 29 (1), 72-98.

Fellenberg, Franziska; Hannover, Bettina 2006: Kaum begonnen, schon zerronnen? Psychologische Ursachenfaktoren für die Neigung von Studienanfängern, das Studium abzubrechen oder das Fach zu wechseln. In: Empirische Pädagogik, 20 (4), 381-399.

Felt, Ulrike; Nowotny, Helga; Taschwer, Klaus 1995: Wissenschaftsforschung: Eine Einführung. Frankfurt/M., New York: Campus.

Fend, Helmut 1990: Bilanz der empirischen Bildungsforschung. In: Zeitschrift für Pädagogik, 36 (5), 687-709.

Ferlie, Ewan; Musselin, Christine; Andresani, Gianluca 2008: The Steering of Higher Education Systems: A Public Management Perspective. In: Higher Education, 56 (3), 325-348.

Fisch, Stefan 2015: Geschichte der europäischen Universität. Von Bologna nach Bologna. München: C. H. Beck.

Fischer, Thomas E. 2002: Die Anfänge des Frauenstudiums um 1900. In: *Koch, Julia K.; Mertens, Eva-Maria* (Hg.): Eine Dame zwischen 500 Herren: Johanna Mestorf, Werk und Wirkung. Münster, New York: Waxmann, 51-59.

Flöther, Choni 2015: At the Top? Die berufliche Situation promovierter Absolventinnen und Absolventen. In: *Flöther, Choni; Krücken, Georg* (Hg.): Generation Hochschulabschluss: Vielfältige Perspektiven auf Studium und Berufseinstieg. Analysen aus der Absolventenforschung. Münster, New York: Waxmann, 107-129.

Flöther, Choni; Krücken, Georg (Hg.) 2015: Generation Hochschulabschluss: Vielfältige Perspektiven auf Studium und Berufseinstieg. Analysen aus der Absolventenforschung. Münster, New York: Waxmann.

Foucault, Michel 1977: Discipline & Punish. London: Allen Lane.

Fox, Mary F. 2005: Gender, Family Characteristics, and Publication Productivity among Scientists. In: Social Studies of Science, 35 (1), 131-150.

Franzen, Axel; Hecken, Anna 2002: Studienmotivation, Erwerbspartizipation und der Einstieg in den Arbeitsmarkt. In: Kölner Zeitschrift für Soziologie und Sozialpsychologie, 54 (4), 733-752.

Freidson, Eliot 2001: Professionalism. The Third Logic. Chicago: University of Chicago Press.

Frey, Bruno S.; Oberholzer-Gee, Felix 1997: The Cost of Price Incentives: An Empirical Analysis of Motivation Crowding-Out. In: The American Economic Review, 87 (4), 746-755.

Friedrichsmeier, Andres 2012: Varianten der Messung von Organisationsführung. Das Beispiel des Effekts von Anreizsteuerung auf den Formalitätenaufwand der Hochschullehrer. In: *Wilkesmann, Uwe; Schmid, Christian J.* (Hg.): Hochschule als Organisation. Wiesbaden: VS Verlag, 165-190.

Frijhoff, Willem 1992: Universities - 1500-1900. In: *Clark, Burton R.; Neave, Guy* (Hg.): Encyclopedia of Higher Education. Analytical Perspectives. Oxford: Pergamon, 1251-1259.

Führ, Christoph 1993: Die deutsche Universität: Im Kern gesund oder verrottet? Überlegungen zur fälligen Neuorientierung der deutschen Hochschulpolitik. In: *Neusel, Aylâ* (Hg.): Hochschule - Staat - Politik: Christoph Oehler zum 65. Geburtstag. Frankfurt/M., New York: Campus, 55-67.

Gawel, Erik 2013: Neuordnung der W-Besoldung: Ausgestaltung und verfassungsrechtliche Probleme der Konsumtionsregeln zur Anrechnung von Leistungsbezügen. Working Paper No. 115. Leipzig: Universität Leipzig; Wirtschaftswissenschaftliche Fakultät.

Geiger, Roger 2006: Research, Graduate Education, and the Ecology of American Universities: An Interpretive History. In: *Rothblatt, Sheldon; Wittrock, Björn* (Hg.): The European and American

University since 1800. Historical and Sociological Essays. Cambridge, UK: Cambridge University Press, 234-259.

Geißler, Rainer 2004: Die Illusion der Chancengleichheit im Bildungssystem von PISA gestört. In: Zeitschrift für Soziologie der Erziehung und Sozialisation, 24 (4), 362-380.

Gemeinsame Wissenschaftskonferenz GWK 2014: Chancengleichheit in Wissenschaft und Forschung. 18. Fortschreibung des Datenmaterials (2012/2013) zu Frauen in Hochschulen und außerhochschulischen Forschungseinrichtungen. Bonn: GWK.

Georg, Werner 2008: Individuelle und institutionelle Faktoren der Bereitschaft zum Studienabbruch: Eine Mehrebenenanalyse mit Daten des Konstanzer Studierendensurveys. In: Zeitschrift für Soziologie der Erziehung und Sozialisation, 28 (2), 191-206.

Georg, Werner; Sauer, Carsten; Wöhler, Thomas 2009: Studentische Fachkulturen und Lebensstile. Reproduktion oder Sozialisation? In: *Kriwy, Peter; Gross, Christiane* (Hg.): Klein aber fein! Wiesbaden: VS Verlag, 349-372.

Gerbod, Paul 2004: Die Hochschulträger. In: *Rüegg, Walter* (Hg.): Geschichte der Universität in Europa. Band III. Vom 19. Jahrhundert zum Zweiten Weltkrieg. 1800-1945. München: Beck, 83-96.

GESIS-ZUMA 2014: Gesis-Zuma System sozialer Indikatoren (Datenbank).

GESIS 2014a: Entwicklung des Studentinnenanteils in Deutschland seit 1908 http://www.cews.org/informationsangebote/statistiken (27.12.2014).

GESIS 2014b: Frauenanteile an Habilitationen, Berufungen, Professuren und C4/W3-Professuren, 1980 - 2013. http://www.cews.org/informationsangebote/statistiken (27.12.2014).

GESIS 2014c: Frauen- und Männeranteile im Qualifikationsverlauf: Analyse idealtypischer Karriereverläufe: Studienbeginn (1993) bis Berufungen (2010-2012) http://www.cews.org/informationsangebote/statistiken (27.12.2014).

Gibbons, Michael; Limoges, Camille; Nowotny, Helga; Schwartzman, Simon; Scott, Peter; Trow, Martin 1994: The New Production of Knowledge. The Dynamics of Science and Research in Contemporary Societies. London: Sage Publ.

Gieryn, Thomas F. 1982: Relativist/Constructivist Programmes in the Sociology of Science: Redundance and Retreat. In: Social Studies of Science, 12 (2), 279-297.

Gigerenzer, Gerd; Hertwig, Ralph; Pachur, Thorsten (Hg.) 2011: Heuristics: The Foundations of Adaptive Behavior. Oxford: Oxford University Press.

Gläser, Jochen 2007: Gemeinschaft. In: *Benz, Arthur; Lütz, Susanne; Schimank, Uwe; Simonis, Georg* (Hg.): Handbuch Governance. Theoretische Grundlagen und empirische Anwendungsfelder. Wiesbaden: VS Verlag, 82-92.

Gläser, Jochen; von Stuckrad, Thimo 2013: Reaktionen auf Evaluationen: Die Anwendung neuer Steuerungsinstrumente und ihre Grenzen. In: *Grande, Edgar; Jansen, Dorothea; Jarren, Otfried; Rip, Arie; Schimank, Uwe; Weingart, Peter* (Hg.): Neue Governance der Wissenschaft. Reorganisation - externe Anforderungen - Medialisierung. Bielefeld: transcript, 73-93.

Glassman, Robert B. 1973: Persistence and Loose Coupling in Living Systems. In: Behavioral Science, 18 (2), 83-98.

Glotz, Peter 1996: Im Kern verrottet? Fünf vor zwölf an Deutschlands Universitäten. Stuttgart: Deutsche Verlags-Anstalt.

Godin, Benoît 2006: The Linear Model of Innovation. The Historical Construction of an Analytical Framework. In: Science, Technology & Human Values, 31 (6), 639-667.

Goffman, Erving 1959: The Presentation of Self in Everyday Life. Garden City, NY: Anchor.

Goffman, Erving 1977: Rahmen-Analyse: Ein Versuch über die Organisation von Alltagserfahrungen. Frankfurt/M.: Suhrkamp.

Goffman, Erving 1999: Asyle. Über die soziale Situation psychiatrischer Patienten und anderer Insassen. Frankfurt/M.: Suhrkamp.

Gornitzka, Åse; Larsen, Ingvild M. 2004: Towards Professionalisation? Restructuring of Administrative Work Force in Universities. In: Higher Education, 47 (4), 455-471.

Gornitzka, Åse; Kyvik, Svein; Larsen, Ingvild M. 1998: The Bureaucratisation of Universities. In: Minerva, 36 (1), 21-47.

Granovetter, Mark 1985: Economic Action and Social Structure: The Problem of Embeddedness. In: American Journal of Sociology, 91 (3), 481-510.

Gräsel, Cornelia 2011: Was ist Empirische Bildungsforschung? In: *Reinders, Heinz; Ditton, Hartmut; Gräsel, Cornelia; Gniewosz, Burkhard* (Hg.): Empirische Bildungsforschung. Wiesbaden: VS Verlag, 13-27.

Greenwood, Royston; Hinings, Christopher R. 1988: Organizational Design Types, Tracks and the Dynamics of Strategic Change. In: Organization Studies, 9 (3), 293-316.

Greenwood, Royston; Oliver, Christine; Suddaby, Roy; Sahlin, Kerstin (Hg.) 2008: The SAGE Handbook of Organizational Institutionalism. Los Angeles, London: Sage Publ.

Greifenhagen, Martin 1981: Die Gruppenuniversität in Perspektive. In: *Präsidium des Hochschulverbandes* (Hg.): Symposion "Gruppenuniversität". Dokumentation einer Tagung des Hochschulverbandes am 1.-2. Mai 1981 auf Schloß Gracht in Erftstadt. Bonn, Bad Godesberg: Hochschulverband, 29-44.

Greshoff, Rainer; Kneer, Georg; Schimank, Uwe (Hg.) 2003: Die Transintentionalität des Sozialen. Eine vergleichende Betrachtung klassischer und moderner Sozialtheorien. Wiesbaden: Westdeutscher Verlag.

Gross, Christiane; Jungbauer-Gans, Monika 2007a: Replik: Wird man so tatsächlich Prof? Anmerkungen zum Forumsbeitrag von Thomas Plümper und Frank Schimmelpfennig. In: Politische Vierteljahresschrift, 48 (3), 553-558.

Gross, Christiane; Jungbauer-Gans, Monika 2007b: Erfolg durch Leistung? Ein Forschungsüberblick zum Thema Wissenschaftskarrieren. In: Soziale Welt, 58 (4), 453-471.

Gross, Christiane; Jungbauer-Gans, Monika 2008: Die Bedeutung meritokratischer und sozialer Kriterien für wissenschaftliche Karrieren. Ergebnisse von Expertengesprächen in ausgewählten Disziplinen. In: Beiträge zur Hochschulforschung, 30 (4), 8-32.

Grotheer, Michael; Isleib, Sören; Netz, Nicolai; Briedis, Kolja 2012: Hochqualifiziert und gefragt. Ergebnisse der zweiten HIS-HF Absolventenbefragung des Jahrgangs 2005. Hannover: HIS.

Grühn, Dieter; Hecht, Heidemarie 2007: Absolventenstudien - warum und wofür? Teil 1. Bildungspolitische und -theoretische Hintergründe. In: *Berendt, Brigitte; Voss, Hans-Peter; Wildt, Johannes* (Hg.): Neues Handbuch Hochschullehre. Lehren und Lernen effizient gestalten. [Teil] K. Entwicklung von Rahmenbedingungen und Studiensystemen. Studierendenforschung. Berlin: Raabe, K 1.2, 20.

Grüttner, Michael; Kinas, Sven 2007: Die Vertreibung von Wissenschaftlern aus den deutschen Universitäten 1933-1945. In: Vierteljahreshefte für Zeitgeschichte, 55 (1), 123-186.

Habermas, Jürgen 1981: Theorie des kommunikativen Handelns. Frankfurt/M.: Suhrkamp.

Hackett, Edward J.; Amsterdamska, Olga; Lynch, Michael; Wajcman, Judy 2008: The Handbook of Science and Technology Studies. Cambridge, MA: MIT Press.

Hacking, Ian 1999: The Social Construction of What? Cambridge, MA: Harvard University Press.

Hadamitzky, Andreas; Geist, Alexander; Blanckenburg, Korbinian 2008: Studiengebührenmodelle in der Praxis. In: Das Hochschulwesen, 55 (1), 6-11.

Hadjar, Andreas; Becker, Rolf 2004: Warum einige Studierende ihr Soziologie-Studium abbrechen wollen. Studienwahlmotive, Informationsdefizite und wahrgenommene Berufsaussichten als Determinanten der Abbruchneigung. In: Soziologie, 33 (3), 47-65.

Hammerstein, Notker 1995: Antisemitismus und deutsche Universitäten 1871-1933. Frankfurt/M., New York: Campus.

Handel, Kai 2005: Die Umsetzung der Professorenbesoldungsreform in den Bundesländern. CHE-Arbeitspapier Nr. 65. Gütersloh: CHE.

Hargens, Lowell L.; Hagstrom, Warren O. 1967: Sponsored and Contest Mobility of American Academic Scientists. In: Sociology of Education, 40 (1), 24-38.

Hartmann, Michael 2002: Der Mythos von den Leistungseliten. Spitzenkarrieren und soziale Herkunft in Wirtschaft, Politik, Justiz und Wissenschaft. Frankfurt/M., New York: Campus.

Hartmann, Michael 2006: Die Exzellenzinitiative - Ein Paradigmenwechsel in der deutschen Hochschulpolitik. In: Leviathan, 34 (4), 447-465.

Hartmer, Michael 2004: Die Organisation der Hochschule. In: *Hartmer, Michael; Detmer, Hubert* (Hg.): Hochschulrecht. Ein Handbuch für die Praxis. Heidelberg: Verlagsgruppe Hüthig-Jehle-Rehm, 167-203.

Hartwig, Lydia 2006: Neue Finanzierungs- und Steuerungsstrukturen und ihre Auswirkungen auf die Universitäten. Zur Situation in vier Bundesländern. In: Beiträge zur Hochschulforschung, 28 (1), 6-25.

Hasse, Raimund; Krücken, Georg 2005: Neo-Institutionalismus. Bielefeld: transcript.

Hasse, Raimund; Krücken, Georg 2013: Competition and Actorhood: A Further Expansion of the Neo-Institutional Agenda. In: Sociologia Internationalis, 51 (2), 181-205.

Hauss, Kalle; Kaulisch, Marc; Zinnbauer, Manuela; Tesch, Jakob; Fräßdorf, Anna; Hinze, Sybille; Hornbostel, Stefan 2012: Promovierende im Profil: Wege, Strukturen und Rahmenbedingungen von Promotionen in Deutschland. Ergebnisse aus dem ProFile-Promovierendenpanel. Berlin: iFQ.

Hazelkorn, Ellen 2009: Rankings and the Battle for World-Class Excellence: Institutional Strategies and Policy Choices. In: Higher Education Management and Policy, 21 (1), 55-76.

Hazelkorn, Ellen; Ryan, Martin 2013: The Impact of University Rankings on Higher Education Policy in Europe: A Challenge to Perceived Wisdom and a Stimulus for Change. In: *Zgaga, Pavel; Teichler, Ulrich; Brennan, John* (Hg.): The Globalisation Challenge for European Higher Education: Convergence and Diversity, Centres and Peripheries. Frankfurt/M.: Lang, 79-98.

Heine, Christoph 2012: Übergang vom Bachelor- zum Masterstudium. Berlin: Expertenkommission Forschung und Innovation (EFI).

Heine, Christoph; Quast, Heiko; Spangenberg, Heike 2008: Studiengebühren aus der Sicht von Studienberechtigten. Finanzierung und Auswirkungen auf Studienpläne und -strategien. Hannover: HIS.

Heintz, Bettina 2010: Numerische Differenz. Überlegungen zu einer Soziologie des (quantitativen) Vergleichs. In: Zeitschrift für Soziologie, 39 (3), 162-181.

Heinze, Thomas; Shapira, Philip R.; Senker, Jacqueline 2009: Organizational and Institutional Influences on Creativity in Scientific Research. In: Research Policy, 38 (4), 610-623.

Henke, Justus; Pasternack, Peer; Schmid, Sarah 2013: Wem gelingt studieren? Studienerfolg und Studienabbrüche. In: *Pasternack, Peer* (Hg.): Jenseits der Metropolen. Hochschulen in demografisch herausgeforderten Regionen. Leipzig: Akademische Verlagsanstalt, 388-412.

Henkel, Mary 1999: The Modernisation of Research Evaluation: The Case of the UK. In: Higher Education, 38 (1), 105-122.

HESA 2014: Income and Expenditure of HE Institutions https://www.hesa.ac.uk/pr201 (03.05.2015).

Hess, Johanna; Rusconi, Alessandra; Solga, Heike 2011: "Wir haben dieselben Ziele ...". Zur Bedeutung von Paarkonstellationen und Disziplinenzugehörigkeit für Karrieren von Frauen in der Wissenschaft. In: *Cornelißen, Waltraud; Rusconi, Alessandra; Becker, Ruth* (Hg.): Berufliche Karrieren von Frauen. Wiesbaden: VS Verlag, 65-104.

Heublein, Ulrich 2010: Ursachen des Studienabbruchs in Bachelor- und in herkömmlichen Studiengängen. Ergebnisse einer bundesweiten Befragung von Exmatrikulierten des Studienjahres 2007. Hannover: HIS.

Heublein, Ulrich; Wolter, Andrä 2011: Studienabbruch in Deutschland. Definition, Häufigkeit, Ursachen, Maßnahmen. In: Zeitschrift für Pädagogik, 57 (2), 214-236.

Heublein, Ulrich; Hutzsch, Christopher; Lörz, Markus 2008: Auslandsmobilität deutscher Studierender: Ausmaß, Motive und Gründe des Desinteresses. In: Bildung und Erziehung, 61 (4), 437-450.

Heublein, Ulrich; Richter, Johanna; Schmelzer, Robert; Sommer, Dieter 2014: Die Entwicklung der Studienabbruchquote an den deutschen Hochschulen. Statistische Berechnungen auf der Basis des Absolventenjahrgangs 2012. Hannover: DZHW.

Hicks, Diana M.; Katz, Sylvan J. 1996: Where is Science Going? In: Science, Technology & Human Values, 21 (4), 379-406.

Hillman, Amy J.; Withers, Michael C.; Collins, Brian J. 2009: Resource Dependence Theory: A Review. In: Journal of Management, 35 (6), 1404-1427.

Hochschulrektorenkonferenz 1992: Konzept zur Entwicklung der Hochschulen in Deutschland: Beschluß des 167. Plenums vom 6. Juli 1992. Bonn: HRK.

Hochschulrektorenkonferenz 1995: Zur Evaluation im Hochschulbereich unter besonderer Berücksichtigung der Lehre. Entschließung des 176. Plenums vom 3. Juli 1995. Bonn: HRK.

Hochschulrektorenkonferenz 2008: Statistische Daten zur Einführung von Bachelor- und Masterstudiengängen. Sommersemester 2008. Bonn: HRK.

Holzer, Boris 2006: Netzwerke. Bielefeld: transcript.

Hornbostel, Stefan 1997: Wissenschaftsindikatoren: Bewertungen in der Wissenschaft. Opladen: Westdeutscher Verlag.

Hradil, Stefan 2006: Die Sozialstruktur Deutschlands im internationalen Vergleich. Wiesbaden: VS Verlag.

Huber, Peter M. 2006: Das Hochschulwesen zwischen föderalem Kartell und internationalem Wettbewerb. In: Wissenschaftsrecht, 39 (3), 196-212.

Huisman, Jeroen 2008: World-Class Universities. In: Higher Education Policy, 21 (1), 1-4.

Hummelsheim, Stefan; Timmermann, Dieter 2010: Bildungsökonomie. In: *Tippelt, Rudolf; Schmidt, Bernhard* (Hg.): Handbuch Bildungsforschung. Wiesbaden: VS Verlag, 93-134.

Hüther, Otto 2009: Hochschulräte als Steuerungsakteure? In: Beiträge zur Hochschulforschung, 31 (2), 50-73.

Hüther, Otto 2010: Von der Kollegialität zur Hierarchie? Eine Analyse des New Managerialism in den Landeshochschulgesetzen. Wiesbaden: VS Verlag.

Hüther, Otto 2011: New Managerialism? Gemeinsamkeiten und Differenzen der Leitungsmodelle in den Landeshochschulgesetzen. In: die hochschule, 20 (1), 50-72.

Hüther, Otto; Krücken, Georg 2011: Wissenschaftliche Karriere und Beschäftigungsbedingungen. Organisationssoziologische Überlegungen zu den Grenzen neuer Steuerungsmodelle an deutschen Hochschulen. In: Soziale Welt, 62 (3), 305-325.

Hüther, Otto; Krücken, Georg 2013: Hierarchy and Power: A Conceptual Analysis with Particular Reference to New Public Management Reforms in German Universities. In: European Journal of Higher Education, 3 (4), 307-323.

Hüther, Otto; Krücken, Georg 2014: The Rise and Fall of Student Fees in a Federal Higher Education System: The Case of Germany. In: *Ertl, Hubert; Dupuy, Claire* (Hg.): Students, Markets and Social Justice: Higher Education Fee and Student Support Policies in Western Europe and Beyond. Oxford: Symposium Books, 85-110.

Hüther, Otto; Krücken, Georg 2015: Incentives and Power: An Organizational Perspective. In: *Welpe, Isabell M.; Wollersheim, Jutta; Ringelhan, Stefanie; Osterloh, Margit* (Hg.): Incentives and Performance. Cham, Heidelberg: Springer, 69-86.

Hüther, Otto; Jacob, Anna K.; Seidler, Hanns H.; Wilke, Karsten 2011: Hochschulautonomie in Gesetz und Praxis. Eine Analyse von Rahmenbedingungen und Modellprojekten. Essen: Stifterverband für die Deutsche Wissenschaft.

IHF 2014: Bayerisches Absolventenpanel - Hintergrund. http://www.bap.ihf.bayern.de/34/ (03.10.2014).

Isserstedt, Wolfgang; Middendorff, Elke; Weber, Steffen; Wolter, Andrä; Schnitzer, Klaus 2004: Die wirtschaftliche und soziale Lage der Studierenden in der Bundesrepublik Deutschland 2003. Bonn: BMBF.

Isserstedt, Wolfgang; Middendorff, Elke; Kandulla, Maren; Borchert, Lars; Leszczensky, Michael 2010: Die wirtschaftliche und soziale Lage der Studierenden in der Bundesrepublik Deutschland 2009. Berlin: BMBF.

Jacob, Anna K.; Teichler, Ulrich 2011: Der Wandel des Hochschullehrerberufs im internationalen Vergleich. Ergebnisse einer Befragung in den Jahren 2007/08. Bonn: BMBF.

Jaeger, Michael 2008: Wie wirksam sind leistungsorientierte Budgetierungsverfahren in deutschen Hochschulen? In: *Nickel, Sigrun; Ziegele, Frank* (Hg.): Bilanz und Perspektiven der leistungsorientierten Mittelverteilung: Analysen zur finanziellen Hochschulsteuerung. Gütersloh: CHE, 35-60.

Jaeger, Michael; Leszczensky, Michael; Handel, Kai 2006: Staatliche Hochschulfinanzierung durch leistungsorientierte Budgetierungsverfahren. Erste Evaluationsergebnisse und Schlussfolgerungen. In: Hochschulmanagement, 1 (1), 13-20.

Jaksztat, Steffen 2014: Bildungsherkunft und Promotionen: Wie beeinflusst das elterliche Bildungsniveau den Übergang in die Promotionsphase? In: Zeitschrift für Soziologie, 43 (4), 286-301.

Jansen, Dorothea 2007: Introduction. In: *Jansen, Dorothea* (Hg.): New Forms of Governance in Research Organizations. Disciplinary Approaches, Interfaces and Integration. Dordrecht: Springer, XV-XIX.

Jansen, Dorothea; Wald, Andreas; Franke, Karola; Schmoch, Ulrich; Schubert, Torben 2007: Drittmittel als Performanzindikator der wissenschaftlichen Forschung. Zum Einfluss von Rahmenbedingungen auf Forschungsleistungen. In: Kölner Zeitschrift für Soziologie und Sozialpsychologie, 59 (1), 125-149.

Janson, Kerstin 2014: Absolventenstudien: Ihre Bedeutung für die Hochschulentwicklung. Eine empirische Betrachtung. Münster, New York: Waxmann.

Janson, Kerstin 2015: Die Bedeutung von Absolventenstudien für die Hochschulentwicklung. Zusammenfassung einer empirischen Studie. In: *Flöther, Choni; Krücken, Georg* (Hg.): Generation Hochschulabschluss: Vielfältige Perspektiven auf Studium und Berufseinstieg. Analysen aus der Absolventenforschung. Münster, New York: Waxmann, 131-150.

Jarausch, Konrad H. 1984: Deutsche Studenten. Frankfurt/M.: Suhrkamp.

Jaspers, Karl 1946: Die Idee der Universität. Berlin: Springer.

Jensen, Uwe; Gartner, Hermann; Rässler, Susanne 2006: Measuring Overeducation with Earnings Frontiers and Multiply Imputed Censored Income Data. Nürnberg: IAB.

Jessen, Ralph 1999: Akademische Elite und kommunistische Diktatur: Die ostdeutsche Hochschullehrerschaft in der Ulbricht-Ära. Göttingen: Vandenhoeck & Ruprecht.

Joas, Hans; Bochow, Michael 1987: Wissenschaft und Karriere: Der berufliche Verbleib des akademischen Mittelbaus. Frankfurt/M., New York: Campus.

John, Edward P.; Paulsen, Michael B.; Starkey, Johnny B. 1996: The Nexus between College Choice and Persistence. In: Research in Higher Education, 37 (2), 175-220.

Jongmanns, Georg 2011: Evaluation des Wissenschaftszeitvertragsgesetzes (WissZeitVG). Gesetzesevaluation im Auftrag des Bundesministeriums für Bildung und Forschung. Hannover: HIS.

Jungbauer-Gans, Monika; Gross, Christiane 2013: Determinants of Success in University Careers: Findings from the German Academic Labor Market. In: Zeitschrift für Soziologie, 42 (1), 74-92.

Kahl, Wolfgang 2004: Hochschule und Staat. Entwicklungsgeschichtliche Betrachtungen eines schwierigen Rechtsverhältnisses unter besonderer Berücksichtigung von Aufsichtsfragen. Tübingen: Mohr Siebeck.

Kahneman, Daniel; Slovic, Paul; Tversky, Amos (Hg.) 1982: Judgment under Uncertainty: Heuristics and Biases. Cambridge, UK: Cambridge University Press.

Kaiserliches Statistisches Amt bzw. Statistisches Reichsamt verschiedene Jahrgänge: Statistisches Jahrbuch für das Deutsche Reich. Berlin: Verlag von Puttkammer & Mühlbrecht.

Kaube, Jürgen 2014: Max Weber: Ein Leben zwischen den Epochen. Berlin: Rowohlt.

Kaufmann, Benedict 2009: Qualitätssicherungssysteme an Hochschulen - Maßnahmen und Effekte. Bonn: HRK.

Keck, Otto 1993: The National System for Technical Innovation in Germany. In: *Nelson, Richard R.* (Hg.): National Innovation Systems: A Comparative Analysis. Oxford: Oxford University Press, 115-157.

Kegelmann, Jürgen 2007: New Public Management. Möglichkeiten und Grenzen des Neuen Steuerungsmodells. Wiesbaden: VS Verlag.

Kehm, Barbara M. 1999: Higher Education in Germany. Developments, Problems and Perspectives. Wittenberg, Bukarest: CEPES/UNESCO und Institut für Hochschulforschung.

Kehm, Barbara M. 2005: Developing Doctoral Degrees and Qualifications in Europe. Good Practice and Issues of Concern. In: Beiträge zur Hochschulforschung, 27 (1), 10-33.

Kehm, Barbara M. 2014: Editorial. In: European Journal of Education, 49 (4), 453-456.

Kehm, Barbara M.; Lanzendorf, Ute 2006a: Germany - 16 Länder Approaches to Reform. In: *Kehm, Barbara M.; Lanzendorf, Ute* (Hg.): Reforming University Governance. Changing Conditions for Research in Four European Countries. Bonn: Lemmens, 135-185.

Kehm, Barbara M.; Lanzendorf, Ute (Hg.) 2006b: Reforming University Governance. Changing Conditions for Research in Four European Countries. Bonn: Lemmens.

Kemelgor, Carol; Etzkowitz, Henry 2001: Overcoming Isolation: Women's Dilemmas in American Academic Science. In: Minerva, 39 (2), 153-174.

Kepplinger, Hans M. 1998: Der Nachrichtenwert der Nachrichtenfaktoren. In: *Holtz-Bacha, Christina; Scherer, Helmut; Waldmann, Norbert* (Hg.): Wie die Medien die Welt erschaffen und wie die Menschen darin leben. Wiesbaden: VS Verlag, 19-38.

Kerr, Clark 2001: The Uses of the University. Cambridge, MA: Harvard University Press.

Kieser, Alfred; Ebers, Mark 2006: Organisationstheorien. Stuttgart: Kohlhammer.

Kieser, Alfred; Walgenbach, Peter 2010: Organisation. Stuttgart: Schäffer-Poeschel.

Kirchhoff, Jochen 2003: Wissenschaftsförderung und forschungspolitische Prioritäten der Notgemeinschaft der Deutschen Wissenschaft 1920-1932. München: Universität München.

Kirchner, Stefan; Krüger, Anne K.; Meier, Frank; Meyer, Uli 2015: Wie geht es weiter mit dem soziologischen Neo-Institutionalismus? In: *Apelt, Maja; Wilkesmann, Uwe* (Hg.): Zur Zukunft der Organisationssoziologie. Wiesbaden: Springer, 189-202.

Klatetzki, Thomas; Tacke, Veronika 2005: Einleitung. In: *Klatetzki, Thomas; Tacke, Veronika* (Hg.): Organisation und Profession. Wiesbaden: VS Verlag, 7-30.

Kleimann, Bernd 2014: Universitätspräsidenten als "institutional entrepreneurs"? Unternehmensmythen und Führungsfabeln im Hochschulbereich. In: *Scherm, Ewald* (Hg.): Management unternehmerischer Universitäten: Realität, Vision oder Utopie? München: Rainer Hampp, 43-61.

Kleimann, Bernd 2015: Universität und präsidiale Leitung. Führungspraktiken in einer multiplen Hybridorganisation. Wiesbaden: VS Verlag.

Klein, Markus; Rosar, Ulrich 2006: Das Auge hört mit! Der Einfluss der physischen Attraktivität des Lehrpersonals auf die studentische Evaluation von Lehrveranstaltungen. Eine empirische Analyse am Beispiel der Wirtschafts- und Sozialwissenschaftlichen Fakultät der Universität zu Köln. In: Zeitschrift für Soziologie, 35 (4), 305-316.

Kloke, Katharina 2014: Qualitätsentwicklung an deutschen Hochschulen: Professionstheoretische Untersuchung eines neuen Tätigkeitsfeldes. Wiesbaden: VS Springer.

Kloke, Katharina; Krücken, Georg 2010: Grenzstellenmanager zwischen Wissenschaft und Wirtschaft. Eine Studie zu Mitarbeiterinnen und Mitarbeitern in Einrichtungen des Technologietransfers und der wissenschaftlichen Weiterbildung. In: Beiträge zur Hochschulforschung, 32 (3), 32-52.

Kloke, Katharina; Krücken, Georg 2012: Der Ball muss dezentral gefangen werden - Organisationssoziologische Überlegungen zu den Möglichkeiten und Grenzen hochschulinterner Steuerungsprozesse am Beispiel der Qualitätssicherung in der Lehre. In: *Wilkesmann, Uwe; Schmid, Christian J.* (Hg.): Hochschule als Organisation. Wiesbaden: VS Verlag, 311-324.

Kluth, Winfried 2004: Der Übergang von der selbstverwalteten Gruppenuniversität zur Hochschule als autonomer Forschungs- und Dienstleistungseinheit. Überblick und Analyse der unterschiedlichen Reformansätze in Landeshochschulgesetzen im Zeitraum 1998-2004. In: Recht der Jugend und des Bildungswesens, 52 (2), 174-189.

KMK 2002: Die Mobilität der Studienanfänger und Studierenden in Deutschland von 1980 bis 2000. Bonn: KMK.

Knorr-Cetina, Karin D. 1981: The Manufacture of Knowledge: Toward a Constructivist and Contextual Theory of Science. Oxford: Pergamon.

König, Carsten 2006: Verhandelte Hochschulsteuerung. 10 Jahre Zielvereinbarung zwischen den Bundesländern und ihren Hochschulen. In: die hochschule, 15 (2), 34-54.

Konsortium Bundesbericht Wissenschaftlicher Nachwuchs 2013: Bundesbericht Wissenschaftlicher Nachwuchs 2013. Statistische Daten und Forschungsbefunde zu Promovierenden und Promovierten in Deutschland. Bielefeld: Bertelsmann.

Kosmützky, Anna 2012: Between Mission and Market Position: Empirical Findings on Mission Statements of German Higher Education Institutions. In: Tertiary Education and Management, 18 (1), 57-77.

Kosmützky, Anna; Krücken, Georg 2015: Sameness and Difference. In: International Studies of Management & Organization, 45 (2), 137-149.

Kößler, Henning 1981: Einleitungsreferat. In: *Präsidium des Hochschulverbandes* (Hg.): Symposion "Gruppenuniversität". Dokumentation einer Tagung des Hochschulverbandes am 1.-2. Mai 1981 auf Schloß Gracht in Erftstadt. Bonn, Bad Godesberg: Hochschulverband, 87-104.

Kowalczuk, Ilko-Sascha 2003: Geist im Dienste der Macht: Hochschulpolitik in der SBZ/DDR 1945 bis 1961. Berlin: Ch. Links Verlag.

Krais, Beate 2000: Das soziale Feld Wissenschaft und die Geschlechterverhältnisse. In: *Krais, Beate* (Hg.): Wissenschaftskultur und Geschlechterordnung: Über die verborgenen Mechanismen männlicher Dominanz in der akademischen Welt. Frankfurt/M., New York: Campus, 31-54.

Kreckel, Reinhard (Hg.) 2008: Zwischen Promotion und Professur: Das wissenschaftliche Personal in Deutschland im Vergleich mit Frankreich, Großbritannien, USA, Schweden, den Niederlanden, Österreich und der Schweiz. Leipzig: Akademische Verlagsanstalt.

Kreckel, Reinhard 2011a: Zwischen Spitzenforschung und Breitenausbildung. Strukturelle Differenzierungen an deutschen Hochschulen im internationalen Vergleich. In: *Krüger, Heinz-Hermann; Rabe-Kleberg, Ursula; Kramer, Rolf-Torsten; Budde, Jürgen* (Hg.): Bildungsungleichheit revisited. Wiesbaden: VS Verlag, 237-258.

Kreckel, Reinhard 2011b: Universitäre Karrierestruktur als deutscher Sonderweg. In: *Himpele, Klemens; Keller, Andreas; Ortmann, Alexandra* (Hg.): Traumjob Wissenschaft? Karrierewege in Hochschule und Forschung. Bielefeld: Bertelsmann, 47-60.

Krempkow, René; Pastohr, Mandy 2006: Was macht Hochschulabsolventen erfolgreich? Eine Analyse der Determinanten beruflichen Erfolges anhand der Dresdner Absolventenstudien 2000-2004. In: Zeitschrift für Evaluation, 1 (2006), 7-38.

Krohn, Wolfgang; Krücken, Georg (Hg.) 1993: Riskante Technologien: Reflexion und Regulation. Frankfurt/M.: Suhrkamp.

Krücken, Georg 2003a: Mission Impossible? Institutional Barriers to the Diffusion of the "Third Academic Mission" at German Universities. In: International Journal of Technology Management, 25 (1), 18-33.

Krücken, Georg 2003b: Learning the "New, New Thing": On the Role of Path Dependency in University Structures. In: Higher Education, 46 (3), 315-339.

Krücken, Georg 2006: Wandel - welcher Wandel? Überlegungen zum Strukturwandel der universitären Forschung in der Gegenwartsgesellschaft. In: die hochschule, 15 (1), 7-18.

Krücken, Georg 2007: Organizational Fields and Competitive Groups in Higher Education: Some Lessons from the Bachelor/Master Reform in Germany. In: management revue, 18 (2), 187-203.

Krücken, Georg 2008: Lässt sich Wissenschaft managen? In: Wissenschaftsrecht, 41 (4), 345-358.

Krücken, Georg 2012: Hochschulforschung. In: *Maasen, Sabine; Kaiser, Mario; Reinhart, Martin* (Hg.): Handbuch Wissenschaftssoziologie. Wiesbaden: Springer, 265-276.

Krücken, Georg 2013: Die Universität - ein rationaler Mythos? In: Beiträge zur Hochschulforschung, 35 (4), 82-101.

Krücken, Georg 2014: Higher Education Reforms and Unintended Consequences: A Research Agenda. In: Studies in Higher Education, 39 (8), 1439-1450.

Krücken, Georg; Meier, Frank 2006: Turning the University into an Organizational Actor. In: *Drori, Gili S.; Meyer, John W.; Hwang, Hokyu* (Hg.): Globalization and Organization. World Society and Organizational Change. Oxford: Oxford University Press, 241-257.

Krücken, Georg; Röbken, Heinke 2009: Neo-Institutionalistische Hochschulforschung. In: *Koch, Sascha; Schemmann, Michael* (Hg.): Neo-Institutionalismus in der Erziehungswissenschaft. Wiesbaden: VS Verlag, 326-346.

Krücken, Georg; Wild, Elke 2010: Zielkonflikte. Herausforderungen für Hochschulforschung und Hochschulmanagement. In: Hochschulmanagement, 5 (2), 58-62.

Krücken, Georg; Kosmützky, Anna; Torka, Marc (Hg.) 2007: Towards a Multiversity? Universities between Global Trends and National Traditions. Bielefeld: transcript.

Krücken, Georg; Blümel, Albrecht; Kloke, Katharina 2009: Towards Organizationel Actorhood of Universities: Occupational and Organizational Change within German University Administrations. FÖV Discussion Paper 48. Speyer: FÖV.

Krücken, Georg; Blümel, Albrecht; Kloke, Katharina 2010: Hochschulmanagement. Auf dem Weg zu einer neuen Profession? In: WSI Mitteilungen, 5 (2010), 234-241.

Krücken, Georg; Blümel, Albrecht; Kloke, Katharina 2012: Wissen schafft Management? Konturen der Managerialisierung im Hochschulbereich. In: *Heinze, Thomas; Krücken, Georg* (Hg.): Institutionelle Erneuerungsfähigkeit der Forschung. Wiesbaden: VS Verlag, 219-256.

Krücken, Georg; Blümel, Albrecht; Kloke, Katharina 2013: The Managerial Turn in Higher Education? On the Interplay of Organizational and Occupational Change in German Academia. In: Minerva, 51 (5), 417-442.

Kühl, Stefan 2007: Von Hochschulreformen zum Veränderungsmanagement von Universitäten. Luhmann - Nacherzählung unter dem Gesichtspunkt der Reformierbarkeit von Universitäten. In: *Altvater, Peter; Bauer, Yvonne; Gilch, Harald* (Hg.): Organisationsentwicklung in Hochschulen. Dokumentation. Hannover: HIS, 1-10.

Kühl, Stefan 2011: Organisationen. Eine sehr kurze Einführung. Wiesbaden: VS Verlag.

Kuhn, Thomas S. 1962: The Structure of Scientific Revolutions. Chicago: University of Chicago Press.

Kühne, Mike 2009: Berufserfolg von Akademikerinnen und Akademikern. Wiesbaden: VS Verlag.

Kyvik, Svein 2004: Structural Changes in Higher Education Systems in Western Europe. In: Higher Education in Europe, 29 (3), 393-409.

Kyvik, Svein 2009: The Dynamics of Change in Higher Education Expansion and Contraction in an Organisational Field. Dordrecht: Springer.

Lakatos, Imre 1978: The Methodology of Scientific Research Programmes. Philosophical Papers. Cambridge, UK: Cambridge University Press.

Landfester, Katharina; Rössel, Jörg 2004: Die Juniorprofessur zwei Jahre nach ihrer Einführung. In: Soziologie, 33 (4), 44-56.

Lang, Frieder; Neyer, Franz 2004: Kooperationsnetzwerke und Karrieren an deutschen Hochschulen. Der Weg zur Professur am Beispiel des Faches Psychologie. In: Kölner Zeitschrift für Soziologie und Sozialpsychologie, 56 (3), 520-538.

Lange, Stefan 2009: Hochschulräte. In: *Hornbostel, Stefan; Knie, Andreas; Simon, Dagmar* (Hg.): Handbuch Wissenschaftspolitik. Wiesbaden: VS Verlag, 347-362.

Lange, Stefan; Schimank, Uwe (Hg.) 2004: Governance und gesellschaftliche Integration. Wiesbaden: VS Verlag.

Lange, Stefan; Schimank, Uwe 2007: Zwischen Konvergenz und Pfadabhängigkeit: New Public Management in den Hochschulsystemen fünf ausgewählter OECD-Länder. In: *Holzinger, Katharina; Jörgen, Helge; Knill, Christoph* (Hg.): Transfer, Diffusion und Konvergenz von Politiken. PVS Sonderheft 38. Wiesbaden: VS Verlag, 522-548.

Lanzendorf, Ute; Orr, Dominic 2006: Hochschulsteuerung durch Kontrakte - wozu und wie? Unterschiedliche Stellenwerte von Wettbewerb, Autonomie und Indikatoren im europäischen Vergleich. In: die hochschule, 15 (2), 80-97.

Lanzendorf, Ute; Pasternack, Peer 2008: Landeshochschulpolitiken. In: *Hildebrandt, Achim; Wolf, Frieder* (Hg.): Die Politik der Bundesländer. Staatstätigkeit im Vergleich. Wiesbaden: VS Verlag, 43-66.

Larmann, Veit 2013: Kleine Hochschulen in strukturschwachen Lagen: Fallstudien aus Perspektive des Ressourcenabhängigkeitsansatzes. Flensburg: Universität Flensburg.

Larson, Magali S. 1979: Professionalism: Rise and Fall. In: International Journal of Health Services, 9 (4), 607-627.

Latour, Bruno 1987: Science in Action: How to Follow Scientists and Engineers Through Society. Cambridge, MA: Harvard University Press.

Latour, Bruno 1988: The Pasteurization of France. Cambridge, MA: Harvard University Press.

Latour, Bruno 1996: On Actor-Network Theory: A Few Clarifications. In: Soziale Welt, 47 (4), 369-381.

Latour, Bruno; Woolgar, Steve 1979: Laboratory Life: The Social Construction of Scientific Facts. Beverly Hills: Sage Publ.

Leahey, Erin 2007: Not by Productivity Alone: How Visibility and Specialization Contribute to Academic Earnings. In: American Sociological Review, 72 (4), 533-561.

Leavitt, Harold J. 1965: Applied Organizational Change in Industry: Structural, Technological and Humanistic Approaches. In: *March, James G.* (Hg.): Handbook of Organizations. Chicago: Rand McNally, 1144-1170.

Lee, Frederic S. 2007: The Research Assessment Exercise, the State and the Dominance of Mainstream Economics in British Universities. In: Cambridge Journal of Economics, 31 (2), 309-325.

Leibfried, Stephan (Hg.) 2010: Die Exzellenzinitiative: Zwischenbilanz und Perspektiven. Frankfurt/M., New York: Campus.

Leicht, Kevin T.; Fennell, Mary L. 2008: Institutionalism and the Professions. In: *Greenwood, Royston; Oliver, Christine; Suddaby, Roy; Sahlin, Kerstin* (Hg.): The SAGE Handbook of Organizational Institutionalism. Los Angeles, London: Sage Publ., 431-448.

Leisyte, Liudvika 2007: University Governance and Academic Research: Case Studies of Research Units in Dutch and English Universities. Twente: University of Twente.

Leisyte, Liudvika; de Boer, Harry; Enders, Jürgen 2006: England - Prototype of the "Evaluative State". In: *Kehm, Barbara M.; Lanzendorf, Ute* (Hg.): Reforming University Governance. Changing Conditions for Research in Four European Countries. Bonn: Lemmens, 21-56.

Lenger, Alexander 2008: Die Promotion. Ein Reproduktionsmechanismus sozialer Ungleichheit. Konstanz: UVK Verlagsgesellschaft.

Lenger, Alexander 2009: Ökonomisches, kulturelles und soziales Kapital von Promovierenden. Eine deskriptive Analyse der sozialen Herkunft von Doktoranden im deutschen Bildungswesen. In: die hochschule, 18 (2), 104-125.

Leszczensky, Michael; Orr, Dominic 2004: Staatliche Hochschulfinanzierung durch indikatorgestützte Mittelverteilung. Dokumentation und Analyse der Verfahren in 11 Bundesländern. Hannover: HIS.

Lewis, Lionel S.; Altbach, Philip G. 1996: Faculty versus Administration: A Universal Problem. In: Higher Education Policy, 9 (3), 255-258.

Leydesdorff, Loet; Etzkowitz, Henry 1998: Triple Helix of Innovation: Introduction. In: Science and Public Policy, 25 (6), 358-364.

Little, Brenda; Arthur, Lore 2010: Less Time to Study, Less Well Prepared for Work, yet Satisfied with Higher Education: A UK Perspective on Links between Higher Education and the Labour Market. In: Journal of Education and Work, 23 (3), 275-296.

Lobkowicz, Nikolaus 1996: Die Hochschule und der Staat - eine vertrackte Beziehung: Überlegungen zur Hochschulreform. In: *Merten, Detlef; Schmidt, Reiner; Stettner, Ruppert* (Hg.): Der Verwaltungsstaat im Wandel. Festschrift für Franz Knöpfle zum 70. Geburtstag. München: Beck, 205-217.

Loeber, Heinz-Dieter; Scholz, Wolf-Dieter 2003: Von der Bildungskatastrophe zum PISA-Schock. Zur Kontinuität sozialer Benachteiligung durch das deutsche Bildungssystem. In: *Moschner, Barbara; Kiper, Hanna; Kattmann, Ulrich* (Hg.): Perspektiven für Lehren und Lernen. PISA 2000 als Herausforderung. Hohengehren: Schneider-Verlag, 241-286.

Long, Scott J.; Fox, Mary F. 1995: Scientific Careers: Universalism and Particularism. In: Annual Review of Sociology, 21 (1995), 45-71.

Long, Scott J. 1978: Productivity and Academic Position in the Scientific Career. In: American Sociological Review, 43 (6), 889-908.

Longden, Bernard 2004: Interpreting Student Early Departure from Higher Education through the Lens of Cultural Capital. In: Tertiary Education and Management, 10 (2), 121-138.

Lörz, Markus; Krawietz, Marian 2011: Internationale Mobilität und soziale Selektivität: Ausmaß, Mechanismen und Entwicklung herkunftsspezifischer Unterschiede zwischen 1990 und 2005. In: Kölner Zeitschrift für Soziologie und Sozialpsychologie, 63 (2), 185-205.

Lörz, Markus; Quast, Heiko; Woisch, Andreas 2012: Erwartungen, Entscheidungen und Bildungswege: Studienberechtigte 2010 ein halbes Jahr nach Schulabgang. Hannover: HIS.

Lörz, Markus; Quast, Heiko; Roloff, Jan 2015: Konsequenzen der Bologna-Reform: Warum bestehen auch am Übergang vom Bachelor- ins Masterstudium soziale Ungleichheiten? In: Zeitschrift für Soziologie, 44 (2), 137-155.

Lübbe, Herrmann 1981: Gruppenuniversität. Revision eines Demokratisierungsprogramms. In: *Präsidium des Hochschulverbandes* (Hg.): Symposion "Gruppenuniversität". Dokumentation einer Tagung des Hochschulverbandes am 1.-2. Mai 1981 auf Schloß Gracht in Erftstadt. Bonn, Bad Godesberg: Hochschulverband, 13-28.

Lüde, Rolf von; Valk, Rüdiger; Daniel, Moldt 2003: Sozionik - Modellierung soziologischer Theorie. Münster: LIT Verlag.

Luhmann, Niklas 1964: Funktionen und Folgen formaler Organisation. Berlin: Duncker & Humblot.

Luhmann, Niklas 1982: The Differentiation of Society. New York: Columbia University Press.

Luhmann, Niklas 1986: Ökologische Kommunikation. Opladen: Westdeutscher Verlag.

Luhmann, Niklas 1987: Soziologische Aufklärung 4. Opladen: Westdeutscher Verlag.

Luhmann, Niklas 1992a: Die Wissenschaft der Gesellschaft. Frankfurt/M.: Suhrkamp.

Luhmann, Niklas 1992b: Zwei Quellen der Bürokratisierung in Hochschulen. In: *Kieserling, André* (Hg.): Niklas Luhmann: Universität als Milieu. Bielefeld: Verlag Cordula Haux, 74-79.

Luhmann, Niklas 1997: Die Gesellschaft der Gesellschaft. Frankfurt/M.: Suhrkamp.

Luhmann, Niklas 2002: Das Erziehungssystem der Gesellschaft. Frankfurt/M.: Suhrkamp.

Luhmann, Niklas; Schorr, Karl E. 1982: Das Technologiedefizit der Erziehung und die Pädagogik. In: *Luhmann, Niklas; Schorr, Karl E.* (Hg.): Zwischen Technologie und Selbstreferenz: Fragen an die Pädagogik. Frankfurt/M.: Suhrkamp, 11-41.

Lundvall, Bengt-Åke 2010: National Systems of Innovation: Toward a Theory of Innovation and Interactive Learning. London: Anthem Press.

Lutter, Mark; Schröder, Martin 2014: Who Becomes a Tenured Professor, and Why? Panel Data Evidence from German Sociology, 1980-2013. Köln: MPIfG.

Lynen, Peter M. 2004: Entwicklungen des Hochschulorganisationsrechts und rechtliche Besonderheiten der "anderen" Hochschulen. In: *Hartmer, Michael; Detmer, Hubert* (Hg.): Hochschulrecht. Ein Handbuch für die Praxis. Heidelberg: C. F. Müller, 511-545.

Maasen, Sabine; Weingart, Peter 2006: Unternehmerische Universität und neue Wissenskultur. In: die hochschule, 15 (1), 19-45.

Maasen, Sabine; Kaiser, Mario; Reinhart, Martin 2012: Handbuch Wissenschaftssoziologie. Wiesbaden: Springer.

Mäkinen, Jarkko; Olkinuora, Erkki; Lonka, Kirsti 2004: Students at Risk: Students' General Study Orientations and Abandoning/Prolonging the Course of Studies. In: Higher Education, 48 (2), 173-188.

Mannheim, Karl 1969: Ideologie und Utopie. Frankfurt/M.: Schulte-Bulmke.

Mansfield, Edwin 1991: Academic Research and Industrial Innovation. In: Research Policy, 20 (1), 1-12.

Markl, Hubert 1981: Forschung in der Gruppenuniversität. Vorläufige Betrachtungen über einen unübersichtlichen Gegenstand. In: *Präsidium des Hochschulverbandes* (Hg.): Symposion "Gruppenuniversität". Dokumentation einer Tagung des Hochschulverbandes am 1.-2. Mai 1981 auf Schloß Gracht in Erftstadt. Bonn, Bad Godesberg: Hochschulverband, 67-85.

Martin, Luther H.; Gutman, Huck; Hutton, Patrick H. (Hg.) 1993: Technologien des Selbst. Frankfurt/M.: S. Fischer.

Matthies, Hildegard; Simon, Dagmar (Hg.) 2008: Wissenschaft unter Beobachtung. Effekte und Defekte von Evaluationen. Wiesbaden: VS Verlag.

Mayntz, Renate 1993: Policy-Netzwerke und die Logik von Verhandlungssystemen. In: *Héritier, Adrienne* (Hg.): Policy-Analyse. Wiesbaden: VS Verlag, 39-56.

Mayntz, Renate (Hg.) 1994: Aufbruch und Reform von oben: Ostdeutsche Universitäten im Transformationsprozess. Frankfurt/M., New York: Campus.

Mayntz, Renate 1997: Politische Steuerung: Aufstieg, Niedergang und Transformation einer Theorie. In: *Mayntz, Renate* (Hg.): Soziale Dynamik und politische Steuerung. Theoretische und methodologische Überlegungen. Frankfurt/M., New York: Campus, 263-292.

Mayntz, Renate 2001: Zur Selektivität der steuerungstheoretischen Perspektive. Köln: MPIfG.

Mayntz, Renate 2004: Governance Theory als fortentwickelte Steuerungstheorie? Köln: MPIfG.

Mayntz, Renate 2008: Von der Steuerungstheorie zu Global Governance. In: *Schuppert, Gunnar; Zürn, Michael* (Hg.): Governance in einer sich wandelnden Welt. Wiesbaden: VS Verlag, 43-60.

Mayntz, Renate; Scharpf, Fritz W. 1975: Policy-Making in the German Federal Bureaucracy. Amsterdam: Elsevier.

Mayntz, Renate; Scharpf, Fritz W. 1995: Der Ansatz des akteurzentrierten Institutionalismus. In: *Mayntz, Renate; Scharpf, Fritz W.* (Hg.): Gesellschaftliche Selbstregelung und politische Steuerung. Frankfurt/M., New York: Campus, 39-73.

McDaniel, Olaf C. 1996: The Paradigms of Governance in Higher Education Systems. In: Higher Education Policy, 9 (2), 137-158.

McNay, Ian 1999: Changing Cultures in UK Higher Education. The State as Corporate Market Bureaucracy and the Emergent Academic Enterprise. In: *Braun, Dietmar; Merrien, François-*

Xavier (Hg.): Towards a New Model of Governance for Universities? A Comparative View. London, Philadelphia, PA: Jessica Kingsley Publishers, 34-58.

Medem, E. 1981: Koreferat. In: *Präsidium des Hochschulverbandes* (Hg.): Symposion "Gruppenuniversität". Dokumentation einer Tagung des Hochschulverbandes am 1.-2. Mai 1981 auf Schloß Gracht in Erftstadt. Bonn, Bad Godesberg: Hochschulverband, 137-156.

Meier, Frank 2009: Die Universität als Akteur. Zum institutionellen Wandel der Hochschulorganisation. Wiesbaden: VS Verlag.

Meier, Frank; Schimank, Uwe 2002: Szenarien der Profilbildung im deutschen Hochschulsystem. Einige Vermutungen. In: die hochschule, 11 (1), 82-91.

Merton, Robert K. 1936: The Unanticipated Consequences of Purposive Social Action. In: American Sociological Review, 1 (6), 894-904.

Merton, Robert K. 1973: The Sociology of Science. Theoretical and Empirical Investigations. Chicago: University of Chicago Press.

Metz-Göckel, Sigrid; Selent, Petra; Schürmann, Ramona 2010: Integration und Selektion. Dem Dropout von Wissenschaftlerinnen auf der Spur. In: Beiträge zur Hochschulforschung, 32 (1), 8-35.

Metz-Göckel, Sigrid; Möller, Christina; Heusgen, Kirsten 2012: Kollisionen - Wissenschaftler/innen zwischen Qualifizierung, Prekarisierung und Generativität. In: *Beaufaÿs, Sandra; Engels, Anita; Kahlert, Heike* (Hg.): Einfach Spitze? Neue Geschlechterperspektiven auf Karrieren in der Wissenschaft. Frankfurt/M., New York: Campus, 233-256.

Meyer-Thurow, Georg 1982: The Industrialization of Invention: A Case Study from the German Chemical Industry. In: Isis, 73 (3), 363-381.

Meyer, John W. 2005: Weltkultur. Wie die westlichen Prinzipien die Welt durchdringen. Frankfurt/M.: Suhrkamp.

Meyer, John W.; Rowan, Brian 1977: Institutionalized Organizations: Formal Structure as Myth and Ceremony. In: American Journal of Sociology, 83 (2), 340-363.

Michels, Robert 1911: Zur Soziologie des Parteiwesens in der modernen Demokratie. Untersuchungen über die oligarchischen Tendenzen des Gruppenlebens. Leipzig: W. Klinkhardt.

Middendorff, Elke; Apolinarski, Beate; Poskowsky, Jonas; Kandulla, Maren; Netz, Nicolai 2013: Die wirtschaftliche und soziale Lage der Studierenden in Deutschland 2012. 20. Sozialerhebung des Deutschen Studentenwerks durchgeführt durch das HIS-Institut für Hochschulforschung. Berlin: BMBF.

Mieg, Harald 2003: Problematik und Probleme der Professionssoziologie. Eine Einleitung. In: *Mieg, Harald; Pfadenhauer, Michaela* (Hg.): Professionelle Leistung - professional performance. Positionen der Professionssoziologie. Konstanz: UVK Verlagsgesellschaft, 11-46.

Mintzberg, Henry 1983a: Power in and around Organizations. Englewood Cliffs, NJ: Prentice-Hall.

Mintzberg, Henry 1983b: Structure in Fives. Designing Effective Organizations. Englewood Cliffs, NJ: Prentice-Hall.

Mintzberg, Henry 1989: Mintzberg on Management. Inside Our Strange World of Organizations. New York: Free Press.

Mintzberg, Henry 1991: Mintzberg über Management. Führung und Organisation, Mythos und Realität. Wiesbaden: Gabler.

Mirowski, Philip; Sent, Esther-Mirjam (Hg.) 2002: Science Bought and Sold: Essays in the Economics of Science. Chicago: University of Chicago Press.

Mizruchi, Mark S.; Fein, Lisa C. 1999: The Social Construction of Organizational Knowledge: A Study of the Uses of Coercive, Mimetic, and Normative Isomorphism. In: Administrative Science Quarterly, 44 (4), 653-683.

Möller, Christina 2013: Wie offen ist die Universitätsprofessur für soziale Aufsteigerinnen und Aufsteiger? Explorative Analysen zur sozialen Herkunft der Professorinnen und Professoren an den nord-rheinwestfälischen Universitäten. In: Soziale Welt, 64 (4), 341-360.

Müller-Böling, Detlef 1997: Was getan werden müßte, um unser marodes Bildungssystem wieder in Schwung zu bringen. Vier Vorschläge. Hamburg. In: DIE ZEIT, 09/1997.

Müller-Böling, Detlef (Hg.) 1998: Strategieentwicklung an Hochschulen. Konzepte - Prozesse - Akteure. Gütersloh: Verlag Bertelsmann Stiftung.

Müller-Böling, Detlef 2000: Die entfesselte Hochschule. Gütersloh: Verlag Bertelsmann Stiftung.

Müller-Böling, Detlef (Hg.) 2005: Hochschule weiter entfesseln - den Umbruch gestalten. Studienprogramme, Organisationsformen, Hochschultypen. Gütersloh: Verlag Bertelsmann Stiftung.

Müller-Jentsch, Walther 2003: Organisationssoziologie. Eine Einführung. Frankfurt/M., New York: Campus.

Müller, Lars 2015: Ehrenamtliches Engagement als Sozialkapital bei der Beschäftigungssuche? In: *Flöther, Choni; Krücken, Georg* (Hg.): Generation Hochschulabschluss: Vielfältige Perspektiven auf Studium und Berufseinstieg. Analysen aus der Absolventenforschung. Münster, New York: Waxmann, 91-105.

Müller, Walter; Mayer, Karl U. 1976: Chancengleichheit durch Bildung? Untersuchungen über den Zusammenhang von Ausbildungsabschlüssen und Berufsstatus. Stuttgart: Klett.

Müller, Walter; Pollak, Reinhard 2007: Weshalb gibt es so wenige Arbeiterkinder in Deutschlands Universitäten? In: *Becker, Rolf; Lauterbach, Wolfgang* (Hg.): Bildung als Privileg. Wiesbaden: VS Verlag, 303-342.

Müller, Walter; Pollak, Reinhard; Reimer, David; Schindler, Steffen 2011: Hochschulbildung und soziale Ungleichheit. In: *Becker, Rolf* (Hg.): Lehrbuch der Bildungssoziologie. Wiesbaden: VS Verlag, 289-327.

Münch, Richard 2006a: Die Entsorgung wissenschaftlicher Kreativität. Latente Effekte der kennzifferngesteuerten Mittelverteilung im akademischen Feld. In: die hochschule, 15 (2), 98-122.

Münch, Richard 2006b: Wissenschaft im Schatten von Kartell, Monopol und Oligarchie. Die latenten Effekte der Exzellenzinitiative. In: Leviathan, 34 (4), 466-486.

Musselin, Christine 2007: Are Universities Specific Organizations? In: *Krücken, Georg; Kosmützky, Anna; Torka, Marc* (Hg.): Towards a Multiversity? Universities between Global Trends and National Traditions. Bielefeld: transcript, 63-84.

Musselin, Christine 2010: The Market for Academics. New York: Routledge.

Nardi, Paolo 1993: Die Hochschulträger. In: *Rüegg, Walter* (Hg.): Geschichte der Universität in Europa. Band I. Mittelalter. München: Beck, 83-108.

Naschold, Frieder; Bogumil, Jörg 2000: Modernisierung des Staates. New public management in deutscher und internationaler Perspektive. Opladen: Leske + Budrich.

NCES 2012a: Digest of Education Statistics. Degree-Granting Institutions, by Control and Level of Institution. http://nces.ed.gov/programs/digest/d11/tables/dt11_279.asp (16.06.2015).

NCES 2012b: Digest of Education Statistics. Total Fall Enrollment in Degree-Granting Institutions, by Control and Level of Institution. http://nces.ed.gov/programs/digest/d11/tables/dt11_199.asp (16.06.2015).

Neave, Guy 1979: Academic Drift: Some Views from Europe. In: Studies in Higher Education, 4 (2), 143-159.

Nelson, Richard R. 1959: The Simple Economics of Basic Scientific Research. In: Journal of Political Economy, 67 (3), 297-306.

Nelson, Richard R. (Hg.) 1993: National Innovation Systems: A Comparative Analysis. Oxford: Oxford University Press.

NEPS 2015: Projekt Nationales Bildungspanel (NEPS). Projektübersicht. https://www.neps-data.de/de-de/projekt%C3%BCbersicht.aspx (09.03.2015).

Neusel, Aylâ 1993: Selbstregulierung oder staatliche Steuerung? Wandel der Hochschulpolitik in den neunziger Jahren. In: *Neusel, Aylâ* (Hg.): Hochschule - Staat - Politik: Christoph Oehler zum 65. Geburtstag. Frankfurt/M., New York: Campus, 185-191.

Nickel, Sigrun; Ziegele, Frank (Hg.) 2008: Bilanz und Perspektiven der leistungsorientierten Mittelverteilung: Analysen zur finanziellen Hochschulsteuerung. Gütersloh: CHE.

Nickel, Sigrun; Püttmann, Vitus; Duong, Sindy 2014: Was wird aus Juniorprofessor(inn)en? Zentrale Ergebnisse eines Vergleichs neuer und traditioneller Karrierewege in der Wissenschaft. Gütersloh: CHE.

Nienhüser, Werner 2012: Academic Capitalism? Wirtschaftsvertreter in Hochschulräten deutscher Universitäten. Eine organisationstheoretisch fundierte empirische Analyse. In: *Wilkesmann, Uwe; Schmid, Christian J.* (Hg.): Hochschule als Organisation. Wiesbaden: VS Verlag, 89-112.

Nipperdey, Thomas 1990: Deutsche Geschichte 1866 - 1918. Bd. 1. Arbeitswelt und Bürgergeist. München: Beck.

Nowotny, Helga; Scott, Peter; Gibbons, Michael 2001: Re-Thinking Science - Knowledge and the Public in an Age of Uncertainty. Cambridge, UK: Polity Press.

OECD 2014: Education at a Glance 2014. Paris: OECD.

Oehler, Christoph 1998: Die Hochschulentwicklung nach 1945. In: *Führ, Christoph; Furck, Carl-Ludwig* (Hg.): Handbuch der deutschen Bildungsgeschichte. 1945 bis zur Gegenwart. München: C. H. Beck, 412-4446.

Offe, Claus 1984: Korporatismus als System nichtstaatlicher Makrosteuerung? Notizen über seine Voraussetzungen und demokratischen Gehalte. In: Zeitschrift für Historische Sozialwissenschaft, 10 (2), 234-256.

Olbertz, Jan-Hendrik; Pasternack, Peer 1999: Profilbildung, Standards, Selbststeuerung. Ein Dialog zwischen Hochschulforschung und Reformpraxis. Weinheim: Deutscher Studien-Verlag.

Oppermann, Thomas 2005: Ordinarienuniversität - Gruppenuniversität - Räteuniversität: Wege und Irrwege. In: *Heß, Jürgen; Leuze, Dieter* (Hg.): Die janusköpfige Rechtsnatur der Universität - ein deutscher Irrweg? Symposium für den Kanzler a.D. der Eberhard Karls Universität Tübingen, Prof. Dr. Dr. h.c. Georg Sandberger nach 24 Jahren Universitätskanzlerschaft. Tübingen: Mohr Siebeck, 1-18.

Ortmann, Günther 2005: Organisation, Profession, bootstrapping. In: *Klatetzki, Thomas; Tacke, Veronika* (Hg.): Organisation und Profession. Wiesbaden: VS Verlag, 285-298.

Orton, Douglas J.; Weick, Karl E. 1990: Loosely Coupled Systems: A Reconceptualization. In: Academy of Management Review, 15 (2), 203-223.

Osterloh, Margit 2012: "New Public Management" versus "Gelehrtenrepublik" - Rankings als Instrument der Qualitätsbeurteilung in der Wissenschaft? In: *Wilkesmann, Uwe; Schmid, Christian J.* (Hg.): Hochschule als Organisation. Wiesbaden: VS Verlag, 209-221.

Osterloh, Margit; Frey, Bruno S. 2000: Motivation, Knowledge Transfer, and Organizational Forms. In: Organization Science, 11 (5), 538-550.

Ouchi, William G. 1980: Markets, Bureaucracies, and Clans. In: Administrative Science Quarterly, 25 (1), 129-141.

Padgett, John F.; Powell, Walter W. (Hg.) 2012: The Emergence of Organizations and Markets. Princeton, NJ: Princeton University Press.

Paletschek, Sylvia 2002: Die Erfindung der humboldtschen Universität. Die Konstruktion der deutschen Universitätsidee in der ersten Hälfte des 20. Jahrhunderts. In: Historische Anthropologie, 10 (2), 183-205.

Paletschek, Sylvia 2010: Was heißt Weltgeltung deutscher Wissenschaft? Modernisierungsleistungen und -defizite der Universitäten im Kaiserreich. In: *Grüttner, Michael; Hachtmann, Rüdiger; Jarausch, Konrad H.; John, Jürgen; Middell, Matthias* (Hg.): Gebrochene Wissenschaftskulturen. Universität und Politik im 20. Jahrhundert. Göttingen: Vandenhoeck & Ruprecht, 29-54.

Paradeise, Catherine; Thoenig, Jean-Claude 2013: Academic Institutions in Search of Quality: Local Orders and Global Standards. In: Organization Studies, 34 (2), 189-218.

Paradeise, Catherine; Bleiklie, Ivar; Ferlie, Ewan; Reale, Emanuela (Hg.) 2009: University Governance: Western European Comparative Perspectives. Dordrecht: Springer.

Parsons, Talcott 1960: Structure and Process in Modern Societies. Glencoe, Ill.: Free Press.

Parsons, Talcott 1971: The System of Modern Societies. Englewood Cliffs, NJ: Prentice-Hall.

Pascarella, Ernest T.; Pierson, Christopher T.; Wolniak, Gregory C.; Terenzini, Patrick T. 2004: First-Generation College Students: Additional Evidence on College Experiences and Outcomes. In: The Journal of Higher Education, 75 (3), 249-284.

Pasternack, Peer 1999: Hochschule und Wissenschaft in SBZ/DDR/Ostdeutschland 1945-1995. Weinheim: Deutscher Studien-Verlag.

Pasternack, Peer; Hechler, Daniel 2013: Bibliografie: Wissenschaft & Hochschulen in Ostdeutschland seit 1945. In: die hochschule, 22 (2), 142-159.

Paul, Jean-Jacques; Teichler, Ulrich; van der Velden, Rolf 2000: Special Issue: Higher Education and Graduate Employment. In: European Journal of Education, 35 (2), 139-249.

Paulsen, Friedrich 1965: Geschichte des gelehrten Unterrichts auf den deutschen Schulen und Universitäten vom Ausgang des Mittelalters bis zur Gegenwart. Berlin: Walter de Gruyter.

Perkin, Harold 1991: History of Universities. In: *Altbach, Philip G.* (Hg.): International Higher Education. An Encyclopedia. New York, London: Garland Publishing, 169-204.

Perrow, Charles 1993: Complex Organizations. A Critical Essay. New York: McGraw-Hill.

Perrow, Charles 1996: Eine Gesellschaft von Organisationen. In: *Kenis, Patrick; Schneider, Volker* (Hg.): Organisation und Netzwerk. Institutionelle Steuerung in Wirtschaft und Politik. Frankfurt/M., New York: Campus 75-121.

Pfeffer, Jeffrey; Salancik, Gerald R. 1978: The External Control of Organizations: A Resource Dependence Perspective. New York: Harper & Row.

Picht, Georg 1964: Die deutsche Bildungskatastrophe. Freiburg: Walter.

Plasa, Tim N. 2015: Studienbedingungen in den Naturwissenschaften und der Mathematik aus Sicht von Absolventinnen und Absolventen. In: *Flöther, Choni; Krücken, Georg* (Hg.): Generation Hochschulabschluss: Vielfältige Perspektiven auf Studium und Berufseinstieg. Analysen aus der Absolventenforschung. Münster, New York: Waxmann, 43-63.

Plessner, Helmuth 1924: Zur Soziologie der modernen Forschung und ihrer Organisation in deutschen Universitäten. In: *Scheler, Max* (Hg.): Versuche zu einer Soziologie des Wissens. München: Duncker & Humblot, 407-425.

Plicht, Hannelore; Schreyer, Franziska 2002: Methodische Probleme der Erfassung von Adäquanz der Akademikerbeschäftigung. In: *Kleinhenz, Gerhard* (Hg.): IAB-Kompendium Arbeitsmarkt- und Berufsforschung. Beiträge zur Arbeitsmarkt- und Berufsforschung. Nürnberg: IAB, 531-545.

Plümper, Thomas; Schimmelpfennig, Frank 2007: Wer wird Prof - und wann? Berufungsdeterminanten in der deutschen Politikwissenschaft. In: Politische Vierteljahresschrift, 48 (1), 97-117.

Pohlenz, Philipp; Tinsner, Karen; Seyfried, Markus 2012: Studienabbruch: Ursachen, Probleme, Begründungen. Saarbrücken: AV Akademikerverlag.

Polanyi, Michael 1966: The Tacit Dimension. Garden City, NY: Doubleday and Co.

Pollitt, Christopher; Bouckaert, Geert 2004: Public Management Reform: A Comparative Analysis. Oxford: Oxford University Press.

Pollitt, Christopher; van Thiel, Sandra; Homburg, Vincent (Hg.) 2007: New Public Management in Europe. Basingstoke: Palgrave Macmillan.

Popper, Karl R. 1934: Logik der Forschung. Zur Erkenntnistheorie der modernen Naturwissenschaft. Wien: Springer.

Porter, Theodore M. 1996: Trust in Numbers: The Pursuit of Objectivity in Science and Public Life. Princeton, NJ: Princeton University Press.

Postlep, Rolf-Dieter 2004: Hochschulfinanzierung: Einige Anmerkungen zu Globalhaushalten und leistungsorientierten Finanzierungsschlüsseln. In: *Färber, Gisela; Renn, Sandra* (Hg.): Zehn Jahre Hochschulreformen seit dem Eckwertepapier. Anstöße, Maßnahmen, Erfolge. Berlin: Duncker & Humblot, 75-82.

Powell, Walter W. 1990: Neither Market Nor Hierarchy: Network Forms of Organization. In: Research in Organizational Behavior, 12 (1), 295-336.

Power, Michael 1999: The Audit Society: Rituals of Verification. Oxford: Oxford University Press.

Preisendörfer, Peter 2011: Organisationssoziologie: Grundlagen, Theorien und Problemstellungen. Wiesbaden: VS Verlag.

Prenzel, Manfred 2006: Bildungsforschung zwischen Pädagogischer Psychologie und Erziehungswissenschaft. In: *Merkens, Hans* (Hg.): Erziehungswissenschaft und Bildungsforschung. Wiesbaden: VS Verlag, 69-79.

Pressman, Jeffrey L.; Wildavsky, Aaron B. 1979: Implementation. How Great Expectations in Washington Are Dashed in Oakland; Or, Why It's Amazing that Federal Programs Work at All. Berkeley, CA: University of California Press.

Preston, Alistair M. 1992: The Birth of Clinical Accounting: A Study of the Emergence and Transformations of Discourses on Costs and Practices of Accounting in U.S. Hospitals. In: Accounting, Organizations and Society, 17 (1), 63-100.

Proeller, Isabella; Schedler, Kuno 2006: New Public Management. Bern: Haupt.

Pross, Helge 1966: Die geistige Enthauptung Deutschlands: Verluste durch Emigration. In: *Freie Universität Berlin* (Hg.): Universitätstage 1966. Nationalsozialismus und die deutsche Universität. Berlin: De Gruyter, 143-155.

Radder, Hans (Hg.) 2010: The Commodification of Academic Research: Science and the Modern University. Pittsburgh, PA: University of Pittsburgh Press.

Ramirez, Francisco O.; Riddle, Phyllis 1991: The Expansion of Higher Education. In: *Altbach, Philip G.* (Hg.): International Higher Education. An Encyclopedia. New York, London: Garland Publishing, 91-106.

Ramirez, Francisco O.; Christensen, Tom 2013: The Formalization of the University: Rules, Roots, and Routes. In: Higher Education, 65 (6), 695-708.

Ramirez, Francisco O.; Luo, Xiaowei; Schofer, Evan; Meyer, John W. 2006: Student Achievement and National Economic Growth. In: American Journal of Education, 113 (1), 1-29.

Ramm, Michael; Multrus, Frank; Bargel, Tino; Schmidt, Monika 2014: Studiensituation und studentische Orientierungen. 12. Studierendensurvey an Universitäten und Fachhochschulen. Berlin: BMBF.

Rathmann, Annika 2014: Die Juniorprofessur im Vergleich zu traditionellen wissenschaftlichen Karrierewegen I : Die Sicht von Nachwuchswissenschaftler(inne)n. http://www.che.de/downloads/Veranstaltungen/CHE_Vortrag_Praesentation_Rathmann140929_PK433.pdf (19.12.2014).

Reale, Emanuela; Seeber, Marco 2013: Instruments as Empirical Evidence for the Analysis of Higher Education Policies. In: Higher Education, 65 (1), 135-151.

Reay, Trish; Hinings, C. R. 2009: Managing the Rivalry of Competing Institutional Logics. In: Organization Studies, 30 (6), 629-652.

Rehn, Torsten; Brandt, Gesche; Fabian, Gregor; Briedis, Kolja 2011: Hochschulabschlüsse im Umbruch. Studium und Übergang von Absolventinnen und Absolventen reformierter und traditioneller Studiengänge des Jahrgangs 2009. Hannover: HIS.

Reichwald, Ralf 2000: Organisations- und Führungsstrukturen zur Stärkung der Wettbewerbsfähigkeit der Universität von morgen. In: *Laske, Stephan; Scheytt, Tobias; Meister-*

Scheytt, Claudia; Scharmer, Claus O. (Hg.): Universität im 21. Jahrhundert. Zur Interdependenz von Begriff und Organisation der Wissenschaft. München: Rainer Hampp, 315-335.

Reinberg, Alexander; Hummel, Markus 2007: Qualifikationsspezifische Arbeitslosigkeit im Jahr 2005 und die Einführung der Hartz-IV-Reform: Empirische Befunde und methodische Probleme. IAB-Forschungsbericht. Nürnberg: IAB.

Reinders, Heinz; Ditton, Hartmut; Gräsel, Cornelia; Gniewosz, Burkhard (Hg.) 2011: Empirische Bildungsforschung. Wiesbaden: VS Verlag.

Reinfeldt, Fabian; Frings, Cornelia 2003: Absolventenbefragungen im Kontext von Hochschulevaluation - Forschungsstand und Perspektiven. In: Zeitschrift für Evaluation, 2 (2), 279-294.

Reisz, Robert D.; Stock, Manfred 2013: Hochschulexpansion, Wandel der Fächerproportionen und Akademikerarbeitslosigkeit in Deutschland. In: Zeitschrift für Erziehungswissenschaft, 16 (1), 137-156.

Riegraf, Birgit; Aulenbacher, Brigitte; Kirsch-Auwärter, Edit; Müller, Ursula (Hg.) 2010: Gender Change in Academia: Re-Mapping the Fields of Work, Knowledge, and Politics from a Gender Perspective. Wiesbaden: VS Verlag.

Riesman, David 1956: Constraint and Variety in American Education: The Academic Procession. Lincoln, Neb.: University of Nebraska Press.

Rindermann, Heiner 2009: Lehrevaluation. Landau: Verlag Empirische Pädagogik.

Risser, Dominik 2003: Governance and Functioning of British Universities. In: Beiträge zur Hochschulforschung, 25 (1), 84-101.

Röbken, Heinke 2007: Postgraduate Studies in Germany - How Much Structure Is Not Enough? In: South African Journal of Higher Education, 21 (8), 1054-1066.

Roellecke, Gerd 1982: Geschichte des deutschen Hochschulwesens. In: *Flämig, Christian* (Hg.): Handbuch des Wissenschaftsrechts. Berlin: Springer, 3-36.

Roethlisberger, Fritz J.; Dickson, William J. 1939: Management and the Worker: An Account of a Research Program Conducted by the Western Electric Company, Hawthorne Works, Chicago. Cambridge, MA: Harvard University Press.

Rogal, Uwe 2008: Hochschulautonomie und Zielvereinbarungen. Neue Instrumente der Hochschulsteuerung und ihre Vereinbarkeit mit der akademischen Selbstverwaltung. Hamburg: Kovac.

Rosenau, James N.; Czempiel, Ernst-Otto (Hg.) 1992: Governance without Government. Order and Change in World Politics. Cambridge, UK: Cambridge University Press.

Roth, Heinrich 1962: Die realistische Wendung in der pädagogischen Forschung. In: Neue Sammlung, 2 (6), 481-490.

Rothblatt, Sheldon; Wittrock, Björn (Hg.) 1993: The European and American University since 1800. Cambridge, UK: Cambridge University Press.

Rüegg, Walter (Hg.) 1993: Geschichte der Universität in Europa. Band I. Mittelalter. München: Beck.

Rüegg, Walter (Hg.) 1996: Geschichte der Universität in Europa. Band II. Von der Reformation zur Französischen Revolution. 1500-1800. München: Beck.

Rüegg, Walter (Hg.) 2004: Geschichte der Universität in Europa. Band III. Vom 19. Jahrhundert zum Zweiten Weltkrieg. 1800-1945. München: Beck.

Rüegg, Walter (Hg.) 2010: Geschichte der Universität in Europa. Band IV. Vom Zweiten Weltkrieg bis zum Ende des zwanzigsten Jahrhundert. München: Beck.

Rupp, Hans 1981: Einleitungsreferat. In: *Präsidium des Hochschulverbandes* (Hg.): Symposion "Gruppenuniversität". Dokumentation einer Tagung des Hochschulverbandes am 1.-2. Mai 1981 auf Schloß Gracht in Erftstadt. Bonn, Bad Godesberg: Hochschulverband, 121-136.

Rusconi, Alessandra; Solga, Heike 2007: Determinants of and Obstacles to Dual Careers in Germany. In: Zeitschrift für Familienforschung, 19 (3), 311-336.

Sahlin, Kerstin; Wedlin, Linda 2008: Circulating Ideas: Imitation, Translation and Editing. In: *Greenwood, Royston; Oliver, Christine; Suddaby, Roy; Sahlin, Kerstin* (Hg.): The Sage Handbook of Organizational Institutionalism. Los Angeles, London: Sage Publ., 218-242.

Salas-Velasco, Manuel 2007: The Transition from Higher Education to Employment in Europe: The Analysis of the Time to Obtain the First Job. In: Higher Education, 54 (3), 333-360.

Sarcletti, Andreas 2009: Die Bedeutung von Praktika und studentischen Erwerbstätigkeiten für den Berufseinstieg. München: IHF.

Sarcletti, Andreas; Müller, Sophie 2011: Zum Stand der Studienabbruchforschung. Theoretische Perspektiven, zentrale Ergebnisse und methodische Anforderungen an künftige Studien. In: Zeitschrift für Bildungsforschung, 1 (3), 235-248.

Saxenian, AnnaLee 1996: Regional Advantage. Culture and Competition in Silicon Valley and Route 128. Cambridge/MA: Harvard University Press.

Scharpf, Fritz W. 1997: Games Real Actors Play. Boulder, Colo.: Westview Press.

Scharpf, Fritz W. 2000: Interaktionsformen. Akteurzentrierter Institutionalismus in der Politikforschung. Opladen: Leske + Budrich.

Scheller, Percy; Isleib, Sören; Sommer, Dieter 2013: Studienanfängerinnen und Studienanfänger im Wintersemester 2011/12. Tabellenband. Hannover: HIS.

Schelsky, Helmut 1963: Einsamkeit und Freiheit. Reinbek: Rowohlt.

Schelsky, Helmut 1966: Grundzüge einer neuen Universität. In: *Mikat, Paul; Schelsky, Helmut* (Hg.): Grundzüge einer neuen Universität. Zur Planung einer Hochschulgründung in Ostwestfalen. Gütersloh: Bertelsmann, 35-69.

Schenke, Wolf-Rüdiger 2005: Neue Fragen an die Wissenschaftsfreiheit. Neue Hochschulgesetze im Lichte des Art. 5 III GG. In: Neue Zeitschrift für Verwaltungsrecht, 24 (9), 1000-1009.

Scherhorn, Gerhard 1969: Soziologie des Konsums. In: *König, René* (Hg.): Handbuch der empirischen Sozialforschung. Zweiter Band. Stuttgart: Ferdinand Enke, 834-862.

Scheuermann, Reimund 2004: Die Dienstrechts- und Besoldungsreform für Hochschullehrer. In: *Färber, Gisela; Renn, Sandra* (Hg.): Zehn Jahre Hochschulreformen seit dem Eckwertepapier. Anstöße, Maßnahmen, Erfolge. Berlin: Duncker & Humblot, 49-62.

Schiefele, Ulrich; Streblow, Lilian; Brinkmann, Julia 2007: Aussteigen oder Durchhalten. Was unterscheidet Studienabbrecher von anderen Studierenden? In: Zeitschrift für Entwicklungspsychologie und pädagogische Psychologie, 39 (3), 127-140.

Schimank, Uwe 2001a: Festgefahrene Gemischtwarenläden - Die deutschen Hochschulen als erfolgreich scheiternde Organisationen. In: *Stölting, Erhard; Schimank, Uwe* (Hg.): Die Krise der Universitäten. Wiesbaden: Westdeutscher Verlag, 223-242.

Schimank, Uwe 2001b: Organisationsgesellschaft. In: *Kneer, Georg; Nassehi, Armin; Schröer, Markus* (Hg.): Klassische Gesellschaftsbegriffe der Soziologie. München: Fink, 279-307.

Schimank, Uwe 2002a: Handeln und Strukturen. Einführung in die akteurtheoretische Soziologie. Weinheim: Juventa-Verl.

Schimank, Uwe 2002b: Expertise zum Thema: Neues Steuerungssysteme an den Hochschulen. Abschlussbericht 31.05.2002. Förderinitiative des BMBF: Science Policy Studies. Hagen: FernUniversität Hagen.

Schimank, Uwe 2005a: "New Public Management" and the Academic Profession: Reflections on the German Situation. In: Minerva, 43 (4), 361-376.

Schimank, Uwe 2005b: Die akademische Profession und die Universität: „New Public Management" und eine drohende Entprofessionalisierung. In: *Klatetzki, Thomas; Tacke, Veronika* (Hg.): Organisation und Profession. Wiesbaden: VS Verlag, 143-163.

Schimank, Uwe 2006: Zielvereinbarungen in der Misstrauensfalle. In: die hochschule, 15 (2), 7-17.

Schimank, Uwe 2007a: Die Governance-Perspektive: Analytisches Potential und anstehende konzeptionelle Fragen. In: *Altrichter, Herbert; Brüsemeister, Thomas; Wissinger, Jochen* (Hg.):

Educational Governance. Handlungskoordination und Steuerung im Bildungssystem. Wiesbaden: VS Verlag, 231-260.

Schimank, Uwe 2007b: Elementare Mechanismen. In: *Benz, Arthur; Lütz, Susanne; Schimank, Uwe; Simonis, Georg* (Hg.): Handbuch Governance. Theoretische Grundlagen und empirische Anwendungsfelder. Wiesbaden: VS Verlag, 29-45.

Schimank, Uwe 2010: Reputation statt Wahrheit: Verdrängt der Nebencode den Code? In: Soziale Systeme, 16 (2), 233-242.

Schimank, Uwe; Winnes, Markus 2001: Jenseits von Humboldt? Muster und Entwicklungspfade des Verhältnisses von Forschung und Lehre in verschiedenen europäischen Hochschulsystemen. In: *Stölting, Erhard; Schimank, Uwe* (Hg.): Die Krise der Universitäten. Wiesbaden: Westdeutscher Verlag, 295-325.

Schindler, Steffen 2012: Aufstiegsangst? Eine Studie zur sozialen Ungleichheit beim Hochschulzugang im historischen Zeitverlauf. Düsseldorf: Vodafone Stiftung Deutschland.

Schindler, Steffen 2014: Wege zur Studienberechtigung - Wege ins Studium? Wiesbaden: Springer.

Schluchter, Wolfgang 1971: Auf der Suche nach der verlorenen Einheit. Anmerkungen zum Strukturwandel der deutschen Universität. In: *Albert, Hans; Baumgarten, Eduard* (Hg.): Sozialtheorie und soziale Praxis. Eduard Baumgarten zum 70. Geburtstag. Meisenheim am Glan: Hain, 257-280.

Schlüter, Anne (Hg.) 1992: Pionierinnen, Feministinnen, Karrierefrauen? Zur Geschichte des Frauenstudiums in Deutschland. Pfaffenweiler: Centaurus-Verlagsgesellschaft.

Schmeiser, Martin 1994: Akademischer Hasard. Das Berufsschicksal des Professors und das Schicksal der deutschen Universität 1870-1920: Eine verstehende soziologische Untersuchung. Stuttgart: Klett.

Schmeiser, Martin 2006: Soziologische Ansätze der Analyse von Professionen, der Professionalisierung und des professionellen Handelns. In: Soziale Welt, 57 (3), 295-318.

Schneider, Heidrun; Franke, Barbara 2014: Bildungsentscheidungen von Studienberechtigten. Studienberechtigte 2012 ein halbes Jahr vor und ein halbes Jahr nach Schulabschluss. Hannover: DZHW.

Schneijderberg, Christian; Merkator, Nadine; Teichler, Ulrich; Kehm, Barbara M. (Hg.) 2013: Verwaltung war gestern. Neue Hochschulprofessionen und die Gestaltung von Studium und Lehre. Frankfurt/M., New York: Campus.

Scholkmann, Antonia 2010: Zwischen Handlungszwang und Kollegialität: Universitätsdekane als Manager und Repräsentanten ihrer Fakultät. Münster: LIT Verlag.

Schomburg, Harald 2001: Was bestimmt den Berufserfolg. In: *Schomburg, Harald; Teichler, Ulrich; Doerry, Martin; Mohr, Joachim* (Hg.): Erfolgreich von der Uni in den Job. Die große Absolventen-Studie. Regensburg, Düsseldorf, Berlin: Fit for Business, 177-193.

Schomburg, Harald 2008: Implementierung von entscheidungsnahen Absolventenstudien an Hochschulen in Deutschland. In: *HRK* (Hg.): Aktuelle Themen der Qualitätssicherung und Qualitätsentwicklung: Systemakkreditierung - Rankings - Learning Outcomes. Bonn: HRK, 81-92.

Schomburg, Harald; Teichler, Ulrich (Hg.) 2007: Higher Education and Graduate Employment in Europe: Results from Graduates Surveys from Twelve Countries. Dordrecht: Springer.

Schomburg, Harald; Teichler, Ulrich 2012: Hochschulabsolventen im internationalen Vergleich. In: *Schomburg, Harald; Kehm, Barbara M.; Teichler, Ulrich* (Hg.): Funktionswandel der Universitäten. Differenzierung, Relevanzsteigerung, Internationalisierung. Frankfurt/M., New York: Campus, 75-90.

Schomburg, Harald; Teichler, Ulrich; Winkler, Helmut 2005: Steigende Erwartungen, aber keine einfache Auskunft. Potentiale der Absolventenforschung nach den Erfahrungen des Wissenschaftlichen Zentrums für Berufs-und Hochschulforschung Kassel. In: *Craanen, Michael;*

Huber, Ludwig (Hg.): Notwendige Verbindungen. Zur Verankerung von Hochschuldidaktik in Hochschulforschung. Bielefeld: UniversitätsVerlagWebler, 29-41.

Schreiterer, Ulrich 2008: Traumfabrik Harvard: Warum amerikanische Hochschulen so anders sind. Frankfurt/M., New York: Campus.

Schröder-Gronostay, Manuela; Daniel, Hans-Dieter 1999: Studienerfolg und Studienabbruch: Beiträge aus Forschung und Praxis. Neuwied: Luchterhand.

Schröder, Thomas 2004: Der Einsatz leistungsorientierter Ressourcensteuerungsverfahren im deutschen Hochschulsystem. Eine empirische Untersuchung ihrer Ausgestaltung und Wirkungsweisen. In: Beiträge zur Hochschulforschung, 26 (2), 28-58.

Schubert, Torben; Schmoch, Ulrich 2010: Finanzierung der Hochschulforschung. In: *Simon, Dagmar; Knie, Andreas; Hornbostel, Stefan* (Hg.): Handbuch Wissenschaftspolitik. Wiesbaden: VS Verlag, 244-261.

Schultz, Theodore W. 1963: The Economic Value of Education. New York: Columbia University Press.

Schulz, Winfried 1976: Die Konstruktion von Realität in den Nachrichtenmedien: Analyse der aktuellen Berichterstattung. Freiburg, München: Alber.

Schumpeter, Joseph A. 1911: Theorie der wirtschaftlichen Entwicklung. Berlin: Duncker & Humblot.

Schumpeter, Joseph A. 1961: Konjunkturzyklen: Eine theoretische, historische und statistische Analyse des kapitalistischen Prozesses. Göttingen: Vandenhoeck & Ruprecht.

Schütz, Alfred; Luckmann, Thomas 1975: Strukturen der Lebenswelt. Neuwied: Luchterhand.

Schwager, Robert 2005: PISA-Schock und Hochschulmisere. Hat der deutsche Bildungsföderalismus versagt? In: Perspektiven der Wirtschaftspolitik, 6 (2), 189-205.

Schwarze, Barbara 2006: Mehr Chancen für Frauen in technischen Studiengängen. In: *Michel, Sigrid; Löffler, Sylvia* (Hg.): Mehr als ein Gendermodul. Bielefeld: Kleine Verlag, 63-78.

Scott, Peter 1995: Unified and Binary Systems of Higher Education in Europe. In: *Burgen, Arnold* (Hg.): Goals and Purposes of Higher Education in the 21st Century. London, Bristol: Jessica Kingsley Publishers, 37-54.

Scott, Richard W. 1965: Reactions to Supervision in a Heteronomous Professional Organization. In: Administrative Science Quarterly, 10 (1), 65-81.

Scott, Richard W. 1968: Konflikte zwischen Spezialisten und bürokratischen Organisationen. In: *Mayntz, Renate* (Hg.): Bürokratische Organisation. Köln: Kiepenheuer & Witsch, 201-216.

Scott, Richard W. 1982: Managing Professional Work: Three Models of Control for Health Organizations. In: Health Services Research, 17 (3), 213-240.

Scott, Richard W. 2005: Evolving Professions: An Institutional Field Approach. In: *Klatetzki, Thomas; Tacke, Veronika* (Hg.): Organisation und Profession. Wiesbaden: VS Verlag, 119-141.

Scott, Richard W.; Davis, Gerald F. 2007: Organizations and Organizing. Rational, Natural, and Open System Perspectives. Upper Saddle River, NJ: Pearson Prentice Hall.

Scott, Richard W. 1981: Organizations: Rational, Natural, and Open Systems. Englewood Cliffs, NJ: Prentice-Hall.

Seeber, Marco ; Seeber, Marco; Lepori, Benedetto; Montauti, Martina; Enders, Jürgen; de Boer, Harry; Weyer, Elke; Bleiklie, Ivar; Hope, Kristin; Michelsen, Svein; Mathisen, Gigliola Nyhagen 2014: European Universities as Complete Organizations? Understanding Identity, Hierarchy and Rationality in Public Organizations. In: Public Management Review, (ahead-of-print), 1-31.

Seidler, Hanns H. 2004: Hochschulfinanzierung, Evaluation und Mittelvergabe. In: *Hartmer, Michael; Detmer, Hubert* (Hg.): Hochschulrecht. Ein Handbuch für die Praxis. Heidelberg: Verlagsgruppe Hüthig-Jehle-Rehm, 478-510.

Seier, Hellmut 1964: Der Rektor als Führer. Zur Hochschulpolitik des Reichserziehungsministeriums 1934-1945. In: Vierteljahreshefte für Zeitgeschichte, 12 (2), 105-146.

Serrano-Velarde, Kathia; Krücken, Georg 2012: Private Sector Consultants and Public Universities: The Challenges of Cross-Sectoral Knowledge Transfers. In: European Journal of Education, 47 (2), 277-289.

Shanghai Jiao Tong University 2015: Academic Ranking of World Universities. http://www.shanghairanking.com/ (16.06.2015).

Shapin, Steven 1994: A Social History of Truth: Civility and Science in Seventeenth-Century England. Chicago: University of Chicago Press.

Shils, Edward 1992: Universities - Since 1900. In: *Clark, Burton R.; Neave, Guy* (Hg.): Encyclopedia of Higher Education. Analytical Perspectives. Oxford: Pergamon, 1259-1275.

Shin, Jung C.; Jung, Jisun 2014: Academics Job Satisfaction and Job Stress across Countries in the Changing Academic Environments. In: Higher Education, 67 (5), 603-620.

Shinn, Terry 2002: The Triple Helix and New Production of Knowledge. Prepackaged Thinking on Science and Technology. In: Social Studies of Science, 32 (4), 599-614.

Simmel, Georg 1992: Soziologie. Untersuchungen über die Formen der Vergesellschaftung. Frankfurt/M.: Suhrkamp.

Smelser, Neil J. 1990: Epilog. Sozialstrukturelle Dimensionen des Bildungswesens. In: *Parsons, Talcott; Platt, Gerald M.* (Hg.): Die amerikanische Universität: Ein Beitrag zur Soziologie der Erkenntnis. Frankfurt/M.: Suhrkamp, 508-548.

Spady, William G. 1970: Dropouts from Higher Education: An Interdisciplinary Review and Synthesis. In: Interchange, 1 (1), 64-85.

Spence, Michael 1974: Market Signaling: Informational Transfer in Hiring and Related Screening Processes. Cambridge, MA: Harvard University Press.

Staatliche Zentralverwaltung für Statistik 1956: Statistisches Jahrbuch der Deutschen Demokratischen Republik. 1955. Berlin: VEB Deutscher Zentralverlag.

Stanat, Petra; Edele, Aileen 2011: Migration und soziale Ungleichheit. In: *Reinders, Heinz; Ditton, Hartmut; Gräsel, Cornelia; Gniewosz, Burkhard* (Hg.): Empirische Bildungsforschung. Wiesbaden: VS Verlag, 181-192.

Statistisches Bundesamt 1950-1990: Statistische Jahrbücher. Wiesbaden: Statistisches Bundesamt.

Statistisches Bundesamt 1953: Statistisches Jahrbuch 1952. Stuttgart, Köln: Kohlhammer.

Statistisches Bundesamt 1982: Statistische Jahrbücher. Wiesbaden: Statistisches Bundesamt.

Statistisches Bundesamt 2001-2012: Bildung und Kultur: Finanzen der Hochschulen. Wiesbaden: Statistisches Bundesamt.

Statistisches Bundesamt 2006: Bildung und Kultur: Personal an Hochschulen 2005. Wiesbaden: Statistisches Bundesamt.

Statistisches Bundesamt 2007: Bildungsstand der Bevölkerung. Ausgabe 2007. Wiesbaden: Statistisches Bundesamt.

Statistisches Bundesamt 2012a: Bildung und Kultur: Studierende an Hochschulen. Wintersemester 2011/2012. Wiesbaden: Statistisches Bundesamt.

Statistisches Bundesamt 2012b: Promovierende in Deutschland 2010. Wiesbaden: Statistisches Bundesamt.

Statistisches Bundesamt 2014a: Bildung und Kultur. Studierende an Hochschulen. Wintersemester 2013/2014. Wiesbaden: Statistisches Bundesamt.

Statistisches Bundesamt 2014b: Bildung und Kultur: Personal an Hochschulen 2013. Wiesbaden: Statistisches Bundesamt.

Statistisches Bundesamt 2014c: Bildung und Kultur: Prüfungen an Hochschulen 2013. Wiesbaden: Statistisches Bundesamt.

Statistisches Reichsamt 1936: Statistisches Jahrbuch für das Deutsche Reich. Berlin: Verlag von Puttkammer & Mühlbrecht.

Stehr, Nico 1994: Arbeit, Eigentum und Wissen. Zur Theorie von Wissensgesellschaften. Frankfurt/M.: Suhrkamp.

Stephan, Paula E. 2012: How Economics Shapes Science. Cambridge, MA: Harvard University Press.

Stichweh, Rudolf 1994a: Professionen und Disziplinen: Formen der Differenzierung zweier Systeme beruflichen Handelns in modernen Gesellschaften. In: *Stichweh, Rudolf* (Hg.): Wissenschaft, Universitäten, Professionen. Soziologische Analysen. Frankfurt/M.: Suhrkamp, 278-336.

Stichweh, Rudolf 1994b: Akademische Freiheit, Professionalisierung der Hochschule und Politik. In: *Stichweh, Rudolf* (Hg.): Wissenschaft, Universitäten, Professionen. Soziologische Analysen. Frankfurt/M.: Suhrkamp, 337-361.

Stichweh, Rudolf 2005: Neue Steuerungsformen der Universität und die akademische Selbstverwaltung. Die Universität als Organisation. In: *Sieg, Ulrich; Korsch, Dietrich* (Hg.): Die Idee der Universität heute. München: Saur, 123-134.

Stock, Manfred 2003: Hochschulexpansion in komparativer Perspektive. In: die hochschule, 12 (2), 144-157.

Stölting, Erhard 2001: Permanenz und Veränderung von Strukturkrisen: Institutionelle Darstellungsprobleme. In: *Stölting, Erhard; Schimank, Uwe* (Hg.): Die Krise der Universitäten. Wiesbaden: Westdeutscher Verlag, 27-43.

Streeck, Wolfgang; Schmitter, Philippe C. 1985: Gemeinschaft, Markt, Staat - und Verbände? In: Journal für Sozialforschung, 25 (2), 133-157.

Sydow, Jörg; Windeler, Arnold 1997: Über Netzwerke, virtuelle Integration und Interorganisationsbeziehungen. In: *Sydow, Jörg; Windeler, Arnold* (Hg.): Management interorganisationaler Beziehungen. Vertrauen, Kontrolle und Informationstechnik. Opladen: Westdeutscher Verlag, 1-21.

Szöllösi-Janze, Margit 2004: Wissensgesellschaft in Deutschland: Überlegungen zur Neubestimmung der deutschen Zeitgeschichte über Verwissenschaftlichungsprozesse. In: Geschichte und Gesellschaft, 30 (2), 277-313.

Taylor, Frederick W. 1911: The Principles of Scientific Management. New York: Harper & Brothers.

Teichler, Ulrich 1981: Lehre und Studium in Universitäten mit partizipatorischen Entscheidungsstrukturen. In: *Präsidium des Hochschulverbandes* (Hg.): Symposion "Gruppenuniversität". Dokumentation einer Tagung des Hochschulverbandes am 1.-2. Mai 1981 auf Schloß Gracht in Erftstadt. Bonn, Bad Godesberg: Hochschulverband, 105-120.

Teichler, Ulrich 1994: Hochschulforschung - Situation und Perspektiven. In: Das Hochschulwesen, 42 (4), 169-177.

Teichler, Ulrich 2002: Potentiale und Erträge von Absolventenstudien. In: Sozialwissenschaften und Berufspraxis, 25 (1/2), 9-32.

Teichler, Ulrich 2005a: Hochschulstrukturen im Umbruch. Eine Bilanz der Reformdynamik seit vier Jahrzehnten. Frankfurt/M., New York: Campus.

Teichler, Ulrich 2005b: Hochschulsysteme und Hochschulpolitik: Quantitative und strukturelle Dynamiken, Differenzierungen und der Bologna-Prozess. Münster, New York: Waxmann.

Teichler, Ulrich 2008: Diversification? Trends and Explanations of the Shape and Size of Higher Education. In: Higher Education, 56 (3), 349-379.

Teichler, Ulrich 2011: Bologna - Motor or Stumbling Block for the Mobility and Employability of Graduates? In: *Schomburg, Harald; Teichler, Ulrich* (Hg.): Employability and Mobility of Bachelor Graduates in Europe. Rotterdam: Sense Publishers, 3-41.

Teichler, Ulrich 2015: Absolventenstudien - Ansprüche und potenzielle Leistungen für Entscheidungen im Hochschulsystem. In: *Flöther, Choni; Krücken, Georg* (Hg.): Generation Hochschulabschluss: Vielfältige Perspektiven auf Studium und Berufseinstieg. Analysen aus der Absolventenforschung. Münster, New York: Waxmann, 15-41.

Teichler, Ulrich; Wolter, Andrä 2004: Zugangswege und Studienangebote für nicht-traditionelle Studierende. In: die hochschule, 13 (2), 64-80.

Teichler, Ulrich; Schomburg, Harald; Winkler, Helmut 1992: Studium und Berufsweg von Hochschulabsolventen: Ergebnisse einer Langzeitstudie. Bonn: BMBF.

Teichler, Ulrich; Arimoto, Akira; Cummings, William K. (Hg.) 2013: The Changing Academic Profession: Major Findings of a Comparative Survey. London: Springer.

Tenorth, Heinz-Elmar 2010: Empirische Schulforschung aus bildungshistorischer Sicht. In: *Gauger, Jörg-Dieter; Kraus, Josef* (Hg.): Empirische Bildungsforschung. Notwendigkeit und Risiko. Sankt Augustin, Berlin: Konrad-Adenauer-Stiftung, 7-20.

Tessaring, Manfred 1977: Qualifikationsspezifische Arbeitslosigkeit in der Bundesrepublik Deutschland. In: Mitteilungen aus der Arbeitsmarkt- und Berufsforschung, 10 (2), 229-242.

THE 2015: Times Higher Education. World University Rankings 2014-15. https://www.timeshighereducation.co.uk/world-university-rankings/2015/world-ranking/#/ (16.06.2015).

Thompson, James D. 1967: Organizations in Action. Social Science Bases of Administrative Theory. New York: McGraw-Hill.

Thurow, Lester C. 1978: Die Arbeitskräfteschlange und das Modell des Arbeitsplatzwettbewerbs. In: *Sengenberger, Werner* (Hg.): Der gespaltene Arbeitsmarkt. Probleme der Arbeitsmarktsegmentation. Frankfurt/M., New York: Campus, 117-137.

Tinto, Vincent 1975: Dropout from Higher Education: A Theoretical Synthesis of Recent Research. In: Review of Educational Research, 45 (1), 89-125.

Tinto, Vincent 1988: Stages of Student Departure: Reflections on the Longitudinal Character of Student Leaving. In: The Journal of Higher Education, 59 (4), 438-455.

Tomlinson, Michael 2012: Graduate Employability: A Review of Conceptual and Empirical Themes. In: Higher Education Policy, 25 (4), 407-431.

Trow, Martin 1974: Problems in the Transition from Elite to Mass Higher Education. In: *OECD* (Hg.): Policies for Higher Education. General Report on the Conference on Future Structures of Post-Secondary Education. Paris: OECD, 55-101.

Trow, Martin 2006: Reflections on the Transition from Elite to Mass to Universal Access: Forms and Phases of Higher Education in Modern Societies since WW II. In: *Forest, James J.; Altbach, Philip G.* (Hg.): International Handbook of Higher Education. Dordrecht: Springer, 243-280.

Türk, Klaus; Lemke, Thomas; Bruch, Michael 2006: Organisation in der modernen Gesellschaft: Eine historische Einführung. Wiesbaden: VS Verlag.

Turner, George 2001: Hochschule zwischen Vorstellung und Wirklichkeit. Zur Geschichte der Hochschulreform im letzten Drittel des 20. Jahrhunderts. Berlin: Duncker & Humblot.

Turner, Steven 1981: The Prussian Professoriate and the Research Imperative, 1790-1840. In: *Jahnke, Hans N.; Otte, Michael* (Hg.): Epistemological and Social Problems of the Sciences in the Early Nineteenth Century. Dordrecht: Springer, 109-121.

Ulrich, Hans; Probst, Gilbert 1984: Self-Organization and Management of Social Systems: Insights, Promises, Doubts, and Questions. Berlin, Heidelberg: Springer.

van Buer, Jürgen 2011: Zur Fokussierung der empirischen Hochschulforschung auf das vorzeitige Ausscheiden aus dem Studium - warum wir so auf den Misserfolg blicken. In: *Zlatkin-Troitschanskaia, Olga* (Hg.): Stationen Empirischer Bildungsforschung. Wiesbaden: VS Verlag, 463-475.

van Gennep, Arnold 1960: The Rites of Passage. Chicago: University of Chicago Press.

van Vught, Frans A. 1997: The Effects of Alternative Governance Structures. A Comperative Analysis of Higher Education Policy in Five EU Member States. In: *Steunenberg, Bernard; van Vught, Frans A.* (Hg.): Political Institutions and Public Policy. Perspectives on European Decision Making. Dordrecht: Springer, 115-137.

Vogel, Rick 2006: Zur Institutionalisierung von New Public Management. Disziplindynamik der Verwaltungswissenschaft unter dem Einfluss ökonomischer Theorie. Wiesbaden: Deutscher Universitäts-Verlag.

vom Brocke, Bernhard (Hg.) 1991: Wissenschaftsgeschichte und Wissenschaftspolitik im Industriezeitalter. Das "System Althoff" in historischer Perspektive. Hildesheim: Verlag August Lax.

vom Bruch, Rüdiger 1984: Universitätsreform als soziale Bewegung. Zur Nicht-Ordinarienfrage im späten deutschen Kaiserreich. In: Geschichte und Gesellschaft, 10 (1), 72-91.

vom Bruch, Rüdiger 1999: Langsamer Abschied von Humboldt? Etappen deutscher Universitätsgeschichte 1810-1945. In: *Ash, Mitchell G.* (Hg.): Mythos Humboldt. Vergangenheit und Zukunft der deutschen Universitäten. Wien: Böhlau Verlag, 29-57.

von Humboldt, Wilhelm 1900: Über die innere und äussere Organisation der höheren wissenschaftlichen Anstalten in Berlin. In: *von Harnack, Adolf* (Hg.): Geschichte der Königlich-Preussischen Akademie der Wissenschaften zu Berlin. Urkunden und Actenstücke zur Geschichte der Königlich-Preussischen Akademie der Wissenschaften. Berlin: Königlich-Preussische Akademie der Wissenschaften zu Berlin, 361-367.

von Stuckrad, Thimo; Gläser, Jochen 2012: Es ist höchstens eine Kollegenschelte möglich, aber die bringt nichts. Kontingente und strukturelle Handlungsbeschränkungen der intrauniversitären Forschungsgovernance. In: *Wilkesmann, Uwe; Schmid, Christian J.* (Hg.): Hochschule als Organisation. Wiesbaden: VS Verlag, 223-243.

Wächter, Christine 2005: A Gendered Look at Interdisciplinary Engineering Education. In: *Bammé, Arno; Getzinger, Günter; Wieser, Bernhard* (Hg.): Yearbook 2005 of the Institute for Advanced Studies on Science, Technology and Society, München. Wien: Profil-Verlag, 470-493.

Wahlers, Wilhelm 2006: Das Gesetz zur Reform der Professorenbesoldung und der Grundsatz der amtsangemessenen Alimentation. In: Zeitschrift für Beamtenrecht, 54 (5), 149-159.

Wald, Andreas; Jansen, Dorothea 2007: Netzwerke. In: *Benz, Arthur; Lütz, Susanne; Schimank, Uwe; Simonis, Georg* (Hg.): Handbuch Governance. Theoretische Grundlagen und empirische Anwendungsfelder. Wiesbaden: VS Verlag, 93-105.

Walgenbach, Peter; Meyer, Renate E. 2007: Neoinstitutionalistische Organisationstheorie. Stuttgart: Kohlhammer.

Wallerath, Maximilian 2004: Der Universitätskanzler in der Hochschulleitung. In: Wissenschaftsrecht, 37 (3), 203-223.

Waters, Malcolm 1989: Collegiality, Bureaucratization, and Professionalization: A Weberian Analysis. In: American Journal of Sociology, 94 (5), 945-972.

Waters, Malcolm 1993: Alternative Organizational Formations: A Neo Weberian Typology of Polycratic Administrative Systems. In: The Sociological Review, 41 (1), 54-81.

Weber, Max 1922: Wirtschaft und Gesellschaft. Grundriß der verstehenden Soziologie. Tübingen: Mohr.

Weber, Max 1976: Wirtschaft und Gesellschaft. Grundriß der verstehenden Soziologie. Tübingen: Mohr.

Weber, Max 1991: Schriften zur Wissenschaftslehre. Stuttgart: Reclam.

Weber, Wolfgang 2002: Geschichte der europäischen Universität. Stuttgart: Kohlhammer.

Weick, Karl E. 1976: Educational Organizations as Loosely Coupled Systems. In: Administrative Science Quarterly, 21 (1), 1-19.

Weingart, Peter 2001: Die Stunde der Wahrheit? Zum Verhältnis der Wissenschaft zu Politik, Wirtschaft und Medien in der Wissensgesellschaft. Weilerswist: Velbrück.

Weingart, Peter; Engels, Anita; Pansegrau, Petra 2002: Von der Hypothese zur Katastrophe. Der anthropogene Klimawandel im Diskurs zwischen Wissenschaft, Politik und Massenmedien. Opladen: Leske + Budrich.

Welpe, Isabell M.; Wollersheim, Jutta; Ringelhan, Stefanie; Osterloh, Margit (Hg.) 2015: Incentives and Performance. Heidelberg: Springer.

Whitchurch, Celia 2006: Who Do They Think They Are? The Changing Identities of Professional Administrators and Managers in UK Higher Education. In: Journal of Higher Education Policy and Management, 28 (2), 159-171.

Whitley, Richard; Gläser, Jochen (Hg.) 2014: Organizational Transformation and Scientific Change: The Impact of Institutional Restructuring on Universities and Intellectual Innovation. Bingley, UK: Emerald.

Whitley, Richard 2014: How Do Institutional Changes Affect Scientific Innovations? The Effects of Shifts in Authority Relationships, Protected Space, and Flexibility. In: *Whitley, Richard; Gläser, Jochen* (Hg.): Organizational Transformation and Scientific Change: The Impact of Institutional Restructuring on Universities and Intellectual Innovation. Bingley, UK: Emerald, 367-406.

Wiesenthal, Helmut 2000: Markt, Organisation und Gemeinschaft als zweitbeste Verfahren sozialer Koordination. In: *Werle, Raymund; Schimank, Uwe* (Hg.): Gesellschaftliche Komplexität und kollektive Handlungsfähigkeit. Frankfurt/M., New York: Campus, 44-73.

Wiesenthal, Helmut 2006: Gesellschaftssteuerung und gesellschaftliche Selbststeuerung. Eine Einführung. Wiesbaden: VS Verlag.

Wild, Elke; Möller, Jens 2015: Pädagogische Psychologie. 2., vollständig überarbeitete und aktualisierte Auflage. Berlin, Heidelberg: Springer.

Wilkesmann, Uwe; Schmid, Christian J. (Hg.) 2012: Hochschule als Organisation. Wiesbaden: VS Verlag.

Williamson, Oliver E. 1975: Markets and Hierarchies. New York: Free Press.

Williamson, Oliver E. 1990: Die ökonomischen Institutionen des Kapitalismus. Unternehmen, Märkte, Kooperationen. Tübingen: Mohr.

Willke, Helmut 1995: Systemtheorie: Steuerungstheorie. Grundzüge einer Theorie der Steuerung komplexer Sozialsysteme. Stuttgart: Lucius & Lucius.

Willmott, Hugh 2003: Commercialising Higher Education in the UK: The State, Industry and Peer Review. In: Studies in Higher Education, 28 (2), 129-141.

Windolf, Paul 1992: Zyklen der Bildungsexpansion 1870-1990. Ergebnisse der Spektralanalyse. In: Zeitschrift für Soziologie, 21 (2), 110-125.

Windolf, Paul 1995: Lehrevaluation als Problem der Selbstkontrolle. In: Soziologie, 24 (3), 11-22.

Winker, Gabriele; Degele, Nina 2009: Intersektionalität: Zur Analyse sozialer Ungleichheiten. Bielefeld: transcript.

Winter, Martin 2009: Das neue Studieren - Chancen, Risiken, Nebenwirkungen der Studienstrukturreform: Zwischenbilanz zum Bologna-Prozess in Deutschland. HoF-Arbeitsbericht 1/2009. Wittenberg: Institut für Hochschulforschung.

Winterhager, Nicolas 2015: Drittmittelwettbewerb im universitären Forschungssektor. Wiesbaden: Springer VS.

Winterhager, Nicolas; Krücken, Georg 2015: The Local "War for Talent" - Recruitment of Recent Tertiary Education Graduates from a Regional Perspective: Some Evidence from the German Case. In: European Journal of Higher Education, 5 (2), 127-140.

Wissenschaftsrat 1993: 10 Thesen zur Hochschulpolitik. Berlin: Wissenschaftsrat.

Wissenschaftsrat 1996: Empfehlungen zur Stärkung der Lehre in den Hochschulen durch Evaluation. Berlin: Wissenschaftsrat.

Wissenschaftsrat 1999: Stellungnahme zum Verhältnis von Hochschulausbildung und Beschäftigungssystem. Würzburg: Wissenschaftsrat.

Wissenschaftsrat 2000: Thesen zur künftigen Entwicklung des Wissenschaftssystems in Deutschland. Berlin: Wissenschaftsrat.

Wissenschaftsrat 2004: Empfehlungen zu Rankings im Wissenschaftssystem. Hamburg: Wissenschaftsrat.

Witte, Johanna; Sandfuchs, Gabriele; Mittag, Sandra; Brummerloh, Sven 2011: Stand und Perspektiven bayerischer Bachelor- und Masterstudiengänge. München: IHF.

Wolbring, Tobias 2013: Fallstricke der Lehrevaluation. Möglichkeiten und Grenzen der Messbarkeit von Lehrqualität. Frankfurt/M., New York: Campus.

Wolf, Vera 2015: Der Blick zurück. Wie beurteilen Lehramtsabsolventinnen und -absolventen das Studium? In: *Flöther, Choni; Krücken, Georg* (Hg.): Generation Hochschulabschluss: Vielfältige Perspektiven auf Studium und Berufseinstieg. Analysen aus der Absolventenforschung. Münster, New York: Waxmann, 65-90.

Wolgast, Eike 1986: Die Universität Heidelberg 1386-1986. Berlin: Springer.

Xie, Yu; Shauman, Kimberlee A. 1998: Sex Differences in Research Productivity: New Evidence about an Old Puzzle. In: American Sociological Review, 63 (6), 847-870.

Zapf, Wolfgang 1994: Modernisierung, Wohlfahrtsentwicklung und Transformation. Soziologische Aufsätze 1987 bis 1994. Berlin: Edition Sigma.

Zechlin, Lothar 2012: Zwischen Interessenorganisation und Arbeitsorganisation? Wissenschaftsfreiheit, Hierarchie und Partizipation in der "unternehmerischen Hochschule". In: *Wilkesmann, Uwe; Schmid, Christian J.* (Hg.): Hochschule als Organisation. Wiesbaden: VS Verlag, 41-59.

Ziderman, Adrian; Albrecht, Douglas 1995: Financing Universities in Developing Countries. London: Routledge Falmer

Ziegele, Frank 2006: Erfolgreich verhandeln. Bedingungen effizienter Zielvereinbarungen. In: die hochschule, 15 (2), 18-33.

Zilsel, Edgar 1976: Die sozialen Ursprünge der neuzeitlichen Wissenschaft. Frankfurt/M.: Suhrkamp.

Zimmermann, Karin 2000: Spiele mit der Macht in der Wissenschaft: Passfähigkeit und Geschlecht als Kriterien für Berufungen. Berlin: Edition Sigma.

Zlatkin-Troitschanskaia, Olga; Gräsel, Cornelia 2011: Empirische Bildungsforschung. Ein Überblick aus interdisziplinärer Perspektive. In: *Zlatkin-Troitschanskaia, Olga* (Hg.): Stationen Empirischer Bildungsforschung. Wiesbaden: Springer, 9-20.

Zuber, Stephanie; Hüther, Otto 2013: Interdisziplinarität in der Exzellenzinitiative - auch eine Frage des Geschlechts? In: Beiträge zur Hochschulforschung, 35 (4), 54-81.

Zuckerman, Harriet; Cole, Jonathan R.; Bruer, John T. (Hg.) 1991: The Outer Circle: Women in the Scientific Community. New Haven: Yale University Press.

Druck:
Customized Business Services GmbH
im Auftrag der KNV-Gruppe
Ferdinand-Jühlke-Str. 7
99095 Erfurt